元華文創
頂尖文庫 EA044

TAIWAN

治理系說 卷二

臺灣的地方治理

將臺灣的治理成就進行多層面分析，
呈現地方治理的多樣性，深層理解地方治理的學術意義和價值。

紀俊臣 —— 著

治理正當時

一、治理本質

　　從事社會科學研究，就是以「人」為主軸的研究，卻因人的角色各有不同，過去社會科學在傳統研究上，比較重視人的制度性和機制設計研究，或稱是人的結構性研究。唯現今的實證研究，則將人視為可量化的實體，甚至在質化研究時，即將人視為可深入追蹤事件來龍去脈的客體。這些社會科學研究，將傳統在公法或制度的豐碩研究成果顛覆；尤其認為純屬邏輯推理的社會科學研究，將不能深入了解社會問題的核心。因之，唯有實證研究(empirical study)始能了解實境，從而了解問題的核心，希望擬定解決方案，以達致「藥到病除」的診治效果。

　　社會科學以從事類似動物研究的方法，以掌握人的行為取向和價值，並且判斷人的可量化行為意義。這些假定人類如同一般動物的研究方法，祇是因為人在研究過程中，比較容易受到各自的情緒影響，以致肯認研究人的論文，不僅論述要能價值中立，而且重視研究過程的中性化；亦即，在研究過程中，不受主觀價值的實境情緒刺激，希望人們都能保持客觀的、無性的，就如同一般動物一樣進行研究。

　　社會科學不僅在研究方法上，儘量將人的研究量化；近些年來，又有更大的進展，就是數位化，甚至已應用人工智慧、大數據，乃至 VR、AR、SR 和 MR 等的研究工具，以進行顛覆傳統的研究。這將是二十一世紀的社會科學研究新氣象。

　　事實上，社會科學在研究方法上固然有很大的進展，但真正改變的，卻是它的研究內容；尤其新冠肺炎病毒(COVID-19)肆虐全球後，社會科學的研究

理論，必然有劃時代的變革。儘管變革的內容尚在醞釀和詮釋，但有一個主軸卻不僅不會消失，而且會擴大形成。此即是「治理」(governance)這個概念。在二十世紀七 O 年代以來，已經成為社會科學研究不可忽視的課題；直至二十一世紀，其理論形成已在社會科學占有極重要的地位。這是社會科學以人為量化研究外，更進一步發現人的結合力量，已不僅在於政治菁英的權力作用或民間的協力作用，更在於深植國家動力的根基。面對二十一世紀不可逆的氣候變遷所肇致的災難，以及人類不輕易所造次的人禍，可能遠比核子戰爭更加危難和損害。在在需要凝聚全民的力量，並在國家威權領導下，始可有效克服和減緩災難。

所謂「治理」，依 Christopher Ansell 和 Jacob Torfing 在 2016 年編著的《治理理論手冊》(*Handbook on Theories of Governance*)中，經整理各類型治理模式後，曾為治理下一定義，簡言之，是：「**經由集體行動和依循共同目標所為引領社會和經濟的過程**」(Governance as the process of steering society and the economy through collective action and in accordance with common goals.)；詳言之，「治理就是引領社會和經濟邁向集體協議目標的互動過程」(Governance as the interactive processes through with society and the economy are steering toward collectively negotiated objectives.)(Ansell &Torfing 2016：4)。

此項治理定義，簡淺易懂，至少包含下列五項意涵：

一、涉及行動者不限於政府部門的人員，尚包括：民間團體、學校等私部門人員，甚至個人的互動過程。

二、重視過程遠甚於目標的達成。其針對既定目標的策進，旨在顯示行動間的互動或稱協力，以達致共同想望目標之實現。

三、所重視的是社會和經濟的民生議題，絕不宜建構在政治權力的爭奪，因之所為者皆屬人們所共同關切的事項。

四、引領係趨向的設定和激勵，所涉社會和經濟範圍廣泛，如能在共同目標下，引領大家集體作為，始可以經濟方法解決社會所關注的議題。

五、強化互動作為，始能化解客觀條件下不對等的爭議，並且展現公部門
　　與私部門共同辦理公眾事務的建設性處理作為。

上揭定義，係 Ansell 和 Torfing 研究各項治理模式所歸納的定義。他們認
為治理最大的期待，就是公共事務之處理完善。因之，良善治理(good
governance)，就是治理的最終目標；而治理起初乃來自民間企業的經營模式之
變革，是即「公司治理」(corporate governance)，旨在鼓勵各該股東在公司經
營上的參與。再說公眾事務的處理，因事物的性質、權責的分工，須要分層負
責，以致「多層次治理」(multi-level governance)，乃成為強化治理經濟的必要
過程。這些觀念的興起，直接衝擊公共管理的管理範疇，導致「新治理」(new
governance)正成為「新公共管理」(new public management)學科的主要內涵。

二、治理的理論形式

社會科學固然不如自然科學係依據事實狀態或稱自然法則，經由不斷實驗
和歸納，以形成可持續驗證的定律(law)，但社會科學亦已不是法律學乃本諸既
定的法則，再由不斷的演繹，以建構具法哲學的主義和原則；復以所獲致的各
該法主義或原則，用以論斷事實存在的是非善惡總價值。當今的社會科學，須
經由實證的方法與分析，以釐清各該行為狀態；復以行為狀態參酌論理法則、
經驗法則，而形塑理性的行為準則，是即理論形成：再經由不斷的驗證，終致
建構出具有持續分析效果的學術理論，以為驗證各該學術領域相關的行為準
據。理論(theory)在社會科學已成為論斷的佐證依據，以及發展歸屬理性行為
的準則。

治理本是公共事務處理的途徑(approach)或模式(pattern)，但經過將近
30~40 年的發展，治理已不僅是學術研究領域的一部分，而且已在管理領域上
取得一席之地，並有其堅固的理論基礎。

　　依 Ansell 與 Torfing 的長期研究，認為「**治理理論的分析建構，係發展自經驗觀察、演繹理性和諸多的想像力和創新性的累積。**」(Theories of governance are analytical constructs that are developed through empirical observations, deduction reasoning and a good of imagination and creativity.)(Ansell &Torfing 2016：4)。彼等認為治理的原則和論證，有裨於針對現代統治社會之取向、事件和共業的了解和解釋；其規範性的論斷是基於特定的準則，以及經驗性的通則係奠基於歸納和演繹的方法。事實上，治理理論係一種簡則(abstract)，旨在針對現代統治社會所發生事件的前因後果之理性界定、了解和解釋。

　　就當前治理理論的形成，Ansell 和 Torfing 在書中，曾特別指出四種策進或稱強化的命題：

(一)治理不離多元的智慧訓練

　　由於當今的社會問題複雜而多變，如何掌握問題的核心，需要借用不同學科的訓練，並且善用現代之研究科技。該等研究科技之學習應用技巧，是在推動治理作為的同時，不可缺少的多元文化人類智能之啟發和應用。

(二)治理不脫既有概念的再省思

　　由於既有或稱傳統的概念，已深入學者的認知範疇，如要針對問題重新思考可行的處理模式，實有必要對既有的概念重新檢視，甚至拋棄成見重新界定；亦即再概念化，或許會在有限的時間和空間下，即可找到解決的方案，以致常有得來全不費工夫之感覺。

(三)治理不拒不同學科和理論傳統的整合

　　現代社會所引發的問題，既然複雜而多元，其所能解決的途徑必然至為繁複，甚至有重疊的現象，需要具有應用治理理論的整合能力；亦即本諸科際整合的社會科學應用方法，以釐清治理的多元模式，而採取適宜的治理策略和方案。

(四)治理不損合成前本質原意和應用所為的再概念化

治理因字首或形容詞的增列，如經濟治理、法規治理、協力治理、網絡治理，往往滋生不同的概念認知。此種說法實有其不妥之處，蓋正確的領會各該治理意涵，就是對該字首或形容詞有其本質性的概念認知，從而領會該類多元治理合成後的新型概念化意旨。

治理的理論基礎受到下列基本理論的影響：

1. 集體行動理論(collective action theory)
2. 組織理論(organization theory)
3. 公共管理理論(public management theory)
4. 計畫理論(planning theory)
5. 國家理論(state theory)
6. 民主理論(democratic theory)
7. 公法和法規理論(public law and regulatory theory)
8. 發展理論(development theory)
9. 國際關係理論(international relations theory)

治理涉及理論基本概念，包含：

1. 層級(hierarchy)
2. 網絡(network)
3. 公共參與(public participation)
4. 代表(representation)
5. 審議(deliberation)
6. 權力(power)
7. 正當性(legitimacy)
8. 課責(accountability)
9. 透明化(transparency)
10. 學習(learning)

11. 創新(innovation)

12. 風險(risk)

13. 領航(steering)

14. 軟體和硬體治理工具(soft and hard governing tools)

治理應用的分析理論模式，包括：

1. 基本資訊治理理論(information-based governance theory)

2. 論述理論(discourse theory)

3. 制度理論(institutional theory)

4. 公共選擇理論(public choice theory)

5. 經濟理論(economic theory)

6. 治理性理論(governmentality theory)

7. 複雜理論與制度分析(complexity theory and systems analysis)

8. 敘事和述說理論(narrative and interpretive theory)

9. 實用主義(pragmatism)

10. 規範理論(normative theory)

治理態樣(forms of governance)，可分為：

1. 民主網絡治理(democratic network governance)

2. 法規治理(regulatory governance)

3. 網絡治理(network governance)

4. 協力治理(collaborative governance)

5. 私治理(private governance)

6. 都市和區域治理(urban and regional governance)

7. 多層次治理(multi-level governance)

8. 歐盟和超國治理(EU and supranational governance)

9. 跨國經濟治理(transnational economic theory)

10. 元治理(metagovernance)

11. 適應治理(adaptive governance)

三、治理的實務成就

　　就臺灣近二十年來，對於「治理事務」的經驗，發現在公共衛生和食品安全領域成就最為顯著。就公共衛生而言，2003 年 3 月發生的 SARS 事件，在春夏之間肆虐全球，臺灣也屬受害嚴重的疫區，但在政府與民眾充分建立夥伴的合作關係下，本諸「發燒不上班、不上學」全民防疫原則，配合「戴口罩、勤洗手」的全民運動，終在不到三個月的時間內，即完全控制疫情，並且未發生秋冬再起的疫情危機。這是一項全民治理成就「健康國家」的典範。2020年 1 月，COVID-19 又是一項有如 SARS 的新冠肺炎病毒疫情，而且肆虐全球的慘狀與 SARS 比較，竟有過之而無不及。臺灣由於一方面有早年 SARS 防治的經驗，另一方面因為主管部的衛生福利部及其所屬疾病管制署(CDC)，能及早超前部署各項防疫措施；尤其中央與地方形成夥伴關係，以及全民多能遵守防疫各項指引，在「戴口罩、勤洗手」最高防疫策略下，有效排除境外新冠肺炎病毒的侵入，國內本土確診少，而成為世界衛生組織非會員國防疫成功的典範。此外，在食品安全方面，臺灣雖然不道德、不衛生的食品，時有所聞，而且規模越來越大，可說防不勝防，卻因吹哨者的勇於檢舉或主辦人員任勞任怨的檢驗，始能將不肖廠商繩之於法。其不肖劣質性產品多能一一緝獲，無所遁形。這應是廣大的使用者有所戒心，而社會記者也願意出頭報導揭露，發揮了最大的治理效果。

　　設若上揭公共衛生事件，皆全賴政府的防治，該等 SARS、COVID-19 重大事件絕不可能在短時間內，即將其防杜於境外，致使臺灣成為當今世界衛生組織都不得不來函，請益防疫策略的新典範。

　　本書係以「治理」的基本意含為準則，分析治理個案並且加以論述。本卷：「臺灣的地方治理」下分為離島基本法、公共治理及社會責任等三篇；每篇再以章節分析，計有 14 章的論文。說明如下：

(一)離島基本法

中華民國治權所及的臺澎金馬，係以臺灣為本島，澎金馬為離島，離島過去曾是軍事基地，在兩岸關係和緩後，已成為觀光勝景所在，具有優質的觀光文化特質。本卷特分四章分析制定離島基本法的可能性、可行性和發展性；尤其對於離島治理，多所陳述，希望離島不僅不落後本島，而且展現離島的良善治理模式，用以呈現離島治理在臺灣的治理模式和成就。

(二)公共治理

地方治理所涉及的公共治理(publicgovernance)，包含上下垂直政府間的府際治理，以及地方政府間的水平府際協力和跨域治理。這些治理情況，有待個別情況有不同的治理作為，本篇共分有五章，分析地方自治思想的緣起，孫中山先生的自治思想本體論，以及孫中山在自治治理上的獨到思想和實踐方法。此外，針對行政院的角色與功能；尤其院本部的作為，有相當深入的分析和比較。年金改革對基層人力的甄補，具有關鍵的影響，乃加以探討和剖析。地方創生係公共治理的新趨向，而南海問題則影響臺灣的新南向政策，乃以個案方式加以研析。

(三)社會責任

地方治理需要公私協力，而公部門對私部門的社會責任，亦是相當重要的發展關係所在，爰於本篇分為四章論述。除本諸公民社會、勞資關係；尤其一例一休新制的地方影響、社會企業的具體作法、新南向政策的成就；尤其直轄市原住民自治區的角色，在預算制度上所存在的結構性問題，皆值得深入分析。

上揭地方治理的個案分析，係本諸臺灣的自治治理模式所為之分析，或稱有良善的治理成就，但亦存在若干不足之處。希望透過分析有所增進，並且能再上一層樓，以展現現代化的治理可能性作為。

參考書目

行政院衛生署疾病管制局(2004)，《抗 SARS 關鍵紀錄:公衛紮根，防疫奠基》
　　臺北：疾病管制局。

衛生福利部疾病管制署(2004)〈嚴重急性呼吸道症候群 SARS〉簡報。

衛生福利部疾病管制署(2020)《嚴重特殊傳染性肺炎(COVID-19)》資料彙編。

紀俊臣(2020)〈新冠肺炎疫情防治措施的檢視與策進〉，《中國地方自治》，
　　73(8):1-30。

Ansell, Christopher, and Jacob Torfing (2016), eds. *Handbook on Theories of
　　Governance. Cheltenham*, UK: Edward Elgar Publishing.

Colebatch, H.K, & Robert Hoppe (2018), eds. *Handbook on Policy, Process and
　　Governing*. Cheltenham, UK: Edward Elgar Publishing.

銘傳大學公共事務學系客座教授

紀 俊 臣

2020 年 7 月 4 日寫於永和自強書房

目　次

治理正當時 ……………………………………………………………………i

離島基本法篇

壹、離島基本法制定令可行性………………………………………3

一、前言：法制健全係離島發展的前提 ………………………3

二、離島法制的可能模式 ……………………………………6

三、離島建設條例施行的成效檢視 …………………………10

四、當前離島法制上的議題建議 ……………………………27

五、由離島建設條例修正為基本法的可行性分析…………31

六、結語：離島基本法應係當前健全離島法制的良制……37

貳、離島基本法之立法可行性分析……………………………41

一、前言：離島建設條例有極卓越的階段性法制上貢獻，應予肯定…41

二、離島基本法法制的立法體例選擇 ………………………43

三、離島法制採取基本法模式的 SWOT 分析………………50

四、當前離島法制之可行立法體例 …………………………57

五、制定離島基本法之重要規制標的 ………………………63

六、結語：離島法制宜以可長可久之立法模式思考之……………66

參、探討離島基本法 ································· 69

　一、前言：制定離島基本法有其必要性 ················· 69

　二、臺灣基本法定位立法例分析 ····················· 70

　三、制定離島基本法之法依據解析 ··················· 74

　四、研擬離島基本法草案法制架構 ··················· 78

　五、結語：離島基本法立法是離島發展之新里程 ········· 85

肆、離島治理之策略與成就：以澎金馬治理法制觀點 ······· 89

　一、前言：離島治理係地方治理之特殊化模式 ··········· 90

　二、臺灣縣級離島之政經生態 ······················· 91

　三、臺灣在澎金馬縣級離島之治理策略 ··············· 97

　四、臺灣在澎金馬縣級離島之治理成就 ··············· 98

　五、臺灣在澎金馬之建設法制檢視與再設計 ············· 103

　六、結語：臺灣宜參考大陸離島治理經驗之再出發 ······· 119

公共治理篇

伍、孫中山民權思想與臺灣政治文化之形成 ············· 125

　一、前言：孫中山民權思想形塑臺灣政治文化 ··········· 125

　二、孫中山民權思想的邏輯 ························· 126

　三、臺灣政治文化形成過程 ························· 134

　四、檢視孫中山民權思想對臺灣民主政治文化之影響 ····· 138

　五、結語：孫中山民權思想係臺灣政治文化之發展動力 ····· 139

陸、政府參贊單位法律地位與組織結構功能：行政院院本部與臺北市
**　　政府秘書處比較分析**‥‥‥‥‥‥‥‥‥‥‥‥‥‥‥‥‥‥141

　一、前言：政府參贊單位在決策上角色愈顯重要‥‥‥‥‥‥‥142
　二、政府參贊單位的組織生態形成 ‥‥‥‥‥‥‥‥‥‥‥‥144
　三、行政院院本部的法律地位與功能 ‥‥‥‥‥‥‥‥‥‥‥150
　四、臺北市政府秘書處的法律地位與功能‥‥‥‥‥‥‥‥‥‥153
　五、政府參贊單位的理想型組織與職權設計‥‥‥‥‥‥‥‥‥158
　六、結語：政府參贊單位在組織發展上的貢獻與成就值得肯認與
　　　　　策進‥‥‥‥‥‥‥‥‥‥‥‥‥‥‥‥‥‥‥‥‥‥162

柒、公務人員退休年金改革對地方公務人力晉用之影響評析‥‥‥‥165

　一、前言：公務人員退休年金，改革影響地方公務人力晉用值得重視
　　　‥‥‥‥‥‥‥‥‥‥‥‥‥‥‥‥‥‥‥‥‥‥‥‥‥165
　二、公務人員退休年金改革之制度設計與社會影響‥‥‥‥‥‥166
　三、地方公務人力之晉用途徑與權利保障‥‥‥‥‥‥‥‥‥‥177
　四、公務人員退休年金改革，影響地方公務人力之晉用‥‥‥‥181
　五、因應退休年金改革之地方公務人力晉用措施與福利方案‥‥188
　六、結語：建構地方公務人力晉用機制，宜有積極作為‥‥‥‥191

捌、離島發展與地方創生：馬祖生態之構想‥‥‥‥‥‥‥‥‥‥195

　一、前言：地方創生是離島發展的可行策略選擇‥‥‥‥‥‥‥195
　二、馬祖的地方發展條件與構想‥‥‥‥‥‥‥‥‥‥‥‥‥‥197
　三、國家發展委員會規劃的地方創生方案總體分析‥‥‥‥‥‥200
　四、馬祖推動地方創生方案的時機與策略觀察‥‥‥‥‥‥‥‥210
　五、當前離島推動地方創生方案的整備檢視‥‥‥‥‥‥‥‥‥214
　六、結語：馬祖地方創生方案的設計有助於全球在地化‥‥‥‥217

玖、南海仲裁判決與兩岸護島策略之選擇⋯⋯⋯⋯⋯⋯⋯⋯⋯⋯ 221

　　一、前言：南海仲裁後兩岸護島策略宜加審慎選擇⋯⋯⋯⋯⋯ 221

　　二、南海島礁主權爭議始末速寫⋯⋯⋯⋯⋯⋯⋯⋯⋯⋯⋯ 222

　　三、南海仲裁內容解析⋯⋯⋯⋯⋯⋯⋯⋯⋯⋯⋯⋯⋯⋯ 227

　　四、南海仲裁後各國的政治反應傾向⋯⋯⋯⋯⋯⋯⋯⋯⋯ 233

　　五、兩岸南海島嶼權屬主張，形塑護島策略之選擇⋯⋯⋯⋯ 237

　　六、結語：兩岸南海護島策略，如採合作模式，應為最佳理性選擇 240

社會責任篇

拾、直轄市政府政治社會化與公民社會：臺中市改制直轄市的經驗

　　分析⋯⋯⋯⋯⋯⋯⋯⋯⋯⋯⋯⋯⋯⋯⋯⋯⋯⋯⋯⋯ 245

　　一、前言：直轄市政治社會化係形成公民社會的關鍵因子⋯⋯ 245

　　二、直轄市政治社會化是社會行銷工具⋯⋯⋯⋯⋯⋯⋯⋯ 246

　　三、臺中市改制直轄市，以推動政治社會化，促進公民社會的形成 256

　　四、臺中市改制直轄市應用政治社會化，以形塑公民社會作為檢視 268

　　五、結語：臺中市改制直轄市，須經由政治社會化，以強化公民社

　　　　會意識⋯⋯⋯⋯⋯⋯⋯⋯⋯⋯⋯⋯⋯⋯⋯⋯⋯⋯ 274

拾壹、勞資關係與公共政策的制定與執行：一例一休政策的社會互動

　　⋯⋯⋯⋯⋯⋯⋯⋯⋯⋯⋯⋯⋯⋯⋯⋯⋯⋯⋯⋯⋯⋯ 277

　　一、前言：勞資關係建立在共生共榮與互信互諒⋯⋯⋯⋯⋯ 278

　　二、臺灣勞資關係的法制建構⋯⋯⋯⋯⋯⋯⋯⋯⋯⋯⋯ 281

　　三、勞資雙方對「一例一休」政策制定的互動⋯⋯⋯⋯⋯ 294

　　四、因應「一例一休」政策執行的問題與對策⋯⋯⋯⋯⋯ 306

　　五、結語：勞動政策應有裨於累積社會資本，減少社會成本⋯⋯ 312

拾貳、臺灣社會企業的建構與實踐：民生主義觀點探討街友的人力
　　　資源管理 ···315

　　一、前言：民生主義的核心價值似蘊含社會企業理念·················315
　　二、民生主義的核心價值 ···316
　　三、推行社會企業，以落實民生主義的生活方式·····················322
　　四、臺灣街友的人力資源管理與社會企業形塑·························328
　　五、結語：積極推行社會企業，以實踐民生主義的核心價值········333

拾參、新南向政策執行與僑領在僑居地發展的影響：以金門僑領在僑居
　　　地對新南向政策的影響力分析···335

　　一、前言：善用僑領資源推動新南向政策·······························336
　　二、新南向政策執行的條件設計與應用 ··································338
　　三、東南亞僑領在僑居地發展與貢獻 ······································345
　　四、善用僑領在僑居地成就，以強化新南向政策的執行績效·······351
　　五、結語：僑領在僑居地發展係加速新南向政策執行的最有效資源·355

拾肆、直轄市山地原住民區的年度預算案編列：以臺中市和平區2017～
　　　2020年度為範圍 ···359

　　一、前言：直轄市山地原住民區預算案編列的結構性問題值得重視·360
　　二、鄉(鎮、市)自治體年度預算案編列的問題與對策 ···············361
　　三、直轄市山地原住民區年度預算的結構問題與解決模式···········372
　　四、臺中市和平區年度預算案的編列經驗分享··························380
　　五、結語：臺中市和平區預算案編列經驗值得參考·····················396

離島基本法篇

壹、離島基本法制定令可行性

紀俊臣　銘傳大學公共事務學系客座教授

陳欽春　銘傳大學公共事務學系助理教授

紀和均　銘傳大學公共事務學系助理教授

蔡芷軒　銘傳大學公共事務學系碩士

一、前言：法制健全係離島發展的前提

　　政府於 2000 年 4 月 5 日，由總統明令公布施行「**離島建設條例**」(Offshore Islands Development Act)。於該條例第 2 條規定：「**本條例所稱之離島，係指與臺灣本島隔離屬我國管轄之島嶼。**」又於同條例第 17 條第 2 項，明文列舉該條例之離島為澎湖、金門、馬祖、綠島、蘭嶼及琉球地區；質言之，該條例所稱之「離島」(offshore Islands)，就地方自治團體言之，係指三「離島縣」，包括：澎湖、金門及連江(通稱馬祖)等三縣，以及隸屬臺東縣的綠島、蘭嶼二鄉，與隸屬屏東縣之琉球鄉等三離島鄉。因之，離島建設條所適用地區或稱特別法域(special legal area)為離島縣及三離島鄉。其地理區位如圖 1-1 所示。

圖 1-1　離島建設條例所稱之離島

資料來源：本研究自網站下載(2019.3.10)

　　離島建設條例公布 20 年來，曾歷經 11 次修正；其修正情形如圖 2 所示。在 11 次修正中，有 7 次僅修正 1 條，有 1 次修正 2 條，有 3 次修正 3 條以上；其中以第 9 條及第 13 條修正已多達 3 次，第 12 條在增訂後曾修正 2 次。由上揭簡單的修正紀錄，即知離島建設條例之所以修正頻繁，應以涉及離島民眾權益有關，而每次修正又僅能局部修正，不能就人民不滿意的事項，以一步到位方式修正完成。事實上，上揭修正皆是以離島縣轄選出的離島縣籍立法委員所提修正提案為主，政府主管機關主動提案幾乎不曾出現；即使是關係小三通及博弈條款，亦係離島立法委員費盡心力，始通過立法。

正因離島建設條例修正過度頻繁，且多以特定公共政策議題之修正條文，以致離島建設條例或將肇致「建設立法」(developmental legislation)的立法旨趣模糊，而有成為離島「綜合立法」(comprehensive legislation)的立法體例傾向，卻又不能分章設節規範。最近有所謂設置自由經濟示範區(Free Economic Pilot Zones；FEPZs)的爭辯[1]。其實經濟部早在於馬英九政府時代即曾提出「自由經濟示範區特別條例」草案久久不能完成立法以來，離島縣即主張修改離島建設條例，將離島列為自經區，卻因在野杯葛而致尚在立法與否之爭議階段。這等特別法域之規制，將涉及離島縣的法律定位，允宜由離島基本法加以規制之；設定離島縣並非如同臺灣本島的縣，尤宜以特別法制設立離島政府模式，併同改善離島經濟模式。

圖 1-2　離島建設條例立法及修正過程

資料來源：本研究繪製

基於現行法制經由 11 次特定議題所為增修條文之個案立法後，該條例已由特別法，衍生為綜合法，似有違建設立法之立法旨趣；又因離島發展上的政

---

[1]　高雄市長韓國瑜主張高雄設立自由經濟示範區，引起中央與地方不同調的爭辯，見 2019/3/13 聯合報新聞；而聯合報復以「從『自經區』之爭看臺灣政黨政治的病態」為題發表社論，見 2019/3/14。

治經濟考量，其在法律定位上的設定，實非建設立法所得實現。本研究有鑑於中華民國憲法增修條文第 10 條第 12 項規定：

> 國家應依民族意願，保障原住民族之地位及政治參與，並對其教育文化、交通水利、衛生醫療、經濟土地及社會福利事業予以保障扶助並促其發展，其辦法另以法律定之。對於澎湖、金門及馬祖地區人民亦同。

本研究鑑於原住民族已於 2005 年 2 月 5 日，由總統明令公布「**原住民族基本法**」(Indigenous Peoples Basic Act)，並歷經 2015 年、2018 年四次增修在案。試想同受憲法委託(constitutional delegation)，原住民族基本法制定後，先後已制定包括：組織 3 法、身分 1 法、語言 1 法、工作 1 法、智慧財產 1 法及保留地 1 法等多達 8 種法律，用以逐年實現憲法所授權保障立法之旨趣;亦即本研究基於上揭原住民族制定基本法後，正逐年制定涉及地位、政治參與、教育文化、交通水利、衛生醫療、經濟地位及社會福利等七類法制之立法授權，從而落實保障原住民族的健全法制(good legislation)多所貢獻之經驗,試圖專題針對離島制定基本法進行可行性研究和分析。至期法制健全，以驅動離島各該區域之發展。

二、離島法制的可能模式

對於離島法制(off-island legislation)的制定，就現行立法例觀察，可分為制定專法或適用一般法二種分析。此即：

(一)制定專法

現行離島建設條例即屬於專法方式所為之離島法制;唯專法尚可以其法位階或稱法效力，分為：

1. 基本法

　　由於規範對象涉及多元(multiple)和多層(multi-level)，如制定專法時，可採取母法與子法的立法模式；或稱上位法與下位法的立法模式考量。基本法(fundamental law or basic law)或基準法，係以憲法或母法之上位法定位；即本諸法律優位原則(the principle of priority)所起草，並經完成立法的法制設計，通常係針對基本人權(human rights)或國家政制(political system)所為之規制事項。在既有之立法例中，當以德國基本法最受重視。該基本法雖無憲法之名，卻有憲法效力之實質拘束力；其次，係指非屬憲法位階卻有母法位階的上位法效力。如原住民族基本法，其在條文中，常有授權制定其他法律。既由該基本法授權制定其他法律，其他法律應歸屬下位法而非特別法，始符授權立法(delegated legislation)之意旨。唯就我國中央法規標準法等第 11 條後段，雖有「下級機關訂定之命令不得牴觸上級機關之命令」，卻無「**下位法牴觸上位法，無效**」之明文，更無「**基本法優先適用**」的效力位階明文。此應係法律漏洞(legal hole)，值得檢討修法之一例。

　　離島建設條例如仍頻繁增修條文，將使各該法律的穩定性受到質疑；亦使離島民眾在憲法委託下的權益，不得正常而有效行使和保障。設若依循原住民族基本法之立法例，制定離島基本法或離島民眾基本法，以為母法後，再將離島建設條例之相關條文，在基本法的法律委託(legal delegation)下，制定形同原住民族基本法的下位法等位階的法律，用以落實各項憲法授權的離島民眾所得享有之權益保障法制，相信對於健全離島法制，應有其更具積極的法制上成就與貢獻。

2. 特別法

　　就我國現行立法例，將基本法視為特別法者，有「**勞動基準法**」(Labor Fundamental Act)。政府於 1984 年制定勞動基準法後，僅是將勞動條件以統一法典的形式立法，並未強調其係上位法或母法，反而在該法第 1 條開宗明義規定：

　　為規定勞動條件最低標準，保障勞工權益，加強勞雇關係，促進社會
與經濟發展，特制定本法；本法未規定者，適用其他法律之規定。

　　雇主與勞工所訂勞動條件，不得低於本法所定之最低標準。

　　該條所規制「為規定勞動條件最低標準-----特制定本法；本法未規定者，
適用其他法律之規定。雇主與勞工所訂勞動條件，不得低於本法所定之最低標
準」。即典型的統一法典之特別法制設計，而且是「**最低標準**」的樓地板機制[2]。
唯該法並未規定，其他法律如與本法牴觸者，須於何時之「**限期修正**」規定，
祇是牴觸該基準法有罰則處罰而已。就法制而言，其係普通法性質；唯因有「特
制定本法；本法未規定者；適用其他法律之規定」，自可歸類為特別法。現行
離島建設條例亦即屬於特別法性質，該法第 1 條規定：

　　為推動離島開發建設，健全產業發展，維護自然生態環境，保存文化
特色，改善生活品質，增進居民福利，特制定本條例；本條例未規定者，
適用其他法律之規定。

即已明確規定該條例之法制屬性及其法效力位階。

3. 普通法

　　法律雖有基本法之形式，且以「基本法」為其定名，但其如不涉其他法律
之規定，更無牴觸者無效；又有「其他法律另有規定者從其規定外，適用本法」，
則該立法即歸屬普通法性質。目前國內法，有此立法屬性者，如：2019 年 6
月 5 日，總統明令公布施行「**文化基本法**」；即於該法案第 1 條第 2 項規定：「文
化事務，除其他基本法律有特別規定者外，適用本法之規定。」即視該基本法

---

[2] 2017 年 5 月 20 日，蔡英文政府成立後，因修正勞動基準法的休假規定，其「一例一休政策」頗受社
會各界批判，甚至影響 2018 年 11 月 24 日之地方「九合一選舉」的藍綠勝敗。該基準法即係執政者
欠缺勞基法之規制知識，始有不正確修法問題之出現。

僅屬普通法之立法例[3]。此種立法例應較為少見，因如歸屬普通法，即無設定其名稱為基本法之必要。就離島法制而言，制定基本法，既在於「**優惠離島**」，自不宜制定普通法，而以具有優先適用之特別立法為宜。

(二)適用一般法

對於離島法制如不特別規劃和設計，各該離島即須適用通行全國之法律，如三離島縣及三離島鄉，皆須一體適用地方制度法的「**地方自治**」(local self-government)相關規定。質言之，臺灣地方自治施行已長達 70 年之久，地方制度法施行亦已屆滿 21 週年，對於離島的自治法制，並未有「**特別法**」的設計；如有亦僅係就地方制度法之**特別條款**加以例外規定，所為之制度規劃和設計。祇可謂「**特別條款**」而不得視為專法性質之特別法規定。一如地方制度法第 1 條僅規定：

> 本法依中華民國憲法第一百十八條及中華民國憲法增修條文第九條第一項制定之。
> 地方制度依本法之規定，本法未規定者，適用其他法律之規定。

並未就澎湖、金門或馬祖以及蘭嶼、綠島及琉球有特別的制度性規範，以致各該離島乃有賦予特別法域之期許。

---

[3] 文化基本法第 1 條第 2 項，係指該基本法與其他基本法之特別規定，其他基本法之特別規定為特別法；至於該基本法就一般文化事務係上位法，此可由該法第 29 條規定「本法施行後，各級政府應依本法之規定，制（訂）定、修正或廢止文化相關法規。」可資佐證；意即文化基本法於其他非基本法之法律，其仍其上位法地位。

三、離島建設條例施行的成效檢視

離島建設條例公布 20 年來儘管增修多達 11 次，但其在離島發展上確有重大的貢獻，則是不爭的事實。茲將該條例公布施行以來，重大成效，說明於後：

(一)解決離島特殊問題

不論離島距離臺灣多遠，皆因位處西太平洋，氣候變遷快速，人文特殊，而衍生諸多問題，諸如：土地所有權登記、交通運輸、經濟貿易及租稅等問題；尤其位處兩岸的中繼站，如兩岸關係僵持是兩岸交戰的沙場；反之，如兩岸關係活絡是兩岸交流的試點，加上離島經濟條件通常皆處困頓，其租稅收益少，從事地方建設相當困難，在在需要法制上的特殊規範，始可克服重重困阻。是以離島建設條例的適時完成立法，功不可沒。

1. 安輔條例解除威權

由於金門及馬祖一水之隔即毗鄰中國大陸，在國家戒嚴時期受到諸多限制；尤其軍事防務需要，強徵民地，甚至強占民地；至說公有土地不依土地使用分區使用，更是比比皆是[4]。面對公私有土地使用不法或不當，政府於金門、馬祖，在 1956 年 7 月 16 日實施軍政一元化，直至 1992 年 11 月 7 日，公布施行「**金門馬祖東沙南沙地區安全及輔導條例**」(以下簡稱**安輔條例**)，正式解除戒嚴。此一時期謂之「**戰地政務時期**」(Battlefield Government Stage or Military Control Stage)。安輔條例係離島建設條例公布施行前，為解決戰地政務時期的「軍管」措施所為「轉型」(transformation)的過度法制(transitional legislation)。安輔條例全文原為 15 條，後為解決強用民地問題於 1994 年 5 月 11 日，增訂第 14-1 條。該條文規定：

---

[4] 在金、馬、澎因防務需要，將古蹟充作軍用地情形，竟然屢見不鮮。這種土地使用不當或濫用情形，離有部分已依離島建設條例或文化資產保存法處理，但恐尚有未被發現者。

　　本條例適用地區之土地，於實施戰地政務期間，非因有償徵收登記為公有者，原土地所有人或合於民法規定時效完成取得請求登記所有權之人或其繼承人，得於本條例修正施行之日起三年內，檢具有關權利證明文件，向土地所在地管轄地政機關申請歸還或取得所有權；其經審查無誤後，公告六個月，期滿無人提出異議者，由該管地政機關逕為辦理土地所有權移轉登記。如有異議，依照土地法第五十九條規定處理。

　　本條例適用地區之未登記土地，因軍事原因喪失占有者，原土地所有權人或合於民法規定時效完成取得請求登記所有權之人或其繼承人，得檢具權利證明文件或經土地四鄰證明，申請為土地所有權之登記。

　　前二項歸還或取得所有權登記審查辦法，由內政部會商財政部擬訂，報請行政院核定之。

　　未登記土地，於辦理土地總登記期間，應設土地總登記委員會，處理總登記有關事宜；其組織規程，由行政院定之。

　　安輔條例最具關鍵的條文，就是上揭事涉「**還地於民**」的土地返還原土地所有權人或繼承人規定。

　　此外，第 14-2 條規定：

　　為加速推動地方建設，國防部應於本條例修正公布施行後會同內政部、有關機關及民意機關，全盤檢討解除不必要之軍事管制。

　　對於為解除軍管而縮小原管制範圍，皆係過渡條款，而第 14-3 條規定：

　　本條例適用地區之人民，取得該地區來源所得，自中華民國八十三年一月一日起，暫緩課徵綜合所得稅三年。

　　戰地政務終止前，金馬地區自衛隊員傷亡未曾辦理撫卹者，由國防部比照軍人撫卹條例標準發給撫慰金。

　　　　金馬自衛隊員補償辦法，由內政部會同國防部，於本條例修正公布後
六個月內訂定之。

更直接加惠於離島民眾。蓋暫緩課徵綜合所得稅三年、戰地政務時期金馬自衛
隊傷亡者給予撫卹，皆是針對離島「**特定法域人民**」之福利措施，具有積極受
益權的法效益。

　　安輔條例第 13 條對於「福建省金門、馬祖地區，於戰地政務終止後，省
縣自治法律制定前，其地方自治暫由內政部訂定方案實施之。前項金門、馬祖
地區縣以下之自治，應與臺灣地區之地方自治同時法制化」係「**還政於民**」的
政治民主化規制；尤其規定金馬地區縣以下自治，與臺灣地區自治同步法制
化，更係金馬政治現代化(political modernization)的法制積極作為。固然軍管時
期金馬政務經費，均由國防支出挹注，一旦解除戒嚴，在開放政治下，其經費
支出亦需要有所規定，以利原屬軍管地域之政治和經濟穩定。安輔條例第 14
條規定：

　　　　本條例適用地區之教育、經濟、交通、警政及其他建設所需經費，由
中央依其實際需要編列預算專款優予補助。
　　　　前項建設辦法，由各相關主管機關或目的事業主管機關訂之。

即明定在金馬民主化初期的必要建設經費(包括：教育、經濟、交通、警政及
其他)，皆由中央編列預算優予補助以因應所需。

　　畢竟安輔條例係軍管過渡至民主的過渡立法，此由該條例第 14-3 條第一
項的「**暫緩課徵綜合所得稅**」，係自 1994 年 3 月 1 日起三年；亦即 1997 年 2
月即屆滿；如非過渡條款即需在 1997 年 2 月前進行修正，但政府不僅未加修
正，而且在 1998 年 6 月 24 日明令廢止，自須有新法制之公布，始得適度轉化
各項因實施軍管所形成的威權機制(authoritative mechanism)措施。

2. 離島條例積極建設

雖設安輔條例對於金馬離島因處軍管所衍生得若干特殊問題，有頗為顯著的「清除問題」作為；尤其針對徵用民地的處理，以及實施地方自治的法制化，皆有明確的規定，是安輔條例在法制上的重大貢獻。但離島的發展受制於軍方的消極管制，以及人文自然客觀條件的限制，顯然與臺灣本島有一大段的差距。離島為急起直追，甚至迎頭趕上，在法制上自需要有更積極的建設性立法機制，以為「**推動離島開發建設，健全產業發展，維護自然生態環境，保存文化特色，改善生活品質，增進全民福利**」(離島建設條例第一條)的離島建設目標多所作為，自當另行立法，始克在最短時間內有所成就。

關於 2000 年 4 月公布施行的離島建設條例(以下簡稱離島條例)，就離島發展的重要法制作為，包括：

(1) 明定離島事務主管和承辦機關

該條例第 4 條規定行政院為該條例之中央主管機關，並於行政院成立「行政院離島建設指導委員會」為法定常設性任務編組。由行政院長兼任主任委員，院長指定政務委員一人為副主任委員，委員十七人至二十三人，由中央部會首長及學者專家組成；下設工作小組，由國家發展委員會副主任委員兼任召集人，副召集人由該會國土區域離島發展處長兼任，其成員亦有中央各相關部會司處長組成之。不論國發會成立前的經濟建設委員會或該會本身皆是離島建設條例的主辦機關，並指定所轄「國土區域離島發展處」為承辦機關(經建會時期則為都市發展處)。此項承辦機關的指定，對於離島建設的加速開發，應有其貢獻。

(2) 訂定四年一期離島綜合建設實施方案

離島條例第 5 條，規定離島三縣須依據縣(市)綜合發展計畫[5]，擬訂四年一期的「**離島綜合建設實施方案**」，依行政院離島建設指導委員會 2018.12.17 第 15 次會議紀錄(2019.3.17 網站下載)，離島各縣第四期(104-107 年)離島綜合建

---

[5] 縣(市)綜合發展計畫於 1987.10.21 由內政部以台內營字第 542974 號函發布。施行 31 年後，於 2018.1.10 台內營第 1070800539 函停止適用，應係因國土計畫已於 2018 .4.30 發布施行，嗣後將依國土計畫推動區域建設。

設實施方案，已辦理完成。由行政院上揭會議備查，並同意屏東、臺東、澎湖、金門及連江等五縣所個別提出的**離島綜合建設實施方案**，足見前四期計 **16 年度的實施成效卓著**，且不因縣(市)綜合發展計畫之停止而中斷離島綜合建設實施方案第五期(108-111 年)之執行。本研究者曾多年參與該離島之連江縣成效研究，發現離島設無該實施方案等之規劃和執行，將不易呈現當前連江縣之繁榮景象，至其他離島之建設發展，亦可由此推論之。

(3) 規定離島軍管時期占用民地返還

　　儘管安輔條例已就軍管時期占用民地有明確的反還規定，且有相當顯著的處理成效，但因土地所有人的申請返還規定過於繁瑣，三年內實有所倉促。因此，離島各縣；尤其金門、連江二縣人民，對於土地返還乙事，仍建請納入離島條例。離島條例固曾在該條例第九條有明確的法制規定，但為加速返還於民，該離島條例曾於該條例第 9 條，將返還土地申請時間實質延長，且在增修第 9-1 條規定，針對安輔條例第 14-1 條有補充規定，以利土地之申請返還；第 9-2 條，針對已就荒地開墾者准予申請因軍管而停止的損失補償；第 9-3 條則對雷區土地前經登記公有者准予返還。該等四條土地處理規定，對於離島土地已有全盤性的合理化使用措施，不僅民眾權益獲得保障，而且根本排除解嚴後可能的「軍民衝突」問題，貢獻殊值了解，特列舉條文如下：

第 9 條　本條例適用之地區，於實施戰地政務終止前，或實施戰地政務期間被占用於終止後，因徵收、價購或徵購後登記為公有之土地，土地管理機關已無使用或事實已廢棄使用者，最遲應於本條例中華民國一百零二年十二月二十日修正施行之日起二年內全數公告；原土地所有人或其繼承人並得於公告之日起五年內，向該管土地管理機關申請按收件日當年度公告地價計算之地價購回其土地。但徵收、價購或徵購之價額超出該計算所得之地價時，應照原徵收、價購或徵購之價額購回。

　　　　土地管理機關接受申請後，應於三十日內答覆申請人；其經審

查合於規定者，應通知該申請人於三十日內繳價，屆期不繳價者，註銷其申請；不合規定者，駁回其申請，申請人如有不服，得向土地所在地縣（市）政府申請調處。

前項期間於必要時得延長一個月。

縣（市）政府為第二項調處時，得準用土地法第五十九條規定處理。

金門地區土地，非經有償徵收或價購等程序登記為公有，於實施戰地政務終止前，其地上已有建物或墳墓等足資證明其所有者，原土地所有人或其繼承人或占有人得於本條例中華民國一百零二年十二月二十日修正施行之日起五年內檢附相關證明文件申請土地管理機關會同地政機關勘查，經確認屬實且無公用之情形者，得就其建物、墳墓所在位置核算面積，並按申請收件日當年度公告地價計價讓售其土地。

馬祖地區之土地，自民國三十八年起，非經有償徵收或價購等程序登記為公有，致原土地所有人或合於民法物權編施行法第九條規定之視為所有人或其繼承人喪失其所有權，土地管理機關已無使用土地之必要者，應自本條例中華民國一百零二年十二月二十日修正施行之日起五年內，依原土地所有人、視為所有人或其繼承人之申請返還土地；土地管理機關有繼續使用土地之必要者，應依法向原土地所有人、視為所有人或其繼承人辦理徵收、價購或租用。其已依金門馬祖東沙南沙地區安全及輔導條例提出請求經駁回者，得再依本條例之規定提出申請。

前項返還土地實施辦法由行政院定之。

第一項申請購回、第五項申請讓售及第六項申請返還土地，不受都市計畫法第五十二條、第五十三條、土地法第二十五條、國有財產法第二十八條、第三十三條、第三十五條或地方政府公產管理法令之限制。

澎湖地區之土地，凡未經政府機關依法定程序徵收、價購或徵購者，應比照辦理。

第 9-1 條 本條例適用之土地於金門馬祖東沙南沙地區安全及輔導條例第十四條之一適用期間申請發還土地者，因該土地為政府機關使用或已移轉於私人致無法發還土地，得自本條例修正施行之日起二年內，請求該公地管理機關或原處分機關以申請發還時之地價補償之，其補償地價準用土地徵收條例第三十條規定辦理。

前項補償條件、申請期限、應附證件及其他事項之辦法，由行政院定之。

第 9-2 條 本條例適用之地區於實施戰地政務終止前，曾於金馬地區申請核准荒地承墾並已依限實施開墾，倘其後因軍事原因致未能繼續耕作取得所有權者，承墾人或其繼承人自本條例修正施行之日起二年內，得向該公地管理機關申請補償其開墾費，其已取得耕作權者，按其取得耕作權之年限，以申請時之公告土地現值計算補償之。

前項補償條件、申請期限、應附證件、補償金額及其他事項之辦法，由行政院定之。

第 9-3 條 金門地區位於雷區範圍內之土地，非經徵收或價購等程序有償取得登記為公有者，中華民國六十年四月三十日佈雷前之原權利人、合於民法規定時效完成取得土地所有權之占有人或其繼承人，得於本條例一百零四年五月二十六日修正之條文施行之日起五年內，向土地所在地地政機關申請返還。

依前項申請返還土地者，應檢具其屬佈雷前原可主張取得土地所有權或合於民法規定時效完成取得土地所有權之下列證明文件之一：

一、佈雷前之土地權利證明文件。

二、當地鄉（鎮）公所或其他政府機關出具之證明。

三、雷區土地所在二人以上四鄰證明或村（里）長出具之證明

書。

前項第三款出具證明書之四鄰證明人或村（里）長，於被證明
之事實發生期間，應設籍於申請返還土地所在或毗鄰之村（里）且
具有行為能力，並應會同權利人到場指界測量確認界址，經土地所
在地地政機關通知二次均未到場者，駁回其申請。上開證明書應載
明約計之土地面積及係證明人親自觀察之具體事實，而非推斷之結
果。證明人證明之占有期間戶籍如有他遷之情事者，申請人得另覓
證明人補足之。

第一項申請返還土地案件應檢具之證明文件有不全者，土地所
在地地政機關應通知申請人於三個月內補正；不能補正或屆期未補
正者，駁回之。經土地所在地地政機關審查無誤者，公告六個月，
並通知土地管理機關，公告期滿無人提出異議者，由土地所在地地
政機關辦理土地所有權移轉登記。原土地管理機關有繼續使用土地
之必要者，應依法向土地所有權人辦理租用、價購或徵收。

土地所在地地政機關辦理前項審查，當地縣政府、土地管理機
關及相關機關應配合會同辦理；公告期間如有他人提出異議，準用
土地法第五十九條第二項規定予以調處。

第一項申請返還土地，不受都市計畫法第五十二條、第五十三
條、土地法第二十五條、國有財產法第二十八條、第三十三條、第
三十五條或地方政府公產管理法令之限制。

第一項雷區範圍內之未登記土地辦理土地所有權第一次登記，
該土地於佈雷前已完成時效占有，因佈雷而喪失占有者，視為占有
不中斷；其登記案件審查之補正、公告期間及證明人之資格、條件
等，準用第三項及第四項規定。

(4) 中央編列預算支應離島建設，並編列離島建設基金補足

不論三離島縣或三離島鄉除非有特定財源，如金門縣有縣營金門酒廠，連

江縣有縣營馬祖和東引酒廠，否則離島財源主要依靠觀光和漁業。前者受限於地形和氣候，觀光每年祇有六個月光景；漁業在近海已因大陸漁民爭奪而感不足，復因走私，致漁民已成中盤商。基本上，離島自治體之年度預算，除金門酒廠經營得法，金門縣財政健全外，其餘皆須中央編列預算「**補助**」，方能如期完成年度歲入預算案之編列。

中央在離島條例已於第 15 條規定：「依本條例所為之離島開發建設，由中央政府編列預算專款支應，若有不足，由離島開發建設基金補足之。」此項「**專款因應**」的「**一般性補助**」規定，旨在因應連江、澎湖及蘭嶼、綠島、琉球的縣、鄉年度歲入預算嚴重不足部分。至因離島條例第十六條規定：「為加速離島建設，中央主管機關應設置離島建設基金，基金總額不得低於新臺幣三百億元。」則屬「**專案計畫型補助**」事項。

由於上揭離島條例之「**特種基金**」補助，不僅加速離島之開發建設，而且呈現中央照顧離島居民的作為，更具積極性和發展性；此係該條例甚受離島居民贊許之重要規制。當此縣(市)綜合開發計畫已廢止之際，行政院仍繼續辦理第五期(108-111 年)離島綜合建設實施方案，即在於展現離島建設基金之編列永續性，而且一般補助仍採「**專款編列**」政策的作為模式，不稍變動。由於離島尚有大型硬體建設，諸如金門大橋、南北竿大橋的興建；乃至澎湖大橋的維修，所費不貲，中央仍須以適時特別預算如前瞻基礎建設計畫支援之。

(二)設置離島優惠機制

政府對於軍公教人員進駐離島多年來即有「**地域加給**」[6]規定，足見政府早已了解人民在離島住居上有其不方便之處。因之，離島條例賦予離島民眾若干優惠措施，諸如：就醫、就學或交通，乃至免稅規定，應屬對離島民眾的保障措施，符合積極受益權的憲政主義。依先後修正之離島條例規定，各該離島

---

[6] 機關學校公教員工地域加給，依「加給表」規定，分為臺灣本島山僻地區(包含：偏遠、高山各分三或四級支給)及離島地區(分三級)。離島澎湖多為一級和二級，金門、馬祖屬三級；至綠島、蘭嶼二級，琉球一級，給付等級有所不同。

優惠機制，包括：

1. 租稅免稅規定

　　離島條例第 10 條規定，離島地區之營業人於當地銷售並交付使用之貨物和或於當地提供之勞務，免徵營業稅。離島地區之營業人進口並於當地銷售之商品，免徵關稅。政府為促進離島觀光，於離島條例第 10-1 條規定：

第 10-1 條　為促進離島之觀光，在澎湖、金門、馬祖、綠島、蘭嶼及琉球地區設置離島免稅購物商店者，應經當地縣（市）主管機關之同意後，向海關申請登記，經營銷售貨物予旅客，供攜出離島地區。

　　離島免稅購物商店進儲供銷售之貨物，應依關稅法規定辦理保稅進儲保稅倉庫。

　　離島免稅購物商店銷售貨物，營業稅稅率為零。

　　離島免稅購物商店自國外或保稅區進儲供銷售之貨物，在一定金額或數量範圍內銷售予旅客，並由其隨身攜出離島地區者，免徵關稅、貨物稅、菸酒稅及菸品健康福利捐。

　　離島免稅購物商店進儲供銷售國內產製之貨物，在一定金額或數量範圍內銷售予旅客，並由其隨身攜出離島地區者，免徵貨物稅、菸酒稅及菸品健康福利捐。

　　離島免稅購物商店設置之資格條件、申請程序、登記與變更、前二項所定之一定金額或數量、銷售對象、通關程序、提貨管理及其他應遵行事項之辦法，由財政部定之。

　　離島免稅購物商店違反依前項所定辦法有關登記之申請、變更或換發、銷售金額、數量或對象、通關程序、提貨管理及其他應遵行事項之規定者，海關得予警告，並限期改正或處新臺幣六千元以上三萬元以下罰鍰；並得按次處罰；連續處罰三次仍未完成改正者，得為三個月以上一年以下停業處分。

　　離島免稅購物商店銷售予旅客之貨物，其數量或金額超過第四

項及第五項之限額者，應依關稅法、貨物稅條例、菸酒稅法、加值型及非加值型營業稅法規定計算稅額，由旅客補繳關稅、貨物稅、菸酒稅、菸品健康福利捐及營業稅後，始得攜出離島地區。

2. 中央編列離島人民生活補助經費

中央對離島地區受教學生、醫療病患、基本生活支出及交通，曾陸續依離島條例規定，編列補助經費之相關預算。諸如：

(1) 學生因受教之經費補助

依離島條例第 12 條規定：

離島地區接受國民義務教育之學生，其書籍費及雜費，由教育部編列預算補助之。

因該離島無學校致有必要至臺灣本島或其他離島受義務教育之學生，其往返之交通費用，由教育部編列預算補助之。但學生因交通因素無法當日往返居住離島者，得以該交通費支付留宿於學校所在地區之必要生活費用。

該條例為保障離島地區學生之受教權，復於第 12-1 條規定，各該離島地區高級中等以下學校初聘教師應實際服務六年以上，始得提出申請介聘至臺灣本島地區學校。

(2) 專科醫師、病患、長期照顧及老人之經費補助

離島條例第 13 條規定：

為維護離島居民之生命安全及身體健康，行政院應編列預算，補助在離島開業之醫療機構、護理機構、長期照顧機構及其他醫事機構與該離島地區所缺乏之專科醫師，並訂定特別獎勵及輔導辦法。

六十五歲以上離島地區居民全民健康保險保險對象應自付之保險

費，由中央政府編列預算支應。

對於應由離島緊急送往臺灣本島就醫之急、重症病人暨陪同之醫護人員，其往返交通費用，由中央目的事業主管機關補助之。

對於有接受長期照顧服務必要之身心障礙者及老人，中央目的事業主管機關應編列經費補助。

為維護離島老人尊嚴與健康，中央目的事業主管機關應提供老人每二年一次比照公務人員健康檢查項目之體檢，其與老人福利法由直轄市、縣（市）主管機關當年提供之老人健康檢查之差額，由中央目的事業主管機關編列預算補助。

(3) 居民對外交通之經費補助

依離島條例第 15-1 條規定：

為促進離島地區居民對外交通便捷，凡與臺灣本島間對外交通費用，應由中央政府編列預算補貼，如係補貼票價者，金額不得低於其票價百分之三十。

前項票價補貼辦法，由交通部擬訂，報行政院核定之。

(4) 居民保送

依離島條例第 17 條第 2 項規定，離島地區教育文化應予保障，並訂定辦法保送居民至大學就學。

(三)開展兩岸交流試點

離島條例最具歷史性貢獻，即是針對兩岸交流訂定經由金門、馬祖及澎湖的直接通航規定。因該項交流措施係屬於「先行試辦」措施，在 2001 年正式試辦有年後，始於 2009 年馬英九政府開放臺灣與中國大陸的直接通航。前者謂之「小三通」(mini-three-links)；後者謂之「大三通」(three direct links)。依

離島條例第 18 條規定，於 2000 年 12 月 15 日，發布「**試辦金門馬祖與大陸地區通航實施辦法**」。歷經 18 次修正，始有現行「**試辦金門馬祖澎湖與大陸地區通航實施辦法**」規定。第 18 條規定：

> 為促進離島發展，在臺灣本島與大陸地區全面通航之前，得先行試辦金門、馬祖、澎湖地區與大陸地區通航，臺灣地區人民經許可後得憑相關入出境證件，經查驗後由試辦地區進入大陸地區，或由大陸地區進入試辦地區，不受臺灣地區與大陸地區人民關係條例等法令限制；其實施辦法，由行政院定之。

該小三通實施辦法，本規定於 2000 年 12 月 25 日施行，卻因政治考量延至 2002 年 1 月 1 日施行。據大陸委員會出版「兩岸經濟統計月報」第 310 期所載，自 2001 年至 2018 年 12 月底止，兩岸船舶往返航次共計 139,597 航次(如表 1)，人員返往來統計為金馬小三通入出境人數為 1,990 萬 2,268 人次(含臺灣、中國大陸及外國人民)(如表 2)。由表 1-1、表 1-2 統計，足見離島條例規制開放小三通兩岸通航機制以來，儘管 2009 年 7 月起，政府又開放大三通直航，仍有相當多人員依該通航途徑進出中國大陸，其經濟效益不論有形或潛在效益皆是值得肯定的重大成就。

表 1-1　金馬「小三通」航運往來統計

Table 16 Mini-Three Links：Number of Ships Traveling between
Kinmen/Matsu and Mainland China

單位(Unit): 每船舶往返航次(ships), %

期間 Period	我方船舶往返 Ships from Taiwan (round trip)				中國大陸船舶 Ships from Mainland China (round trip)				合計 Total	
	金門－廈門 Kinmen to Xiamen	馬祖－福州 Matsu to Fuzhou	小計 Sub- Total	年增率 Annual Growth Rate	廈門－金門 Xiamen to Kinmen	福州－馬祖 Fuzhou to Matsu	小計 Sub- Total	年增率 Annual Growth Rate	總航次 Total	年增率 Annual Growth Rate
2001-2008	11,421	3,393	14,814	－	9,455	3,004	12,459	－	27,273	－
2009	5,901	1,383	7,284	35.3	2,814	400	3,214	22.8	10,498	31.2

2010	6,309	1,189	7,498	2.9	3,401	385	3,786	17.8	11,284	7.5
2011	6,489	1,351	7,840	4.6	3,712	331	4,043	6.8	11,883	5.3
2012	6,393	1,101	7,494	-4.4	3,857	341	4,198	3.8	11,692	-1.6
2013	5,943	977	6,920	-7.7	4,430	263	4,693	11.8	11,613	-0.7
2014	5,683	609	6,292	-9.1	4,493	248	4,741	1.0	11,033	-5.0
2015	5,047	778	5,825	-7.4	4,604	225	4,829	1.9	10,654	-3.4
2016	5,141	1,030	6,171	5.9	4,194	508	4,702	-2.6	10,873	2.1
2017	4,755	976	5,731	-7.1	5,286	526	5,812	23.6	11,543	6.2
12月 Dec.	412	75	487	-16.3	464	36	500	16.0	987	-2.6
2018										
1月 Jan.	411	75	486	7.3	455	42	497	3.3	983	5.2
2月 Feb.	309	48	357	-17.6	397	34	431	-8.3	788	-12.7
3月 Mar.	411	71	482	-7.5	451	43	494	-4.6	976	-6.1
4月 Apr.	409	70	479	-7.9	437	42	479	7.4	958	-0.8
5月 May.	432	69	501	1.2	462	51	513	5.3	1,014	3.3
6月 Jun.	399	68	467	-4.7	452	51	503	3.9	970	-0.4
7月 Jul.	407	67	474	3.0	442	51	493	-2.2	967	0.3
8月 Aug.	409	69	478	-3.0	406	52	458	-10.4	936	-6.8
9月 Sep.	409	63	472	1.5	366	46	412	-12.2	884	-5.4
10月 Oct.	397	57	454	3.2	398	52	450	-2.8	904	0.1
11月 Nov.	407	68	475	0.2	407	46	453	-5.4	928	-2.6
12月 Dec.	440	56	496	1.8	404	43	447	-10.6	943	-4.5
1-12月 Jan.- Dec.	4,840	781	5,621	-1.9	5,077	553	5,630	-3.1	11,251	-2.5
合計Total	67,922	13,568	81,490	—	51,323	6,784	58,107	—	139,597	—

註：1. 金馬「小三通」往來自 2001 年 1 月 1 日實施。
　　2. 年增率係指較上年同期增減比例。資料來源：我國交通部航港局。(本研究 2019/3/19 網路下載)

Note: 1. Kinmen Matsu Mini-Three Links policy was practiced from January 01, 2001.
　　2. Annual growth rate is the year-on-year growth rate. Source: Maritime and Port Bureau, MOTC, ROC.

表 1-2　金馬地區歷年小三通人數統計

Table 19 Mini-Three Links：Number of Visitor Arrivals/Departures in Kinmen/Matsu

單位(Unit)：人次(Numbers)

期　間 Period	入境人數 Visitor Arrivals				出境人數 Visitors Departures				入出境 人數合計 Total
	臺灣地區 人民 From Taiwan	中國大陸 地區人民 From Mainland China	外國人民 From other countries	總人數 Sub-total	臺灣地區 人民 From Taiwan	中國大陸 地區人民 From Mainland China	外國人民 From other countries	總人數 Sub-total	
2001-2008	1,674,872	176,140	2,089	1,853,101	1,697,316	174,133	2,528	1,873,977	3,727,078
2009	565,529	108,067	10,419	684,015	568,724	109,358	10,308	688,390	1,372,405
2010	531,439	174,533	12,533	718,505	531,002	180,703	12,360	724,065	1,442,570
2011	539,200	199,801	15,735	754,736	538,781	204,847	15,654	759,282	1,514,018
2012	524,957	197,485	16,750	739,192	519,036	218,467	16,753	754,256	1,493,448
2013	509,706	163,867	18,284	691,857	500,369	187,823	17,965	706,157	1,398,014
2014	522,084	230,458	21,946	774,488	511,124	250,770	21,520	783,414	1,557,902
2015	527,826	351,170	19,939	898,935	517,847	371,105	19,488	908,440	1,807,375
2016	520,835	364,380	20,528	905,743	510,009	375,436	20,134	905,579	1,811,322
2017	521,171	365,390	21,470	908,031	515,896	366,722	21,450	904,068	1,812,099
12月　Dec.	44,604	36,868	2,804	84,276	42,929	35,089	2,834	80,852	165,128
2018									
1月　Jan.	38,627	23,863	1,534	64,024	39,967	27,108	1,581	68,656	132,680
2月　Feb.	40,877	31,451	1,272	73,600	39,846	31,982	1,235	73,063	146,663
3月　Mar.	43,008	27,921	2,211	73,140	42,136	25,049	2,091	69,276	142,416
4月　Apr.	49,264	36,114	2,336	87,714	47,819	35,007	2,321	85,147	172,861
5月　May.	42,747	31,525	1,888	76,160	44,633	35,349	1,903	81,885	158,045
6月　Jun.	48,573	29,386	1,784	79,743	49,849	28,435	1,762	80,046	159,789
7月　Jul.	53,031	32,828	1,431	87,290	53,230	33,899	1,472	88,601	175,891
8月　Aug.	52,016	44,704	1,417	98,137	49,827	45,310	1,414	96,551	194,688
9月　Sep.	45,381	30,783	1,644	77,808	41,026	27,697	1,506	70,229	148,037
10月　Oct.	45,648	43,507	2,104	91,259	49,855	46,441	2,224	98,520	189,779

11月 Nov.	43,587	36,164	2,525	82,276	42,940	36,020	2,440	81,400	163,676
12月 Dec.	47,457	41,991	2,938	92,386	46,910	39,355	2,861	89,126	181,512
1-12月 Jan.- Dec.	550,216	410,237	23,084	983,537	548,038	411,652	22,810	982,500	1,966,037
合計Total	6,987,835	2,741,528	182,777	9,912,140	6,958,142	2,851,016	180,970	9,990,128	19,902,268

註：1. 金馬「小三通」往來自 90 年 1 月 1 日實施。
2. 有關「小三通」人員往來統計，自 203 期(98 年 10 月)起將直接引用內政部入出國及移民署公布之「歷年試辦金馬小三通統計表」之統計資料，避免因公布項目差異，引起統計數據不同之誤解。
3. 為真實反映「小三通」入出境情形，自 106 年 2 月起調整統計表列，增列外國人民入出境人數統計，並追溯自實施日起。資料來源：我國內政部入出國及移民署。(本研究 2019/3/17 網路下載)
Note: 1. Kinmen/Matsu Mini-Three Links policy was practiced from January 01, 2001.
2. To avoid the misunderstanding of statistics due to different announced items. These data from No.203/Oct. 2009 referred to "Mini-Three Links between Kinmen/Matsu and the Mainland China" announced by National Immigration Agency.
3. The statistics included foreigners since February 2017.Source: National Immigration Agency, Ministry of the Interior of Taiwan, ROC.

(四)展現離島發展新局

　　澎金馬未來的發展取向，在多次建議修正離島條例草案時，曾有「金門酒廠、馬祖賭場、澎湖電廠」之構想，但因提議人已任期屆滿，或客觀條件不配合，而致馬祖賭場功敗垂成，澎湖電廠雖有運作，但為離岸風電所取代。是以離島條例就促進離島發展言之，尚有積極策進的法制空間。儘管立法環境不盡理想，但澎金馬籍立法委員所積極推動的增訂「博弈條款」(casino clause)，卻是曇花一現。該條款為第 10-2 條規定：

　　　　開放離島設置觀光賭場，應依公民投票法先辦理地方性公民投票，其公民投票案投票結果，應經有效投票數超過二分之一同意，投票人數不受縣（市）投票權人總數二分之一以上之限制。
　　　　前項觀光賭場應附設於國際觀光度假區內。國際觀光度假區之設施應另包含國際觀光旅館、觀光旅遊設施、國際會議展覽設施、購物商場及其

他發展觀光有關之服務設施。

國際觀光度假區之投資計畫，應向中央觀光主管機關提出申請；其申請時程、審核標準及相關程序等事項，由中央觀光主管機關訂定，報請行政院同意後公布之。

有關觀光賭場之申請程序、設置標準、執照核發、執照費、博弈特別稅及相關監督管理等事項，另以法律定之。

依前項法律特許經營觀光賭場及從事博弈活動者，不適用刑法賭博罪章之規定。

博弈條款公布施行後，澎金馬皆曾依法辦理公民投票(referendum)，卻祇有馬祖通過於複合式觀光度假區附設「**觀光賭場**」的門檻，卻因該條例第 4 項的「博弈專法」未能在立法院完成立法，而致不了了之。

儘管法制不備而使離島複合式觀光度假區(integrated resort area)未克即時設置，但離島發展願景已隱然出現；此即發展觀光係各該離島的最具潛力資源。目前在法制上，如離島條例第 11 條規定：

各離島駐軍或軍事單位，在不妨礙國防及離島軍事安全之原則下，應積極配合離島各項建設，並隨時檢討其軍事防務，改進各種不合時宜之軍事管制措施。

為辦理前項事項，行政院應每年定期召集國防部及相關部會、當地民意代表及社會人士，舉行檢討會議，提出配合離島建設與發展之具體措施。

即是排除軍管濫用土地的必要規範。其實軍管之諸多軍事基地及設施，正由國防部檢討後釋出各該縣政府，由縣政府以「文化資產」規劃，並由金馬主管機關研議申請世界文化遺產，以充實各該縣境耀眼之觀光資源。質言之，離島條例在開展離島新局方面，已有很具體的法制設計，祇有賴相關政府機關的協力治理。

四、當前離島法制上的議題建議

　　儘管離島條例在過去 20 年的離島建設上，有其卓越的成就；但就發展旅程言之，這些成就祇是階段性任務的完成。未來需要努力者，可能非該條例所可能勝任。說明如下：

(一)設立離島經濟特區

　　離島的自然生態奇特，適合發展觀光。除觀光外，受限於地狹人少，農作產量有限，發展經濟的市場規模偏小，屬於內部不經濟(internal diseconomy)的類型。因之，離島的經濟發展，宜以設置經濟自由貿易區(Economic Free Trade Zones; EFTZs)的方式發展經濟(development economy)，可能是最好的選擇。了解「經濟自由貿易區」，宜先了解「自由經濟區」(Free Economic Zone; FEZ)，係指國家為發展經濟，擴大對外貿易，在國內適當地區劃出一定區域，實施諸如豁免海關管制，減免稅收等特殊優惠政策的地區言之。自由經濟區可分為自由貿易區(Free Trade Zone)，保稅區、出口加工區、科學工業園區等類型。自由經濟區的特性，包括：設區若限於外向性；即利用國外生產因素，發展外向型經濟，旨在吸引外資以促進國內經濟成長和開展對外經濟。採取區域經濟模式；即在國內劃定特區實施開放經濟的模式，並且採行若干優惠措施，諸如：免除進出口關稅、減免所得稅、營業稅等。其管理手段有其特殊性，即運用經濟方法，依賴經濟槓桿之調節作用，促使外資進駐，達致外商投資增加，國內科技提升等級，從而帶動各該區域之繁榮，並有優化區域經濟的傾向。就自由貿易區言之，其可再分成免稅貿易區、自由關稅區、保稅區等。由於該特定區域是以國際貿易為主要職能，外國商品可以自由進入，在該區域內自由儲存、分類、包裝和簡單再加工，然後免稅出口，並准許經營出口加工，開設工廠型企業，甚至經營房地產、金融、商務、資訊等業務，以使經濟發展。質言之，經濟自由貿易區即以優惠措施，鼓勵外資進駐，並且免稅進出口，以拓展商貿的經濟發展模式，達致活絡經濟，帶動國家經濟的區域經濟體制。離島早有此

構想，卻因相關法制未能完成立法，而致特區無由設置。

　　目前臺灣僅有依「自由貿易港區設置管理條例」設立的「自由貿易港區」
(Free Trade Port Zone)，係經行政院核定的國際港口、航空站，包括：高雄、
臺中、臺北、基隆、蘇澳及安平等六港區及桃園空港，如圖1-3所示，並未包
括三個離島縣所轄的國內港，如：金門、馬祖、澎湖，皆有供小三通之國際商
港，卻因規模小，港埠面積很受限制。因之，離島唯有以全縣境：尤其金門、
馬祖應以鎮（鄉）之規模設置自由經濟區。此在「自由經濟示範區特別條例」
[7]草案遲遲不能完成立法情況下，離島如為發展經濟之需要，祇有依離島特別
法制增列規定，始得設置自由經濟區實施各項自由經濟機制。

臺北港
桃園空港
基隆港
蘇澳港
臺中港
安平港
高雄港

圖1-3　台灣自由貿易港區

資料來源：行政院核定資料(2019/3/18 網站下載)

---

[7]　自由經濟示範區特別條例草案於2013年12月26日，馬英九政府時代的行政院會通過函送立法院審
　　議至今，未完成立法；其實民進黨執政後，並未再函送立法院審議，該草案已不存在。

　　因自由貿易區機制涉及租稅減免規定，在「租稅法律主義」的法治國原則下，以離島條例之現行立法例設置，將如同該條例雖允許在複合式觀光度假區附設觀光賭場，且完成公民投票可決程序，卻因博弈條款另須特別立法，而該特別立法又因立法院另有政治考量，而致「博弈觀光」僅是曇花一現而已。離島如擬設置自由經濟區在法制上可能分二階段，前階段在離島基本法規定設置自由經濟區條款；後階段係依基本法授權訂定如同小三通的法規命令。必要時，將租稅減免規定，於離島基本法有較為周詳的規定，如同地方制度法第76 條將「代行處理」作較為詳盡的規定，以避免省縣自治法或直轄市自治法對「代行處理」授權立法所造成的立法延宕。地方制度法形式上雖無「基本法」或「基準法」之法定名，實質上即是具有「基本法」性質。一般學界尚將該法視為憲法法性質。該法第 87 條規定：「**本法公布施行後，相關法規應配合制（訂）定、修正。未制（訂）定、修正前，現行法規不牴觸本法規定部分，仍繼續適用；其關於（鎮、市）之規定，山地原住民區準用之。**」即說明基本法的上位法定位，可供未來研擬離島基本法草案之參考。

(二)開設離島試點機制

　　制度設計需要試點，乃是制度化的必要過程。離島因地理環境及人文社會生態特殊，如將制度全面實施前，能先在離島試行，不僅可減少制度失敗的社會成本（social cost）之累積，而且可增進制度完備的社會資本(social capital)成長。離島在過去的發展過程中，即有若干試行的經驗，除本研究言及的試辦小三通外，其他諸如:實施九年國民義務教育或十二年國民基本教育，辦理中小學生的營養午餐，形同大學入學繁星機制的離島學生保送制度，皆因離島施行多年後，以其經驗化為制度化機制之設計。

　　此種試點機制如能由離島法制上先行設計，經驗上肯定制度的可行性，應可在施行後減少失誤情形。蔡英文政府成立後，因若干措施欠缺經驗傳承或是制度設計不夠周延，而使多項改革措施不得不中途有所調整，如早先的一例一休機制。因之，未來離島基本法如能將若干可先行在離島實施的制度，以「試

點方式」在離島條例中規制，並且在離島先行試辦；亦即此種具有「試驗」性質的行政行為，如能在離島先行辦理，不僅可減少政府失靈的窘狀，且可因政策完備而強化民眾對國家的認同；尤其地方政府的施政需要龐大的資本額，如可在離島以小額的方式調整機制，以增進民眾福祉，且可爭取到更多的民眾之諒解，以呈現政治參與的價值，而展現離島的政經發展作為，相信對離島的民主政治發展，有其值得嘉許之處。

(三)強化離島發展條件

由香港、澳門的殖民地經驗，發現離島的政治文化，對於離島的發展，具有顯著的影響作用。但政治文化並非一夜形成，而且需要長時間的醞釀，始可成為可長可久的文化模式。離島的發展條件，就金馬澎作一比較，當以金門較佳，此並非金門的天然條件好，而是金門在人文社會的發展優勢，加上經營產業成功所致。此種人文社會的發展優勢極需要後天的條件充實。政府在金門的投資，可由軍管時期開始，不僅加強防務，亦在自然環境，社會經濟上多所作為，始有當今的發展局面。

離島條例因是「建設立法」而非「綜合立法」。其在立法上已有其限制；尤其在多次修正和增訂條款後，發現該離島條例立法體例上如再充實其他發展條件，由多次的修正經驗上，中央相關主管機關並不易肯認和支持；肇致修正條文常需曠日費時，始可完成立法。此種立法延宕情形，正說明離島法制上有需要重大調整，始可順利展現新局。

(四)推動離島中繼功能

臺灣與中國大陸是經濟發展上的依賴關係(interdependent relations)，此乃可確認的事實；在文化發展上的傳承、發揚，乃至競爭的情形，亦是不可諱言的存在現象，在如此法制生態下，離島正可扮演中繼的角色與功能；但在小三通以前，幾乎看不出這種中繼角色的作用，在經由小三通後，離島已不再是偏遠地區，而是發展兩岸關係的試金石；亦是活絡兩岸關係的最短距離。

正如「兩門對開，兩馬先行」所意含的互動功能。嗣後兩岸的發展，這些離島絕不可能缺席。因此，政府應在法制上健全離島，促使離島能更積極的呈現與大陸的互動治理(interactive governance)。這些建設性作為，在法制上需要更完整的制度設計(institution design)，而且需要上下位法制的結構性設計，始克獲致。

五、由離島建設條例修正為基本法的可行性分析

在離島縣於 2011 年自行發起「離島首長聯席會議」，翌年國家發展委員會前身行政院經濟建設委員會基於「離島區域合作」需要，協助輔導成立「離島區域合作平臺」，先後由澎金馬輪流主辦「共通議題與願景」的相關會議，包括：先副首長會議再首長會議後，向中央提出政策訴求。該平臺係跨域合作治理的典範，卻因改組後逐漸淡化，在 2017 年辦理「推動修正『離島建設條例』公聽會簡報」及澎金馬首長會議後，即停止該離島區域合作平臺的機制，不無遺憾之處。

在行政院金馬聯合服務中心協同澎金馬辦理「推動修正『離島建設條例』公聽會」過程中，因有諸多事涉修正離島建設條例之建議，曾有公聽會人員詢問與會的學者專家意見，經銘傳大學社會科學院前院長紀俊臣博士首先就立法技術(legislative technology)分析。略以：當前的修法建議，已非離島建設條例立法體例所得滿足離島民眾在法制上需求，認為宜參考「原住民族基本法」之立法經驗，先以上位法之法效力制定「離島基本法」後，再制定下位法之執行性法制，應屬比較可行的健全離島法制走向。

儘管離島區域合作平臺已停止運作，但 2018 年 8 月 24 日，行政院金馬聯合服務中心即以「福建省政府」名義，委託中國地方自治學會盛大舉辦「離島建設條例之檢視與策進國際學術研討會」。依該研討會之成果報告，顯示修改模式傾向制定基本法的意向頗為強烈（中國地方自治學會，2018）。

本研究茲依該次研討會的成果報告，分析制定離島基本法之可行性：

(一)基本法可強化離島生態作為

如前述原住民族基本法係依憲法增修條文規制意旨，所制定的憲法法[8]。其法效力如由該法第一條似看不出具有「上位法」的規制。該法第 1 條規定：「為保障原住民族基本權利，促進原住民族生存發展，建立共存共榮之族群關係，特制定本法。」充其量是「特別法」而已，本研究所以認為其為上位法，係由該法曾明文規定「……另以法律定之」的「法律委託」(legal legislation) 立法例，即知該基本法為上位法。蓋原住民族基本法全文 35 條，卻有多達 13 條涉及法律委託制定下位法或法規命令情形。該基本法授權立法部分已有原住民組織、身分、語言、工作權、傳統智慧創作、保留地等 7 種法案已完成立法。該類立法涉及原住民族的權利，已使原住民族保障法制更加完備，遠非其他少數族群之法制可比。質言之，對於離島民眾的保障既同為憲法增修條文之「同條款」所明文保障，如由系列法制的保障完備考量，允宜適時推動建構離島基本法之體系。

憲法增修條文所列舉的規制事項，至少包含：族群地位、族群政治參與、教育文化、交通水利、衛生醫療、經濟土地及社會福利事業等七大事項。該等事項可謂係離島生態上的基本作為，如不由基本法先予以提示性規制 (regulated)；再經法律委託的模式，以規制各該公共政策之執行立法，將無由滿足離島民眾之法治需求。復查原住民族基本法第 34 條規定：

> 主管機關應於本法施行後三年內，依本法之原則修正、制定或廢止相關法令。

---

8 所謂「憲法法」係就其憲法委託的立法，而在法制上視為具有上位法的法效力，且在國家考試為憲法的考試範圍者。目前國考就憲法科目，其範圍並不祇限於憲法、憲法增修條文外，尚包括五院組織法、地方制度法及其他重要法制。

前項法令制（訂）定、修正或廢止前，由中央原住民族主管機關會同中央目的事業主管機關，依本法之原則解釋、適用之。

的立法例，即可實質形塑具有「上位法」效力的基本法模式。換言之，離島基本法如在條文之末，設定類似文字的規制，一般外界所疑慮的中央法規標準法並未明定「基本法」具有上位法之「法效力」問題，即可迎刃而解。

(二)基本法可設計離島經濟特區

對於離島在經濟上的困境，可謂先天不足，後天失調。此係指離島缺乏豐富的天然資源，亦因政府長期忽略對離島的投資，以致離島基礎建設落後本島。在區域經濟(regional economy)上自然屬於艱困地區。但離島可透過經濟特區的設置，藉以開拓經濟發展的良好機會，對國外離島設立經濟特區著有研究的會計師林宜賢，曾以〈國外離島稅制之建制對臺灣之啟示〉一文（林宜賢，2018）指出，臺灣針對離島之稅制較類似美國離島，唯臺灣離島租稅減免係以本國稅制為主；反之，美國離島所適用投資企業所得稅優惠範圍，遠大於美國本土，此係臺灣離島所完全欠缺者。

林宜賢建議臺灣離島可以參考英、荷離島稅制；即以「免稅島」或「低稅島」；亦即特定商品交易適用免稅，而特定行業所得採用低稅率的方向，設計自由經濟區，以提升國家的人流、金流、服務貿易為重點，提供觀光、休閒、育樂、醫療、金融服務，給國內外消費者，或國際投資型企業。關於國外離島優惠措施，如表 1-3 所示。此項優惠措施，自唯有成立自由經濟區，始能在較短時間內即可看到離島經濟的成長。

本研究深信政府對於離島的經濟成長模式，即是採用基本法的立法體例。在完成立法後，即辦理離島為執行上揭公共政策制定下位法的情狀。一旦政府推動離島基本法之法制，係最可提供離島民眾使用的全方位「經濟自由化」(economic liberalization)的特區設計。在離島基本法明定「離島自由經濟區」設置原則，並授權另以法律和法規命令模式制定下位執行法之後，政府即可依該

法律委託制定「自經區」法制，以使離島自由經濟區的單獨立法，可以在本島尚無動靜的立法怠惰中邁向新局。

表 1-3　我國離島與世界主要離島租稅比較

離島名稱	面積平方公里	人口萬人	關稅	營業稅銷售稅	企業所得稅	所得稅優惠	海外投資所得	支付海外股利
澎湖群島	128	10	部分免稅	免稅	20%	無	20%外國稅額扣抵	21%
金門列島	152	13	部分免稅	免稅	20%	無	20%外國稅額扣抵	21%
馬祖列島	30	1.3	部分免稅	免稅	20%	無	20%外國稅額扣抵	21%
美屬薩摩亞	199	5.5	部分免稅	不課徵	21%	部分或全部免稅	21%外國稅額扣抵	30%
美屬關島	544	16	部分免稅	4%	21%	部分或全部免稅	21%外國稅額扣抵	30%
美屬北馬里雅納群島	463	6	部分免稅	不課徵	21%	部分或全部免稅	21%外國稅額扣抵	30%
美屬維京群島	344	10	部分免稅	不課徵	21%	部分或全部免稅	21%外國稅額扣抵	30%
英屬格恩西島	78	7	全部免稅	不課徵	0%金融10%、當地零	一般行業均免稅	免稅	免稅

					售20%			
英屬澤西島	118	10	全部免稅	不課徵	0%金融10%、當地零售20%	一般行業均免稅	免稅	免稅
英屬開曼群島	260	5	全部免稅	不課徵	0%	免稅	免稅	免稅
荷屬阿魯巴島	193	10	全部免稅	1.5%	28%國際運輸業8%	部分或全部免稅	免稅	免稅
荷屬古拉索島	444	18	全部免稅	6%	27.5%國際運輸業8%	部分或全部免稅	免稅	免稅
荷屬聖馬丁島	34	8	全部免稅	5%	34.5%國際運輸業9%	部分或全部免稅	免稅	免稅
馬來西亞納閩島	92	10	全部免稅	不課徵	3%或馬幣$20,000	採固定低稅負制度	免稅	免稅

資料來源：林宜賢（2018：130-131）

(三)基本法可設計離島和平專區

兩岸關係曾由冷凍發展至熱絡的和平階段；兩岸關係亦在 2016 年以來重由熱絡傾向冷凍；甚至對立的階段。2020 年蔡英文連任第 15 任中華民國總統，兩岸關係更將陷入冰冷的局面，離島在兩岸互動上的重要性更顯得重要。此乃兩岸生活在不同社會的華人所共同體認的可能政治發展。儘管未來的變化令人關心，且呈現不少憂心。但如何設計適當機制以化解危機，這是兩岸關係的負責人責無旁貸的歷史使命。質言之，當前比較可行的途徑之一，就是兩岸的直

接通航或說經由小三通和大三通的通航絕對不能中斷，始有進一步轉緩的餘地。

維持通航外，就是加重金馬澎的離島角色；如果能將金馬澎或金馬列為兩岸發展的「和平專區」(peace zone or demilitarized zone ; DMZ)，以緩和兩岸的軍事衝突，亦是較為可行的途徑。金馬的中繼定位，如能經由離島基本法的規制，自然更具法效力。雖說離島建設條例亦可承擔此項歷史任務，但就長遠的發展，如能以離島基本法設定金馬的「和平地區」定位，再依法授權訂定執行性法規命令，將使金馬角色可更加明確化，而且若干涉及往來的權益措施和必要機制設計，甚至需要執行性「法律」，更有賴離島基本法之法律委託，始可完備離島法體系。

(四)基本法可活化離島文化資產

金馬澎雖是離島，卻是華南一帶中國人移居的重要據點，其在歷史上的定位，除馬祖大丘出土的「亮島遺址」文物可資證明外，由金門的文風鼎盛，以及科舉人才的備出，亦有諸多可供參證之處。不僅如此，金門與澎湖皆是華人社會中文化資產特別豐富的離島，不僅天然資源是文化資產(cultural heritage)，而且尚有明清以迄後來外國入侵的諸多遺跡。由這些遺跡可以了解移民的艱辛，亦能體驗離島曾是風華的記憶。金馬人士曾與縣政府努力申請世界文化遺產，雖至今尚未經聯合國科學文化教育組織核定，但具有世界級的文化資產，則是不爭的事實。政府雖已將多處指定為國定古蹟，但管理效能仍有待積極強化。金馬澎如能經由離島基本法的綱領性規制，而設定為華人社會的文化資產基地，並授權編列預算維修，將對澎金馬的歷史定位、觀光發展皆產生更具肯認和發揚的政經效應。

此外，金馬離島的海洋資源曾是西太平洋國家覬覦的焦點或標的物。其實數百年來的交戰，其海下的文化資產，應是可觀的歷史記憶。政府已制定「水下文化資產保存法」，可據以探索該等「水下文化資產」(underwater cultural heritage)，但離島情況特殊，如能經由制定離島基本法，賦予離島縣政府的維

修權能,以及水下文化資產的採掘與管理條件與責任,即可加強金馬澎的文化資產管理能力。此對歸屬國家、社會的無形資產或有形文物,均將可得到更具積極性的管理效果。目前以離島建設條例尚缺此一方面的規定,應係離島法制有所不濟之故。是以,如由基本法規制需求言之,即在文化資產方面,即屬相當殷切之事項。

(五)基本法可建構離島政治模式

離島政治機制係依地方制度法規定運作,與本島各縣(市)及鄉(鎮、市)的機制完全一致。固然是平權的積極保護作為,但就金馬澎人口偏低,而政治保障卻不稍減少言之,常淪為學界指摘是「代表性」(representative)尚有欠缺者。為使離島可以具有適宜的政治制度,實宜參考外國立法例,在離島基本法中加以規制離島的政治制度,以使離島的政治制度「特區化」(special pattern of off-islands political system)。此項構想以當前法制似由不可行之處,但以基本法模式另定機制,並以暫行的模式設計,則有其可行之處。

蓋依司法院釋字第 769 號解釋意指「省縣制度」係「以法律定之」為憲法增修條文所明定;即以「憲法委託」方式下以「法律」為特別規定。此即以離島基本法或在地方制度法中有特別條款的制度設計,皆屬可以積極研擬組織改革的事項。離島政治制度的特殊化或與本島一致化,固然見仁見智,但能有利於離島人民生活機能的提昇,而且達致強化離島民眾的政治參與,應係機制設計上承受憲法增修條文委託意旨的真義所在。

六、結語:離島基本法應係當前健全離島法制的良制

以上針對臺灣的金馬澎離島縣,乃至蘭嶼、綠島及琉球三離島鄉的適用法制進行分析,發現施行已達 20 年之久的離島建設條例,對於離島的地方發展貢獻頗為積極和精進。應可說功不可沒;唯因離島問題不僅在解決「建設性問

題」，尚有若干屬於憲法法的問題，需要以「基本法」的上位法定位做完整性的機制設計，始克看到更具發展性的離島健全法制。

　　本研究深切主張在離島建設條例已完成階段性任務後，適宜研擬離島基本法，並由該基本法授權制定下位的執行性法律或法規命令，以形塑完備的離島法體系，正如同政府近些年來在「原住民族法制」上的積極作為。相信健全離島法制體系對於離島的地方發展，將會展現亮眼的地方創生或區域經濟的新里程。

參考書目

以色列基本法(Basic Law：Jerusalem, Capital of Israel)

立法院法制局(2011)，〈有關中央法規標準法及立法院職權行使法修正方向座談會〉紀錄。臺北：立法院法制局。

匈牙利基本法(The Fundamental Law of Hungary)

行政院法規委員會(2003)，《第一次諮詢會議紀錄：諮詢會議紀錄彙編第一輯》。臺北：行政院法規委員會。

行政院金馬聯合服務中心(2017)，《推動修正「離島建設條例」公聽會剪報資料及會議紀錄》。

沖繩振興特別措施法(平成14年3月31日法律的14號)

沙烏地阿拉伯治國基本法

林宜賢(2018)，〈外國離島稅制之建置對臺灣之啟示〉，中國地方自治學會，《離島建設條例之檢視與策進國際學術研討會成果報告》，115-140。

金馬澎湖離島聯盟(2017)，〈離島(澎湖、金門及馬祖)人民基本法草案〉

建立濟州特別自治道暨開發國際自由城市特別法

紀俊臣(2012)，〈離島建設條例修正案問題聚焦之研究成果報告書〉，金門縣政府委託研究報告(案號：10111030106)

紀俊臣(2018),〈離島基本法之立法可行性分析〉,《中國地方自治》,71(8):
　　4-26。

紀俊臣(2018),〈離島發展與地方創生:馬祖生態之構想〉,《中國地方自治》,
　　71(11):3-26。

國立臺灣大學建築與城鄉研究發展基金會

　　〈離島區域合作平臺104年度策略規劃暨福島執行計畫總結工作成果報告〉

　　1. 日本沖繩振興特別措施法

　　2. 南韓建立濟州特別自治道暨開發國際自由城市特別法

　　〈離島區域合作平臺105年度策略規劃暨福島執行計畫總結工作成果報告〉

　　1. 日本沖繩:國際物流據點之形成

　　2. 南韓濟州

　　3. 轉型修(立)法之課題分析與建議

德意志聯邦共和國基本法

蔡秀卿(2002),〈基本法之意義與課題〉,載於《當代公法新論(中)》。翁岳生教
　　授七秩誕辰祝壽論文集。臺北:元照出版公司。

蔡福昌(2018),〈離島建設條例當代缺失因應策略〉,載於《2018翻轉離島法制
　　而討會論文集》。臺北:中華金門同鄉會。

羅傳賢(2004),〈基本法優先適用問題之研析〉,載於氏著《國會與立法技術》。
　　臺北:五南圖書出版公司,137-153。

Cayman Islands, *Offshore Legal and Tax Regimes*.

Google, *Fundamental Legal definition of Fundamental Law,* Download, Start, *What
　　is Fundamental Law?*

Russia (1906), *Fundamental Laws.*

Tax Update, *The Canary Islands, Ceuta and Melilla Spanish Special Tax
　　Territories.*

Wikipedia (2018), *Basic Law for the Federal Republic of Germany.*

Wikipedia (25 April 2011), 基本法

貳、離島基本法之立法可行性分析

紀俊臣

銘傳大學公共事務學系客座教授

一、前言：離島建設條例有極卓越的階段性法制上貢獻，應予肯定

西元 2000 年係第二個「千禧年」(millennium)，就世界秩序而言，正是美中大國取代美蘇大國的伊始。此種不對稱的「大國關係」(great powers relations)，改變中國在世界的地位；中國人亦由「東亞病夫」變成「黃禍/巨人」(yellow peril/ Titan)。就中國崛起言之，第二個千禧年確實是中國人揚眉吐氣的世代來臨；就身為中國人，又為臺灣人的中華民國國民，對於中國的崛起不僅應樂觀其成，亦且要共襄盛舉，俾由共生共榮中體會「共融」(common fusion) 的兩岸發展價值。

事實上，第二個千禧年，中華民國在臺灣的政府正進行第一次政黨輪替 (party alernation)；即由長期在野的民主進步黨(Democratic Progressive Party：DPP) 取代長期在朝的中國國民黨 (Kuomintang ； KMT) 成為執政黨 (the Government party)。就在民進黨執政前夕[1]，國民黨政府公布施行「離島建設條例」(Off-islands Development Act) ，旨在針對金門、馬祖(法稱連江)、澎湖三

---

[1] 民進黨籍陳水扁於 2000 年 5 月 20 日宣誓就職出任中華民國第 10 任總統。

個離島縣，加速展開政經建設，促使上揭離島縣及三個離島鄉[2]，能與本島其他地方同步，甚至因其特色之開發而迎頭趕上，乃至後來居上。該條例除在推動各該離島建設具有歷史性的顯著成就之貢獻外，就是制定第十八條事涉「小三通」(mini three links)的條款，開啟兩岸通航的契機；此應係該條例所為最顯著政策發展階段功能之規制成就標的。

　　儘管離島建設條例有其特殊的規制作用，但施行至今已歷經十一次的修正；亦正顯示該條例的不斷「修正」，或因欠缺整體的規劃，不免有頭痛醫頭，腳痛醫腳的偏執立法而顯其缺漏之處。因之，如何在法制上企求其政策治理 (policy governance)的完備，則是離島建設條例另一階段性任務的規制作為所在。鑑於憲法增修條文第十條第十二項規定：

　　　　國家應依民族意願，保障原住民族之地位及政治參與，並對其教育文化、交通水利、衛生醫療、經濟土地及社會福利事業予以保障扶助並促其發展，其辦法另以法律定之。對於澎湖、金門及馬祖地區人民亦同。

因前者已於 2005 年 2 月 5 日，公布施行「**原住民族基本法**」。施行 15 年來，不僅祗修正 4 次，而且已依該基本法之授權，制定諸如：身分、語言、工作、教育、智慧創作等 8 種專法；其他最受各界關注的「自治法」，亦正由立法院審議中。此種針對原住民族地位及政治參與之保障，以及事涉原住民族之教育文化、交通水利、衛生醫療、經濟土地及社會福利事業之保障所為之法制，包括：法律、法規命令或行政規則等，已為臺灣原住民族法體系建構雛形，且尚在不斷提昇其法制保障，以策進法體系之健全[3]。就與原住民族同列憲法增修

---

[2]　所稱離島鄉係指屏東縣的琉球鄉、臺東縣的蘭嶼鄉及綠島鄉。

[3]　2018 年 4 月 9 日，行政院院長賴清德在主持「行政院原住民族基本法推動會」第 8 次委員會議上，曾指出：「政府未來將持續推動原基法相關配套法規案的立法及修正，建立保障原住民族的法制體制，讓原住民族權利獲得更周全的保障。」足見政府在原住民族的強大政治壓力下，正不斷在策進保障原住民族基本法之法體系健全。

條文保障地位之金馬澎三離島言之，2018 年 8 月 5 日，金門自福建泉州晉江引水所稱兩岸「通水典禮」，所以改為「通水儀式」的情狀，即多少顯示政府對於「離島自主」(off-islands autonomy)或「離島自治」的規制，在法制上尚有所缺漏。是以將離島建設條例修正為「離島基本法」(Off-islands Fundamental Act)；再依該基本法之授權，制定必要的授權法制，以型塑或建構離島人民之保障法制，有如原住民族之保障法制，或許是更具積極性的離島法制建設之任務所在。

　　此項制定離島基本法，以取代離島建設條例的立法構想，係 2017 年行政院金馬聯合服務中心與三離島縣政府共同辦理，並在離島及臺灣本島巡迴舉辦之六場「推動修正『離島建設條例』公聽會」時，即已受到各界重視，並成為公聽議題之一。因之，本研究即就制定離島基本法的可行性，由學理上探討和分析之。

二、離島基本法法制的立法體例選擇

　　本研究所稱「基本法」(fundamental law or basic law)，在法制上定位究竟如何影響其所呈現的規制效力(regulatory effect)？學理上，基本法之立法體例可分為：

(一)憲法法體例或稱基本法體例

　　曾有學者指出，「基本法」如就其執行情形、命令或規制模式言之，係指統治的憲法，或就狀態言之，係指根本法(organic law)，或謂「憲法」[4]。質言之，基本法的第一種立法例，就是將其視為憲法類型；即歸屬憲法的同位語。

----

[4] *The law which the constitution of government in astate, and prescribes and regulates the manner of Its exercises；the organic law of the astate；the constitutions. ''see Featong Black's Law Dictionary Free Online legal Dictionary 2nd Ed.*

最典型的立法例，就是「德意志聯邦共和國基本法」(Grundgesetz für die Bundesrepublik Deutschland；GG .英譯 Basic Law for the Federal Republic of Germany)；唯英譯本基本法係以" Basic Law "取代" Fundamental Law "；其實" basic law "與" fundamental law "意涵並無不同。西德制定基本法而非憲法，意指東西德分割下，不宜制定憲法；唯東西德國土合併後迄未制定德國憲法，祇將原「西德基本法」改為「德國基本法」，全稱「德意志聯邦共和國基本法」，以示制定德國憲法仍須審慎將是，俟時機成熟再制定。此外，最著名以「基本法」取代「憲法」國家，有匈牙利(The Fundamental Law of Hungary)。匈牙利為展現民主、法治和保護基本人權，以 2011 年 4 月 25 日，由該國總統簽署匈牙利基本法，2012 年 1 月 1 日施行，以取代 1949 年 8 月公布施行，1989 年 10 月大幅修改的「匈牙利憲法」(Constitution of Hungary)。此外，若干中東國家基於宗教原因，如以色列(Israel)，人民信奉猶太教(Judaism)係以塔木德(Talmud)為信奉聖經，對於國家憲法並不視為最高統治規範，遂制定「基本法：耶路撒冷，以色列首都」(Basic Law：Jerusalem, Capital of Israel)，沙烏地阿拉伯(Saudi Arabia)係政教合一國家，以信奉「可蘭經」(Koran)為其伊斯蘭教(Islam)最高憲法。該國於 1992 年頒布「沙烏地阿拉伯治國基本法」(Basic Law of Saudi Arabia)，以為該國施行絕對君主制之機制設計依據。其他諸如：阿曼(Oman)亦如沙烏地之宗教原因，於 1996 年公布「阿曼國家基本法」(Oman Basic Law)，確立該國為君主立憲制國家。巴勒斯坦(Palestine)宣布建國以來，雖於 1968 年即制定憲法，卻宣稱在國土尚未統一前，施行該 2002 年公布之「巴勒斯坦基本法」(Basic Law of Palestine)。

就中國而言，對於回歸中華人民共和國的香港、澳門，係分別於 1990 年 4 月、1993 年 3 月，先後制定「中華人民共和國香港特別行政區基本法」、「中華人民共和國澳門特別行政區基本法」，以為基於港、澳係中國的特別行政區而非國家定位下，依循「一國兩制」(one country, two systems)的地區性視同憲法效力的治國基本法。質言之，中國大陸係基於法效力的政治環境考量，而將各該特別行政區之最高法制，制定為效力等同憲法法效力位階的基本法立法體

例。

(二)特別法體例

　　「基本法」就日本立法例言之，係以特別法定位所為之立法，並未賦予憲法效力之法制定位。唯此種特別法卻與一般特別法有所不同，其係採取綱要式(guideline)、原則式(principle)、骨架式(skeleton)的立法模式。據蔡秀卿研究日本基本法的立法體例時，發現可分為共通性與特殊性二種屬性(蔡秀卿文載翁岳生編當代公法新論 2002：235-257)；亦即：

1. 共通性規定

　　基本法在法位階上雖為法律，非憲法，但其內容皆規範特定領域或政策之基本指導性原理、原則、方針等，此與一般法律並不同，謂之「形式意義之基本法」。此外，在日本現行法中，雖不以基本法為其法定名，但其內容亦有歸屬各該法領域之基本原理、原則或方針者，如民法、刑法、地方自治法，可謂之「實質意義」之基本法。該共通性規定，包括：

　　(1) 特定政策或領域之基本法意旨之揭名
　　(2) 前言
　　(3) 基於理念、原則、方針
　　(4) 國家、地方公共團體、關係人、一般國民之責任或角色
　　(5) 採取法制、財政、金融措施義務
　　(6) 程序保障
　　(7) 基本計畫
　　(8) 專業委員會或特殊會議之設立
　　(9) 行政組織、相關團體之整備等
　　(10)其他法令之授權

2. 特殊法規定

　　(1) 限時立法

(2) 定時檢討條款

(3) 廢止特定法律

3. 法律優越原則

　　由於將基本法視為法律而非憲法，其效力位階即有必要深入分析。雖說我國已有多種定名為基本法之法律，但我國中央法規標準法尚未就「基本法」之效力位階，有任何可供依循的規定。在此種效力未明確的情況下，祇好於各該法律之「總則」中，明定其為特別法或普通法以為依循之準據。日本基本法既被視為法律，則其法屬性，包括：

(1) 該基本法與其他實施法律之關係

　　① 優越性

　　② 指導誘導性

　　③ 非母法與子法之關係[5]

　　④ 準憲法(guasi-constitution)

(2) 與憲法之關係

　　基本法須依憲法規定適用，不得牴觸憲法之相關規定。

　　由上揭之分析，日本基本法與其所從出的實施法律係以上位法、特別法之「效力位階」視之。但臺灣的基本法，除非各該法律有「特別法」(special law)的規定，如「……特別制定本法；本法未規定事項，適用其他法律之規定」為環境基本法第一條所規定者，但其他法律卻無類似規定，如原住民族基本法即是。

　　由於基本法傾向綱要式、原則式和骨架式立法，其所存在的問題，尚有：

　　① 應否列入處罰規範及有無執行問題

　　② 採取財政及金融上措施之可行性

---

[5]　蔡秀卿主張基本法與其他實施法律之關係，為非母法與子法的關係。就各該基本法與其授權的其他實施法律比較，其如不具母法與子法的關係，適用上將有所爭議。蓋授權立法者竟成為位階低之法律。此種基本法的法屬性看法自不易令人信服，但臺灣因基本法位階迄未加規定，且未有特別法之說明，自有衍生此種矛盾可能性。

③ 基本法與法律保留問題
④ 基本法之修正
⑤ 基本法排除適用之可行性；亦即基本法之優位法界限

上揭問題，如在「立法法」[6]或「中央法規標準法」中有所規定，自可確立基本法在其授權另定實施法律的「上位法」地位；唯臺灣的中央法規標準法，並無上位法相關規定，以致存在的爭議問題不易解決；臺灣在當下推動制定基本法的定位，遂不免受到質疑(羅傳賢 2004)。

(三)一般行政法體例或稱普通法體例

在臺灣既有的立法例中，除有「基本法」外，尚有「基準法」(standard law)如勞動基準法(Labor Standard Act)，以及前述之中央法規標準法所謂「標準法」(standard law)之定名。該等法律之定名，除非有標示特別法外，皆視為一般行政法之體例；亦即該等法律並非其他實施法律的上位法或是特別法。既然祇是普通法(common law)，其效力位階自與其他法律相同。

本研究所指涉之「基本法」立法問題，行政院法規委員會曾於 2003 年 4 月 17 日，假行政院召開「**行政院法規委員會九十二年第一次諮詢會議**」[7]，就「關於『基本法』制定之必要性、法律位階及規範效力疑義等」進行學者專家「專案研討」(project discussion)。據該院曾出版「諮詢會議紀錄彙編」(第一輯)所載(2003)，贊成制定基本法者略小於反對者。

所稱贊成者，係指形式上以「基本法」 為各該法律之定名；實質上係將其定位為各該類法律之「總則編」性質(陳慈陽主張)之法律，其與民法、刑法總則篇規定一般；其分則編之規定，則不得與總則編之規定抵觸或衝突。陳慈

---

[6] 兩岸間對立法作業或稱法制作業，分別有中華人民共和國的「立法法」和中華民國的「中央法規標準法」不同法制，可資依循。

[7] 行政院在 2012 年正式施行組織改造前，在該院秘書處下設立「行政院法規委員會」，主任委員列簡任第 14 職等，但在組改後，行政院在院本部成立「行政院法規會」，其主任委員係由行政院有給職顧問兼任，該顧問列簡任第 14 職等。

陽認為基本法之位階，應在一般法律之上，如教育基本法第十六條規定：「**本法施行後，應依本法之規定，修正、廢止或制(訂)定相關教育法令。**」他認為既已稱為基本法，就不再做調整或修正。

所稱「反對者」，係指反對制定基本法；對於相關宣示性規定，可於個別法律中規範。若要在憲法或中央法規標準法中，闡釋基本法之概念，問題應很複雜(陳美伶主張)。陳愛娥認為學理上比較可以接受的是，基本法不只是在於政策統合，還希望發揮總則編之功能，如民法、刑法之總則編規定。然而於許多領域尚非今日即能成就，因總則編係對分則所規定事項、素材有非常完整之理，而足以貫徹至分則所定事項，可能成就一個完整，且無矛盾之法體系。但最完善之立法是總則編與分則，皆在同一法律中規制，如此方能確保在總則編已規定者，分則編不用再重複規定，法律之協調性也就毫無問題。陳愛娥認為總則編之規定，是對被納在總則編之各領域事項之行為、手段、技術上已成熟，而對法律語言之建構能力，亦有相當之程度，始能使其所定事項為各領域所適用，而現行已公布施行之基本法及尚在研擬之基本法草案，是否有如此之成熟技術值得懷疑。至謂基本法發揮政策統合能力，即基本法作為能產生政策統合之手段，其實是不相當，無法達至目標。

行政院法規會主任委員陳美伶在做結論時，曾提出下列結論：

綜合以上各位學者專家之意見，可歸納如下：

(一)關於制定基本法部分

1. 反對

(1) 有關綱領性、原則性或政策宣示性規定，於個別法律規定即可，毋庸制定專法；若有制定專法之必要，不宜以基本法稱之。

(2) 基本法無法達成政策統合之目的，而現行立法技術亦無法使其成為各該行政專業領域之總則編性質之法律。

(3) 單純之政策性宣示，並無實質意義，應避免制定基本法。

2. 贊成

(1) 基本法可作為政策統合之宣示。

(2) 基本法可將各機關專業領域之基本原理原則、共通措施納入規範，作為該領域之個別法律之總則性規範。

(3) 基本法有其規範意義，足以拘束立法機關及行政機關。

(二)關於基本法適用上是否有優先性部分

1. 贊成

(1) 基本法既為綱領性、原則性或政策性之專法，其適用上自應先於一般法律。

(2) 若將基本法定位為總則編性質之法律，自優先於各該行政專業領域個別法律之適用。

(3) 部分基本法明定該法施行後，應依該法之規定，修正、廢止或制(訂)定相關法令，故應優先於一般法律適用之。

2. 反對

(1) 憲法和中央法規標準法並無明文基本法優先適用於一般法律。

(2) 除非基本法與一般法律間有普通法、特別法之關係或前法、後法之關係，否則難認其適用上具有優先性。

(三)關於宜否在法律之外，創設另一法規範位階部分

除非修正憲法和中央法規標準法，否則尚難透過解釋之方式，創設另一法規範位階。

(四)關於制定基本法應避免之情形部分

1. 憲法與其他法律已經完備之事項，毋庸重複規定。
2. 不應有設組織之規定。
3. 不應有中央與地方權責劃分之規定。
4. 避免有使人民產生實體上請求權之規定。

5. 對於事屬當然之事項，毋庸再予明文規定。

三、離島法制採取基本法模式的 SWOT 分析

離島建設條例施行已有 20 年之久，其對於金馬澎的發展具有重大的貢獻；尤其促進兩岸的通航，可謂歷史性成就；亦係民進黨執政時期在兩岸發展上少有的卓越政績所在。但法與時俱轉，在歷經十一次修正後，其立法體系所規制者，已超越「離島建設」(off-islands development)事項。因之，如何建構完備的離島法體系，有如原住民族法體系者，乃成為關注離島法制發展民眾的重要課題之一。

茲就近些年來各界所提議的制定離島基本法，究竟可行性如何？分別說明之。

(一)基本法模式的立法類型

固然基本法之效力位階，可設定為等同憲法效力的法制，亦可設定為等同法律的立法類型。據蔡秀卿根據日本立法例所為之分析，發現日本基本法所規制的事項，包括(蔡秀卿 2002)：

1. 制度立法型

就特定制度所為綱要式的規範，較傾向靜態立法，如日本於 1947 年 3 月 31 日，公布條文僅有 11 條之日本「教育基本法」；臺灣則於 1999 年 6 月 23 日，公布施行「教育基本法」，全文僅有 17 條，至今已歷經 5 次修正。該法旨在設定我國教育目標，第一條規定：「為保障人民學習及受教育之權利，確立教育基本方針，健全教育體制，特制定本法。」質言之，該教育基本法旨在保障人民受教權，確立教育基本方針和健全教育體制，此乃國家的最終教育目標。類似立法有通訊傳播、科學技術等基本法之立法。此外，教育基本法第 16 條規定：「本法施行後，應依本法之規定，修正、廢止或制(訂)定相關教育

法令。」即係基本法優於實施法律的必要規定；亦是基本法定位之必要法制設計。

2. 國家政策立法型

　　國家為因應世界環境之重大變化，適時調整國家的公共政策；亦即國家為因應政策環境之變遷，而適時調整政策取向和執行策略，以達致最終政策目標之實現。該類基本法係傾向動態立法，重視政策治理，而忽略法原理原則的貫徹；甚至是偏廢法理論之堅持，藉以實踐特定政治團體的政治主張，亦屬常有之事。日本基本法之制定，如：核能、觀光、森林、土地、環境、物品製造等類基本法即是。臺灣現已公布施行的基本法，亦多屬此類型事項所為之基本法，諸如：2010 年 1 月 27 日，公布施行的「客家基本法」，其旨在「落實憲法平等及保障多元文化精神，傳承與發揚客家語言、文化，繁榮客家及客庄文化產業，推動客家事務，保障客家族群集體利益，建立共存共榮之族群關係」(第一條)，即在於建構明確的「客家文化政策」(Hakka cultural policy)，且是分配政策(distributive policy)為主，規律政策(regulatory policy)為輔的政策；其究如何實現？須再以授權立法(delegated legislation)途徑落實之。又如依憲法增修條文第 10 條第 12 項前段制定的「原住民族基本法」，其立法旨趣為：「保障原住民族基本權利，促進原住民族生存發展，建立共存共榮之族群關係」(第一條)。該等條文與客家基本法所規定之立法旨趣殆多相同；即說明 2005 年 2 月 5 日，公布施行的原住民族基本法規制內容，已為 2010 年 1 月 27 日公布施行的客家基本法所沿襲或稱傳承。蓋無論原住民族或客家各族群，其基本人權皆受到中華民國憲法之保障，當今各少數族群所爭取者，即是「政策面」的權益；亦即經由國家政策的不斷調整，促使少數族群的權益法體系益臻健全；所以先有基本法之制定，乃為充作落實權益保障而制定實施法律之最高準繩。該等基本法之政策取向，可由不斷的增修或廢止中，了解國家就該等少數族群的政策治理取向之變遷。

3. 措施立法型

　　日本基本法之第三種類型立法，係指因應特殊或重大的行政問題

(administrative issues)，所為全面性的治理策略設計。如：災害對策、消費者保護、障礙者、交通安全及高齡社會等行政問題，所為社會福利、緊急處理、危機治理、權益保障的必要措施，所制定的基本法。此種基本法與一般法律雖無基本法之定名，殆無多大差別。我國較少出現該類基本法，勉強比較，似可以「勞動基準法」為例說明。勞動基準法於 1984 年 7 月 30 日公布施行，施行 36 年來，已修正 21 次；係社會行政法極少數修正頻繁之「勞動條件及就業平等」基本法制。該法第 1 條明定：

> 為規定勞動條件最低標準，保障勞工權益，加強勞雇關係，促進社會與經濟發展，特制定本法；本法未規定者，適用其他法律之規定。
> 雇主與勞工所訂勞動條件，不得低於本法所定之最低標準。

即說明勞動基準法係「措施立法」(measure legislation)或稱「權宜立法」(expedient legislation)。其所以規定「勞動條件最低標準」，旨在維護勞工工作環境所為的必要措施規制。因之，該類立法必因客觀條件之變動而變動，以致修法之頻仍有如家常便飯者，不足為奇。

經上揭基本法模式之立法類型分析，殆可看出事涉金馬澎外島或稱離島的法制設計，似可參酌客家基本法或原住民族基本法的「**國家政策立法類型**」設計法制。

本研究所持立法類型之理由為：

(1) 離島法制係針對離島民眾的生活需求

由於離島民眾的生活條件逐年改善，生活品質需求逐年提高，本島的既有制度，離島不僅適用，而且基於實質平等之考量，在權益保障上可由制定特別法方式給予規制，或賦予更為優惠的保障條件。此類立法應是動態立法(dynamic legislation)，而非持續不變的靜態立法(static legislation)。

(2) 離島法制係針對離島地域的發展需求

離島因距離臺灣本島較遠，且受限於地緣條件，其區域發展緩慢，正需要

政府的特別治理,始可迎頭趕上本島的發展成就。因之,國家要以「振興經濟」的思維模式,賦予離島政府與人民更具有自主性的作為權利;即有效行使自主統治權力,促使離島民眾享有特別照顧的積極性基本人權。此種法制在位階上要高於一般法律,而且可授權制定實現政策立法的執行性相關法制。

(3) 離島法制係針對離島特色的環境需求

離島民眾生活清苦,經由多年來的經濟建設,不僅民眾生活改善,而且與本島互動頻仍。對於本島與離島的政治關係,固然有中央與地方之別,但離島的特殊景觀,如能積極規劃和充實公共設施,將可使離島展現其在觀光資源,以及人文社會上的獨特景緻與社會發展。此項地方發展,唯有賦予各該離島更為自主性的發展空間,始克一一實現。因之,在離島法制上,實有形塑離島法體系的必要性。如能規劃設計有如客家、原住民族類同的基本法,並在基本法上賦予實施法律的法源,以能逐年健全離島發展所必要的法體系,當非遙不及之幻想。

(二)基本法模式的 SWOT 分析

如以「國家政策立法類型」(legislative type of national policy)起草離島基本法,應用 SWOT 分析工具,並選擇適當的立法策略,約可有如下的看法:

1. 優勢(S)

就起草離島基本法之構想,依 2017 年行政院金馬聯合服務中心與離島三縣政府所舉辦之「公聽會」民眾發言情形,發現該構想已獲得一般出席民眾的普遍支持。彼等咸認離島建設條例施行以來固然貢獻卓著,但因係離島建設,對於離島民眾的日常生活需求,比較不易多方照顧。事實上,民眾對於起草離島基本法具有強烈的期許,並多願意協助該起草法案之早日完成立法。該等對離島起草法案的強力支持態度,當屬離島為健全法體系頗稱重要的法制需求氣候之形成。

2. 劣勢(W)

由於我國中央法規標準法尚未有「基本法」的效力位階相關規定,以致現

行基本法的立法例，不如日本立法例，賦予與一般實施法律不同位階的「上位法」(upper law)地位，最多的情況係以「特別法」賦予優先適用的法效力；即以原住民族基本法非以上位法為其效力位階，而以因由該基本法授權立法的方式，取得「母法優於子法」的法效力位階。因之，離島基本法即使完成立法，其如何優先適用尚存有爭議，以致離島法制體系的建構，如採取基本法的立法例是否即能達致原先構想基本法的預期目標，不無可質疑之處。此外，行政院法規會曾召集學者專家座談，所獲結論傾向不鼓勵制定基本法；即著眼於基本法的優先適用原則，因我國中央法規標準法的規定不完備，而致仍存在諸多爭議，有以致之。基於該等原因以致學者專家對制定基本法並不看好，甚至認為由修正離島建設條例的途徑強化法制，或將更能維護離島民眾的法定權利之有效行使。

3. **機會**(O)

　　自蔡英文政府於 2017 年 5 月 20 日執政以來，兩岸關係因地方政府對九二共識的擱置，而陷入冷和，甚至冷凍僵局，官方交流管道已完全停滯；即使 email、簡訊亦「已讀不回」。因之，離島縣的特殊地緣關係；尤其金門、連江(馬祖)二縣，本即隸屬福建省，今在「兩門對開，兩馬先行」的政策取向下，與大陸的福建省，及其省轄的廈門市、泉州市及福州市官方來往非常密切。此對於維持兩岸的和平自有重大貢獻。此種「**地方對地方**」的交流模式，正可打破兩岸中央機關間的冷凍僵局。2018 年 8 月 5 日，金門縣自泉州晉江引水的典禮，雖有所調整而改為通水儀式。此為「**兩岸一家親，共飲一江水**」的文化結合，血濃於水，證明地方對地方的交流互動，係兩岸和平穩定的發展途徑。當前中央即依地方打開僵局的思考，讓地方因辦理通水儀式的良好經驗，再行賦予地方發展所需兩岸更健全關係之自治意識與自主權能(autonomous rights)；尤其離島更可在制定基本法時，即賦予金馬澎三縣更具完整性之自主權限的地方自治權能。因之，離島基本法之起草，對於離島三縣希望有一個健全的法治國家下的完備自治權限，應可期待。

4. **威脅**(T)

　　由於兩岸關係在當前氛圍下，或將益趨冷凍，以致受波及的離島，將陷入處境尷尬的情況。蓋離島縣地緣上與大陸最接近，任何影響兩岸的狀況，皆將由離島縣承受。三離島縣一向與大陸鄰近省、縣、市人民政府往來密切，嗣後中央相關部會可能更加嚴厲限制各該離島縣的兩岸小三通政治往來。因之，離島基本法的制定，現階段恐難於獲得中央主管部會的支持，甚至核定過程即已曠日廢除；即使備查亦可能須說明充分，始可賦予認可或准予作為之行政處分。

　　此外，離島三縣的特殊景觀固可強化「觀光立縣」的品牌，但三離島縣的共識部分現時仍多有欠缺。因之，不僅不易制定基本法；即使基本法授權的實施法律，亦復如此。現行離島建設條例如有所修正，在三離島縣的折衝過程，即是一個艱鉅的政治工程，以致中央部會當趁此共識不易，且有立場完全不同的意見，致不易獲得立法委員的支持，導致修正立法之困難重重，將來如再以基本法或再有實施法律的離島法體系建立，其立法過程之艱辛，將使參與立法過程的各界人士卻步，亦未嘗不會發生。

　　本研究基於上揭 SWOT 分析，本諸離島基本法之立法政策作為，提出下列的立法策略，以資因應。如下：

　　離島縣在行政院金馬聯合服務中心居間協調下，如何因應內部若干保守力量之主張，仍以離島建設條例之修正，為嗣後法制策進的途徑；復因中央部會比較傾向不輕易制定基本法。遇此立法環境，如擬持續推動離島基本法之立法作為，其可作持續努力之策略選擇。

1. SO 策略(Maxi-Maxi)

　　離島縣在行政院金馬聯合服務中心的居中協調下，應即著手進行離島基本法之立法相關事宜。理由如下：

(1) 離島民眾對於離島法制期待甚殷；復以兩岸關係出現由暖和至冷凍，離島自主性有裨於離島未來發展。

(2) 就因兩岸關係正處冷凍時期，中央政府允宜應用離島；尤其離島長期以來所建立的良好且頻繁交流關係，藉以打開僵局。

(3) 離島自主性高，中央給予發展條件，自有助於建構新的府際治理垂直模

式。

2. ST 策略(Maxi-Mini)

離島縣在行政院金馬聯合服務中心居間協調下，理應善用民氣以降低阻力，克服中央部會不鼓勵制定基本法之消極態度，完成離島法體系之建構。其所持理由如下：

(1) 離島民眾傾向參考客家、原住民族立法例以起草基本法，中央卻傾向就既有離島建設條例逐項修正。此種對法制作業的衝突，必然延宕基本法之起草，甚至喪失或動搖離島民眾原有的起草基本法意念。

(2) 離島基本法係離島法體系之上位法，其他授權立法或稱實施法律如何完成，係一項艱難政治工程，需要離島民眾的堅強意志，始可完成。

(3) 離島建設條例在基本法所建構之法體系未完成前，仍可持續運作；亦即離島民眾不必擔心，因起草基本法，肇致離島法制陷入空窗期的窘境。

3. WO 策略(Mini-Maxi)

離島縣在行政院金馬聯合服務中心展開協調下，掌握學界及人民團體對制定基本法之殷切期許，克服本身對既有法制的功效，尚不能滿足民眾的期許，所為積極策進立法的理由，包括：

(1) 離島三縣除金門縣因經營金酒公司有成，財政狀況良好外；其他二縣財政條件均不好，因需中央大量補助始可編列預算，其自主性甚難強化。但離島在臺灣同鄉會則強烈要求制定基本法，以保障離島民眾之權益。

(2) 離島三縣地方發展條件不同，除發展觀光較可獲有一致看法外，其他共通性開發作為並不多見，法制設計有其困難度。但基本法係骨架立法，可由骨架立法的立法經驗，了解實施法律的必要內容，並為了解嗣後的政策立法傾向，以掌握提昇法制執行率的相關法制。

(3) 離島三縣雖有起草基本法之看法，但中央傾向修改離島建設條例，易使法制作業因立場不同而不易尋求共識；起草曠日費時，容易半途而廢。但不少旅北同鄉會都支持制定基本法；就是維持現行法制，亦希望立法例完整，以使未來執行作為能駕輕就熟，並維持民眾利益。

4. WT 策略(Mini-Mini)

　　離島縣在行政院金馬聯合服務中心居間協調下，如遇到內外交迫的阻力，需要努力不懈的毅力，並且力求法制完善為其立法目標，始可排除萬難達致基本法之完成立法。其理由如下：

(1) 離島基本法因臺灣法制尚無基本法具上位法之效力位階設定，究竟如何界定效力位階，易引起爭議，以致不易尋求制定離島基本法之共識；但如有非完成立法不可之毅力，其立法終可完成。

(2) 依臺灣制定基本法之經驗，基本法係極其骨架式立法，如何落實保障離島民眾之權利，需要社會輿論之支援；學者專家的意見，亦影響起草快慢，均需要人力、物力，乃至對財力的支援，始克積極展開起草作業。此方面金門縣、金酒公司等皆有責無旁貸之使命。

(3) 離島基本法係以政策立法；中央的政策治理取向，亦需要再加釐清。此種艱難任務，離島三縣利益不易達成。此外，離島民眾比較重視民生福利，有鑑於基本法立法困難，將易受現實考量影響，以致基本法之起草意願相形減弱。因之，離島基本法之策略立法，如在離島本身共識不易下，誠然是推動環境不佳；尤其中央本就不鼓勵制定離島基本法，際此立法環境，其立法必然艱辛備嘗。事在人為，大多數的民眾如能多加溝通，即會了解制定基本法，在健全離島法體系的重要，而可由全力策進中完成基本法之制定。

四、當前離島法制之可行立法體例

　　由於制定離島基本法可能面臨諸多法效力爭議的問題，是以設想當前的離島法制，其在立法體例上似可有下列體例可資選擇：

(一)先綱要再專章

基本法既係原則性的規定，離島建設條例在離島基本法施行初期，應維持既有的規制效力，是以離島基本法僅在「政策取向」(policy-oriented)的制度設計。此種立法例，以臺灣言之，如環境基本法、教育基本法，即是在此種立法過程制定者。經查該基本法皆在其實施法律，已施行多年以後，始予制定，諸如：

1. 環境基本法

環境基本法係在 2002 年 12 月 11 日公布施行，在該法公布前已生效之實施法律。包括：飲用水管理條例(1972.11.10)、水污染防治法(1974.7.11)、廢棄物清理法(1974.7.26)、空氣汙染防制法(1975.5.23)、噪音管制法(1983.5.13)、毒性化學物質管理法(1986.11.26)、環境影響評估法(1994.12.30)、公害糾紛處理法(2000.4.19)、土壤及地下水汙染整治法(2000.2.2)、海洋汙染防治法(2000.11.1)等 10 種事涉「環境管理」(environmental management)法制；2000 年 12 月 11 日，制定環境基本法，又制定環境教育法(2010.6.5)、室內空氣品質管理法(2011.11.13)、溫室氣體減量及管理法(2015.7.1)等二種傾向「環境治理」(environmental governance)的重要法制。環境基本法的完成立法並公布施行後，對於環境保護的概念，已由管理的層次，推進至治理的層次。前者，重視政府主管機關的行政責任；後者，重視政府與人民的協力合作，認為環保宜由人民本身做起。是以，基本法的制定，對於由概念上導正人民對公共問題的處理態度，是一個國家或地方對公共事務處理模式的改變，而協力治理(collaborative governance)正是該項公共議題的解決共同途徑。

2. 教育基本法

我國事涉教育制度，司法院竟認為是非地方自治事項[8]，誠乃相當獨斷的

---

[8] 司法院大法官第 1481 次會議，在不受理六縣、市有關「公立學校教職員退休資遣撫卹條例」新近修正事涉公立學校教職員退休制度是否涉有違憲聲請釋憲案，竟以「教育制度」為憲法第 108 條第 1

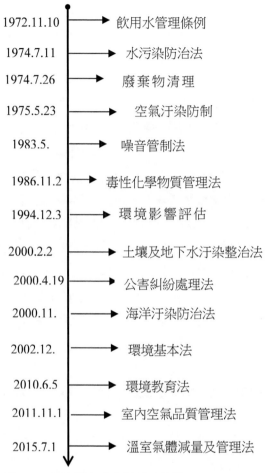

1972.11.10	飲用水管理條例
1974.7.11	水污染防治法
1974.7.26	廢棄物清理
1975.5.23	空氣汙染防制
1983.5.	噪音管制法
1986.11.2	毒性化學物質管理法
1994.12.3	環境影響評估
2000.2.2	土壤及地下水汙染整治法
2000.4.19	公害糾紛處理法
2000.11.	海洋汙染防治法
2002.12.	環境基本法
2010.6.5	環境教育法
2011.11.1	室內空氣品質管理法
2015.7.1	溫室氣體減量及管理法

圖 2-1　環境基本法與其他實施法律之立法關係

資料來源：本研究繪製

論定。固然憲法第 108 條第 1 項第 4 款「中央立法並執行之，或交由省、縣執行之」，為中央認定屬中央辦理事項；但第 109 條第 1 項第 1 款「省教育」、第

項第 4 款所明定，應屬「中央立法並執行之，或交由省、縣執行之」的中央辦理事項，誠屬有違事實之認定。

110 條第 1 項第 1 款「縣教育」之規定，亦是學界認定「教育」(education) 屬於「省自治」或「縣自治」之憲法依據。因之，可以認定教育制度即是中央辦理業務；而省、縣教育亦係由地方可自治化辦理的事項；其「片面切割」不無令人質疑之處。其實教育基本法對於教育制度究竟係中央權責抑或有地方的自治事項，祇要參閱該基本法即可一目了然。按教育基本法全文 17 條中，至少有五條指涉有「各級政府」、「主管教育行政機關」、「該主管教育行政機關」、「直轄市及縣(市)政府」、「各級主管教育行政機關」等「機關管理」(office management)事項。其如何僅以憲法第 108 條之規定，即(教育基本法第 9 條第 1 項第 1 款)謂之中央權責？質言之，對於教育事務固然中央政府在制度上有「規劃設計」(planning & design)，但第 2 款即謂中央政府「對地方教育事務之適法監督」，其所以謂之「適法監督」，而非謂「行政監督」或「監督」者何在？應係肯認地方自治團體對於教育事務具有「自治監督權」(the power of autonomous control / autonomous supervision)。本研究在此即可認定教育所以須制定基本法於實施法律之後[9]，即因教育政策涉有諸多基本政策之設計，非一般實施教育之法律所可含蓋。因之，制定教育基本法，正可補闕此方面之法律漏洞。

　　針對環境基本法及教育基本法的立法經驗，殆可看出制定基本法如以已有諸多實施法律的國家言之，仍係必要而且可行的立法行為。蓋儘管各目的事業不同的基本法，其在施行後可由特別法或優位法方式，調整既有法律的政策性設計；尤其在公共事務之作為，已由管理模式走向治理模式，基本法制定是調和行政作為的可行途徑。

　　基本法制定施行後，如發現特定事項宜以「專章」(chapter)式規制，甚至將施行有年的實施法律之法理抽理出來，改為基本法之重要標的。民法是典型

---

[9] 教育基本法於 1999 年 6 月 23 日始制定，之前所制定事涉教育之法律，雖不至汗牛充棟，至少包括組織、教育通用、綜合規劃、私立學校、高等教育、技術及職業教育、終身教育、國際及兩岸事務、師資培育及藝術教育、資訊及科技教育、學生事務及特殊教育、國民及學前教育、體育、青年發展等多達 14 目之多。

的基本法類型,其債編的「誠信原則」(民法第 219 條),在 1982 年 1 月修正民法總則,即將「誠信原則」移置於第 148 條第 2 項,成為民法各編的基本適用法理。離島建設條例的事項,已成為具「基本法」特質的「專章」,不僅適用容易,而且更凸顯政府對離島法制的特別關注。此種關注在法制的立法例,係落實法治國原則的課題之一。如離島法制已完成檢視,即宜推動策進健全法制的必要作為。

(二)先總則再分則

基本法的規制標的,固然受限於目的事業機關的權責和規制取向,而有不同的規制方式;但如前述蔡秀卿的研究日本立法制,其可分為二大部分:一為共通;二為特殊。茲以行政立法例的經驗,可將共通性部分先加規制,並以總則完成立法;行之有年,再就特殊規定考量納入分則之中。基本法依一般立法例,係以「總則」(general provision)的立法類型出現,以使其授權制定的實施法律,得以針對總則未加規定者再於「分則」(special provision)中規定。唯就「立法經濟」(legislative economy)言之,基本法如採用勞動基準法之立法模式,或地方制度法的立法模式,即儘管不再授權制定實施法律時,即可於各該基本法中,分章或節設定各該規範條文,並且將共通事項於「總則」中,或在其最後一章「附則」(supplementary provision)申明定。

就離島法制言之,離島建設條例本祇有 20 條,經 11 次的增修後,現行的條文,已增加 7 條。如依三離島縣近些年來的建議修正條文,預估離島建設條文,將超過 30 條以上,其分章節設計條文,已漸趨於可行而必要的立法類型。日本沖繩振興特別措施法即係日本典型的離島基本法,共分為 11 章,其第一章為「總則」;最後一章為「附則」。又如韓國著名離島法制,即濟州島適用之**「建立濟州特別自治道暨開發國際自由城市特別法」**,即分為十七章,第一章為「總則」,最後第十七章為「罰則」或可稱「附則」。即是說明依日韓之法制,「由總則再分則」係比較可以照顧弱勢者的社會福利法制建構。

(三)先骨架再實施

　　本研究所稱「骨架立法」(skeleton legislation)係指法律規制者，僅限於一般原理原則，以使法律制定後得以「授權立法」(delegated legislation)，再制定性質傾向「實施法律」(implemental legislation)的授權法案。就臺灣的「原住民族基本法」言之，現行條文(2018.6.20公布施行)較原公布條文(2005.2.5公布施行)僅多一條；即在2015年2月4日修正第8條、同年6月24日修正第21、24、34條、同年12月16日，增訂第2-1條、2018年6月20日，修正第18、19條。雖然13年來，曾修正4次，但修正條文僅占19.44%，正說明原住民族基本法的「總則立法(general legislation)」「骨架立法」，已極具共通性規制，以致修正條文所占比例不高；尤其36條中僅增訂1條，僅占2.78%，其修正比例可如此之低正顯示基本法的特性。基本法係特定目的事業的共通原則的政策性宣示，其不涉法律執行的「操作技術」(operational technique)，實務上窒礙難行而須加修正之情形，應可較少。質言之，此一原住民族基本法應可視為臺灣基本法的典範。不僅如此，該基本法所授權的立法，包括：第4條的原住民族自治、第7條保障原住民族教育、第9條原住民族語言發展、第12條財團法人原住民族文化事業基金會、第13條原住民族傳統生物知識與智慧創作、第17條原住民族工作權保障等6條之授權立法，除自治區法尚未完成立法外，其餘皆已完成立法並公布施行，以呈現原住民族基本法系之「完整立法」(prefect legislation)模式。

　　經由上揭立法例，以分析離島基本法制定的可能模式，發現執政者似可援用原住民族基本法之立法例。此即離島基本法似宜採取骨架立法模式，而其操作執行的「特別法」或稱「實施法律」，即係依其母法授權立法後，再行制定相關法制之立法經驗，以為執行之法依據所在。

法的特質，是其在立法上的客觀限制，而有其得有所更張之處。

(四)自有財源

　　離島縣除金門縣因經營金酒公司有成，自有財源(own source)較為充裕外，其他離島縣自有財源比例皆偏低，而自有財源本係地方政府能否自主發展的必要條件。為促進離島縣之發展，該項規定，自係設計基本法制的重要標的。唯自有財源在基本法規定，而非在形同地方財政法的「財政收支劃分法」中規定；其實也有其困難之處。如在財政收支劃分法規定，即可就離島縣之地方稅收，中央統籌分配稅款，乃至一般補助上有特別的分配資源設計。如僅在離島基本法規定，固然可避免其他離島縣之爭議；但可設定的「特別分配」亦有其困難，是以如在離島基本法規定，則宜就其地方稅收部分有特別的除外規定；尤其「特別稅課」的賦予條件，應係該基本法較可能積極規制者。

　　一般基本法似傾向規定離島的減稅、節稅規定。固然離島住民祇要優惠獲免稅即達致離島住民之特權取得，但就離島發展而言，其係相當消極的制度設計。因之，嗣後如起草離島基本法，宜就徵稅和減稅兩個層次面加以考量，促使離島成為自由經濟貿易區後，對於離島的財政有其貢獻，而且係加速離島發展的主要動力，始克看出各該基本法對離島嗣後發展的積極作用。

(五)權限爭議處理

　　離島基本法固然宜由正向設計機制，但在強化「自治權」或稱「自主作用」的離島法制下，必然會發生「權限爭議」(contingency disputation)問題。此種權限爭議，地方制度法雖有若干機制，諸如：行政協商、行政訴訟、行政解釋、立法調控、司法解釋等途徑，但施行多年來，發現政治介入甚深，不易為弱勢一方所認許。因之，離島基本法似可在此一方面參酌日本經驗加以規制；亦即設立中央與地方爭議調解委員會，或是成立地方間爭議委員會，皆是一種「外來和尚會念經」的作法，提供起草基本法之參考。

六、結語：離島法制宜以可長可久之立法模式思考之

　　本研究鑑於離島建設條例施行 20 年來，已有修正 11 次的經驗，認為所以頻仍修正，即是法制本身存在不合時宜的缺失。經由多次修正之後，離島建設條例之「離島建設」本質已有調整，甚至變質為如同基本法的架構。既然已成為基本法之立法模式，何尤以基本法之形式立法，並且可以全面檢討，通盤設計離島法制，或許可避免頻仍修正之不確定性情況。

　　因之，本研究乃就基本法之立法可行性，蒐集國內外資料進行 SWOT 分析，相信上揭分析可供執事者之重要參考。

參考書目

以色列基本法(Basic Law：Jerusalem, Capital of Israel)

立法院法制局(2011)，〈有關中央法規標準法及立法院職權行使法修正方向座談會〉紀錄。臺北：立法院法制局。

匈牙利基本法((The Fundamental Law of Hungary)

行政院法規委員會(2003)，《第一次諮詢會議紀錄：諮詢會議紀錄彙編第一輯》。臺北：行政院法規委員會。

行政院金馬聯合服務中心(2017)，《推動修正「離島建設條例」公聽會簡報資料及會議紀錄》。

沖繩振興特別措施法(平成 14 年 3 月 31 日法律第 14 號)

沙烏地阿拉伯治國基本法

金馬澎離島聯盟(2017)，〈離島(澎湖、金門及馬祖)人民基本法草案〉。

建立濟州特別自治道暨開發國際自由城市特別法

紀俊臣(2012)，〈離島建設條例修正案問題聚焦之研究成果報告書〉，金門縣政府委託研究報告(案號：10111030106)

國立臺灣大學城鄉研究基金會

〈離島區域合作平臺 104 年度策略規劃暨輔導執行計畫總結工作成果報告〉

1. 日本沖繩振興特別措置法

2. 南韓建立濟州特別自治道暨開發國際自由城市特別法

〈離島區域合作平臺 105 年度策略規劃暨執行計畫總結工作成果報告〉

1. 日本沖繩：國際物流據點之形成

2. 南濟州島

3. 轉型修(立)法之課題分析與建議

德意志聯邦共和國基本法

蔡秀卿(2002)，〈基本法之意義與課題〉，載於《當代公法新論(中)》。《翁岳生教授七秩誕辰祝壽論文集》。臺北：元照出版公司。

蔡福昌(2018)，〈離島建設條例當代缺失因應策略〉，載於《2018 翻轉離島法制研討會論文集》。臺北：中華金門同鄉會。

羅傳賢(2004)，〈基本法優先適用問題之研析〉。載於氏著《國會與立法技術》。臺北：五南圖書出版公司，頁 137-153。

Cayman Islands：Offshore Legal and Tax Regimes.

Google, *Fundamental Legal definition of Fundamental Law*, Download, Start, What is Fundamental Law?

Russia (1906), *Fundamental Laws*.

Tax Update：*The Canary Islands, Ceuta and Melilla Spanish Special Tax Territories.*

Wikipedia (2018), *Basic Law for the Federal Republic of Germany.*

Wikipedia (25 April 2011), 基本法

Wikipedia, *Fundamental Law.*

參、探討離島基本法

紀俊臣

銘傳大學公共事務學系客座教授

一、前言：制定離島基本法有其必要性

自政府宣告解除戒嚴後，即於 1992 年 5 月 27 日，在中華民國憲法增修條文中，制定保障原住民族，以及金門、馬祖離島的條款。28 年來，雖條次略有變動，但規制標的則未稍變動，是以政府對原住民族的保障，與金門、馬祖離島民眾之保障，政策上係採取等同的法律定位設計[1]。現行原住民族基本法已於 2005 年 2 月 5 日，經總統明令公布施行，迄今已進行四次修正，最新修正條文為 2018 年 6 月 20 日所公布施行者。

鑑於相同依據憲法增修條文第 10 條第 12 項保障規定，前段所保障之原住民族，已因原住民族基本法及其授權制定之法律、法規命令多達四十七種，皆已先後完成立法，而使原住民族獲得比較過去任何時候都完整的必要權利保障；反之，離島除已於 2000 年 4 月 5 日，公布施行「離島建設條例」，並曾進

---

[1] 中華民國憲法增修條文對原住民族和離島人民之保障規定，自 1992 年 5 月以次增修條文，僅就名稱和區域略有變更或擴大。此即，1992 年 5 月 27 日，就原住民族稱之「山胞」；1994 年 8 月 1 日，由山胞改稱「原住民」；1997 年 7 月 21 日，復由「原住民」修改為「原住民族」。金門、馬祖地區人民係自 1992 年 5 月 27 日即加以規制；唯自 2000 年 4 月 25 日，始擴大為「澎湖、金門、馬祖地區人民」，以符合當今國家管轄之縣級離島事實。

行多達 11 次修正，而有 2019 年 5 月 20 日所修正公布之現行條文外，其他即使法律授權之「博弈法」(離島建設條例第 10-2 條第 4 項)，亦付之闕如。足見政府依憲法保障以對待原住民族與離島人民法制之作為模式，實有天壤之別政策傾向。

金門或馬祖距離西岸之中國大陸，前者為 1.8 公里；後者為 9.25 公里，均屬福建省管轄範圍。至另一重要縣級離島-澎湖，距離中國大陸長達 140 公里。因之，就兩岸關係言之，離島中金馬地區係臺灣與中國大陸交流的中繼站，自 2002 年以金門或馬祖為小三通的關口開放以來，兩岸人民以金門或馬祖通關進出人數逐年增加；即使在 2016 年 5 月 20 日以來，因蔡英文政府主政兩岸關係急速變化，對立情勢昇高，然由金馬通關之人數仍然有增無減。足見金馬地區正是兩岸發展的重要試點，其直接或間接所衍生的「政治衝突緩衝地區」(buffer area for political conflict)或是增進兩岸正向發展的「非軍事或稱和平地區」(demilitarized zone/peaceful area; DMZ)，皆是當前兩岸發展可加突破瓶頸之所在。質言之，以金門、馬祖為港口的政治敏感地區，正需要中央和地方的共同策進地區；或稱最可行的改革策略，就是比照保障原住民族之立法例，設能以制定原住民族基本法方式去制定離島基本法，將是離島人民未來發展的法制上具體策略選擇。

二、臺灣基本法定位立法例分析

中華民國政府公布施行，而定名為「基本法」(basic law/ fundamental law)之法制，包括：

1. 科學技術基本法(1999.1.20/2019.6.14)
2. 教育基本法(1999.6.23/2013.12.11)
3. 客家基本法(2000.1.27/2018.1.31)
4. 環境基本法(2002.12.11)

5. 通訊傳播基本法(2004.1.7/2010.11.9)
6. 原住民族基本法(2005.2.5/2018.6.20)
7. 文化基本法(2019.6.5)
註：制定公布施行/新修正公布施行

　　此外，雖無「基本法」之定名，卻有基本法之實質而定名為「基準法」(standard law)者，有勞動基準法、中央行政機關組織基準法等二項法制。至於既無「基本法」之定名，亦無「基準法」定名，卻有基本法之法屬性，如地方制度法即係我國地方制度的基本法制，該法所扮演之定位為憲法法。

　　茲根據上揭基本法、基準法，乃至其他法律的基本法屬性，分別分析其所具法制的意義：

(一)法律定位：上位法、原則法、綱領法

　　雖說如德國將「基本法」設定為如同憲法位階的「法效力」，定名為「德意志聯邦共和國基本法」，但一般所稱「基本法」係指憲法下的法位階；比較特殊者，如香港、澳門的「中華人民共和國香港特別行政區基本法」、「中華人民共和國澳門特別行政區基本法」，係「特別行政區」(special administrative region)的最高階法制規範，其法效力僅次於中華人民共和國憲法[2]。唯各該特別行政區雖無國家之名，卻可視為國際社會所普遍認同的「政治實體」(political entity)，是以香港基本法或澳門基本法，在各該政治實體所管轄的領土(territory)範圍內，具有形同憲法的法效力。

　　就臺灣各類基本法，曾有如下的規定：

1. **本法施行後，應依本法之規定，修正、廢止或制(訂)定相關教育法令。**(教育基本法第 16 條)

---

[2] 香港基本法第 159 條第 4 項規定，「本法的任何修改，均不得同中華人民共和國對香港既定的基本方針政策相牴觸。」"No amendment to this Law shall contravene the established basic policies of the People's Republic of China regarding Hong Kong."如依本條項規制意旨，該香港基本法不僅不能牴觸中華人民共和國憲法，即使國家政策亦不得牴觸；質言之，該基本法之法位階可能更低一層。

2. 政府應於通訊傳播委員會成立後二年內，依本法所揭示原則，修正通訊傳播相關法規。

　　前項法規修正施行前，其與本法規定牴觸者，通訊傳播委員會得依本法原則為法律之解釋及適用；其有競合者，亦同。(通訊傳播基本法第 16 條)

3. 主管機關應於本法施行後三年內，依本法之原則修正、制定或廢止相關法令。

　　前項法令制（訂）定、修正或廢止前，由中央原住民族主管機關會同中央目的事業主管機關，依本法之原則解釋、適用之。(原住民族基本法第 34 條)

4. 本法施行後，各級政府應依本法之規定，制（訂）定、修正或廢止文化相關法規。(文化基本法第 29 條)

5. 本法公布後，其他各機關之組織法律或其他相關法律，與本法規定不符者，由行政院限期修正，並於行政院組織法修正公布後一年內函送立法院審議。(中央行政機關組織基準法第 35 條第 2 項)

6. 本法公布施行後，相關法規應配合制（訂）定、修正。未制（訂）定、修正前，現行法規不牴觸本法規定部分，仍繼續適用；其關於鄉（鎮、市）之規定，山地原住民區準用之。(地方制度法第 87 條)

　　由上揭基本法(包括：教育、通訊傳播、原住民族及文化等四種)，甚至基準法如中央行政機關組織基準法，乃至既不定名「基本法」，又不定名「基準法」，卻有基本法定位的地方制度法，皆有「**本法為立法主軸，其他法律或未來制定之法律，不得牴觸；有所牴觸者，須限期完成修正**」的意含，應係基本法具有上位法、原則法或稱綱領法定位(position/status)的表徵。

(二)法律特質：憲法法、行政法

　　就我國已完成立法之立法例言之，定名為基本法或基準法的法律，殆多屬行政法(administrative law)類的法制模式；行政法係憲法的下位法，有些法制更是依憲法授權所立法者。就憲法學的分類分析，行政法與憲法的關係，就是上

下位的關係，甚至可視為該等基本法或準基本法者，乃憲法法(constitutional law)的範圍；行政法以下位法強化該基本法的立法定位外，並以實踐的更下位法為其定位之施行。

(三)法律作用：政策法、指導法

基本法所規範之立法例，係以政策立法(policy legislation)的立法模式，擬定條文，其所揭示者皆是特定公共政策的主要取向。再以指導(guidance)的定位，引導其他下位法的規制，以使該基本法所揭櫫的政策取向得以落實和實踐。

茲以原住民族基本法為立法例說明之，如下：

1. 原住民族基本法係典型的僅次於憲法定位的基本法

該基本法在條文第一條雖祇明示法制之規制意旨，但實質上之法源為憲法增修條文第 10 條第 12 項前段，亦即該基本法係具憲法增修條文明文授權的憲法法之一種。其法規範性較一般法律高。

2. 該法於第一條即明示為保障原住民族之基本法

原住民族基本法第一條即明定：「為保障原住民族基本權利，促進原住民族生存發展，建立共存共榮之族群關係，特制定本法。」此係國內定名基本法之法制所僅見；即使科學技術基本法，亦祇於第一條明文：「為確立政府推動科學技術發展之基本方針與原則」，未有「基本權利」之規制，足見該法確被設定為原住民族法體系建構之上位地位。

3. 該法在全文 23 條中，事涉政策之事項，多達 28 項

包括：4~13、15~23、25~33 共 28 條，占全部條文 35 條的 80%，足見原住民族基本法係以政策法、指導法的立法例定位起草。此外，上揭條文所授權立法，可分為：法律者有 4、7、9、12~13、15、17、19、20、22、24 共 11 條，法規命令者，有 20、24 各 1 條，該等授權立法多已完成立法，以致原住民族法體系已逐漸建立。此乃其他基本法所不及之處。

三、制定離島基本法之法依據解析

本研究主張制定離島基本法之立論基礎，主要根據中華民國憲法增修條文第 10 條第 12 項條文，明定：

> 國家應依民族意願，保障原住民族之地位及政治參與，並對其教育文化、交通水利、衛生醫療、經濟土地及社會福利事業予以保障扶助並促其發展，其辦法另以法律定之。對於澎湖、金門及馬祖地區人民亦同。

該項條文前段係規制原住民族，後段係規制澎湖、金門及馬祖地區人民，規定內容雖有繁簡之分，但在「亦同」(as same)的論理解釋下，即指規制內涵具有同一性。因之，宜由前段條文分析之。

復以原住民族法體系已逐漸建構，甚至已趨向完備[3]。蓋自該基本法完成立法以來，已先後完成各該項授權立法或稱下位法之立法例經驗，即可看出制定基本法對建構法體系之重要。離島基本法所以需要儘早立法原因或許在此，爰分析如下：

(一)憲法增修條文第 10 條第 12 項規制

依上揭憲法增修條文第 10 條第 12 項規定，可有下列之理解：

1. 憲法增修條文對原住民族之保障與澎湖、金門及馬祖地區人民(以下簡稱離島人民)之保障等同

依上揭憲法增修條文第 10 條第 12 項之立法條文結構分析，前段針對原住民族，後段針對離島人民，在後段以「亦同」的文字規制；即表示二者的保障

---

[3] 原住民族法體系系截至 2.019 年，尚未完成立法者，即係原住民族自治區法制。因原住民族已有 16 族，如依基本法將自治區設定為縣、市層級，必將肇致漢、原或縣與自治區之爭議，以致該立法延遲完成至今。

完全相同。

2. 該法律係以各該民族之意願為前提設計機制

　　法律制定之政策工具(policy instrument)如何應用是各該法律規制效果之關鍵所在。憲法增修條文規定各原住民族相關法律應依「民族意願」程序制定，乃說明該法律係由下而上，而非由上而下的程序擬草。質言之，法律旨在反應民族的期待，而且呈現民族的形象和表徵，具有文化的意涵；絕非祇在凸顯執政者設定的民族模式，本身卻無文化的表徵。嗣後離島基本法的制定，亦應由下而上的表達離島人民的文化模式，絕非僅在凸顯執政者所期許的離島作為和生活方式。其可就已完成立法的原住民族法制，在起草所付出之心血以供參考。

3. 對原住民族之保障事項均可一體適用在離島人民之保障事項

　　針對該增修事項，包括：優先事項為地位及政治參與等二項保障事項；其次為教育文化、交通水利、衛生醫療、經濟土地及社會福利事業等五大事項。經查原住民族基本法多已將上揭憲法增修條文所揭示之七項保障事項列入。質言之，嗣後離島基本法對離島人民之保障規定，亦須就該增修條文前段中所指涉的七大事項一一列入規制和檢驗，始符該條項之規定意旨。

4. 對原住民族授權以法律模式保障，亦適用於離島人民之保障機制設計

　　憲法增修條文第 10 條第 12 項中段有「**其辦法以法律定之**」；即以憲法授權立法的方式制定保障法制。此即說明該權利保障法制，係以憲法法的法律地位制定。因之，原住民族基本法係具憲法法定位之法制，嗣後制定離島基本法，亦宜以憲法委託模式，制定具有基本法法效力之保障離島人民權益機制。經查現行離島建設條例並未針對該法源所規制事項制定之，是以該條例之立法值得檢討和改進之處。

5. 各該保障模式係以扶助人民和促進其發展為規制標的

　　憲法增修條文就保障法制的規制內容，明定是就其「扶助和促進發展」為規制標的。此乃憲法法所少見之立法例。質言之，原住民族基本法係以扶助原住民族的權益保障及促其人民之生活積極發展所為之立法。此項保障機制，固然不易落實，但至少是保障機制立法的重要政策取向(policy-oriented)。離島建

設條例之法律，本質上應以該離島人民之扶助和促進其發展，為首要之立法標的。但現行法制並未考量憲法增修條文之規制法源，更遑論其規制標的是否包含七大事項的權益扶助和落實在離島人民的生活發展上。

(二)原住民族基本法立法例

事涉原住民族權益之法制，在原住民族基本法公布施行後[4]，已完成之立法，包括：法律 10 種、法規命令 37 種。其類別如表 3-1 所示。

表 3-1　原住民族法體系

類別	組織	綜合規劃	教育文化	社會福利	經濟發展	土地管理	文化園區	合計
法律	2	2	3	1	1	1	0	10
法規命令	7	3	7	9	4	5	2	37
計	9	5	10	10	5	6	2	47

資料來源：全國法規資料庫(2019.9.14 下載)

雖說已完成立法的原住民族法體系，並未依憲法增修條文所明定七大項公共事務制定法律，係採法務部「全國法規資料庫」分類法，將完成立法(包括法律、法規命令)分為組織：10(2：7)、綜合規劃：5(2：3)、教育文化：10(3：7)、社會福利：10(1：9)、經濟發展：5(1：4)、土地管理：6(1：5)、文化園區：2(0：2)，計有 47 種法，其中法律 10 種、法規命令 37 種。尚未完成立法部分，主要係針對原住民族的政治參與(political participation)或稱自治區(autonomous areas)的設置法制，因定位問題爭議迭起，迄今尚未完成一讀。

如就上揭完成立法之原住民族法制分析，發現：

1. 憲法增修條文所揭示的相關立法需要花費時間冗長

以原住民族法體系言之，自 1996 年 12 月 10 日，成立行政院原住民委員

---

[4] 在原住民族基本法未制定前，已制定行政院原住民族委員會組織條例，此即現行原住民族委員會組織法前身。此外，尚生效力的行政院原住民族委員會文化園區管理局組織條例(2002.1.30)已為 2015 年 12 月 16 日公布「原住民族委員會原住民族文化發展中心組織法」所取代。

會，迄今 23 年，始完成 47 種法制，其中法律 10 種、法規命令 37 種，足見法體系的建構得來不易。憲法增修條文已明定事項，都不易完成立法，更遑論其他政策之合法化(policy legitimation)。依此立法經驗，而就離島建設條例比較。言之，該條例自 2000 年 4 月 5 日制定，至今已修正多達 12 次，現行條文為 2019 年 5 月 22 日公布施行。離島建設條例所以頻繁修正，即因以一種專法要容納其他公共事務之綜合法制(comprehensive legality)，自然需要不斷的修法，以致離島建設條例已非純屬建設條例(developmental law)，而有傾向基本法或特別法(special law)之立法例發展。此種立法例難成一體系，如要參考原住民族法體系建構，須由上位的離島基本法再依其立法授權，將憲法增修條文所揭示的七大項公共事務（public affairs），以專法之立法例建構離島法體系，必然是一項艱鉅而耗費不貲的立法政治工程。

2. 以基本法之上位法建構法體系是原住民族權益獲得保障之根基

原住民族在成立中央主管機關後，以中央主管或稱權責機關的身分，積極推動立法，始克有此法體系之立法建構。因之，基本法的立法工程，應係原住民族權益逐漸獲得保障的法治基礎。離島人民的權益，如要將憲法增修條文所賦予的事項完全落實，俟制定基本法後，再分別依基本法之授權個別立法，應屬較為可行的立法作為。

3. 中央允宜設立離島專責機關，以推動離島法制及其權益保障機制

原住民族因中央有專責主管機關，在地方亦復如此。此應係推動法體系建構的主要動力所在。原住民族基本法制設無中央主管機關的積極作為，其法體系的建構，或將遙遙無期。因之，在離島建設條例的立法經驗中，已證明離島人民權益的完整保障，將無從由該條例之一再修正即可獲致下，實宜改弦易轍思索，即依原住民族之立法經驗，評估制定離島基本法之可行性，再思索其他授權立法之法制化必要性。當下最首要組織任務，就是在中央比照日本沖繩和北海道的組織經驗，先行設立專責的中央主管機關，以專責成，相信離島法體系始有建構完成的可能性。現今祇在國家發展委員會下設「**國土區域離島發展處**」內部單位（interior unit），而非附屬機關(independency)實嫌消極，對建構

離島法體系，以落實憲法增修條文保障離島人民權益，更是緣木求魚，不可行至為明顯。蓋臺澎金馬對話平台本已推動有年，卻在國發會設立內部單位及福建省政府拆撤後，無疾而終，即是一個最好的證明。設如受限於行政院組織法及中央行政機關組織基本法修正的困阻，至少宜先成立「三級機關」離島發展署隸屬於內政部，賦予專責離島事務，並展開離島法體系之立法工程，應係當前落實憲法增修條文保障離島人民權益的必要和可行作為。

四、研擬離島基本法草案法制架構

　　設若政府主管機關擬結合離島之三縣和三鄉起草離島基本法，本研究試擬法制架構如圖 3-1 所示。茲簡要分析如下：

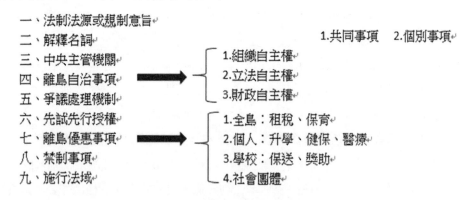

一、法制法源或規制意旨
二、解釋名詞
三、中央主管機關
四、離島自治事項
五、爭議處理機制
六、先試先行授權
七、離島優惠事項
八、禁制事項
九、施行法域

1.組織自主權
2.立法自主權
3.財政自主權

1.共同事項　2.個別事項

1.全島：租稅、保育
2.個人：升學、健保、醫療
3.學校：保送、獎助
4.社會團體

圖 3-1　離島基本法草案法制架構

資料來源：本研究繪製

(一)法制法源或規制意旨

　　固然依臺灣現行的基本法立法例，尚未見有以明示「法源」(legal resource)

為各該法制之首條規制內容[5]；唯依憲法增修條文第 10 條第 12 項之規制內容，既已明定「**以法律定之**」的憲法授權，原住民族基本法竟以「**規制意旨**」闡明立法目的，而捨棄明定法源之立法例理由，令人費解。比較合理的解釋，或係該基本法為在第一條明示：「**保障原住民族基本權利**」，而不採明定法源的立法體制。反之，離島基本法實宜於該法第一條明定：「**本法依中華民國憲法增修條文第十條第十二項制定之**」，以示基本法之法源和具有憲法法之定位。因之，可於該條第二項規定：「**離島制度依本法或依本法授權制定之法律規定。本法未規定者，適用其他法律之規定。**」

(二)解釋名詞

離島基本法對於名詞之界定，可採取逐項或逐款兩種體例，重要名詞舉如離島建設條例第 2 條對「**離島**」之解釋，如無其他更具週延性之解釋，即可延用。其他重要名詞經認定極易引起爭議或混淆者，可在第 2 條或其他授權立法中加以列舉式界定之。

(三)中央主管機關

經查臺灣的各種基本法，除勞動基準法(§4)有於條文中明定中央主管機關外，其他定名為「基本法」者，皆未於條文中明定中央主管機關；即便「主管機關」之文字，亦未加明定。就原住民族基本法言之，其基本法本文並未明定中央主管機關，但在各該授權立法則有主管機關之規定，如：原住民族語言發展法第 3 條規定：「**本法所稱主管機關，在中央為原住民族委員會；在直轄市為直轄市政府；在縣（市）為縣（市）政府。**」即是典型立法例。

雖說基本法不明定主管機關，但對於涉及重大議題之研議、協商或審議機

---

[5] 地方制度法雖形式上未定名為基本法，但實質上是依中華民國憲法本文第 118 條及憲法增修條文第 9 條所制定之憲法法。因之，該法第一條即規定：「**本法依中華民國憲法第一百十八條及中華民國憲法增修條文第九條第一項制定之。地方制度依本法之規定，本法未規定者，適用其他法律之規定。**」此即基本法明定法源之立法例。

制，仍有在基本法明定權責機關之立法例。諸如：

1. 審議機制

行政院為審議、協調本法相關業務，應設置推動委員會，由行政院院長召集之。(原住民族基本法第 3 條第 1 項)

行政院為審議、協調本法相關事務，必要時應召開跨部會首長會議。(客家基本法第 5 條)

2. 協商機制

政府與原住民族自治間權限發生爭議時，由總統府召開協商會議決定[6]之。(原住民族基本法第 6 條)

3. 獨立機制

為有效辦理通訊傳播之管理事項，政府應設通訊傳播委員會，依法獨立行使職權。(通訊傳播基本法第 3 條第 1 項)

4. 地方綜合職權

直轄市及縣(市)政府應設立教育審議委員會，定期召開會議，負責主管教育事務之審議、諮詢、協調及評鑑等事宜。(教育基本法第 10 條第 1 項)

以上開各基本法所設計之立法例，比較離島基本法言之，皆屬於法制上可能涉及的政治經濟活動事項，允宜事先研議，並有完整的發展體制，以為未來法制化的重要標的。

(四)離島自治事項

就起草離島基本法的政治動機，在於落實憲法增修條文有關保障離島人民政治地位和促其政治參與言之，如何設計「離島自治」(off-islands autonomy)或稱「離島人民自治」(off-islands people autonomy)，應是基本法最主要的政治

---

[6] 該條規定應屬違憲條款。蓋政府與原住民族自治間之權限爭議，在規制邏輯上並不合理。按政府應明指哪級政府，而原住民族自治應係原住民族自治區之謬誤；復以總統府係總統幕僚，其本身在憲法或總統府組織法皆無法定爭議協商之職權，自不得行使協商權；即使協商亦不具法效力。

課題之一。因之,對於離島自治問題概略規劃如下:

1. 政治與經濟分離的制度設計

　　由於縣級的澎湖、金門及馬祖(法定稱連江)三離島,在政治制度上係與臺灣本島的縣(市)級等同,已設定為地方自治團體,而在 1998 年啟動精省(downsizing province)工程後,縣(市)與直轄市政治地位平等,是以離島三縣的自治地位,已達臺灣地方制度的最高等級之設計,除非修改憲法外,離島政治地位之提昇,已非當前最重要的政治工程。

　　據近些年觀察離島人民的政治需求,發現離島人民最關心的政治課題,就是將政治與經濟切割,分別設計可行機制;此即政治制度上採取與本島各縣(市)等同的縣級地方自治團體的組織模式。因之,地方制度法第19條有關縣(市)自治事項的規定,仍適用於離島的縣級地方自治團體。至於經濟方面,則採取自由經濟區的發展模式。

　　所稱「自由經濟區」(free economic zone; FEZ)或是「自由貿易經濟區」(free trade economic zone; FTEZ)係指就離島或各該離島部分區域劃為自由經濟區,免除關稅及其他優惠措施,降低輸出成本,以促使工業產品具有國際競爭力。目前臺灣在國際商港部分,已依「自由貿易港區設置管理條例」規定設置。離島基於經濟發展提出劃為自經區,欠缺法律依據,如制定基本法明文規定,採取離島政經分離(separation of politice and economy)政策,則離島可以下位法方式建構特別區機制,推動自由經濟相關措施,以改善和發展離島經濟環境,並且合法性創造就業機會。

2. 強化自主權的特別制度設計

　　如同離島建設條例的「小三通」制度設計,儘管離島三縣具有等同臺灣本島的政治地位,但離島人口少、面積小,其競爭力遠不及臺灣各縣(市),更遑論與六個直轄市的競爭。因之,如為強化自主權(autonomous powers),在地方自治團體的組織自主權(organizational autonomy)、立法自主權(legislative autonomy)和財政自主權(financial autonomy)的三項基本權上,有更為自主性的機制設計,就須在離島基本法上有提綱式的授權規制;然後以授權立法方式,

落實此項自主性制度之特別設計。

3. 賦予兩岸發展的特別制度規劃

　　金門與馬祖距離中國大陸近在咫尺，雖因兩岸政治制度不同，但人員往返非常頻仍。基於此種地緣經濟的考量，賦予金馬與大陸交流的發展性機制，就須在基本法中有特別的「授權」設計；亦如同前述，再以授權立法方式就各項操作作為(operational act)加以法制化的規制。此種制度設計，在兩岸關係和緩之際看不出有何建設性功能(development function)；但如兩岸關係冷凍，如蔡英文政府執政後的兩岸生態變遷，離島的角色即顯得至為重要；如設有特別機制即可發揮救援或輔助的功能(subsidiary function)。

　　大陸自 2019 年 8 月 1 日起，暫停大陸 47 個城市居民赴臺自由行以來，已影響兩岸觀光旅遊，就以小三通的金門港關口言之，原本陸客占金門小三通的45%，其中自由行占比高達 70%。在陸方緊縮兩岸旅遊交流下，9 月 1 日至 10日金門小三通入出境陸客僅有 4,273 人，較 2018 年同期的 16,202 人次狂掉74%，帶來的衝擊充分反映在冷清街頭景況。唯 2019 年 9 月 20 日，大陸出入境管理部門公告，自當日起恢復受理金馬澎小三通個人旅遊簽註申請，金門縣期待再帶來遊客人潮，此對淪為重災區的金門觀光打一劑強心針，重現街頭人來人往的榮景。足見離島的特殊規定，有其政經上的積極意義。

　　(1)　爭議處理機制

　　臺灣已公布施行的基本法立法例，對於爭議事件的處理機制似乎格外敏感。此項機制在多元社會特別顯得重要，離島基本法如能加以規範，自有裨於該項法制的完備。事實上，地方制度法對於中央與地方的爭議，已有行政協商、行政救濟、司法解釋及立法處理等機制。該等機制皆有其功能，但正負功能互見。因之，參考日本制度，就地方間爭議有專責機制以「合議制」(collegial system)處理外，尚有中央與地方間爭議的合議制專責機關處理。該等二機制具有專業、中立和時效的優勢。臺灣如能引用定為機制，或可減少長年以來所出現各說各話、不得了結的紛爭現象。

　　(2)　先試先行授權

離島不僅因距離中國大陸近在咫尺，而且因四面環海，在試行新制度方面有其特別優勢之處。因之，針對離島生態環境如在離島基本法賦予先試先行的機制，應屬可行的行政作為。固然先試先行的情形，須以當地可行者始可賦予，且對離島人民須有所回饋，絕不宜將離島人民流為二等公民實驗品；反而應將離島人民視為國家菁英(elite)有更優惠的對待。兩岸關係的機制祇許成功，不許失敗。此乃有為之執政者應有的治國倫理思維；設有新機制先在離島就近互動實施，不僅社會成本降低，而且在必要且可行下自然增多社會資本，兩岸關係或可相對減少緊張和猜忌。2002 年小三通的先試先行，直接成就兩岸直航的交流模式，此係離島先試先行最具貢獻的政策作為案例。

(3) 離島優惠事項

離島的地緣關係，常被誤會為不事生產的偏遠地區。其實臺灣的離島有其特殊的自然景觀，不僅是觀光勝地，而且可在經濟事務上做出貢獻。本研究所稱離島優惠事項，係指制度設計初期的獎勵措施，制度完備且施行後，所稱優惠常可轉化為競爭優勢條件；此時優惠祇是些微成本而已。離島究竟可施行那些優惠措施，概可分為三類：一為對住民生活上的優惠措施，如：機票優待、稅捐減免、升學加分等；一為對公司、團體的優惠措施，如：進出口稅捐減免、投資獎勵、特許行業營運，或是特種行業的開發等，皆需有周延的環境影響評估和經濟效益評估。該等優惠事項皆須於基本法中有原則性的規定，並於下位法授權立法中有明確的操作規範。

本研究有鑑於一般人總直覺的認為，制定特定事物或族群的基本法旨在爭取優惠條款(preference clause)。此種認知雖不能說完全誤解或曲解，但至少可說是以偏概全，未必公道。事實上，設置離島基本法規制優惠措施，其概可分為：

① 事涉全島住民和法人團體：包括租稅減免、環境保育。
② 針對個人的權益：包括升學、健保和醫療保障。
③ 學校事務：對招生事務的保送機制、對在學生的獎學金、助學金之給獎規定。

④ 社會團體：離島人民的社會關係雖然多元，但非營利組織卻可能比較少些。這些社會團體最建設性的貢獻；尤其對無家可歸者的福利措施，更是值得推崇和鼓勵。

上揭相關優惠措施，可分為個人與共同二類事項：

a. 共同事項

優惠措施一旦納入離島基本法，即成為離島人民的權利(rights)，所以在設計各項優惠措施時，宜由弱勢群體入手，優先考慮；如有較多人受惠時，須先由共同事項考量，亦即將上揭提示的項目，分別加以整理，然後就共同部分先行規劃，始可減少施捨不當「特權」的疑慮。此項共同優惠措施的成本，以及攤付成本後的可能社會效益；甚至需考量民間分攤成本的可行性，以為定奪的政策決定基礎。

b. 個別事項

離島雖處孤島，但任何開發皆可能影響既得利益者的權益行使，何況離島基本法可能有特殊政策作為，對於既得利益者的損失，應有特別的給付或補償機制。如該等措施法有明定，即不致衍生弊端或爭議，社會和諧自可維持，法治亦得昭顯。

(4) 禁制事項

經查臺灣的基本法條文，原則上都是以正面表列方式起草條文。因之，條文中固然看不到強制或禁止規定，就是罰則更是絕無僅有。此種類似憲法的立法例，說明基本法的法制，在於規其作為而非限其作為或禁其作為。由於基本法係就公共事務應作為部分加以規範，而且促其在下位授權法中實踐。起草基本法時，不僅要有正面表列的思考，而且能自省式的以禁制態度加以不作為思考，必可更為周延的建構相關法制做出貢獻。

本研究曾論及原住民族基本法明定政府與原住民族有爭議事件發生時，須由總統府召集協商的不當制度設計問題。該基本法所以有此不當機制設計，主要即因起草時，未能由負面的方式加以思維，加上認為協商機制如由總統府介入，該等人員都是位高權重，其出面協商必然容易形成共識，諸不知依行政程

序法規定,未具權限者所為之行政處分,自始無效。嗣後起草基本法;尤其離島基本法因已有離島建設條例在施行,且屆滿二十週年,極易想當然的起草法制,竟致漏洞百出的窘境值得注意。

　　(5)　施行法域

　　離島基本法之施行法域(legal territory)本在離島,但因三離島縣外尚有三離島鄉;尤其離島鄉對於離島基本法之適用需要格外慎重。本研究建議起草離島基本法時,能就其在三離島鄉施行的法域,有所規範。此項問題在現行離島建設條例中即有所疏忽;唯因該條例衹有一法影響尚屬有限,未來基本法下尚有其他授權立法,如其有所誤用之影響不可輕忽。

五、結語:離島基本法立法是離島發展之新里程

　　既然憲法增修條文已明定原住民族之權益保障與離島人民一致。原住民族在中央有專責機關的積極作為之下,已完成 47 種法律或法規命令之立法。其因法體系之建構完備,自然有裨於族群權益之保障,對於政治地位和政治參與,顯然原住民族比之其他族群毫不遜色。

　　本研究經由上揭之分析,發現離島基本法之立法,應是離島發展的新里程。其所持立論依據,即在於同為憲法增修條文所保障之原住民族基本法,在完成立法公布施行至今僅有 15 年,即已建構原住民族法體系;不僅完成 10 種法律依據,其法規命令亦多達 37 種。此種法體系之完備,自然有裨於原住民族權益之保障;反之,離島人民雖來自三離島縣及三離鄉,人口略少於原住民族,但在保障法制上的努力成就,可能連一半都達不到。諸不知規劃離島法制的離島建設條例,20 年來已修改 11 次,此種頻仍修正的情形,即是法制不健全的徵兆所在。

　　離島人民應參考原住民族之立法經驗,督促政府成立中央專責機關以為對話之窗口。此外,依憲法增修條文之委託旨趣制定離島基本法,並持續完成下

位法之授權立法。相信離島將在保障法制益趨健全下，獲有更美好的發展願景。

參考書目

以色列基本法(Basic Law：Jerusalem, Capital of Israel)

立法院法制局(2011)，〈有關中央法規標準法及立法院職權行使法修正方向座談
　　會〉紀錄。臺北：立法院法制局。

匈牙利基本法(The Fundamental Law of Hungary)

行政院法規委員會(2003)，《第一次諮詢會議紀錄：諮詢會議紀錄彙編第一輯》。
　　臺北：行政院法規委員會。

行政院金馬聯合服務中心(2017)，《推動修正「離島建設條例」公聽會剪報資
　　料及會議紀錄》。

沖繩振興特別措施法(平成 14 年 3 月 31 日法律的 14 號)

沙烏地阿拉伯治國基本法

林宜賢(2018)，〈外國離島稅制之建置對臺灣之啟示〉，中國地方自治學會，《離
　　島建設條例之檢視與策進國際學術研討會成果報告》，115-140。

金馬澎湖離島聯盟(2017)，〈離島(澎湖、金門及馬祖)人民基本法草案〉

建立濟州特別自治道暨開發國際自由城市特別法

紀俊臣(2012)，〈離島建設條例修正案問題聚焦之研究成果報告書〉，金門縣政
　　府委託研究報告(案號：10111030106)

紀俊臣(2018)，〈離島基本法之立法可行性分析〉，《中國地方自治》，71(8)：
　　4-26。

紀俊臣(2018)，〈離島發展與地方創生：馬祖生態之構想〉，《中國地方自治》，
　　71(11)：3-26。

國立臺灣大學建築與城鄉研究發展基金會
　　〈離島區域合作平臺104年度策略規劃暨福島執行計畫總結工作成果報告〉

1. 日本沖繩振興特別措施法
2. 南韓建立濟州特別自治道暨開發國際自由城市特別法
〈離島區域合作平臺 105 年度策略規劃暨福島執行計畫總結工作成果報告〉
1. 日本沖繩：國際物流據點之形成
2. 南韓濟州
3. 轉型修(立)法之課題分析與建議

德意志聯邦共和國基本法

蔡秀卿(2002)，〈基本法之意義與課題〉，載於《當代公法新論(中)》。《翁岳生教授七秩誕辰祝壽論文集》。臺北：元照出版公司。

蔡福昌(2018)，〈離島建設條例當代缺失因應策略〉，載於《2018 翻轉離島法制研討會論文集》。臺北：中華金門同鄉會。

羅傳賢(2004)，〈基本法優先適用問題之研析〉，載於氏著《國會與立法技術》。臺北：五南圖書出版公司，137-153。

Cayman Islands, *Offshore Legal and Tax Regimes*.

Google, Fundamental Legal definition of Fundamental Law, Download, Start, *What is Fundamental Law?*

Russia (1906), *Fundamental Laws.*

Tax Update, *The Canary Islands, Ceuta and Melilla Spanish Special Tax Territories.*

Wikipedia (2018), *Basic Law for the Federal Republic of Germany.*

肆、離島治理之策略與成就：以澎金馬治理法制觀點

紀俊臣　銘傳大學公共事務學系客座教授

紀和均　銘傳大學公共事務學系助理教授

摘　要

　　本研究旨在探討離島治理(off-islands governance)的模式。針對臺灣治權所及的澎湖、金門及連江(通稱馬祖)三縣的治理經驗，以法制研究途徑(legal approach)進行探討；復依數十年來的實地觀察(field observation)所獲致的經驗，以進行實證分析(empirical analysis)。由於澎湖儘管與金門、馬祖皆處臺灣本島的離島，但自臺灣建省以來，即將澎湖歸屬臺灣省之一縣，完全係依本島各縣(市)模式，以實施地方自治；而金門、馬祖則因緊臨中國大陸福建省東岸，在兩岸對峙之際，金門與馬祖係軍事基地；尤其在軍管時期，其政治生態採有異於中國大陸之各縣級離島治理機制。

　　因之，本研究係針對澎、金、馬的特殊化政經生態進行質化研究，分析上揭三離島縣之治理成就所在，並且就治理策略(governing strategy)分別探就三離島縣之差異性，藉以評析離島治理之綜效。此外，針對上揭三離島縣自 2000 年施行「離島建設條例」以來，在地方財政，地方文化及地方觀光之重大成就加以分析。由於中國大陸亦有大小不等的離島縣，其近些年經濟成就非凡，為

各界人士所肯認，希望就臺灣三離島縣治理經驗進行通盤檢視，且針對若干需要策進部分，再研擬改革作為，以為再設計之參考。

關鍵詞：離島治理、基層治理、政治及經濟生態

一、前言：離島治理係地方治理之特殊化模式

中華民國治權所及的統治地區，依行政區劃分為 6 直轄市，16 縣(市)及 198 鄉(鎮、市)；其中屬「離島」(off-islands)；意即「指與臺灣本島隔離屬我國管轄之島嶼」(離島建設條例第 2 條)，則有澎湖、金門及連江(通稱馬祖)三離島縣及蘭嶼、綠島及琉球三離島鄉，人口達 278,290 人，占全臺灣人口的 1.1797%；土地面積 308,1201km^2，占全臺灣面積的 1.0432%，如表 4-1 所示。

表 4-1　離島人口及土地面積統計

縣別	人口數^人	土地面積^{平方公里}	鄉別	人口數^人	土地面積數^{平方公里}
澎湖	104,533	126.8641	蘭嶼	3,861	48.3892
金門	139,426	151.6560	綠島	5,054	15.0919
連江	13,073	29.6	琉球	12,343	6.8018
合計	257,032	308.1201	合計	21,258	70.2829
全國比例	1.09%	0.8490%		1.1797%	1.0432%

資料來源：內政部統計(2019.3.26 下載)

此正說明離島在中華民國行使治權所占人口數極少；祇占 1.18%、土地面積亦不大，祇占 1.04%；但位處西太平洋，更因在臺灣海峽中的中繼地位，其地理重要，可見一斑。

離島的地方制度依現行地方制度法規定，係與臺灣本島的縣制和鄉(鎮)制完全一致。此種本島與離島採取相同政治制度的模式設計，旨在展現政府對離島的平等對待政治理念，但此種無差別待遇(non-discrimination)的地方治理(local governance)機制，對於離島在自然、人文皆有所不同的環境中，究竟是

否實質上可以落實憲法增修條文對離島的保障，不無再加檢討之處。

就國際間的離島治理(off-islands governance)經驗，採取特別的制度設計所在多有。本研究即以此發現，探討臺灣在法制上究竟如何規制離島機制，其成效如何，乃本研究之旨趣所在。就研究方法言之，本研究係依據 2016 年行政院金馬聯合服務中心協同澎金馬三離島縣政府所「**推動修正『離島建設條例』公聽會**」，以及 2018 年中國地方自治學會接受行政院金馬聯合服務服務中心委託，所舉辦的「**離島建設條例之檢視與策進國際學術研討會**」，各學者、專家所發表的論文，進行分析，以了解離島治理的現狀，並進一步思維和理解未來可行的離島治理可行機制。

二、臺灣縣級離島之政經生態

本研究有鑑於地方制度法對鄉(鎮、市)地方自治團體(local self-government body)的土地管轄權(land jurisdiction)很受各該隸屬縣的操作，以及研究篇幅的限制，乃僅以離島縣部分進行研究。臺灣離島縣的地理區位(geographical location)如圖 4-1 所示。當今臺灣之離島縣分別位處臺灣海峽的北、中、南區位，正扮演政軍聯防的重要角色。

(一)三大縣級離島之區位

澎金馬與臺灣本島的距離，當以位處臺灣本島西北方的馬祖列島距離最為遙遠，約有 114 海浬(約 211.3 公里)，其次是位處於臺灣本島西南方靠近中國大陸廈門市祇有 1.8 公里的金門，距離臺灣本島 210 公里，澎湖則是位處臺灣海峽上的一組群島，東距臺灣本島約 50 公里。三離島縣距離中國大陸最近是金門縣僅 1.8 公里，其次馬祖列島 9.25 公里，澎湖最遠 140 公里。由此可知，澎湖是原屬於臺灣省所轄的第一大離島；至金門、馬祖在行政區劃上原屬於福建省所轄的島嶼。正因有此島際上的阻隔，致使金馬與澎湖長久以來即與臺灣

本島有不同的政治關係。

圖 4-1　臺灣離島位置

資料來源：本研究網站下載(2019.3.26)

　　茲就澎金馬與臺灣的區位關係，分為：

1. 自然生態上的不同

　　澎湖的氣候較接近臺灣本島，唯其年雨量祇有 1,000 公厘，較少於臺灣本島的年均 2,500 公厘，而且冬天強勁的東北季風，影響島際的交通，以致觀光事業採半年式經營模式。金門與馬祖均有強烈的東北季風，每年 4、5 月間因氣溫變化快，常有霧霾出現而嚴重影響海空交通；尤其濃霧影響飛機起降，此係區位上最感困擾的處境所在。

2. 軍事基地上的不同

　　雖說澎金馬皆係國軍長年駐守的海上長城，但因金馬距離大陸陸地較近，在兩岸對峙時期，金馬皆成為重要軍事基地；韓戰期間美軍且以馬祖列島之「西莒」為第七艦隊駐紮重要基地，西莒風華一時，有「**小香港**」之稱。金門因有幾次重大戰役；尤其 823 炮戰，不僅造成金門子弟移居臺灣就學，而且隔離臺灣本島，進出金馬受到出入境管制。

3. 農作物上的不同

　　澎湖稻作因乾旱不易生產，農作有季節性限制；尤其雨季短，水供應嚴重不足，日常食物由臺灣輸入。金馬情形大體相若，四季氣溫的變化大，但農作生產不足，需要臺灣或大陸供應蔬果。此種日常生活的需求與供給關係，影響澎金馬與臺灣或大陸的兩岸互動情形。

　　就區位而言，臺灣與澎湖往來顯然與金門、馬祖顯著不同；尤其在澎金馬「小三通」後，金馬與大陸往來密切，且有諸多便利兩縣居民進出的特別規定，竟是澎湖所不需者；更值得重視的是，金門係閩南文化的維護者，而馬祖則是閩北；尤其閩東文化的維護基地；至澎湖則較傾向臺灣文化模式。

(二)三離島縣的政治生態

　　探討澎金馬三離島縣的政治生態(political ecology)，須先行了解當地的政治區位或稱地緣政治，以及政治文化。事實上，三離島縣距離兩岸的長短，確實已影響當地的政治生態；此由澎湖與金馬三離島縣是否受限於離島實施「戰地政務」的軍管措施影響有關。這是最關鍵的政治生態形成因子。

1. 縣長較受執政黨影響

　　不論澎湖、金門、連江三縣的歷任縣長，有一趨勢是先保守再開放。早期歷任縣長不僅是國民黨提名人當選，而且有軍事資歷背景，但近十數年來逐漸有改變，而且改變情形與臺灣本島距離成反比例；質言之，距離遠較不受臺灣本島藍綠對決影響。澎湖近本島，其縣長在十六年前即有民進黨籍的高植澎，四年前有陳光復當選；唯皆未曾連選連任，現任為國民黨籍賴峰偉。至連江縣則多由國民黨的派系內出身，間亦有親民黨的陳雪生當選；陳雪生早已再加入國民黨並為現任立法委員；現任為國民黨籍劉增應。金門縣亦於四年前，由無黨籍立法委員陳福海當選，現任縣長則為國民黨籍立法委員楊鎮浯出任，以致形成澎金馬均須曾出現分立政府(divided government)情形。

2. 縣議員及鄉（鎮、市）長則漸由無黨籍出任趨向

　　澎金馬議會的結構，多以國民黨籍議員出任議長、副議長居多，以致澎金

馬的分立政府，間有出現情形，但長期觀察仍以形塑一致政府(unified government)居多。比較值得觀察者，乃以無黨籍身分競選並當選之民意代表或基層治理之鄉（鎮）長或村（里）長，有逐漸增多的情形。此種政治生態變遷，可說與臺灣本島的發展，有相同的趨勢，足見大眾媒體或社群媒體，正在逐漸影響地方生態的變遷(change of local ecology)。

(三)三大縣級離島之經濟狀態

以 2019 年地方總預算議會通過情形，發現澎金馬三離島縣皆有歲出多於歲入餘絀情形，澎湖縣不足 6 億 8,756 萬 6 千元，金門縣不足 10 億 4,763 萬 2 千元，連江縣不足 2 億 6,736 萬 6 千元，但金門縣因有經營有方的金酒公司，每年均有大量盈餘，如 2019 年金門縣營業盈餘及事業收入是 11 億 5 千萬元，不足部分可望透過金酒公司的盈餘彌補。反之，澎湖不足之數竟有 6 億 8,753 萬 5 千元，除經由申請離島建設基金補足外，就需要舉債。馬祖人口少，資源不足；其 2019 年不足支付歲出所為餘絀有 2 億 6,736 萬 6 千元，除移用上年度 6 千萬餘元歲出賸餘外，可能需要舉債。這是 2019 年的經濟發展三離島縣財政背景的速描。

其實三大縣級離島的經濟狀況，可從稅收多寡得到架構性之了解，如澎湖縣 22 億 8,170 萬 9 千元，金門縣 26 億 5,455 萬 2 千元，連江縣 6 億 2,858 萬元，情況上雖非完全缺乏收入，但歲出不足的補救措施卻有待積極的招商引資，始克增加營業稅收，以充裕各該地方財政。

依 2019 年 2 月底的「各級政府公共債務統計表」，如表 4-3 所示，三大縣級離島的負債情形為：

1. 澎湖縣負債 14 億元。
2. 金門及連江縣均無負債。

因之，澎湖縣的財政狀況，遠比金門、連江二縣的財政差許多。嗣後，澎金馬需要協力合作(collaborative cooperation)以推動國家建設，並且先由離島做起；就可強化各該縣的創稅能力，此屬為強化地方建設的良性循環積極作為。

表 4-2 三離島縣 2019 年重要預算編列情形

單位:新臺幣千元

縣別	歲入		歲出	
澎湖縣	9,386,674			10,074,209
	稅課	2,281,709	一般政務	2,411,528
	規費	175,828	教育科學文化	2,238,864
	補助及協助收入	6,581,354	經濟發展	2,086,269
	自治稅捐	0	社會福利	1,704,839
	其他	245,580	退休撫卹	834,838
			債務	16,740
			補助&協助	305,612
			歲入-歲出餘絀	-687,536
金門縣	12,516,218			13,563,850
	稅課	2,654,552	一般政務	2,058,093
	規費	522,859	教育科學文化	3,361,207
	營業盈餘及事業	1,150,000	經濟發展	5,018,035
	捐獻及贈與	2,700,000	社會福利	1,506,350
	自治稅捐	0	社會發展與環境保護	836,927
	補助與協助	4,646,245	歲入歲出餘絀	-1,047,632
	財產	754,530		
連江縣	4,060,846			4,328,212
	稅課	628,580	一般政務	707,206
	規費	31,655	教育科學文化	1,306,670
	財產	10,985	經濟發展	1,744,557
	營業盈餘及事業	6,003	社會福利	352,936
	補助及協助	3,194,075	社會發展與環境保護	101,516
	捐獻及贈與	180,001	退休撫卹	48,305
	自治稅捐	0	補助及其他	67,022
	其他	4,487	歲入歲出餘絀	-267,366

資料來源：三離島縣政府主計處發布(2019/3/28 下載)

表 4-3　各級政府公共債務統計表

108年2月底

製表日期：108/3/15　　　　　　　　　　　　　　　　　　　　　　單位：新臺幣億元；%

項目　　　政府別	公共債務法規範之債務							自償性債務[註3]
	1年以上非自償債務				未滿1年債務		債務合計	實際數
	預算數		實際數		實際數		實際數	金額 (4)
	金額	比率[註1]	金額 (1)	比率[註1]	金額 (2)	比率[註2]	金額 (3)=(1)+(2)	
合計	65,296	*37.34%	61,057	*34.92%	4,071	12.23%	65,128	4,312
中央政府	56,336	*32.22%	53,621	*30.67%	2,460	11.65%	56,081	2,554
地方政府	8,960	*5.12%	7,436	*4.25%	1,611	13.25%	9,047	1,758
直轄市	7,363	*4.21%	5,947	*3.40%	1,032	12.99%	6,979	1,448
臺北市	1,750	*1.00%	938	*0.54%	0	0.00%	938	143
高雄市	2,513	*1.44%	2,416	*1.38%	99	7.43%	2,515	296
新北市	1,166	*0.67%	1,028	*0.59%	401	24.50%	1,429	524
臺中市	1,038	*0.59%	795	*0.45%	308	24.36%	1,103	440
臺南市	530	*0.30%	530	*0.30%	79	9.20%	609	26
桃園市	367	*0.21%	240	*0.14%	145	12.66%	385	18
縣市	1,589	*0.91%	1,487	*0.85%	578	15.99%	2,065	307
**宜蘭縣	117	45.14%	118	45.43%	94	39.53%	211	43
新竹縣	132	40.27%	122	37.23%	40	15.63%	162	43
**苗栗縣	218	69.63%	218	69.65%	162	85.36%	380	110
彰化縣	196	34.87%	167	29.68%	103	20.59%	270	17
南投縣	105	35.63%	108	36.41%	0	0.00%	108	17
雲林縣	175	35.71%	175	35.71%	51	14.57%	226	1
嘉義縣	139	41.73%	139	41.73%	28	11.40%	166	8
屏東縣	174	36.63%	172	36.21%	3	0.75%	175	0
臺東縣	52	23.29%	37	16.62%	12	7.19%	49	12
花蓮縣	80	33.20%	65	26.91%	31	14.02%	96	0
澎湖縣	19	15.27%	12	9.68%	2	1.99%	14	8
基隆市	78	34.90%	74	33.17%	14	7.21%	88	0
新竹市	93	39.50%	80	33.92%	39	19.17%	119	19
嘉義市	8	4.46%	0	0.00%	0	0.00%	0	28
金門縣	0	0.00%	0	0.00%	0	0.00%	0	0
連江縣	2	3.86%	0	0.00%	0	0.00%	0	0
鄉鎮市	8	*0.00%	2	*0.00%	1	0.12%	3	3

備註：

1. 前3年度GDP平均數為：174,848億元（行政院主計總處108年2月13日公布）
2. 依據公共債務法第5條規定，各級政府債限如下：
   (1) 1年以上公共債務：
       A.總債限：中央政府、直轄市、縣(市)及鄉(鎮、市)所舉借之1年以上公共債務未償餘額預算數占前3年度GDP平均數比率，分別不得超過40.6%、7.65%、1.63%及0.12%。
       B.個別債限：直轄市個別債限每年度由財政部設算公告，108年度年度各直轄市債比率分別為：臺北市:2.47%、高雄市:1.8%、新北市:1%、臺中市:0.87%、臺南市:0.73%、桃園市:0.78%；縣(市)及鄉(鎮、市)所舉借之1年以上公共債務未償餘額預算數占各該政府總預算及特別預算歲出總額之比率，各不得超過50%及25%
   (2) 未滿1年公共債務：中央及各地方政府未滿1年公共債務未償餘額占總預算及特別預算歲出總額比率，分別不得超過15%及30%。
3. 自償性債務：係以未來營運所得資金或經指撥特定財源作為償債財源之債務。
4. 數字加總尾數不合係因四捨五入進位。
5. 符號說明：
   (1) 比率加註「*」者，表示債務比率以「1年以上公共債務未償餘額占前3年度GDP平均數」計算。其餘比率未標加註「*」者，表示債務比率以「1年以上公共債務未償餘額占總預算及特別預算歲出總額」計算。
   (2) 政府別欄位內加註「**」者，表示債務超限之地方政府。財政部均已依據公共債務法第9條規定，限期其改正或提報償債計畫，以改善債務；並依債務改善進度管制撥付補助款，促使其本財政自我負責精神改善財政，以落實地方債務監督管理。

資料來源：本研究自財政部國庫署網站下載(2019/3/31)

三、臺灣在澎金馬縣級離島之治理策略

基於兩岸關係在離島軍事措施之不同思維考量，除政治制度必須有顯著不同的制度設計(institutional design)外，其整體的地方治理策略亦宜有所不同。事實上，離島縣的地方治理策略，即因澎金馬之離島區位不同，而有「**離島三制**」的情形；唯此係由階段性觀點分析。蓋 1949 年至 1994 年的 45 年內，澎湖因距離本島近些，其地方自治係與臺灣本島同步，而金馬則因 1956 年至 1992 年間實施「**戰地政務時期**」，在軍管文化下自不宜全面施行地方自治。

(一)自治 vs 軍管

依澎金馬三離島縣的地理區位言之，澎湖屬於臺灣省的轄區，自 1945 年臺灣省光復以來，即與臺灣本島的縣（市）一體適用以施行地方自治。是以，在命令式地方自治時期，澎湖縣即施行地方自治，至今已有 70 年的屬於自治體定位經驗；反之，金門、連江二縣，則因與中國大陸福建省隸屬於同一轄區，其文化生活比較傾向大陸型的模式。就區位理論分析，澎湖較傾向臺灣區位下的政治生態；就歷史言之，澎湖係漢民族移居臺灣的過渡區位(transitional location)；亦即澎湖是中華民族自大陸移入前的必經之地或渡海暫停居留之地區，人民之政治生活(political life)基本上與臺灣本島並無不同。至說金門與馬祖地區則屬較接近中國大陸的離島縣，不僅行政區域劃分為福建省，而且是兩岸針對「兩門對開，兩馬先行」的政經試點地區(political-economic experiential area)。一旦試點地區有政經積極活動時，其在政經上的任何努力作為，皆是嗣後臺灣本島的成就，不可缺漏的努力島嶼。

由於金門與馬祖一水之隔緊鄰中國大陸的廈門或黃岐、馬尾等地區，在兩岸對峙時期；即 1949 年至 1993 年，長達 44 年期間，金馬被定位為軍事基地，並於 1956 年 7 月 16 日施行「戰地政務」(Battlefield government or Military Control)，直至 1992 年 11 月 7 日結束。此一軍管時期共 36 年，皆未施行地方自治，金馬與澎湖在政治生活上最大不同之處在此。金門、馬祖係自 1993 年

始以行政命令，與臺灣本島各縣市同日辦理第一屆縣長及縣議員選舉，從而開啟金馬縣級以下施行地方自治新局。

(二)地方自治

1994 年 7 月 29 日，政府明令頒布施行「省縣自治法」及「直轄市自治法」，通稱「自治二法」時期(Two Autonomous Laws Stage)，規範臺灣本島及離島實施地方自治[1]；唯福建省依法則僅以縣以下實施地方自治。因經濟環境不同，其既有的政治文化亦不同，以致地方自治績效有所差異。就總體觀察，澎湖因自 1950 年即施行地方自治。其長久且豐富的民主政治經驗，已使澎湖離島與臺灣本島幾無二致，甚至與離島兩互影響，2018 年 11 月地方九合一選舉，澎湖與臺灣藍綠對決政治氣候(polotical climate)已融為一體；但金馬情形則較不受臺灣本島政治文化及其政治氣候的影響；復因金門縣政府經營金門高粱酒有成，政府財政係臺灣最良好的地方自治體典範，以致地方選舉參與熱烈，原為國民黨鐵票區，近些年來已有國民黨與無黨籍競爭的態勢。馬祖則與金門政治文化完全不同，在人口祇有萬餘人的極少情況下，縣長雖有人競爭，但不是開放競選，就是與國民黨提名人競選。至立法委員選舉，亦復如此。在縣議員、鄉長部分，則間有無黨籍人士競爭並當選的情形。

四、臺灣在澎金馬縣級離島之治理成就

臺灣現有澎金馬三縣級離島，在地方治理上各有不同的治理模式，且均能展現治理成就上的特色。

---

[1] 1994 年 7 月 29 日，臺灣制定並同步施行的省縣自治法及直轄市自治法之「自治二法」，係採取「重省市，輕縣市，無視鄉鎮市」政策，但此係指臺灣省及北高二市；至福建省則僅該省轄的金門及連江二縣，福建省依法係採官派主席機制。

(一)金門縣之地方財政係典範

金門縣雖祇距離中國大陸 1.8 公里，為三離島縣中最接近中國大陸之離島縣，但金門縣正如美國舊金山的「金門大橋」(Golden Gate Bridge)盛名和令譽傳布全世界。臺灣治權所及的第一大島即是金門縣，在金門的各項建設中，金門縣係臺灣 22 地方自治團體中，唯一無任何非自償債務(包含 1 年以上非自償債務，亦無未滿一年債務)；亦無自償性債務，如表 4-3 所示者。再依 2017 年度地方財政評比結果如表 4-4 所示，其歲入歲出籌編情形在 21.63%，占臺灣各地方自治團體的第一位；其中賸餘增減 2.91%，自籌財源占歲入比為 52.67%，僅次於臺北市 66.65%、桃園市 61.02%、新北市 57.13%及臺中市 55.11%、新竹市 54.07%、高雄市 52.81%；除新竹市外，其他皆是直轄市，此說明金門縣之財政努力，可以達到直轄市水準。就 2017 年度地方財政評比結果，令人震驚者是其稅收增減在-32.68%，仍能維持不負債務；亦即能達致財政紀律嚴明而預算平衡的狀況，誠非容易之事。

金門縣係一土地面積僅有151.6560 平方公里，人口年有成長，亦祇 139,426 人的離島。其地方財政能力居臺灣各地方自治團體的首位，係因縣營金酒公司經營有成，每年創造盈餘以挹注該縣歲出。金酒公司究竟對金門縣財政有多大的貢獻？此可從 2013～2017 年度，該縣自有財源所占比，由 94%、82%、55%、53%及 59%，說明預算規模擴大後，儘管其自有財源固有逐漸縮小的情形，就以 2019 年度其自有財源，仍可維持在占 62.88%的規模。所指「自有財源」，即歲入-補助及協助收入；而「自籌財源」是自有財源-中央統籌分配稅款的餘額。中央統籌分配稅款就 2019 年度言之，金門縣分得 15 億 1,900 萬元，占該縣歲出預算 125 億 1,621 萬 8,000 元的 12.14%，即可知金酒公司在金門財政上的貢獻，據統計其直接間接貢獻似可達 87.86%。這是一項地方經營事業，卻可充分改善地方財政的典範。

表 4-4 2017 年度地方財政評比

單位：%；百萬元

項目別（直轄市及縣市）	支出面流程與歲入歲出餘絀總管情形				收入面開源績效				債務管理		付息負擔	
	歲入歲出差編情形(%)	歲出規模控制情形(%)	歲入歲出餘絀增減(%)	歲出規模改善情形(%)	稅收增編情形(%)	規費增編情形(%)	自籌財源增減情形(%)	自籌財源占歲入比率(%)	長短期債務餘絀較近2年度增減金額	付息數占長短期實際數較近2年度增減率(%)	付息數占長短期實際數比率(%)	付息數占長短期實際數近2年增減百分點(%)
臺北市	1.69	1.05	-4.09		5.05	-2.88	-5.74	66.65	4,731	2.37	0.90	-0.02
新北市	0.06	2.40		0.49	-6.65	0.25	-1.55	57.13	14,699	11.97	0.60	-0.21
臺中市	-0.72	9.31		2.43	-2.14	-2.74	12.05	55.11	23,743	26.70	0.62	-0.08
臺南市	-1.61	4.65	-2.95		1.32	0.63	-1.26	41.36	-4,079	-5.58	0.54	-0.31
高雄市	-0.49	-3.86	-6.13		15.01	18.14	7.04	52.81	-4,211	-1.64	0.55	-0.20
桃園市	2.54	4.35	5.17		-2.94	2.08	-1.58	61.02	2,400	11.11	0.60	-0.18
宜蘭縣	0.06	2.46	7.13		-13.22	2.95	-10.43	29.37	-482	-2.13	0.71	-0.09
新竹縣	0.00	1.90		6.46	-10.27	-14.33	-17.05	40.08	229	1.05	0.92	-0.34
苗栗縣	-0.23	-19.70	8.88		-8.62	-10.89	-4.80	28.30	-335	-0.85	1.38	-0.16
彰化縣	3.35	-0.02		5.05	-3.41	-2.23	-21.46	26.89	1,041	4.37	0.83	-0.22
南投縣	-0.27	5.00	1.29		-4.27	-10.67	3.11	20.35	-1,014	-5.94	0.76	-0.32
雲林縣	0.01	0.94	0.29		2.11	-28.76	40.56	24.81	-1,041	-3.97	0.96	-0.13
嘉義縣	-0.04	-2.45	3.45		-1.43	13.56	-3.73	19.40	-1,305	-6.31	0.84	-0.24
屏東縣	0.00	-2.10	1.53		-7.15	-16.88	-2.44	20.94	-2,428	-9.65	0.73	-0.10
臺東縣	-4.44	1.65	1.60		-4.15	-11.76	-12.98	14.16	-657	-8.73	0.51	-0.30
花蓮縣	-0.12	-1.35	1.32		-25.37	2.75	2.75	19.79	-112	-0.91	0.63	-0.29
澎湖縣	-0.40	-5.22	2.31		11.96	10.18	4.25	10.84	-523	-23.72	0.59	-0.17
基隆市	-0.08	3.51	-0.38		0.99	-11.02	-0.60	28.84	-751	-7.20	0.75	-0.03
新竹市	2.38	-1.38	0.82		-1.02	9.82	-1.11	54.07	-670	-5.63	0.94	-0.03
嘉義市	4.31	0.90	-2.29		-32.68	-0.02	-17.10	31.66	-272	-69.93	0.72	-0.12
金門縣	21.63	-14.14	2.91		26.73			52.67	0	0.00	0.00	0.00
連江縣	1.28	6.39	2.66		19.04		62.52	15.78		0.00	0.00	0.00

評分方式：
1.支出面流程與歲入歲出餘絀總控管情形：
(1)「歲入歲出差編情形」：106年度總預算編列特別預算歲出增加幅度超過歲入成長幅度情形。
(2)「歲出規模控制情形」：105年度歲出決算審定數較104年度之增減比率。
(3)「歲入歲出餘絀增減改善情形」：105年度歲出決算餘絀決算數占歲出比率較104年度之增減百分點。

2.收入面開源績效：
(1)「稅收增編情形」：105年度不含中央統籌分配稅款及菸酒稅之稅課收入決算審定數較104年度之增減比率。
(2)「規費增編情形」：105年度規費收入決算審定數較104年度之增減比率。另直轄市不含汽車燃料使用費。
(3)「自籌財源增減情形」：105年度歲入扣除中央統籌分配稅款與補助款項及協助款收入之決算審定數較105年度歲入決算審定數之比率。
(4)「自籌財源占歲入比率」：105年度自籌財源占歲入比率較105年度歲入決算審定數之比率。

3.債務管理：
(1)「債務餘絀評比」：
① 「長短期債務餘絀較近2年度增減金額」：105年度長短期債務決算審定數及截至105年12月31日短期債務實際數之合計較104年度增減金額。
② 「長短期債務餘絀較近2年度增減率」：105年度長短期債務決算審定數及截至105年12月31日短期債務實際數之合計較104年度增減金額占104年度長短期債務餘額之比率。
(2)「付息負擔評比」：
① 「付息數占長短期債務餘額之比率」：105年度付息決算數占104年長短期債務實際數之比率；105年度付息決算數占104年度付息決算數占103年度長短期債務實際數之比率。
② 「付息數占長短期債務餘額之比率近2年增減百分點」：105年度付息決算占2年增減情形。

資料來源：本研究自財政部國庫署網站下載(2019/3/31)

(二)連江縣(馬祖)之地方文化係資產

連江縣地理環境特殊，本係觀光資源，但分處五大島，在海空交通受到天候影響未能積極克服前，其雖有開放「小三通」的誘因，仍不易在觀光發展(tourism development)上有重大的突破。再說，連江縣經由離島建設條例的增訂，辦理「**觀光博弈公投**」，雖已順利通過可在該縣適當地點設置複合式觀光度假區以附設觀光博弈方式，藉以改善馬祖的區域經濟環境，從而健全馬祖的地方財政[2]。但此項區域經濟博弈化的構想，竟在民進黨全力杯葛「博弈法」(casino law)的立法環境中胎死腹中。嗣後的馬祖地方經濟比較有可能的出路，還是善用小三通的「中繼站地位」發展觀光；尤其「**藍眼淚**」(sea of stars)成為亮眼的觀光吸引物(attractives)後，已對馬祖觀光經濟(tourism economy)注入新動力。

事實上，經由大坵「亮島」遺址的挖掘，已足以證明南島的文化系絡，係由中國南方往南太平洋發展，有如鄭和下西洋的路線。此種文化資產的整理，應是馬祖的重要發展資源。目前大陸已重視此一南島文化的整理工作，正在馬祖對岸的黃岐設立研究基地，馬祖應趕緊腳步，在文化部的積極提供資源和全力支持下，推動該項文化資產的開發工作。此不僅可提高馬祖在文化創意產能上的地位，且將促使兩岸文化資產研究邁向新的合作階段。此外，閩東文化保存的成就，正可充供研究和發展文創產業的重要資源和基地，亦值得重視。

(三)澎湖縣之地方觀光係願景

三離島縣固以澎湖財政最為艱困，2019 年度預算中，自有財源僅有 8 億8,107 萬元(此即歲入預算 9,386,674 千元-中央統籌款 1,924,250 千元-中央補助款 6,581,354 千元)，占 9.39%；換言之，非自有財源高達 90.61%與連江縣財政

---

[2] 連江縣的地方財政，形式上雖如同金門縣並未有任何舉債，但歲入主要是依賴中央統籌分配稅款及中央補助，前者在 2019 年度是 5 億 3,590 萬餘元；後者為 31 億 9,407 萬餘元，二者相加即占總預算的 91.85%，可知該縣財政之窘境。

困境大約相同。際此財政困阻，究應如何發展地方經濟，以健全縣府財政？誠然是很大難題。唯就內政部已於 2014 年 6 月公告澎湖南方四島國家公園(South Penghu Marine National Park)，為臺灣第九座國家公園；亦是臺灣兩座海洋國家公園[3]之一。此項海洋國家公園的公告，以及澎湖國家風景區處早在 1995 年 7 月，即由交通部公告成立管理處。此種一地方分別設定為海洋國家公園及國家風景區，此對厚植澎湖縣之觀光資源當有重大貢獻；亦確立我國對南太平洋龐大海洋資源的開發和利用，自易於招徠人潮，增加觀光治理的成就。鑑於澎湖以往在地方經濟的發展，受限於天候影響，成就不盡理想，以致地方財政陷入困境。嗣後應由活化觀光資源，以及加強資源管理，並且以國家直接管理方式強化和實現區域發展願景，從而以健全地方財政，擺脫長期以來的經濟危機現狀。

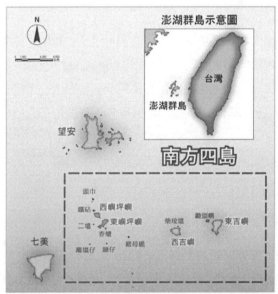

圖 4-2 澎湖南方四島國家公園(2019/3/31 網站下載)

---

[3] 東沙環礁國家公園(Dongsha Atoll National Park)係內政部於 2007 年 1 月公告為第七座國家公園，範圍以東沙環礁為核心，向外延伸 12 海浬，廣達 353,668 公頃面積。

五、臺灣在澎金馬之建設法制檢視與再設計

上揭對於離島的經濟和財政分析，乃至其他涉及建設和發展事項，多與臺灣對離島治理政策有直接影響。這些成就受惠於離島治理法制的公布施行，但既有的法制，固已獲致階段性任務的成功。但未來的政經變遷快速又複雜；唯有檢討過去以策進將來。

(一)檢視離島建設法制之作為

政府於 2000 年 4 月 5 日，公布施行「離島建設條例」。歷經 20 年來，該法制對離島建設和發展著有重大貢獻。由於該法制曾歷經 11 次修正，爰將該法制之重大成就分述如下：

1. 解決離島特殊問題

不論離島距離臺灣多遠，皆因位處西太平洋，氣候變遷快速，人文特殊，衍生諸多問題，諸如：土地所有權登記、交通運輸、經濟貿易及租稅等問題。因其位處兩岸的中繼站，如兩岸關係僵持即是兩岸交戰的沙場；反之，如兩岸關係活絡則是兩岸交流的試點；加上離島經濟條件通常皆處困頓，其租稅收益少，從事地方建設相當困難，在在需要法制上的特殊規範，始可克服重重困阻。

(1) 安輔條例解除威權

由於金門及馬祖一水之隔即毗鄰中國大陸，在國家戒嚴時期受到諸多限制；尤其軍事防務需要，強徵民地，甚至強占民地；至說公有土地不依土地使用分區使用，更是比比皆是[4]。該等公私有土地使用不法或不當時期，應即指政府於金門、馬祖，在 1956 年 7 月 16 日「實施軍政一元化」，直至 1992 年 11 月 7 日，公布施行「金門馬祖東沙南沙地區安全及輔導條例」(以下簡稱**安輔條例**)，始正式解除上揭戒嚴階段。此一時期謂之「**戰地政務時期**」(Battlefield

---

[4] 在金、馬、澎因防務需要，將古蹟充作軍用地情形，竟然屢見不鮮。這種土地使用不當或濫用情形，雖有部分已依離島建設條例或文化資產保存法處理，或許尚有未被發現者。

Government Stage or Military Control Stage)。安輔條例係離島建設條例公布施行前，為解決戰地政務時期的「軍管」措施所為「轉型」(transformation)的過度法制(transitional legislation)。安輔條例全文原為 15 條，後為解決強用民地問題於 1994 年 5 月 11 日，增訂第 14-1 條。該條文規定：

> 本條例適用地區之土地，於實施戰地政務期間，非因有償徵收登記為公有者，原土地所有人或合於民法規定時效完成取得請求登記所有權之人或其繼承人，得於本條例修正施行之日起三年內，檢具有關權利證明文件，向土地所在地管轄地政機關申請歸還或取得所有權；其經審查無誤後，公告六個月，期滿無人提出異議者，由該管地政機關逕為辦理土地所有權移轉登記。如有異議，依照土地法第五十九條規定處理。
>
> 本條例適用地區之未登記土地，因軍事原因喪失占有者，原土地所有權人或合於民法規定時效完成取得請求登記所有權之人或其繼承人，得檢具權利證明文件或經土地四鄰證明，申請為土地所有權之登記。
>
> 前二項歸還或取得所有權登記審查辦法，由內政部會商財政部擬訂，報請行政院核定之。
>
> 未登記土地，於辦理土地總登記期間，應設土地總登記委員會，處理總登記有關事宜；其組織規程，由行政院定之。

安輔條例最具關鍵的條文，就是上揭事涉「**還地於民**」的土地返還原土地所有權人或繼承人規定。

此外，第 14-2 條規定：

> 為加速推動地方建設，國防部應於本條例修正公布施行後會同內政部、有關機關及民意機關，全盤檢討解除不必要之軍事管制。

對於為解除軍管而縮小原管制範圍，皆係過渡條款，而第 14-3 條規定：

　　本條例適用地區之人民，取得該地區來源所得，自中華民國八十三年
一月一日起，暫緩課徵綜合所得稅三年。

　　戰地政務終止前，金馬地區自衛隊員傷亡未曾辦理撫卹者，由國防部
比照軍人撫卹條例標準發給撫慰金。

　　金馬自衛隊員補償辦法，由內政部會同國防部，於本條例修正公布後
六個月內訂定之。

更直接加惠於離島民眾。蓋暫緩課徵綜合所得稅三年、戰地政務時期金馬自衛
隊傷亡者給予撫卹，皆是針對離島「**特定法域人民**」之福利措施，即在於賦予
具有積極受益權的法效益。

　　安輔條例第 13 條對於「福建省金門、馬祖地區，於戰地政務終止後，省
縣自治法律制定前，其地方自治暫由內政部訂定方案實施之。前項金門、馬祖
地區縣以下之自治，應與臺灣地區之地方自治同時法制化」。係「**還政於民**」
的政治民主化規制；尤其規定金馬地區縣以下自治，與臺灣地區自治同步法制
化，更係金馬政治現代化(political modernization)的法制積極作為。固然軍管時
期金馬政務經費，均由國防支出挹注，一旦解除戒嚴，在開放政治下，其經費
支出亦需要有所規定，以利原屬軍管地域之政治和經濟穩定。安輔條例第 14
條規定：

　　　　本條例適用地區之教育、經濟、交通、警政及其他建設所需經費，由
　　中央依其實際需要編列預算專款優予補助。

　　即明定在金馬民主化初期的必要建設經費(包括：教育、經濟、交通、警
政及其他)，皆由中央編列預算優予補助以因應所需。

　　畢竟安輔條例係軍管過渡至民主的過渡立法，此由該條例第 14-3 條第一
項的「**暫緩課徵綜合所得稅**」，係自 1994 年 3 月 1 日起三年；亦即 1997 年 2
月即屆滿；如非過渡條款即須在 1997 年 2 月前進行修正，但政府不僅未加修

正，而且在 1998 年 6 月 24 日明令廢止，自須有新法制之公布，始得適度轉化各項因實施軍管所形成的威權機制(authoritative mechanism)措施。

(2) 離島條例積極建設

雖說安輔條例對於金馬離島因處軍管所衍生的若干特殊問題，已有頗為顯著的「清除問題」作為；尤其針對徵用民地的處理，以及實施地方自治的法制化，皆有明確的規定，是安輔條例在法制上的重大貢獻。但離島的發展受制於軍管的消極管制，以及人文自然客觀條件的限制，顯然與臺灣本島有一大段的差距。因之，離島為急起直追，甚至迎頭趕上，在法制上自需要有更積極的建設性機制立法，以為「**推動離島開發建設，健全產業發展，維護自然生態環境，保存文化特色，改善生活品質，增進全民福利**」(離島建設條例第一條)的離島建設目標多所作為，自當另行立法，始克在最短時間內有所成就。

關於 2000 年 4 月公布施行的離島建設條例(以下簡稱離島條例)，即係針對離島發展的重要法制作為，包括：

(1) 明定離島事務主管和承辦機關

該條例第 4 條規定行政院為該條例之中央主管機關，並於行政院成立「行政院離島建設指導委員會」，為法定常設性任務編組。由行政院長兼任主任委員，院長指定政務委員一人為副主任委員，委員十七人至二十三人，由中央部會首長及學者專家組成；下設工作小組，由國家發展委員會副主任委員兼任召集人，副召集人由該會國土區域離島發展處長兼任；其成員亦由中央各相關部會司處長組成之。不論國發會成立前的經濟建設委員會或該會本身皆是離島建設條例的主辦機關，並指定所轄「**國土區域離島發展處**」為承辦機關(經建會時期則為都市發展處)。此項承辦機關的指定，對於離島建設的加速開發，應有其貢獻。

(2) 訂定四年一期離島綜合建設實施方案

離島條例第 5 條，規定離島三縣須依據縣(市)綜合發展計畫[5]，擬訂四年一

---

[5] 縣(市)綜合發展計畫於1987.10.21由內政部以台內營字第542974號函發布。施行31年後，於2018.1.10

期的「**離島綜合建設實施方案**」。依行政院離島建設指導委員會 2018.12.17 第
15 次會議紀錄(2019.3.17 網站下載)，離島各縣第四期(104-107 年)離島綜合建
設實施方案，已辦理完成。由行政院上揭會議備查資料，並同意屏東、臺東、
澎湖、金門及連江等五縣所個別提出的**離島綜合建設實施方案**，足見前四期計
16 年度的實施成效卓著，且不因縣(市)綜合發展計畫之停止，而中斷離島綜合
建設實施方案第五期(108-111 年)之執行。本研究曾多年參與各該離島之連江
縣成效研究，發現離島設無該實施方案等之規劃和執行，將不易呈現當前連江
縣之繁榮景象，至其他離島之建設發展，亦可由此推論之一、二。

(3) 規定離島軍管時期占用民地返還

　　儘管安輔條例已就軍管時期占用民地有明確的返還規定，且有相當顯著的
處理成效，但因土地所有人的申請返還規定過於繁瑣，三年內實有些倉促。因
之，離島金門、連江二縣人民，對於土地返還乙事乃建請納入離島條例。離島
條例固曾在該條例第九條有明確規定，但為加速返還於民，該離島條例曾於該
條例第 9 條，將返還土地申請時間實質延長，且增修第 9-1 條規定，以利土地
之加速申請返還；第 9-2 條，針對已就荒地開墾者准予申請因軍管而停止的損
失補償；第 9-3 條則對雷區土地前經登記公有者准予返還。該等四條土地處理
規定，對於離島土地已有全盤性的合理化使用處置，不僅民眾權益獲得保障，
而且根本排除解嚴後可能的「軍民衝突」問題，貢獻殊值了解。

(4) 中央編列預算支應離島建設，並編列離島建設基金補足

　　不論三離島縣或三離島鄉除非有特定財源，如金門縣有縣營金門酒廠，連
江縣有縣營馬祖和東引酒廠，否則離島財源主要是依靠觀光和漁業。前者受限
於地形和氣候，觀光每年衹有六個月光景；漁業在近海已因兩岸漁民爭奪而頗
匱乏；復因走私，致漁民流為中盤商。基本上，離島自治體之年度預算，除金
門酒廠經營得法，金門縣財政健全外，其餘皆須中央編列預算「**補助**」，方能

台內營第 1070800539 函停止適用，應係因國土計畫已於 2018 .4.30 發布施行，嗣後將依國土計畫推
動區域建設。

完成年度歲入預算案之編列。

　　中央在離島條例已於第 15 條規定：「依本條例所為之離島開發建設，由中央政府編列預算專款支應，若有不足，由離島開發建設基金補足之。」此項「專款支應」的「一般性補助」規定，旨在因應連江、澎湖及蘭嶼、綠島、琉球的縣、鄉年度歲入預算嚴重不足部分。至因離島條例第十六條規定：「為加速離島建設，中央主管機關應設置離島建設基金，基金總額不得低於新臺幣三百億元。」則屬「專案計畫型補助」事項。

　　由於上揭離島條例之「特種基金」補助，不僅加速離島之開發建設，而且呈現中央照顧離島居民的作為，更具積極性和發展性。此係該條例甚受離島居民贊許之重要規制，當此縣(市)綜合開發計畫已廢止之際，行政院仍繼續辦理「第五期(108-111 年)離島綜合建設實施方案」，即在於展現離島建設基金之編列永續性，而且一般補助仍採「專款編列」政策的作為模式，不稍變動。由於離島尚有大型硬體建設，諸如：金門大橋、南北竿大橋的興建；乃至澎湖大橋的維修，所費不貲，中央仍須適時以特別預算，如前瞻基礎建設計畫支援之。

2. 設置離島優惠機制

　　政府對於軍公教人員進駐離島多年來即有「地域加給」[6]規定，足見政府早已了解人民在離島住居上有其不方便之處。因之，離島條例賦予離島民眾若干優惠措施，諸如：就醫、就學或交通，乃至免稅規定，應屬對離島民眾的保障作為，符合積極受益權的憲政主義。依先後修正之離島條例規定，各該離島優惠機制，包括：

(1) 租稅免稅規定

　　離島條例第 10 條規定，離島地區之營業人於當地銷售並交付使用之貨物和或於當地提供之勞務，免徵營業稅。離島地區之營業人進口並於當地銷售之

----

[6] 機關學校公教員工地域加給，依「加給表」規定，分為臺灣本島山僻地區(包含：偏遠、高山各分三或四級支給)及離島地區(分三級)。澎湖離島多為一級和二級，金門、馬祖屬三級；至綠島、蘭嶼二級，琉球一級，給付等級有所不同。

商品，免徵關稅。政府為促進離島觀光，於離島條例第 10-1 條規定：

第 10-1 條 為促進離島之觀光，在澎湖、金門、馬祖、綠島、蘭嶼及琉球地區設置離島免稅購物商店者，應經當地縣（市）主管機關之同意後，向海關申請登記，經營銷售貨物予旅客，供攜出離島地區。

離島免稅購物商店進儲供銷售之貨物，應依關稅法規定辦理保稅進儲保稅倉庫。

離島免稅購物商店銷售貨物，營業稅稅率為零。

離島免稅購物商店自國外或保稅區進儲供銷售之貨物，在一定金額或數量範圍內銷售予旅客，並由其隨身攜出離島地區者，免徵關稅、貨物稅、菸酒稅及菸品健康福利捐。

離島免稅購物商店進儲供銷售國內產製之貨物，在一定金額或數量範圍內銷售予旅客，並由其隨身攜出離島地區者，免徵貨物稅、菸酒稅及菸品健康福利捐。

該等免稅規定，對於離島經濟的發展，具有設置「經濟自由區」先試點之意義，值得重視和發展。

(2) 中央編列離島人民生活補助經費

中央對離島地區受教學生、醫療病患、基本生活支出及交通，曾陸續依離島條例規定，編列補助經費之相關預算。諸如：

① 學生因受教之經費補助

依離島條例第 12 條規定：

離島地區接受國民義務教育之學生，其書籍費及雜費，由教育部編列預算補助之。

因該離島無學校致有必要至臺灣本島或其他離島受義務教育之學生，其往返之交通費用，由教育部編列預算補助之。

但學生因交通因素無法當日往返居住離島者，得以該交通費支付留宿於學校所在地區之必要生活費用。

該條例為保障離島地區學生之受教權，復於第 12-1 條規定，就各該離島地區高級中等以下學校初聘教師，應實際服務六年以上，始得提出申請以介聘至臺灣本島地區學校。

② 專科醫師、病患、長期照顧及老人之經費補助

離島條例第 13 條規定：

為維護離島居民之生命安全及身體健康，行政院應編列預算，補助在離島開業之醫療機構、護理機構、長期照顧機構及其他醫事機構與該離島地區所缺乏之專科醫師，並訂定特別獎勵及輔導辦法。

六十五歲以上離島地區居民全民健康保險保險對象應自付之保險費，由中央政府編列預算支應。

對於應由離島緊急送往臺灣本島就醫之急、重症病人暨陪同之醫護人員，其往返交通費用，由中央目的事業主管機關補助之。

對於有接受長期照顧服務必要之身心障礙者及老人，中央目的事業主管機關應編列經費補助。

為維護離島老人尊嚴與健康，中央目的事業主管機關應提供老人每二年一次比照公務人員健康檢查項目之體檢，其與老人福利法由直轄市、縣（市）主管機關當年提供之老人健康檢查之差額，由中央目的事業主管機關編列預算補助。

③ 居民對外交通之經費補助

依離島條例第 15-1 條規定：

　　　　　為促進離島地區居民對外交通便捷，凡與臺灣本島間對外
交通費用，應由中央政府編列預算補貼，如係補貼票價者，金
額不得低於其票價百分之三十。

　④　居民保送

　　　　依離島條例第 17 條第 2 項規定，離島地區教育文化應予保障，
並訂定辦法保送居民至大學就學。

3. 開展兩岸交流試點

　　離島條例最具歷史性貢獻，即是針對兩岸人民交流，訂定經由金門、馬祖
及澎湖的直接通航規定。因該項交流措施係屬於「**先行試辦**」措施，在 2001
年正式試辦有年後，始於 2009 年馬英九政府開放臺灣與中國大陸的直接通
航。前者謂之「**小三通**」(mini-three-links)；後者謂之「**大三通**」(three direct links)。
依離島條例第 18 條規定條文，於 2000 年 12 月 15 日，發布「**試辦金門馬祖與
大陸地區通航實施辦法**」。歷經 18 次修正，始有現行「**試辦金門馬祖澎湖與大
陸地區通航實施辦法**」規定。第 18 條規定：

　　　　　為促進離島發展，在臺灣本島與大陸地區全面通航之前，得先行試辦
金門、馬祖、澎湖地區與大陸地區通航，臺灣地區人民經許可後得憑相關
入出境證件，經查驗後由試辦地區進入大陸地區，或由大陸地區進入試辦
地區，不受臺灣地區與大陸地區人民關係條例等法令限制；其實施辦法，
由行政院定之。

　　該小三通實施辦法，本規定於 2000 年 12 月 25 日施行，卻因政治考量延
至 2002 年 1 月 1 日施行。據大陸委員會出版「兩岸經濟統計月報」第 310 期
所載，自 2001 年至 2018 年 12 月底止，兩岸船舶往返航次共計 139,597 航次，
人員往返統計，屬金馬小三通入出境人數為 1,990 萬 2,268 人次(含臺灣、中國
大陸及外國人民)，足見離島條例於第一次政黨輪替即規制開放小三通之兩岸

通航機制以來，儘管 2009 年 7 月起，第二次政黨輪替政府又開放大三通直航，仍有相當多人員依該通航途徑進出中國大陸。其經濟效益不論有形或潛在效益，皆是值得肯定的重大成就。

4. 展現離島發展新局

澎金馬未來的發展取向，在多次建議修正離島條例時，曾有「金門酒廠、馬祖賭場、澎湖電廠」之發想，但因提議人已任期屆滿，或客觀條件不配合，而致馬祖賭場功敗垂成，澎湖電廠雖有運作，但為離岸風電所取代。是以離島條例就促進離島發展言之，尚有積極策進的法制空間。儘管立法環境不盡理想，但澎金馬籍立法委員所積極推動的增訂「博弈條款」(casino clause)，卻是曇花一現。該條款為第 10-2 條規定：

> 開放離島設置觀光賭場，應依公民投票法先辦理地方性公民投票，其公民投票案投票結果，應經有效投票數超過二分之一同意，投票人數不受縣（市）投票權人總數二分之一以上之限制。
>
> 前項觀光賭場應附設於國際觀光度假區內。國際觀光度假區之設施應另包含國際觀光旅館、觀光旅遊設施、國際會議展覽設施、購物商場及其他發展觀光有關之服務設施。
>
> 國際觀光度假區之投資計畫，應向中央觀光主管機關提出申請；其申請時程、審核標準及相關程序等事項，由中央觀光主管機關訂定，報請行政院同意後公布之。
>
> 有關觀光賭場之申請程序、設置標準、執照核發、執照費、博弈特別稅及相關監督管理等事項，另以法律定之。
>
> 依前項法律特許經營觀光賭場及從事博弈活動者，不適用刑法賭博罪章之規定。

博弈條款公布施行後，澎金馬皆曾依法辦理公民投票(referendum)，雖祇有馬祖通過於複合式觀光度假區附設「**觀光賭場**」的門檻，卻因該條例第 4 項的「博弈專法」未能在立法院完成立法，而致不了了之。

儘管法制不備而使離島複合式觀光度假區(integrated resort area)未克即時設置，但離島發展願景已隱然出現；此即「發展觀光」係各該離島的最具潛力資源。在法制上，如離島條例第 11 條規定：

> 各離島駐軍或軍事單位，在不妨礙國防及離島軍事安全之原則下，應積極配合離島各項建設，並隨時檢討其軍事防務，改進各種不合時宜之軍事管制措施。
>
> 為辦理前項事項，行政院應每年定期召集國防部及相關部會、當地民意代表及社會人士，舉行檢討會議，提出配合離島建設與發展之具體措施。

即是排除軍管濫用土地的必要規範。當今軍管之諸多軍事基地及其設施，正由國防部檢討後釋出予各該縣政府，由縣政府以「**文化資產**」規劃，並由金馬主管機關研議申請世界文化遺產，以呈現各該縣境耀眼之觀光資源。質言之，離島條例在開展離島新局方面，已有很具體的法制設計，當有賴相關政府機關的協力治理。

(二)強化離島建設法制之再設計

固然離島建設條例施行，已有相當輝煌的法制作為成就，但經由學者專家及三離島縣合作平臺的徵詢意見，尤其自 2016 年以來由行政院金馬聯合服務中心所辦的六場公聽會，以及該中心委託中國地方自治學會於 2018 年 8 月 24 日所舉辦國際學術研討會所發表的論文，殆可發現離島條例的階段性任務已完成，嗣後如涉及離島民眾重大而迫切的需求事項，包括：

1. 設立離島經濟專區。
2. 開設離島試點機制。

3. 強化離島發展條件。

4. 推動離島中繼功能。

如何促其實現或許煞費周章，亦因離島條例非傾向「健全綜合立法」(perfect comprehensive legislation)，其有待法制上改弦易轍。比較受到鼓舞的作為，就是中央主管都會宜委託學界進行「**離島基本法可行性**」之評估和策進。此種立法例之發展，主要看法可分為：

1. 基本法可強化離島生態作為

政府依憲法增修條文規制意旨，制定原住民族基本法，所制定的憲法法[7]，法效力如由該法第一條似看不出具有「上位法」的規制。該法第 1 條規定：「*為保障原住民族基本權利，促進原住民族生存發展，建立共存共榮之族群關係，特制定本法。*」充其量是「特別法」而已，唯本研究認為其應係上位法，乃由該法曾明文規定「……另以法律定之」的「法律委託」(legal legislation)立法例，可資認定該基本法為上位法。蓋原住民族基本法全文 35 條，卻有多達 13 條涉及法律委託制定下位法或法規命令情形。該基本法授權立法部分已有原住民組織、身分、語言、工作權、傳統智慧創作、保留地等 10 種法案完成立法。該類立法涉及原住民族的權利，已使原住民族保障法制更加完備，遠非其他少數族群之法制可比。質言之，本研究認為離島民眾的保障既同為憲法增修條文之「同條款」所明文保障，如由系列法制的保障完備考量，允宜適時推動建構離島基本法之法體系。

憲法增修條文所列舉的規制事項，至少包含：離島地位、離島民眾政治參與、教育文化、交通水利、衛生醫療、經濟土地及社會福利事業等七大事項。該等事項可謂係離島生態上的基本作為，如不由基本法先予以全觀式立法(holistic legislation)；再經法律委託的途徑，以規制各該公共政策之執行性立

---

[7] 所謂「憲法法」係就其憲法委託的立法，而在法制上視為具有上位法的法效力，且在國家考試為憲法的考試範圍者。目前國考就憲法科目，其範圍並不祇限於憲法、憲法增修條文外，尚包括五院組織法、地方制度法及其他重要法制。離島法制系憲法增修條文第 10 條第 12 項後段所明定，理由在此。

法，將無由滿足離島民眾之法治需求。復查原住民族基本法第 34 條規定：

> 主管機關應於本法施行後三年內，依本法之原則修正、制定或廢止相關法令。
>
> 前項法令制（訂）定、修正或廢止前，由中央原住民族主管機關會同中央目的事業主管機關，依本法之原則解釋、適用之。

的立法例，即可實質形塑具有「上位法」效力的基本法體制。換言之，離島基本法如在條文之末，設定類似上揭文字的規制，一般外界所疑慮的中央法規標準法並未明定「基本法」具有上位法之「法效力」問題，即可迎刃而解。

2. 基本法可設計離島經濟特區

對於離島在經濟上的困境，可謂先天不足，後天失調。此係指離島缺乏豐富的天然資源；亦因政府長期忽略對離島的投資，以致離島基礎建設顯然落後本島。在區域經濟(regional economy)上即歸屬於貧困地區。但離島可透過經濟特區的設置，藉以開拓經濟發展的良好機會，曾對國外離島設立經濟特區著有研究的會計師林宜賢，即曾以「**國外離島稅制之建制對臺灣之啟示**」一文（林宜賢，2018）指出，臺灣針對離島之稅制較類似美國離島；唯臺灣離島租稅減免係以本國稅制為主；反之，美國離島所適用投資企業所得稅優惠範圍，遠大於美國本土，此係臺灣離島所完全欠缺者。林宜賢建議臺灣離島可以參考英、荷離島稅制；即以「免稅島」或「低稅島」；亦即特定商品交易適用免稅。該特定行業所得採用低稅率的方向，設計自由經濟區，以提升國家的人流、金流、服務貿易為重點，發展觀光、休閒、育樂、醫療、金融服務，供給國內外消費者或國際投資型企業。關於國外離島優惠措施，如表 4-5 所示。此項優惠措施，自唯有成立自由經濟區，始能在較短時間內即可看到離島經濟的穩定成長。

本研究深信政府對於離島的經濟成長模式，適宜採用基本法的立法體例。政府可在完成立法後，即行辦理離島為執行上揭公共政策而制定下位法的必要法制。一旦政府推動離島基本法之法制，即係最可提供離島民眾經濟生活的全

方位「經濟自由化」(economic liberalization)的特區設計。設若在離島基本法中明定「**離島自由經濟區**」(off-islands economic free zone)設置原則，並授權另以法律和法規命令模式制定下位施行法之後，政府即可依該法律委託制定「自經區」法制，致使離島自由經濟區的單獨立法，可以在本島尚無動靜的立法怠惰中邁向新局。

表 4-5　我國離島與世界主要離島租稅比較

離島名稱	面積平方公里	人口萬人	關稅	營業稅銷售稅	企業所得稅	所得稅優惠	海外投資所得	支付海外股利
澎湖群島	128	10	部分免稅	免稅	20%	無	20%外國稅額扣抵	21%
金門列島	152	13	部分免稅	免稅	20%	無	20%外國稅額扣抵	21%
馬祖列島	30	1.3	部分免稅	免稅	20%	無	20%外國稅額扣抵	21%
美屬薩摩亞	199	5.5	部分免稅	不課徵	21%	部分或全部免稅	21%外國稅額扣抵	30%
美屬關島	544	16	部分免稅	4%	21%	部分或全部免稅	21%外國稅額扣抵	30%
美屬北馬里雅納群島	463	6	部分免稅	不課徵	21%	部分或全部免稅	21%外國稅額扣抵	30%
美屬維京群島	344	10	部分免稅	不課徵	21%	部分或全部免稅	21%外國稅額扣抵	30%
英屬格恩西島	78	7	全部免稅	不課徵	0%金融10%、當地零售20%	一般行業均免稅	免稅	免稅

英屬澤西島	118	10	全部免稅	不課徵	0% 金融10%、當地零售20%	一般行業均免稅	免稅	免稅
英屬開曼群島	260	5	全部免稅	不課徵	0%	免稅	免稅	免稅
荷屬阿魯巴島	193	10	全部免稅	1.5%	28% 國際運輸業8%	部分或全部免稅	免稅	免稅
荷屬古拉索島	444	18	全部免稅	6%	27.5% 國際運輸業8%	部分或全部免稅	免稅	免稅
荷屬聖馬丁島	34	8	全部免稅	5%	34.5% 國際運輸業9%	部分或全部免稅	免稅	免稅
馬來西亞納閩島	92	10	全部免稅	不課徵	3%或馬幣$20,000	採固定低稅負制度	免稅	免稅

資料來源：林宜賢（2018：130-131）

3. 基本法可設計離島和平專區

　　兩岸關係曾由冷凍發展至熱絡的和平階段；兩岸關係亦在 2016 年以來重由熱絡傾向冷凍；甚至對立的階段。2020 年 5 月蔡英文總統繼續連任執政，兩岸關係恐難改善；尤其新冠肺炎(COVID-19)肆虐以來，兩岸關係更是雪上加霜。儘管未來的變化令人關心，且呈現不少憂心。但如何設計適當機制以化解危機，當是兩岸關係的負責人責無旁貸的歷史使命。當前比較可行的途徑之一，就是兩岸的直接通航，或說經由小三通和大三通的通航，絕對不能中斷，始有進一步轉緩的餘地。

　　維持通航外，就是加重澎金馬的離島角色；如果能將澎金馬或金馬列為兩岸發展的「和平專區」(peace zone or demilitarized zone；DMZ)，以緩和兩岸的軍事衝突，亦屬較為可行的途徑。金馬的中繼定位，如能經由離島基本法的規制確立，自然更具法效力。雖說離島建設條例亦可承擔此項歷史任務，但就長

遠的發展，如能以離島基本法設定金馬的「和平地區」定位；再依法律授權訂定執行性法規命令，將使金馬角色可更加明確化，而且若干涉及往來的權益措施和必要機制設計，甚至必要執行性「法律」，更有賴離島基本法之法律委託，始可完備離島法體系。

4. 基本法可活化離島文化資產

　　澎金馬雖是離島，卻是華南一帶中國人移居的重要據點。其在歷史上的定位，除馬祖大坵出土的「亮島遺址」文物可資證明外，由金門的文風鼎盛，以及科舉人才的備出，亦有諸多可供參證之處。不僅如此，金門與澎湖皆是華人社會中文化資產特別豐富的離島，不僅天然資源是文化資產(cultural heritage)，尚有明清以迄後來外國入侵的諸多遺跡。由這些遺跡可以了解移民的艱辛，亦能體驗離島曾是風華的記憶。金馬人士曾與縣政府努力申請世界文化遺產，至今雖尚未經聯合國科學文化教育組織核定，但具有世界級的文化資產，則是不爭的事實。政府雖已將多處指定為國定古蹟，但管理效能仍有待積極強化。澎金馬如能經由離島基本法的綱領性規制，而設定為華人社會的文化資產基地，並授權編列預算維修，對澎金馬的歷史定位、觀光發展，皆將產生更具肯認和發揚的政經效應。

　　此外，金馬離島的海洋資源曾是西太平洋國家覬覦的焦點或標的物，其實數百年來的交戰，海下的文化資產，應是可觀的歷史記憶。政府已制定「水下文化資產保存法」，可據以探索該等「水下文化資產」(underwater cultural heritage)，但離島情況特殊，如能經由制定離島基本法，賦予離島縣政府的維修權能，以及水下文化資產的採掘與管理條件與責任，即可加強澎金馬的文化資產管理能力。此對歸屬國家、社會的無形資產或有形文物，均將可得到更具積極性的管理效果。離島建設條例所以尚缺此一方面的規定，應係離島法制有所不逮之故。是以，如由基本法規制需求言之，即就文化資產維護方面，亦屬相當殷切之事項之一。

5. 基本法可建構離島政治模式

　　現今離島政治機制係依地方制度法規定運作，其與本島各縣(市)及鄉(鎮、

市)的機制並無二致。固然是平權的積極保護作為，但就澎金馬人口偏低，而政治保障卻不稍減少言之，常淪為學界指摘是「代表性」(representative)尚有欠缺者。為使離島可以具有適宜的政治制度，實宜參考外國立法例，在離島基本法中加以規制離島的政治制度，以使離島的政治制度「特區化」(special pattern zone of off-islands political system)。此項構想以當前法制似由不可行之處，但以基本法模式另立機制，並以暫行的模式設計，則有其可行之處。蓋依司法院釋字第 769 號解釋意旨：「省縣制度」係「以法律定之」，為憲法增修條文所明定；即以「憲法委託」方式下，以「法律」為特別規定；此即以離島基本法或在地方制度法中有特別條款的制度設計，皆屬可以積極研擬組織改革的事項。究竟離島政治制度的特殊化或與本島一致化作為和功能，固然見仁見智，但能有利於離島人民生活機能的提昇，而且達致強化離島民眾的政治參與，應係機制設計上承受憲法增修條文委託意旨的真義所在。

在此值得補充說明者，即中國大陸已於 2013 年 7 月，在福建省福州市平潭縣設立**「福建省平潭綜合實驗區」**，為福建省政府直屬機構。對於該區福州市具有管理權限，屬於一地兩組織模式：就政治體系仍隸屬平潭縣，但開發權限則由平潭綜合實驗區以省級行政組織核奪。因之，臺灣離島縣如擬以特區發展經濟，平潭模式似頗具參考思維架構。蓋三離島縣依憲法規定，應無設立「特別行政區」(special administrative area)的可行性，但在基本法賦予經濟特區，並給予必要的組織權限或稱經濟管理權(economic managerial powers)，則為法治行政上所可作為的範圍。

六、結語：臺灣宜參考大陸離島治理經驗之再出發

經由上揭之研究分析，發現臺灣的三離島縣，在 1950 年臺灣實施地方自治以來，即因位處地理特殊；尤其金門、馬祖距離中國大陸的廈門、馬尾一水之隔，在兩岸關係對峙時期，實施戰地政務的軍管措施，以致其政治民主化遠

較臺灣本島延遲達 36 年之久。但即使以澎湖雖因距離臺灣本島較為接近而得同步施行地方自治，但該離島畢竟地緣特殊，經濟發展有所不逮，而致地方財政仍有困窘之情狀。

惟金門縣卻能應用「高粱造酒」特殊技術，大量生產品質優良的高粱酒，行銷臺灣本島；隨之，又行銷海外與中國大陸。金酒公司的經營績效，每年給予金門縣大量盈餘，不僅改善金門地方財政，而嘉惠金門縣民；即係臺灣唯一協助中央政府的地方財政作為典範。馬祖與澎湖財政雖仍困阻，但彼等的地理條件，如馬祖的亮島文化係南島文化的起源，澎湖的地理景觀係國家公園與國家風景區的複合體(integrated body)，如能開發資源且善用資源自皆是離島經濟發展的可行途徑。

基於離島縣 20 年施行離島建設條例所獲致的重大成就，法制上的作為固係離島發展的關鍵因子；唯嗣後離島治理的立法需求，已非僅限於「建設立法」，如能改為類如「綜合立法」的基本法立法例，並經基本法委託以制定下位法，如同原住民族基本法所為原住民族法制體系的建構模式，用以策進離島法體系之形成，應可引進諸多可行的離島治理機制。當今中國大陸平潭綜合實驗區之離島開發成就經驗，應可在法所許下多所參考，從而建構可長可久的離島治理機制。

參考書目

王淑慎 (2018)，〈金門銀髮族旅遊環境之旅程規劃探討〉，《中國地方自治》，71(7)：3-21。

立法院法制局(2011)，〈有關中央法規標準法及立法院職權行使法修正方向座談會〉紀錄。臺北：立法院法制局。

中國地方自治學會(2019)，《2019 回顧與前瞻：地方制度法施行二十週年國際學術研討會論文集》，2019.3.29。

行政院金馬聯合服務中心(2017)，《推動修正「離島建設條例」公聽會剪報資料及會議紀錄》。

李在光(2018)，〈韓國濟州特別自治道自治發展政策評價：基於濟州特別自治道特別法的研究〉，《中國地方自治》，71(9)：3-14。

林宜賢(2018)，〈外國離島稅制之建置對臺灣之啟示〉，中國地方自治學會，《離島建設條例之檢視與策進國際學術研討會成果報告》，115-140。

紀俊臣(2012)，〈離島建設條例修正案問題聚焦之研究成果報告書〉，金門縣政府委託研究報告(案號：10111030106)

紀俊臣(2018)，〈地方治理的理論發展與實務應用：臺灣經驗的檢視與展望〉，《中國地方自治》，71(4)：3-20。

紀俊臣(2018)，〈離島基本法之立法可行性分析〉，《中國地方自治》，71(8)：4-26。

紀俊臣(2019)，〈離島基本法之制定可行性分析〉，《中國地方自治》，72(3)：34-64。

國立臺灣大學建築與城鄉研究發展基金會
〈離島區域合作平臺104年度策略規劃暨福島執行計畫總結工作成果報告〉
1. 日本沖繩振興特別措施法
2. 南韓建立濟州特別自治道暨開發國際自由城市特別法
〈離島區域合作平臺105年度策略規劃暨福島執行計畫總結工作成果報告〉
1. 日本沖繩：國際物流據點之形成
2. 南韓濟州
3. 轉型修(立)法之課題分析與建議

德意志聯邦共和國基本法

Cayman Islands, *Offshore Legal and Tax Regimes*.

Google, Fundamental Legal definition of Fundamental Law, Download, Start, *What is Fundamental Law?*

Russia (1906), *Fundamental Laws*.

Tax Update, *The Canary Islands, Ceuta and Melilla Spanish Special Tax Territories*.

Wikipedia (2018), *Basic Law for the Federal Republic of Germany*.

公共治理篇

伍、孫中山民權思想與臺灣政治文化之形成

紀俊臣

銘傳大學公共事務學系客座教授

一、前言：孫中山民權思想形塑臺灣政治文化

　　中華民國憲法前言即謂：「中華民國國民大會受全體國民之付記，依據孫中山先生創立中華民國之遺教，為鞏固國權，保障民權，奠定社會安寧，增進人民福利，制定本憲法，頒行全國，永矢咸遵。」此項「前言」即在揭示中華民國憲法係依據孫中山先生的「遺教」[1]，以為人民政治生活的基本法(fundamental law)規制基礎，從而實現國家發展目標。孫中山遺教共分為三大部分：民族主義、民權主義及民生主義；其中民權主義即係針對中國人的民主政治生活或稱參與式政治文化的生活方式，所建構的思維邏輯和行為指導原則。質言之，中華民國在臺灣行使國家主權(national sovereignty)的政治文化(political culture)，雖由威權的政治文化(authoritative political culture)伊始，但

---

[1] 臺灣一向將孫中山遺教以「國父遺教」稱之，係因中華民國自 1940 年，即由國民政府明令孫中山先生為中華民國國父。因之，孫中山遺教即逕尊稱為國父遺教。足見孫中山思想對中華民國憲法制定之影響。

至今已成為亞洲，乃至全球最具民主化的華人社會(Chinese society with democratization)。此種民主的政治文化，自始即源自於中華民國在臺灣之能落實孫中山民權思想所形塑的政治文化成果。本研究即就該政治生活之發展過程，分析之。

二、孫中山民權思想的邏輯

孫中山民權思想具有強韌的理論建構。茲為分析和理解之方便，本研究試由下列分析邏輯(analytic logic)如圖 5-1，說明如下：

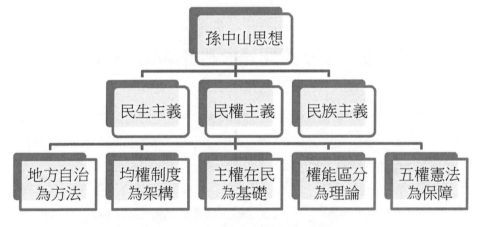

圖 5-1　孫中山民權思想分析邏輯

資料來源：本研究繪製

(一)主權在民為基礎

臺灣學界慣用的政治學教科書，即是 Austin Ranney 的「統治」(Governing: An Introduction to Political Science)，在書中明示「所稱民主就是政府制定過程的內涵，具有人民主權(popular sovereignty)、政治平等(political equality)、大眾諮商(popular consultation)和多數統治(majority rule)。」即以人民主權或稱主權

在民為民主的首要建構要件。孫中山在民權主義演講中，即以「主權在民」設定為其民權主義的思想基礎。曾說：「此後中國存亡責任，將在國會諸君。何者？主權在民。」(國會主權論，國父全集第三冊，頁 159)，孫中山雖有「中國自革命以後成立民權政體，凡事都是應該由人民作主的；所以現在的政治，又可以叫做民主政治。換句話說，在共和政體之下，就是用人民來做皇帝」(民權主義第五講，國父全集第一冊，頁 107)，又說：「美國許多人民，現在得到了四種民權：一種是選舉權，二種是罷官權，三種是創制權，四種是複決權。……將來世界各國要有充分的民權，一定要學美國的那四種民權。」(民權主義第四講，國父全集第一冊，頁 91-98)，孫中山所謂的「全民政治」，就是主權在民的政治社會，他說：「人民能夠實行四個民權，才叫做全民政治。全民政治是什麼意思呢？就是從前講過的，用四萬萬人來做皇帝。」但此種主權在民的概念，並非一般人所謂的「直接政治」(direct politics)，「代議政體」或是「議會政治」在孫中山演講中雖有批判，但基本上是必要的；尤其省以上之自治，孫中山即反對美國聯邦制的「聯省自治」，而主張間接政治的「省自治」或是國家政治或謂以國民會議做主體之「國會政治」，為民權思想具體化機制。

(二)權能區分為理論

　　孫中山在民權主義歷次講次中，多次闡述歐美實行民主政治的缺失，其認為中國實行「民權政治」，而不謂「民主政治」，就是要建構完善的全民政治模式；此即人民有權，政府有能的「新民主政治」發展體系。孫中山理想中的「完全的民治國家」，就是：

　　　　我們現在分開權與能，說人民是工程師，政府是機器，在一方面要政府的機器是萬能，無論甚麼事都可以做；又在他一方面要人民的工程師也有大力量，可以管理萬能的機器。那麼在人民和政府的兩方面，彼此要有一些甚麼的大權，……是要有四個權。這四個權是選舉權、罷免權、創制權、複決權。在政府一方面的，是要有五個權，這五個權是行政權、立法

權、司法權、考試權、監察權。用人民的四個政權，來管理政府的五個治權，即才算是一個完全的民權政治機關。有了這樣的政治機關，人民和政府的力量，才可以彼此平衡。(民權主義第六講，國父全集第一冊，頁126)

孫中山為使人民深入了解，且以圖示(如圖 5-2)表達，顯示其對權能區分理論的建構，確有異於歐美先進國家政治學者的論述。此外，孫中山曾以坐汽車的和開汽車的比喻權能區分，認為坐汽車的是主人有權，他有權指揮開汽車的司機(雇員)，司機雖有能，卻須依指揮開車，汽車因權能區分清楚，便能順利到達目的地，頗能發人深省。(國父全集 第二冊，頁 639-640)

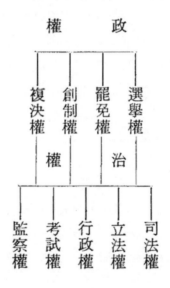

圖 5-2　孫中山權能區分機制架構

資料來源：民權主義第六講

基本上，以政權(political powers)與治權(governmental powers)的區分(division)，以因應政治民主化的可能政治腐化(political corruption)，確係現代透明化政治(transparency politics)的運作模式。只是透明化政治多半強調由司法

部門(judicial sector)負起監督仲裁的責任；亦即政府的重視內控，更係發展良善治理(good governance)的可行模式[2]。孫中山權能區分理論雖未成為政治學主流理論，但其對政治組織在透明化政治「先知者」地位，則已完全確立。

(三)均權制度為架構

國民政府於 1924 年 4 月 12 日，公布「國民政府建國大綱」，該大綱第十七條規定：「在此時期，中央與省之權限采均權制度。凡事務有全國一致之性質者，劃歸中央；有因地制宜之性質者，劃歸地方；不偏於中央集權或地方分權。」該條所稱「在此時期」，係指國家發展三程序(即：軍政時期、訓政時期及憲政時期)的憲政時期。以「事務性質」為基準，將法制分由國家、省和縣制定。此種管轄分野，就聯邦制國家(federal state)本即採地方分權(decentralization)，固不生此權限劃分(separation of competency)問題。因各邦可依事實需要，何況憲法多採部分列舉，部分未列舉；對部分未列舉者，不是由國家(如加拿大)；就是邦(如美國)管轄，但就單一國家(unitary state)即是一項機制建構。蓋單一國家本即傾向中央集權(centralization)，憲法對中央與地方之分權並常未加明定，以致爭議時起。

孫中山對「分權」(division of powers)的主張，特別指出中國絕不宜採用美國的「聯省」(united states)；即目前通稱的「聯邦」(federal state)制度建國。曾謂：

中國的各省，在歷史上向來都是統一的，不是分裂的，不是不能統屬的；而且統一之時就是治，不統一之時就是亂的。美國之所以富強，不是由於各邦之獨立自治，還是由於各邦聯合後的進化所造成的一個統一的國家。中國原來既是統一的，便不應該把各省再來分開。(民權主義第四講，

---

[2] 歐美國家實行三權分立，監察權由隸屬國會體系的監察史(parliamentary ombudsman)行使，自然更凸顯司法體系的「功能」。

國父全集第一冊，頁91)

　　此項分析，即在說明國家權力的垂直分權，係採單一國理論，並且避免「聯省自治」(federal autonomy)所可能衍生的「分裂國家」(secession state)出現。實係頗具智慧的政治觀察家論述。

(四)地方自治為方法

　　孫中山在民權思想上的最大貢獻之一，就是主張「分縣自治」的地方自治。其剴切剖析中國實施民主政治，必須分階段施行，且以縣為地方自治單位。其就「分縣自治」曾有明確的論述：(國父全集第二冊，頁365)

　　　　今欲推行民治，謂宜大減其好高騖遠之熱度，而萃全力於縣自治。自治團體愈多而愈佳，自治區域愈小而愈妙。試觀歐美各國，其面積雖僅吾國一省之大，其人口雖僅吾國一省之多，而其行政區域必劃分為百數十區，自治區域亦然，用能自治發達而百廢俱興。若吾國乎，莫若以城鎮鄉為下級自治團體。蓋吾國青苗、保甲本具自治之雛形，鄉約、公所不啻自治之機關，助而長之，因勢利導，則推行易而收效宏。而以縣為自治單位，舉縣議會，選縣長，凡關乎地方之事賦與全權。省之一級，上承中央之指揮，下為各縣之監督，誠不可少；然必釐訂權限，若者為地方賦予之權；若者為中央賦予之權，然後上下無隔閡之嫌，行政免紊亂之弊也。

　　孫中山對「分縣自治」的推崇，散見於其他相關論述中，諸如：「國民政府建國大綱」第十八條規定：

　　　　縣為自治之單位，省立於中央與縣之間，以收聯絡之效。

　　同大綱第十六條規定：

　　　　凡一省全數縣皆達完全自治者，則為憲政開始時期。國民代表會得選
　　舉省長，為本省自治之監督。至於該省內之國家行政，則省長受中央之指
　　揮。

　　由第十六條對省長採間接選舉方式主張，即可知孫中山對於「省自治」的
機制設計，係大有別於縣自治者。

　　經由孫中山民權主義論述的脈絡，殆可發現其係以推行地方自治，視為實
踐民權思想的方法。其在「地方自治開始實行法」(國父全集第三冊，頁 345)
曾說：

　　　　地方自治之範圍，當以一縣為充分之區域。

認為地方自治之鼓吹，如已成熟，且地方自治之思想亦已普遍，則就「清戶口、
立機關、定地價、修道路、墾荒地、設學校」等公共事務先行試辦。分別說明
如下，

1. 清戶口：係指不論土著或寄居，悉以現居此地者為準，一律造冊列入自治
　　之團體，悉盡義務，同享權利。

2. 立機關：戶口既清之後，便可從事於組織自治機關。凡成年之男女，悉有
　　選舉、罷免、創制及複決之權，而地方自治草創之始，當先施行選舉權，
　　且由人民選舉職員，以組織立法機關，並執行機關。執行機關之下，當設
　　立多少專局，隨地方所宜定之，初以簡便為主，而其首要，在糧食管理局。

3. 定地價：如以上二事辦妥，而合一縣百數十萬人民，或數鄉村一二萬人民，
　　而唯一政治及經濟性質之合作團體。此地價之不可不先定， 而後從事於公
　　共之經營也。

4. 修道路：吾人欲由地方自治以圖文明進步，實業發達，非大修道路不為功。
　　凡道路所經之地，則人口為之繁盛，地價為之增加，產業為之振興，社會
　　為之活動。因之，道路者實地方之文野貧富所由關也。

5. 墾荒地：荒地有兩種，其一為無人納稅之地。此等荒地，當由公家收管開墾；其二為有人納稅而不耕之地。此種荒地，當科以價百抽十之稅，至開墾完竣之後為止；如三年後仍不開墾，則當充公，由公家開墾。

6. 設學校：凡在自治區域之少年男女，皆有受教育之權利。學費、書籍以及學童之衣食，當由公家供給。學校之等級，由幼稚園而小學而中學，當陸續按級而登，以至大學而後已。

　　孫中山雖於開辦地方自治之初，即主張六項先辦之自治事務，但在上揭公共事務逐項完成之後，復主張逐漸推廣，及於他事。此所稱「他事」，包括：農業合作、工業合作、交易合作、銀行合作、保險合作等事。質言之，地方自治施行伊始，固然宜就事涉基層服務之相關事項，積極策動視為首要任務，但公共事務設想未必如此順利。此外，對於自治區域以外之運輸、交易，則由各該自治機關設專局，以經營服務為宜。(紀俊臣 2016b)。

(五)五權憲法為保障

　　上揭孫中山民權思想如何實踐？固然是國民政府成立後國家治理(national governance)的重要策略選擇，但法治國強調依法行政，孫中山就治權提出「五權分立」(separation of five powers)的政治主張，係大有異於歐美古典民主政治思想家洛克(John Locke；1632-1704)、孟德斯鳩(Charles. Montesguieu；1689-1755)所主張之二權分立或三權分立者。孫中山提出五權憲法，係因應權能區分形塑萬能政府(omni-competent government)所研擬設立，而有異於歐美既有的政治制度。就新制度論(neo-insttitutionalism)的類型而言，孫中山係採用該類型的歷史主義(historicism)而提出的制度設計。其就中國歷史上的監察制度和考試制度分析，可以與 G.Gershun，對話中，曾指出：

　　　　因為要通過考試制度來挑選國家人才。我期望能根據這種辦法，最嚴密、最公平地選拔人才，使優秀人士掌管國務。如今天的一般共和、民主國家，卻將國務當作政黨所一手包辦的事業，每當更迭國務長官，甚且下

至勤雜敲鐘之類的小吏也隨着全部更換，這不僅不勝其煩，而且有很大的流弊。再者，單憑選舉來任命國家公僕，從表面看來似乎公平，其實不然。因為單純通過選舉來錄用人才而完全不用考試的辦法，就往往會使那些有口才的人在選民中間運動，以占有其地位，而那些無口才但有學問思想的人卻被閒置。美國國會內有不少蠹貨，就足以證明選舉的弊病。

至於糾察制度，是除了要監督議會外，還要專門監督國家政治，以糾正其所犯錯誤，並解決今天共和政治的不足處。而無論任何國家，只要是立憲國家，糾察權歸議會掌管，但其權限也因國家不同而有強弱之別。由此產生出無數弊端，況且從政理上說，裁判人民的司法權獨立，裁判官吏的糾察權反而隸屬於其他機關之下，這是不恰當的。

考選制和糾察制本是我中國固有的兩大優良制度，但考選制被惡劣政府所濫用，糾察制度又被長期埋沒而不為所用，這是極可痛惜的。我期望在我們的共和政治中復活這些優良制度，分立五權，創立各國至今所未有的政治學說，創建破天荒的政體，以使各機關能充分發揮它們的效能。(設立考試權糾察權以補救三權分立的弊病(譯文)，國父全集第二冊；頁413-414)

足見孫中山係學貫中西的學者，對中國獨有的人事制度、監察制度得否發揚光大，具有獨到的見解。孫中山很有自信的認為：

立法、司法、行政三權，為世界國家所有，監察、考試兩權，為中國歷史所獨有。他日五權風靡世界，當改進而奉行之，亦孟德斯鳩不可改易之三權憲法也。(監察考試兩權為中國所獨有，國父全集第二冊，頁417)。

經由上揭對話中，可以體認五權憲法係孫中山民權思想得以貫徹和發揚光大的「政策工具」(policy instrument)。對於主權在民→權能區分→均權制度→地方自治的機制運作，均具有顯著的影響；其絕不是當下若干不識民權思想者

無的放矢，可知一二。孫中山對專業行政(technocracy)和廉能政治的期許，旨
在確保政府體制的「效能政治」(performance politics)，此係五權憲法優於三權
憲法，用以保障民主不致腐敗之處。

三、臺灣政治文化形成過程

Almond 和 Verba 在公民文化(*The civic culture*)一書中，曾指出「政治文化
係系統中的成員對政治的態度和取向的模式。此種態度和取向代表政治系統中
成員的一種主觀的取向，是政治行動的基礎，並賦予政治行動意義。」(Almond
& Verba 1963:15；參見黃秀端 1997)。事實上，誠如黃秀端所指出，有關政治
文化的定義不勝枚舉，舉凡與政治有關的認知(perceptions)、信念(beliefs)和價
值(values)皆曾被賦予政治文化的意義。因之，意識形態、政治心理、民族性、
民族意義、或是政治思想的灌輸、乃至對思想灌輸的反抗；民主價值、政治符
號等皆屬於政治文化。本研究則以 Almond 和 Verba 的定義和分類為基礎，分
析臺灣政治文化的形成過程。

Almond 和 Verba 曾將政治文化分為三類：部落型(parochial)、臣屬型
(subject)、參與型(participant)；部落型政治文化可能是情感的和規範的，而不
是認知的。臣屬型政治文化係對分化政治體系以及體系輸出的分析，除呈現威
權政府模式，且強調政治文化之感情和規範，而無視於政治文化之認知。至說
參與型政治文化，係指社會成員取向於體系整體文化結構和過程；尤其重視行
政結構和過程；即強調政治文化的輸出入，而有明顯的民主政治傾向。基本上
係認知的政治文化；又有評價的政治文化意向。

儘管上揭政治文化類型，可以表 5-1 表示，但政治文化深受各國歷史文化
背景；尤其政治信仰或文化傳統的影響，以致各國政治文化並不易明確劃分；
甚至可說有混同的類型出現。此係研究和分析政治文化者應有的起碼了解。

表 5-1　政治文化類型

	作為一般對象的系統	輸入對象	輸出對象	作為主動參與者的自我
地域型	0	0	0	0
臣屬型	1	0	1	0
參與型	1	1	1	1

資料來源：東海大學：臺灣公民文化概論(2016: 4)

(一)由威權體制至憲政體制

　　臺灣在 1945 年由日本統治時期的皇民化威權體系，過渡至國民政府統治的光復初期，仍維持威權政治模式(authoritative politics)。但此時期中華民國已在 1947 年公布施行憲政，是以此際臺灣光復初期，固然實質上尚未踐行民主化的憲政主義(constitutionalism)，祇是形式上施行具有成文憲法國家的憲法主義(constitutionism)。但積極發展民主政治與中國大陸競爭之意向至為明顯。嗣後臺灣歷經多次的政治危機和政治改革，始在 1990 年 3 月，因中正紀念堂的「師生」靜坐抗爭活動，同年六月，總統府召開朝野參與的「國是會議」，達成多項共識，乃能進一步邁入憲政發展過程。主要包括：

1. 終止動員戡亂時期，廢止臨時條款，回歸憲政主義的民主化時期。
2. 廢止萬年國會，資深中央民意代表退職；國會乃邁入正常運作的新階段。
3. 省(市)地方首長因修改憲法增修條文，簡化法制化程序，而加速臺灣地方自治之法制化，各該地方行政首長由官派改為民選，以利全面實施地方自治。
4. 其他尚有若干重要政治體制改革，仍依民間的積極需求，斟酌時需以進行必要的修正。

經由上揭政治改革，或稱「寧靜革命」(silent revolution)，而加速政治民主化之改革，終使臺灣脫胎換骨，中華民國遂成為華人社會中最具特色的民主國家。國家踐行憲政主義(constitutionalism)於焉成立。

對於臺灣的憲政發展，基本上係朝野共同努力的成果。國民政府在威權政治的羈絆下，積極發展政治建設，包括：三民主義思想體系的全面確立，政治制度係依民主化原則建構。此外，政府施行三民主義，係依據孫中山的遺教。

(二)由形式平等到實質平等

雖然中華民國憲法第七條規定：「中華民國人民無分男女、宗教、種族、階級、黨派在法律上一律平等。」已保障人民具有「形式上平等」(formal equality)，但對於弱勢者實質平等(substantive equality)，則有待立法，始得確立。事實上，政府自 1980 年代，已責成內政部因應民意需求，制定諸多福利服務之法律。諸如：

1. 兒童福利法(1973 年；現稱兒童及少年福利與權益保障法 2011 年)
2. 殘障福利法(1980 年；現稱身心障礙者權益保障法 2007 年)
3. 老人福利法(1980 年)
4. 社會救助法(1980 年)
5. 其他相關福利服務之法制

此對國家社會安全體系的建立，具有明顯而積極的貢獻；亦加速臺灣民主治理的法制化。此項實質平等機制的建置，係孫中山民權思想強調實質平等的具體實踐。

(三)由間接選舉至直接選舉

臺灣自 1950 年 4 月，公布「臺灣省各縣市實施地方自治綱要」施行地方自治以來，固然縣(市)以下選舉均採取「普通、平等、直接及無記名投票」。但中華民國總統、副總統仍由國民大會代表間接選舉產生；監察委員亦由省(市)議會議員間接選舉產生。直至 1996 年 3 月，經由修改憲法增修條文途徑，規定中華民國第九任總統、副總統由自由地區人民直接選舉產生；至監察委員則至 2003 年起，改由總統直接任命該等準司法機關的特任官，如同歐美國家的任命監察使機制。臺灣政治選舉，先由縣(市)以下的地方選舉，採行直接選

舉，行之有年後，始辦理中央立法機關之選舉，進而為總統、副總統的直接選舉，正顯示「政治社會化」的重要性；亦說明參與的政治文化已深入民心，始可順利實施全國性的政治直接選舉。孫中山主張民主政治，須經由「訓政時期」養成階段，已在臺灣完全踐行。

(四)地方自治至全民政治

臺灣地方自治雖早在 1950 年 4 月，即已以命令式方式實施，但施行初期，祇限於縣(市)以下，直至 1958 年始在省議會正式民選議員，但省(市)長選舉一直未曾辦理，直至 1994 年 7 月，公布施行省縣自治法及直轄市自治法以後，始於當年年底辦理第一屆省(市)長直接民選。1996 年辦理第九任總統、副總統直接選舉，臺灣已確立全民政治的政治發展模式。臺灣上層選舉；尤其省自治部分的「直接選舉」，一直推遲，即是體認孫中山對於省自治的政治風險的深刻了解。臺灣在多年基層民主政治經驗後，始全面展開中央立法機關之民主選舉，固係政治背景使然，但中央政治格外強調民主經驗，卻也是一種訓政發展之政治試驗。

(五)由間接政治至直接政治

雖說對人的選舉或罷免機制，臺灣自 1950 年開始運作，至今已有超過一甲子的深厚民主政治文化經驗。但對事的機制，則因憲法規制的「創制複決法」未能依憲法規定程序制定，以致創制及複決二權無法行使。此項對人的「直接政治」(direct politics)係在多年的參與政治需求下，始獲得承認與賦予。因之，臺灣在公民投票法(Civil Plebiscite Act)於 2003 年完成立法並公布施行前，即係施行對事的「間接政治」(indirect politics)；亦即議會政治。關於當今直接政治的經驗，雖已有 16 年，卻由於必要的措施尚未完備；尤其對公民投票法機制」係「備而不用」的故意曲解和汙名「鳥籠立法」之不正常民主認知。此不僅無法獲得憲法所賦予的基本人權之保障，而且影響其他基本人權的有效行使。復以 2018 年九合一地方選舉，合併辦理多達 10 案的公民投票，因而出現若干人

為缺失，執政黨竟以修改公民投票法，限制施行時間，為民國110年起，每2年舉行一次的8月第4個星期六，此係相當不民主的機制設計，可謂「不自由的民主」(illiberal democracy)與孫中山堅定的民主理念相距甚遠。

孫中山在民權思想的積極成就，不僅促使人民對公共政策的理性選擇(rational choice)得以落實，而且在強調「主權在民」的縣自治，已有長久的直接政治參與民主經驗；尤其公民投票法施行後，臺灣各項選舉如地方基層選舉和中央民意代表選舉皆已採用直接選舉。質言之，孫中山所主張的直接政治，在臺灣確已完全落實。

四、檢視孫中山民權思想對臺灣民主政治文化之影響

由上揭孫中山民權思想的分析，以及民主的政治文化之直接參與模式成就，是一項民本思想歷史傳統的回歸或認同。孫中山發揚光大下，臺灣的參與政治文化得以內化為人民之民主政治人格(political personality of democracy)。

(一)民權思想係政治文化之核心價值

臺灣政治文化的主要標的，包括：臣屬型的政治文化至參與型政治文化的形成，以及由威權體制至憲政體制，由形式平等至實質平等，由間接選舉至直接選舉，由地方自治至全民政治，由間接政治至直接政治等「政治文化衍變」，皆已呈現孫中山民權思想的核心價值。此外，孫中山民權思想係以中華文化為主軸，再由中華文化的實踐中，以形塑可以內化為政治信仰的政治思想人格體系。固然過程複雜，但經由孫中山的力行實踐，已經成為全民的多數意識形態，終致可成為全民政治的信仰系統。

(二)民權學說係政治文化之理論基礎

孫中山民權學說的「在權在民」理論，係臺灣政治文化屬於參與式政治文

化的理論基礎。蓋政治文化係一種政治生活方式，其所以由部落型逐漸衍化為臣屬型；尤其臺灣力行孫中山的建國三程序，在訓政時期所為民主政治的教育、溝通和社會化，皆是因為該等學說具學習型(learning)的政治意義，終能由不斷的教育、再教育中學習到各種政治文化的核心價值，並且強固國人參與政治文化的政治內涵，從而形塑民主化的政治文化理論基礎。

(三)民權主義係政治文化之具體實踐

孫中山對民權主義的闡揚，係採取「平易近人」的教育方式，不採海闊天空的模式，而且是以應用的模式，甚至可以說是採取庶民生活的寫實說法，一方面引起共鳴；另一方面形成行動。此種具體實踐的「政治社會化」(political socialization)溝通過程，殆可發現民權主義的政治價值，所以逐步漸進式實踐，並不是空洞的泛泛之論而已。臺灣有當今較為成熟的政治文化，即係數十年來認同和力行孫中山民主政治學說的具體成果。

五、結語：孫中山民權思想係臺灣政治文化之發展動力

臺灣係當代孫中山民權思想得以匯聚研究、分析和實踐為「三合一」唯一思想發揚之場域(field)。臺灣將孫中山民權思想經由憲法的框架化、法律的規制化、命令的具體化，以至方案或計畫的實踐化，以成為國家之重要文化資產，乃是世界任何場域所未曾有的經驗。孫中山民權思想所以成為人民的信仰系統並變成行動力量，應是參與政治文化的形塑，並且積極昇華為國人內蘊的民主政治動力使然。質言之，此種民主式政治文化的建構，需要有規劃的政治社會化工具，並且強化政治意識形態的信仰系統之建構，始可漸進獲致，孫中山民權思想的正常政治作用，亦得以源遠流長。

參考書目

朱諶(1991)，《孫中山先生思想與中華民國憲法》，臺北：大海文化事業公司。

吳庚、盛子龍(2017)，《行政法之理論與實用》，臺北：三民書局。

吳志光(2016)，《行政法》，臺北：新學林出版股份有限公司。

沈榮華(2013)，《昆明樣本：地方治理創新與思考》，北京：清華大學出版社。

紀俊臣(1994)，《地方政府與地方制度法》，臺北：時英出版社。

紀俊臣(2000)，《如何健全地方選舉制度之研究》，臺中：臺灣省諮議會。

紀俊臣(2011)，《直轄市政策治理：臺灣直轄市的新生與成長》，臺北：中國地方自治學會。

紀俊臣(2016a)，《都市國家：臺灣區域治理的策略選擇》，臺北：中國地方自治學會。

紀俊臣(2016b)，〈孫中山地方自治學說與臺灣民主選舉〉，《紀念國父 151 歲誕辰—中山先生建設現代國家的思想與藍圖學術研討會》論文集，臺北：國父紀念館：頁 70-82。

秦孝儀主編(1984)，《國父全集》，第一冊~第三冊，臺北：近代中國出版社。

黃秀端(1997)，〈政治文化：過去、現在與未來〉，《東吳大學政治學報》，8:47-85。

東海大學(2016)，《臺灣公民文化概論》，8:47-85，臺中：東海大學出版。

何思因、吳玉山主編(2000)，《邁入二十一世紀的政治學》，臺北：中國政治學會。

Almond, Gabriel A., and Sidney Verba, (1963), *The Civic Culture,* Princeton; New Jersey: Princeton University Press.

Almond, Gabriel A., and Sidney Verba eds., (1980), *The Civic Culture Revisited*, Boston: Little, Brown

陸、政府參贊單位法律地位與組織結構功能：行政院院本部與臺北市政府秘書處比較分析

紀俊臣　　銘傳大學公共事務學系客座教授

唐淑珠　　銘傳大學公共事務學系碩士

摘　要

　　本研究係以制度論和組織生態學觀點，分析臺灣中央和地方機關的參贊單位組織結構；尤其是扮演決策圈參贊的最重要單位，其組織如何建構，以及法律地位如何等。此項研究係「組織棲位」研究很重要的前提要件。誠然，政府組織系統係一項既複雜又涉有政治意義的系統，研究本極困難；尤其屬於參贊地位的組織模式，過去因資料所限研究甚少，卻影響政府決策至為顯著，爰加以分析，以供進一步研究互動治理之參考。

　　臺灣係以行政院為內閣核心，其院本部雖無正式法律地位，卻能影響臺灣的公共政策運作。首善之區的臺北市，其市府秘書處亦是市長決策的重要幕僚群，爰加以比較分析，以了解中央和地方政府機關「參贊組織」的差異。此對研究政府「公共組織」(public organization)應有其貢獻。本研究祇是組織系統研究的一部分，將來希望能逐項完成相關研究，以呈現政府組織系統研究的全貌，自期。

一、前言：政府參贊單位在決策上角色愈顯重要

　　自 2012 年元旦起，行政院組織法新修正條文開始施行；依中央行政機關組織基準法第 8 條訂定「行政院處務規程」，亦同日施行。因之，嗣後行政院即設置「行政院院本部」，該「院本部」(Yuan General Headquarters)即成為組織法制上的通常用語，但查之法制，行政院組織法或其子法(處務規程)皆未曾有「院本部」的組織法律用語[1]。因之，本研究所稱行政院「院本部」係指依行政院組織法第 14 條規定：「行政院為處理特定事務，得於院內設專責單位」，該各項「專責單位」之總稱。就因係專責單位之「總稱」(general name)，其在法律地位上是否可逕稱之「機關」(body)不無疑問之處。儘管行政院秘書長依行政院處務規程第 4 條規定，綜合處理該院本部，且頒有印信，但已非過去行政院組織法所稱之「秘書處」(Secretariat)(第

10 條)，更非該法第 9 條規定：「秘書長承院長之命，處理本院事務，並指揮監督所屬職員。」在新修正行政院組織法第 12 條第 1 項規定：「行政院置秘書長一人，特任，綜合處理本院幕僚事務。」就法律地位，秘書長(secretary general)仍具有機關首長的印信(如圖 6-1 所示)，但「院本部」並不如原先的「秘書處」有如同常設中央二級機關的印信。因之，在法制上秘書長在院本部究竟扮演何種角色或職位，值得研究。

圖 6-1　行政院秘書長印信

資料來源：行政院

　　行政院在組織改造(organizational reform)後，曾為強化行政院既有秘書處的幕僚功能(staff function)，而將「秘書處」的幕僚地位逕行，提昇至「院本部」

---

[1]　政府組改後國防部組織法第 5 條明定：「本部設參謀本部，為部長之軍令幕僚。」國防部參謀本部組織法於 2012 年 12 月 12 日公布施行，是即政府組改後中央立法上第一次出現「本部」(headquarters)法律用語。唯參謀本部(General Staff Headquarter)組織立法已久矣。

的幕僚地位，藉以擴大和充實各該組織的既有幕僚功能，足見此種機制設計係在強化「參贊組織」(counsellor organization)的結構與功能。所稱「參贊組織」或稱參贊機關或參贊單位，即是協助行政首長強化服務績效的非決策機關(no decisional body)；其在決策作成上固然不具定奪的裁決地位，但提供院長定奪政策所需「參考資訊」，且是行政院長、副院長針對部會或國會所研擬或建議方案之裁決最重要參考資訊；旨言之，該等類同贊助決策作成的幕僚人員，其服務績效不僅重要，而且關係組織績效(organizational performance)的成長或萎縮。理論上，「服務績效」應係該幕僚組織的主要服務作用，而且是影響行政首長決策作成(decision-making)的直接資訊；質言之，彼等之法律地位固然尚待釐清，但幕僚機制的服務績效高低，卻是行政首長服務公職能力大小的前提。

本研究即以現有的各項行政機關服務機制，分析其服務績效，並且將其服務績效的高低，視為影響行政首長服務能力的關鍵因子(key factor)。經由此項研究釐清行政院院本部的法律地位；復為深入了解行政院院本部的職能運作，乃再以類同的臺北市政府秘書處為本研究之對照組進行比較分析，以期能透澈了解該等行政組織的法律地位，從而得以積極強化該等組織的結構和功能。際此公領域的議題國際化，乃至全球化的時代，政府決策部門的專業行政能力(technology)，幾已無法應付瞬息萬變的「政治變遷」(political change)所帶來的嚴峻挑戰(challenge)，以致依賴參贊機關人員的「參謀作業」(staff jobs)積極作為，不僅有增無減，而且益顯殷切；以臺灣而言，行政院院本部的各「處、辦公室、中心」係行政院最直接參贊單位，而其協助和參與「決策作為」(decisional behavior)在「定奪」前的「幕僚事務」(staff affairs)尤其顯得重要。此種「貼身幕僚」(secret staff)的參贊組織，就臺北市而言，就是秘書處；尤其下轄「市長室」(major office)服務人員，日夜為市長提供「決策」(decision)和「應對」(treatment)的資訊(information)或「方案」(program)，彼等在市長決策作為的影響力，自非當下一般行政部門的幕僚人員可比。

二、政府參贊單位的組織生態形成

政府參贊單位對各該政府決策作成的影響，固然與各該政府行政機關首長的政治人格(political personality)有關。即傾向民主政治人格者，一般似較易於依法行政，而且傾向接納多面向意見，尤其事涉決策標的團體(decisional target group)的當事人民意(public opinion)；反之，傾向威權政治人格者，一般較易於獨斷獨行，最多與親近的少數幕僚研議後，即行作成決策。因之，就政府的決策作成，探討組織生態至為重要。事實上，組織理論研究中即曾有交易成本理論(transaction cost theory)、制度理論(institutional theory)、資源依賴理論(resource dependence theory)及組織生態理論(organizational ecology theory)；質言之，一直以來組織生態，即是研究組織理論中的重要研究課題或稱研究標的。

就行政院而言，以往法學者或政治學者殆多由制度面或法制面進行研究，但就其組織改造，乃至組織內閣改組，其實就是組織生態的變動；易言之，就是組織變遷(organizational change)。行政院的組織歷次變遷固然係基於組織發展(organizational development)的期許，但結果常因主觀的生態布局或客觀的生態形塑，而致呈現組織衰退(organizational decadency)。行政院的組織模式，如就其參贊單位的組設，殆可分為：

(一)決策一元化的生態

政府的參贊機制，就功能整合考量，係以金字塔型(pyramid)的一元化領導(unified leadership)為多數，且較具監督(supervision)效用。此謂一元化組織，係指組織系統決策模式集中化(concentration)，比較傾向一人作成的獨裁制領導模式；唯此謂獨裁制領導係就其決策作成的獨占或寡頭，卻不是與民主制領導(democratic leadership)的相對概念。如以早期的行政院院本部言之，在 2000 年 2 月 3 日，現行「行政院組織法」總統未明令修正公布前，行政院係以「行政院秘書處」為其統籌幕僚單位。該秘書處雖具有部會層級的「中央政府組織第二層級」(second level of central government)的法律地位，且由總統府頒發署名

「行政院秘書長印」印信的「機關地位」，但行政院迄未依該法規定，訂定「行政院處務規程」，卻以「任務編組」方式，就其編制設計該院秘書處組織模式，試繪製如圖6-2所示「金字塔型組織模式」。

　　茲就形式上為行政院所屬一級機關，實質上為「院本部」的秘書處(secretariat; Ministry of the Secretary - General)組織生態酌作分析如下：

1. 行政院組織法雖有訂定「處務規程」的法規命令之法律委託(legal delegation)，但迄未訂定類似法規命令以為規範，卻另以任務編組的矩陣式機制(matrix organization)，將院組織法所設定之編制分別組合；其中如法規委員會另有組織規程，係依該法第十四條授權訂定之法規命令，形成秘書處固係一元化組織，卻無明確組織法制的現象。

2. 行政院雖有「院本部」之謂，但在秘書處形同部會之機關定位(status)下，院本部殆等同秘書處；質言之，就行政院組織生態而言，行政院院本部與行政院秘書處係同位語。因之，依組織生態所重視的「棲位理論」(niche-width theory)言之，秘書長係行政院長之幕僚長，形式上綜理行政院幕僚性事務；實質上係行政院長最親近的最高層行政決策幕僚。其在行政決策上之幕僚功能，甚至遠大於部會首長，極可能是行政決策的實際作成者。

3. 行政院秘書長係行政院秘書處的首長[2]，就行政院院本部採取任務編組組設秘書處後，該秘書長係依院長之政策取向行使職權，且具有「綜理」員工的指揮監督權。依其行政監督作用，就棲位理論言之，亦非其他四院秘書長之權力可相比擬。

4. 由於行政院秘書處係一元化決策的金字塔組織模式，其在部會中的角色突出，不僅扮演協調、溝通的角色，而且可能扮演行政院長在決策作成的最

---

[2]　行政院秘書長固如同其他四院皆為各該院院長的幕僚長，但行政院秘書長亦是該秘書處的機關首長，此雖未明定於行政院組織法或其處務規程，即如同總統府處務規程第5條明定秘書長為總統府首長，但在組織運作上卻將其視為部級的秘書處首長；甚至視為逾越部會首長之行政院院本部首長政治地位。此與其他四院秘書長不同。按其他四院固有秘書處之設置，卻另置秘書處處長，職等祇為簡任第十三職等之事務官。

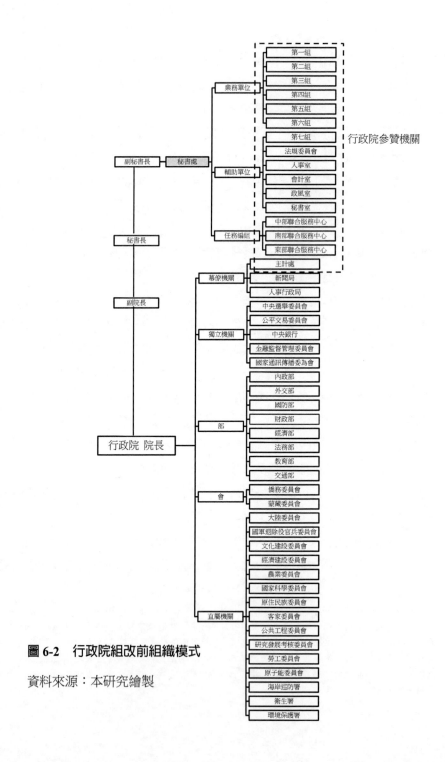

圖 6-2　行政院組改前組織模式

資料來源：本研究繪製

後準備步驟之整合角色；甚至是院長最後裁決前的「整合角色」(integrated role)。其在行政決策作成的「權力作用」(power action)，可能是直接的，而且是積極的[3]。

(二)決策多元化的生態

政府的參贊單位固然以一元化組織為常態，但在行政專業(technocracy or admincracy)的新世代，專業領導(professional leadership)的組織決策生態必然多元化(diversification)。行政院於 2000 年 2 月，完成新修正「行政院組織法」立法後，即行依中央行政機關組織基準法第 8 條第一項，訂定「行政院處務規程」。此係行政院首次依法訂定該院院本部具法規命令效力之組織法制(organizational legality)。依該組織法制，行政院院本部已非往昔以秘書處統其成的組織模式，其傾向由一元化趨向多元化，組織模式如圖 6-3 所示。

茲以 2018 年 8 月訂定之處務規程。略加說明如下：

1. 行政院組改後，院本部已與該院秘書處非同位語，此與其他四院之組織架構尚稱一致。蓋行政院院本部下轄三類參贊單位：業務單位、輔助單位及常設性任務編組。該三類參贊單位在院處務規程中有明確的服務業務分工；尤其業務單位係依行政院所轄部會業務設處分科，具有其多元的專業性，此與組改前的分組設科已有顯著的不同[4]。

2. 行政院院本部的組織生態，形式上因「院本部係行政院辦公室(office of Executive Yuan)，並非法定機關名稱，自無從賦予法律地位。實質上，行政院院本部係行政院作成行政決策的總參贊單位，且因該院院本部實質上首

---

[3] 行政院秘書長對於行政決策作成，本研究認為是直接的、積極的。此係就作用的效力而言，但就行政院否決部會的政策作為，其亦可能是最破壞性的。蓋行政院秘書長在主持「政務會談」或「副首長會議」時，如發現部會政策作成尚有重大瑕疵或根本不符時需者，即可能建請撤回或判行不作為。

[4] 行政院組改前，早期固以秘書處下轄 7 業務組設計：1 組為內政，2 組為國防、外交，3 組為經濟，4 組為財政，5 組為農業，6 組為教育，7 組為總務。唯近些年來，另安排分工辦事，卻有所混同；尤其人力配置更非完全以專長用人。

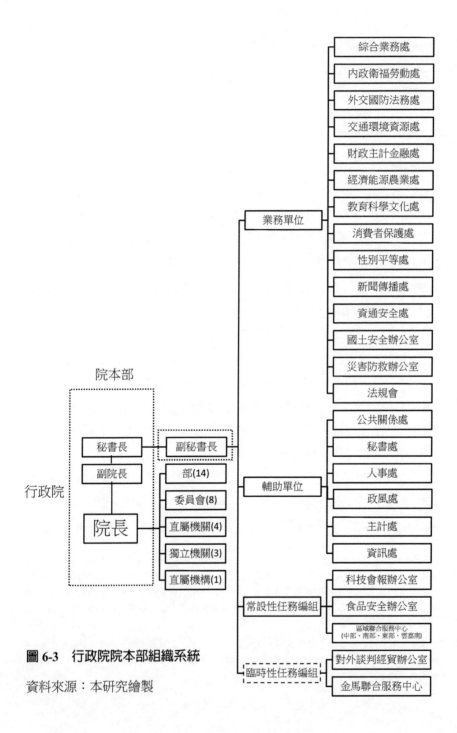

圖 6-3　行政院院本部組織系統

資料來源：本研究繪製

長稱之秘書長者，具有等同部會等級的機關印信；秘書長在「棲位理論」的分析上固無形式上的法律地位，卻在實質上享有高於部會首長的法律定位。至在政治上地位當然高於部會無庸置疑。

3. 形式上行政院院本部已成為行政院決策做成的重要當事人，院長固然是行政體系最高行政首長，但在責任分工的機制上院長可授權副院長、秘書長代為判行。經檢視行政院近些年的公文，除非核奪或決策取向公文，始由行政院長以「行政院函」核奪發文；其他尚在政策形成過程之公文多由行政院副院長或秘書長；尤其秘書長可逕以「行政院秘書長函」發文，正顯示秘書長「棲位」角色的重要。質言之，秘書長係院長最信任的最高幕僚長，其可因行政院長的充分授權，逕以「行政院秘書長」法律名義函發文處理院務，或是做成行動方案以供院長定奪。

4. 行政院院本部固依專業分工設立業務單位(line unit or operational unit)；並在輔助單位(auxiliary unit)或稱幕僚單位(staff unit)的行政支援下，進行幕僚作業或稱參贊作業，以提供院長針對部會所研擬之政策方案定奪的重要參考或依據。但院本部因非法定機關，對外須用「行政院」函發文；亦可用「行政院秘書長」函發文，即因此強化秘書長統籌院本部的實質政治地位，將秘書長視為院本部實質首長，依據應在此。

5. 行政院院本部有「常設性任務編組」(permanent task force)[5]，係因應組改後組織模式及單位數設置限制，所為組織發展的變體。其雖無正式組織的形式上名分(legitimacy)，卻有機關運作的實質名分。此外，尚有臨時性任務

---

[5] 常設性任務編組係行政組改後新增之組設，其設置明定於行政院一、二級機關處務規程中，依銓敘部致立法院函，略以：「行政院暨所屬機關自 101 年 1 月 1 日起，陸續分階段進行組織調整，依中央行政機關組織基準法第 30 條至第 34 條規定，中央各機關內部之業務單位及輔助單位，其規模及建置標準須受上開組織基準法之限制，致行政院一、二級機關為配合行政院組織調整時，得設置之內部單位數無法符合其業務需要，而須另設置常設性任務編組以為因應，爰原行政院研究發展考核委員會(按：該會於 103 年 1 月 22 日組織調整為國家發展委員會)前訂定「常設性任務編組得納入處務規程之設置要件及相關條文規範」，俾使行政院一、二級機關得於其處務規程中設置常設性任務編組，以應業務實際需要，並使組織調整作業能順利進行。此外，行政院本部尚有臨時性任務編組，如金馬聯合服務中心、對外談判經貿辦公室。(105.5.4 立法院議案關係文書院總第 887 號)

編組，更係組改後的機制變體設計。均將對院組織生態產生重大影響，對臺灣既定官制官規的衝擊，亦值得觀察。

三、行政院院本部的法律地位與功能

上述經由組織生態的理論，尤其應用組織生態學的「棲位理論」，以分析行政院院本部的組織角色與功能，殆可發現行政院院本部雖非是法定組織名稱，卻因參贊國家中樞的決策定奪，其不僅扮演政府的首腦，而且是最具影響力的執政團隊成員。

以下係以制度面分析行政院院本部的定位和功能：

(一)具參贊角色與集權功能

就制度面言之，除非行政院副院長、秘書長或副秘書長獲有行政院院長授權，並且明定於「行政院分層負責明細表」中，否則行政院長下的各級政務人員及行政人員皆在「棲位」不同下，扮演影響程度有所不同的「參贊角色」；亦即皆係參贊單位。唯本研究則傾向分析秘書長所指揮監督之「事務單位」，包括：「常設性任務編組」。因之，在院本部分為業務單位、輔助單位和常設性任務編組等三類型的組織生態下，其參贊角色與功能亦可分為：

1. 業務單位

行政院本部業務單位主要係對應部會所設立，如：內政衛福勞動處，即針對內政部、衛生福利部及勞動部等三部；另加原住民族委員會業務。其係依「專業行政」(professional administration)設置，俾各該部會相關業務陳報行政院核、備時，院長得先由該處之幕僚意見以為定奪之參考。該處幕僚人員須熟諳相關法令，並具備政策分析(policy analysis)能力；尤其具有前瞻性規劃，終結性評估訓練和知能，始易於發揮「過濾」(filtration)和「篩檢」(screen)的「審查」(review)功能。此項任務至為艱鉅，業務人員本身的優秀專業知能外，如

何掌握行政院政務人員的「發展行政」(development administration)思維，需要雙向溝通(two-way communication)，以及了解政策發展取向。因之，業務單位不僅行政人員須具有高職等，以表示其具有多年經驗，而且能不受相關部會的政治誘惑，卻又有協調溝通能力，以協助部會研擬周延可行的方案。目前行政院院本部處長職等編制為簡任第十三職等，僅次於副秘書長，其他參議以上人員職等列簡任第十一職等，其編制傾向「高階化」，乃是必要而合理之機制設計。

2. 輔助單位

行政院院本部除上揭依部會分別設立業務單位外，尚有協助或支援業務單位辦理業務的幕僚單位，臺灣法定名稱為輔助單位，包括：專業輔助性質的法規會、資訊處，以及行政輔助性質的祕書處、公共關係處、人事處、政風處、主計處。該等輔助單位雖不直接對人民行使公權力，甚至與部會亦較少業務之往來，但對院本部人員業務之支援，以及人員權益之保護和行使，皆有重大的貢獻。輔助單位本質上雖不以提供院長決策之參考資訊，卻是間接協助院長達致績效行政(performance administration)和人性管理(human management)的必要機制之設計。

3. 常設性任務編組

行政院受制於中央行政機關組織基準法對法定組織的「設置數量」限制，竟設計形式上任務編組，實質上具內部單位性質的機關組織新型組織矩陣模式(matrix pattern)，包括：科技會報、食品安全辦公室及區域聯合服務中心。該等組織係依僅具「行政規則」性質的「設置要點」成立，卻可協調部會或區域發展，實扮演機關組織的服務作用。該類常設性任務編組係傾向業務單位性質；唯就其職能運作，則傾向協調功能。

儘管行政院院本部可分為三類職能運作，似較組改前全權由「秘書處」主導更顯多元化，以符合組織專業化之時代需求，但基於行政院除院長得全權行使最高一般行政監督權(ultimate supervision of general administration)外，因秘書長獲有對外行文印信，且多獲有特殊棲位的政治授權。因之，院本部集權化運

作與組改前一元化模式並無差異；如秘書長傾向威權人格(authoritative personality)，其集權化甚至會有過之而無不及。

(二)具參謀角色與裁決功能

本研究經由觀察和訪談，發現行政院院本部除就部會研擬方案，被動發文業務單位研提決策定奪參考意見，具傾向「參贊單位」性質功能外，尚有積極參與決策做成的功能。此種現象可能發生在行政院長聲望不足，對部會的領導統御能力不夠強勢時，如何將院長政策思維形成為決策方案，院本部業務單位即成為院長制定方案前「規劃過程」(formulating process)的重要作業單位。由於業務單位積極介入特定方案之規劃和設計，其在裁決過程中的角色亦就更為顯然。質言之，院本部業務單位人員雖其法定職權不變，但因院長的領導能力和行事風格不同，其在公共議題的政策方案作成角色，亦將有主動或被動作為與積極或被動角色的區異。是以院本部業務單位如能善用專業能力，並能獲得院長、秘書長之信任，其甚至可在裁決過程中扮演顯著角色和推動方案的作為功能。此恐非既有法定職權所能事先規制者。

(三)具參與角色與指導功能

行政院院本部業務單位人員經常獲邀參與部會的政策問題處理過程；尤其部會提報創制法案或修正法案時，不論部會研提階段或行政院政務委員審查階段，相關業務單位及法規會皆得派員與會。此時院本部業務單位主辦人員的角色雖職等不高，且可能涉獵未深經驗不足，卻是部會尊重的請益對象；其不成熟的意見皆可能成為部會修改政策方案的主要依據。經多年來研究發現，部會比較積極或激進的方案，常在行政院院本部業務單位主辦人員的「保守心態」或欠缺積極的現實考量下，排除成為法案的重要標的。2017 年 2 月 8 日，司法院大法官釋字第 745 號解釋理由書，略以：

> 憲法第 7 條規定人民之平等權應予保障。法規範是否符合平等權保障

之要求，其判斷應取決於該法規範所以為差別待遇之目的是否合憲，及其
所採取之分類與規範目的之達成間，是否存有一定程度之關聯性而定。

本係行政管理之基本法治概念，不具平等性之規制，卻普遍存在於稅法和其他
法律之中，即係法案審查時，部會和行政院院本部主辦人員保守心態的規制結
果。

院本部業務單位主辦人員參與部會政策形成過程，其所扮演的「行政指導」
(administrative guidance)角色，對於方案的設計具有顯著的關鍵影響。此種政
策影響力固然有其正負面效用，但設置院本部業務單位的基本旨趣，本在促成
正功能(eufunction)而不在負功能(dysfunction)的影響政策制定。是以業務單位
相關專業人員的養成，至關重要。此可由部會晉用中階幹部，並且鼓勵在職進
修；尤其宜利用每年的進修時間學習政策分析的方法，研讀國際潮流的政策發
展趨勢知能，以強化彼等之參贊能力。

四、臺北市政府秘書處的法律地位與功能

臺北市係臺灣最早改制為直轄市之世界級都市，其市政府體制及運作更成
為其他五直轄市的典範；市長的職權行使係其他直轄市長職權行使的標竿。臺
北市都市發展係歷任市長與市府員工結合民意機關、公益團體共同努力的成
果。就臺北市政府本身而言，各局(處、委員會)在市長領導下發展建設，而市
長如何善用幕僚組織，以提示符合時需的都市政策，則是市政發展流程治理
(process governance)現代化的關鍵所在。

臺北市政府固有祇涉府本身的「臺北市政府編制表」，其編制僅限於市長、
副市長、秘書長、副秘書長、參事、技監、顧問及參議等簡任第十職等以上人
員，員額亦僅 33 人。該等高階人員形式上扮演市長參贊角色[6]；實質上市長的

---

[6] 2014 年 12 月就任的臺北市長柯文哲，就任以來重要人事皆由市長室人員以 e-voting 或其他方式推薦

重要參贊單位，除上揭人員外，尚有秘書處人員。依臺北市政府秘書處組織規程第 2 條規定：「臺北市政府秘書處置處長，由臺北市政府秘書長兼任，承市長之命綜理處務，並指揮監督所屬機關及員工。」秘書長依臺北市政府組織自治條例第四條規定：「市政府置秘書長，承市長之命襄贊市政。」質言之，秘書長是市政府最高文官或稱市府幕僚長，其襄贊市政係總其成，分工事務則由市政府編制表，除副市長、秘書長、副秘書長外的參事、顧問、技監、參議，另加秘書處分組辦公之人員主辦。因之，本研究所指市政府參贊單位，即以秘書處為基地；再增加上揭高階事務人員。

茲分析秘書處之法律地位與功能如下：

(一)具機關地位與幕僚功能

臺北市政府秘書處所具法律地位和功能，係延續行政院組改前的參贊模式。其由秘書長以「秘書處長」身分統領，更凸顯秘書長在「棲位」上的關鍵地位，組織模式如圖 6-3 所示。秘書處法定位階與其他局處相同，為獲頒印信的市府所屬一級機關；其預算雖未單獨編列，而是以「臺北市政府」為其政事別編列，足見秘書處雖有一級機關之法律地位，卻另以其特別棲位而列入各該市府預算案中。

臺北市政府參事、技監或顧問、參議，除非以機要身分在市長室、或副市長室，乃至秘書長室、副秘書長室服務，以特殊關係而具有「棲位」所為參贊工作外，其他人員殆多「承市長之命辦理市政設計、撰擬及審核法案、命令、工作計畫，並備諮詢」(臺北市政府組織自治條例第 5 條)[7]；質言之，獲任後如有市長指派工作，固能依命行事；如因係政黨輪替而為事務官的調節職位任

人選後，再請柯文哲市長圈選決定任用。因之，「市長室」成為柯文哲最倚重的參贊單位。唯就參贊功能而言，臺北市政府秘書處參照行政院本部分組辦事，始為完整參贊機制。

[7] 直轄市政府雖設置參事、技監、顧問或參議等簡任級職位，但工作分工並不落實。有些人員係由所屬一級局(處、委員會)或二級機關首長或副首長卸任後，所任用之「調節職位」，其工作績效並不符自治條例之設計。

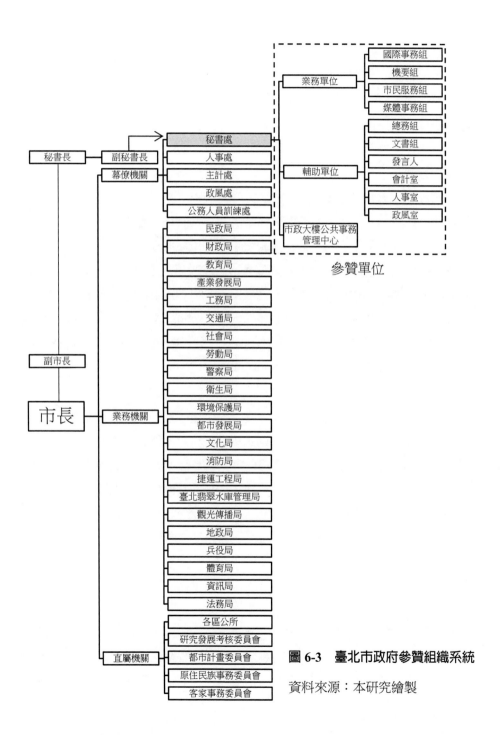

圖 6-3 臺北市政府參贊組織系統

資料來源：本研究繪製

命，則未必有固定的工作，甚至說無所事事，亦非過甚之詞。

唯秘書處人員則完全以另一組織型態運作。臺北市政府現行秘書處已由早期分科辦事，改為如同行政院組改前的「分組辦事」；有所不同者是秘書處分組辦事係內部單位設計，而行政院組改前分組辦事係任務編組組設。目前臺北市政府秘書處分為業務單位與輔助單位，說明於后：

1. 業務單位

市政府秘書處業務單位非如行政院院本部係依部會職能設置，係處理事涉跨機關的總體公共服務，如國際事務組職司公共關係、國際事務及外賓接待事項；機要組職掌機要業務及議事、公報事項；市民服務組織司為民服務事項；媒體事務組係就與市長政策相關或重大市政建設訊息之發布、新聞聯繫及緊急新聞事件之處理。由上揭分組及服務事項，可以了解秘書處業務單位係以直轄市全市的發展角度，從事政策行銷(policy marketing)或行政行銷(administrative marketing)，為其主要服務標的所為之機制設計，顯然不是專業行政的參贊單位，而是行政管理或行政治理(administrative governance)的參贊單位。

2. 輔助單位

臺北市政府秘書處的輔助單位，與行政院組改前的輔助單位殆多相似，如行政院第七組係總務組，而臺北市則逕以「總務組」稱之，職司出納、庶務管理，督導市政大樓公共管理。行政院秘書處第七組本亦職司文書業務，然市政府秘書處有鑑於文書業務量大，而以專組辦理。其他會計、人事、政風等室業務，乃是機關必要的法定輔助單位。市府秘書處比較特別的機制設計，即是「發言人」(spokesman)；設置該職位更說明秘書處在「政治行銷」或行政行銷的重視，不言可諭。

(二)具參贊角色與輔助功能

臺北市政府秘書處因係職掌「市政行銷」(urban marketing)，就其對各局(處、委員會)的「專業」而言，甚難介入，以致臺北市政府各局(處、委員會)公文係直接陳送副秘書長室；再逐層呈陳核判。此與行政院先發交院本部相關

業務處研提院長核奪參考意見不同。由於市政府公文處理不經秘書處業務單位研提參考意見，其公文處理速度理論上應較為快速，但公文品質；尤其涉及公共政策制定以及追蹤所屬一級機關在市長核奪後的後續作業，可能不如行政院院本部的公文績效。

事實上，上揭虞慮並非多餘，公文延宕或公文不了了之，在市政府雖非家常便飯，至少所在多有。前述市政府學有專精，且有長久行政經驗的參事、技監或顧問，宜加以職能分工，依其既有專長(包括：學經歷所為之綜合能力)分別負責相關局(處、委員會)之公文處理或專案研究，以便彼等扮演市長幕僚的角色。彼等皆係簡任第十二職等高職位，容易取得局(處、委員會)中階承辦人的認同，而在相互交流中，展現經驗傳承，達致事事有人做、人人有事做的行政目標。此時市政府「府本部」即可成為參贊單位，並且盡其專業幕僚(professional staff)的角色，而不僅是行政幕僚(administrative staff)而已。

(三)具參謀角色與指導功能

由於參事、技監及顧問多是市政府所屬一級機關首長[8]、副首長或二級機關首長出身。其如經市長偕同副市長、秘書長安排「專長分工」；亦即依各該參事、技監或顧問之專長，擔任相關一級機關的「業務指導」，如同督學督導學校的功能，不僅因有業務的接觸而扮演「參謀角色」，且能成為市府「行政指導」一級機關的市政要員。此不僅可減少冗員，亦達致適才適所的人才晉用目標。蓋經由專長分工後，各該參事、技監或顧問即能認同職位的積極作為，而且可以貢獻多年來所累積的豐富行政經驗。該等高階文官因與相關局處委員會人員上下交流，而得以經驗傳承；如能參與政策方案研擬，即可將市長政策指示經由多元整合，而成為更為周妥的行動方案。

此外，行政部門的業務日有增加，固然可利用新穎的治理模式；亦可經由

---

[8] 臺北市雖自 1967 年 7 月改制直轄市，但其所屬一級機關首長均須具有簡任第十二職等的公務人員高階事務官資格，直至 1994 年 7 月，制定直轄市自治法後，始改為「政務官」任用。因之，市府所屬一級機關首長在卸任後，如有「文官」資格，則可能在卸任前即安排擔任參事、技監或顧問等職。

法律的修正，而有不同以往的管理作為，但大體仍是處於既有的法制不變，卻需要解決長久以來不能解決的「雙難」(dilemma)公共議題。此時新進的年輕公務人員往往束手無措，如有多年經驗的參事、技監或顧問的行政指導或從旁協助，就可能在短時間內即找到可行的解決方案。此種行政經驗(administrative experience)如能善加運用，地方政府的行政效能必然大幅提昇。

五、政府參贊單位的理想型組織與職權設計

基於政府部門業務的繁雜，國際變動的莫測，儘管政府係分工設職，分層負責，仍然面臨嚴峻的挑戰，需要專業行政的知能，與應用靈活的政治智慧，始克逐一解決問題，滿足民眾的無窮盡需求。因之，政府決策部門需要參贊機制設計，以協助政府決策階層定奪可行的行動方案。本研究深信設計理想型(ideal type)的參贊機制，有其客觀的可能性與可行性。說明如下：

(一)小而美的組織結構與職權模式

對於政府參贊單位的組織，就其組織生態而言，其組織規模(organizational size)，究竟是「小而美」或「大而優」，如何選擇？先就「小而美」(small and smart)的組織規模言之，政府決策過程太長，延宕政策作成時間，可能不易解決緊急的事故(emergency events)，而為民眾所詬病。因之，政府應付緊急事故的危機處理小組(crisis treatment organization)通常都是規模小，而且職等高的人員組成。因之，政府面對層出不窮的公共問題(public problem)，宜將問題結構(problem construction)加以解析。對於事涉複雜的問題結構，不宜採緊急處理模式，且宜改由權責單位依正常行政程序和理性政策制定程序辦理。此際參贊單位宜扮演協調和溝通的角色，人數不必多，只要有其專業督導能力即可。

因之，本研究試擬適用小而美的理想型參贊單位組織模式條件設定為：
1. 行政院院本部係國家最高行政機關的參贊組織，其面對層出不窮又變幻莫

測的行政問題，針對部會分別設立參贊單位應有其必要；唯人事編制不宜
太大，平時各業務單位維持最低規模。如針對大部主辦人員可稍多，至係
委員會主辦人員可少些，甚至一委員會一主辦人；如有重大案件始增派人
力支援。此等主辦人員宜有多年的相關經驗，並且學歷儘量與主辦業務有
若干相關性；如完全不同，即需經由專長訓練或在職進修方式，以補其在
學識上的不專業缺失。參贊人員須有能獲致相關部會認同的知能，始能扮
演行政指導的角色，從而提昇參贊人員的權威領導效果。因之，就正常參
贊單位之組織模式，以傾向專業官僚模式(professional bureaucracy)為宜。

2. 臺北市政府秘書處雖分組辦事，卻祇處理行銷業務，對於所屬一級機關的
公文處理並未置有替市長決策提供參考意見的參贊人員。此對市長理性決
策作成固然不具貢獻，甚至在市政行銷時，亦有行銷方案格格不入的外行
情事發生，所以市政府秘書處設組辦事尚有再改造的空間。此外，市政府
參事、技監或顧問宜落實依專長派配行政指導工作，務使該等高階行政人
員的專業經驗，得以在市政發展的過程中發揮積極參與功能。

3. 不論行政院院本部或臺北市政府秘書處，各該秘書長皆係機關首長，擁有
獨立行文的「印信」。其位處行政首長親近的特殊棲位，再擁有獨立行文的
法律地位，如任用得人不僅行政首長工作得心應手，而且那些失策乃至失
能，或是無策或無能的政治衰敗事件，自然不可能發生。秘書長人才適用
必以有多年的行政經驗，而且能以其聲望或專業協調，將行政首長之政策
意旨，以最淺顯易懂的文字，提供大眾媒體、社群網站登載；又可折衝行
政與立法部門間的認知差距，研擬可長可久的行動方案自評。

(二)大而優的組織結構與職權模式

如就組改後行政院院本部或臺北市政府秘書處的編制與組改前的行政院
秘書處或臺北市政府早期的秘書處編制比較，可以發現過去是小而美的參贊組
織，而現在卻是「大而優」的參贊單位。當然與其說「大而優」，倒不如說成
「大而有之」，至優則須加評估。蓋行政院組改推動至今(2020)，已有 8 年之

久，該院處務規程卻已歷經 9 次修正，修正情形如表 6-1，有時甚至一年修正三次，是否表示訂定院本部組織規程略嫌草率，以致需要頻繁修正。經查其修正大多集中在規定設置「常設性任務編組」第 28 條，每增加一處聯合服務中心，即修改一次；唯 2017 年 1 月 6 日掛牌的「金馬聯合服務中心」卻未加修改，祇訂定設置要點是否適法不無疑義[9]。其次係指業務處的適時增加，如資通安全、國土安全等處的設立，即是非常必要的參贊單位的增設。但就頻繁修正條文似乎即顯示設置參贊單位的欠缺妥善規劃，草率行事，豈是制定組織法制的正常現象。

表 6-1　行政院處務規程修正情形

修正時間	修正條文
100.10.27 發布並施行	
101.03.03 部分條文施行	7、17、21
101.04.30 第一次修正	28、30
101.08.10 第二次修正	28、30
102.04.29 第三次修正	17、21
102.07.08 第四次修正	27
103.06.30 第五次修正	5、7、17、25、27
103.10.21 第六次修正	9、28、30
104.01.29 第七次修正	27
105.07.30 第八次修正	7、17之1、28
107.08.20 第九次修正	7、8、11、13、27

資料來源：本研究整理

　　行政院院本部員額多達 596 人的大編制，固然與其他四院業務性質不同，其編制大小不宜相提並論，但就組改後的行政績效比較言之，似乎尚看不出公

---

[9]　行政院處務規程第 28 條規定，該院為應業務需要得設「下列」常設性任務編組，其內部組設及主管權責，另以設置要點定之。如未在該第三款增列「金馬」二字，是否適法衍生疑義。唯經訪談始知金馬聯合服務中心並非「常設性任務編組」，因其人力並無其他機關學校派充，而係由福建省政府高階人員兼任，可謂之具「臨時性任務編組」的組設性質。

務人力擴增，其參贊能力即必然相對強化和提昇。因之，如基於業務發展，苟
需擴編成為大規模的參贊單位，其成為「大而優」(big and good)的理想型組織
機制，至少應有下列的組織生態設計：

1. 組織規模須視業務需要設計，大而優的組織須在法制行政的原則下運作，
   始可符合「人人有事做、事事有人做」的人力資源管理原則。行政院院本
   部依部會分工設立參贊單位，固然係提昇整個行政院效能的組織設計，但
   院本部係參贊單位，其在大編制下亦不能不顧部會亦係行政院的組成機制，
   竟致凡事皆由行政院院本部發動或政策規劃；尤不可逕由院本部執行。此
   種例外管理尚且須要格外慎重，何況一旦形成常態所肇致的「體制錯亂」
   的後果。因之，院本部在組織規模已達「大組織」的生態下，訂定內部的
   績效評估制度，促使業務處間形成競爭，而且業務單位與部會的互動情形，
   亦有合宜的考核機制，俾使行政院院本部的行政管理成為部會的典範。此
   項考核責任可由副秘書長兼任或總其成，以減輕對秘書長之課責。

2. 行政院院本部對於危機事件的處理，係院長定奪或副院長規劃的參謀本部。
   因之，院本部務須建立危機處理國外資料檔，並且由業務處與相關部會建
   立「危機處理標準作業流程」(SOP)，平時加強演練，一旦危機情況出現，
   即可依標準作業流程施作，不僅亂中有序，而且可雜而不亂。危機處理過
   程，行政院院本部相關人員絕對要主動參與，切忌事不關己，始為成立大
   編制參贊單位的職能需要。新近蔡英文政府成立後，接二連三的政治危機，
   甚至導致內閣的局部改組。院本部在面臨政治危機以後的參謀作業，顯然
   容有再改進的空間。院本部的參贊單位係行政院服務作為提升效能之關鍵；
   唯有建構周延規劃的服務機制，並且善用院本部的人才，促使院本部能成
   為院長的智庫，而且是最機動的智囊團，始為成立該龐大機制的旨趣所在。

3. 行政院院本部業務單位與輔助單位的互動，一直是比較被忽略的行政管理
   課題。固然業務單位主辦人員或多或少掌握國家發展的重要資訊，平時以
   事涉國家機密為由較少與院本部其他非本處人員交流，形成院本部並非等
   於院團隊的疏離現象(alienation)。此種彼此陌生的組織系統，係組織規模過

於龐大的普通現象，院本部如何強化團隊合作(team cooperation)或稱協力治理(collaborative governance)，將是未來能否提昇行政效能的關鍵。因之，激勵管理的推動，宜由院本部的行政管理起始，對於院本部業務單位和輔助單位間的互動，宜有所規劃和倡導，並且將互動治理視為行政管理的必要機制。院本部人事處及秘書處宜在互動治理上協同發展可行機制，促使行政院院區呈現院本部與院團隊合體的現象。

六、結語：政府參贊單位在組織發展上的貢獻與成就值得肯認與策進

經由上揭的研究，殆可確信政府參贊單位存在的必要性；尤其在時代變化快速，國內外政治情勢險峻，溫室效應加劇之秋，社會問題不僅多變，而且受到國際社會的顯著影響。不僅要推動專業行政，而且要有穩健的情緒管理等能力，皆使政府行政首長更需要借重首長身邊隨時接受命令參贊人員的協力治理，並且勝任無定量的行政決策相關事宜。

臺灣自 1949 年 12 月，國民政府播遷來臺，面臨內憂外患，終致克服困境，除國家領導人的睿智領導外，行政院及各部會的努力不懈，在其院本部(即指秘書處)及部會堅強的幕僚群共同策進下，始有當今經濟發展的國家規模。際此臺灣民主化進程，且深獲國際人士肯認之際，內部卻有愈來愈多的疑難問題。蔡英文新政府成立即將屆滿四年，政治危機一日未稍歇。由於行政首長日理萬機，更需要健全的參贊幕僚協力，以共度難關。此外，地方政府亦存在不少困境，即以首善之區的臺北市，在市長柯文哲以素人政治主持市政以來，施政並不獲人心，所稱弊案竟無一妥善處理，甚至若干逾越法律作為，至今尚無解套的方案可為。此皆多少反應行政首長與參贊單位間的隔閡使然。質言之，當前中央和地方面臨的行政問題，唯有多所借重參贊幕僚群及社會公益團體的智慧與經驗，始可迎刃而解，健全行政，策進發展行政之績效性。

　　此時此刻，政府需要參贊單位的協力治理，比較過去任何時候都殷切許多，而且參贊單位的人員素質，也比過去一直以來更加優秀。此等秀異分子(elite)如能經由法制行政的經驗，以提振工作士氣，並且與大學院校建教合作，一方面鼓勵秀異分子進修；另一方面鼓勵秀異分子適當參與決策過程。此不僅可培養未來國家政治菁英，亦可在其服務行政部門時，即有殊多化險為夷，旋轉乾坤的「做大事經驗」，當可為臺灣的未來願景，提供實踐的有力保證。

參考書目

史尚寬(1978)，《行政法論》，臺北：興台印刷廠。

林紀東(1978)，《行政法原理》，臺北：國立編譯館。

江岷欽、林鍾沂(1995)，《公共組織理論》，臺北：國立空中大學。

吳庚、陳淳文(2015)，《憲法理論與政府體制》，臺北：三民書局。

吳庚、盛子龍(2017)，《行政法之理論與實用》，臺北：三民書局。

管歐(1982)，《中國行政法總論》，臺北：三民書局。

和田莫夫(1986)，《行政法講義》，東京：學楊書局。

紀俊臣(2017)，《行政院院本部資料彙編》。

Baum, Joel A.C.,&Terry L.Amburgey,(2000)," Organizational Ecology",(2017/2/13 網路下載)。

Hamilton, David K.,(2014), *Governing: Metropolitan Areas:Growth and Change in a Network Age*,New York:Routledge.

Morris, John Charles. et. al.,(2013), *The Case for Grossroots Collaboration:Social Capital and Ecosystem Restoration at the Local Level*,New York:Lexington Books.

Peters, B.Guy,(2000)," Institutional Theory: Problems and Prospects, Vienna: Institute for Advanced Studies".

Singh, Jitendra V.,&Charles J. Lumsden,(1990)," Theory and Research in Organizational Fcology".*Anna.Rec.Sociol.*16:161-195.

Thoening Jean-Claude,(2011), *Institutional Theories and Public Institutions.* 1-16. 網路下載。

柒、公務人員退休年金改革對地方公務人力晉用之影響評析

紀俊臣　銘傳大學公共事務學系客座教授

黃絲梅　東海大學政治學系博士

一、前言：公務人員退休年金，改革影響地方公務人力晉用值得重視

　　事涉 2017 年公務人員年金改革議題至為敏感；尤其身為當事人[1]容易陷入主觀，流為「陳抗意見書」（anti-submission）。因之，在撰寫過程中，除儘量蒐集正反意見外，並且與基層公務人員進行語談，始決定寫作方向。本研究所以針對公務人員退休年金改革，探討嗣後地方公務人員人力晉用，乃本諸下列邏輯思維：

(一) 地方公務人力晉用或其他福利措施，因與中央公務人力一致，公務人員退休年金改革，將影響其公務人力晉用，應無可諱言。

(二) 地方公務人力對於基層服務的行政效能，本有直接的影響；復因地方公務

---

[1] 本研究第一作者係以公立學校「教授」服務 29 年核准退休，支領月退休金。事涉個人權益難免陷入情緒化論斷，有失客觀。因之，為文過程中，係由第二作者先行草擬初稿，始由第一作者潤筆，以求中性和客觀。

　　人力職等偏低，退休金如減少給付，勢將影響地方公務人員之士氣，從而降低服務效能。

(三) 地方公務人力因退休年金大量減少給付，或將影響退休意願，以致新陳代謝放緩，地方公務人力老化，也將間接影響地方行政績效之提昇。

(四) 地方公務人力因退休年金改革，而影響行政效能，地方宜有權宜措施，以因應此項負功能多於正功能的政治改革，並呈現地方自治之自主性作為機能。

　　基於上揭思維架構（thinking framework），本研究將以新修正之公務人員退休資遣撫卹法，為新制探討架構。如能經由第二手資料或其他途徑，以取得研究所需的訪談對象基本資料和支援名冊，再經適當整理後，即可為了解該項公務人力的不足，而有不同的解決機制。全國公務人力，截至 2016 年 12 月底止，為中央 186,142 人，地方 161,430 人，共 347,572 人，足見二者相差無幾。因之，執事當局應知此負面功能（dysfunction）；亦即地方公務人力趨向老化，將有諸多的負面功能，應非民眾所期許者。

二、公務人員退休年金改革之制度設計與社會影響

　　固然公務人員退休年金改革，涉及政府對公共議題（public issues）的選擇，應係公共政策的制定（public policy-making），但就其涉及制度的變革（institutional change），而在制度變革行銷過程中，皆以如何避免退休年金破產，並能永續為其政策行銷（policy marketing）的主要標的。因之，該項制度變革就推動改革的政府決策者言之，係「制度發展」（institutional development），或稱「制度建構」（institution building）；意即：「提昇制度能力以促使可用人力和財源得以有效使用的過程。」（Israel 1990:11）[2]。本研究根據 Arturo Israel

---

2　Here institutional development is synonymous with institution building and is defined as the process of

對於制度績效（institutional effectiveness/ performance）的質化（quantification）分析，以探討公務人員退休年金機制變革。該質化分析設定十二項自變項（independent variables）或稱解釋項（explanatory variables）。即:

　　(一)機關活動專化程度（degree of specificity of the agency's activities）。

　　(二)機關因應競爭程度（degree of competition faced by the agency）。

　　(三)機關活動地理擴散程度（degree of geographical dispersion of the agency's activities）。

　　(四)政治支持/允諾程度（degree of political support or commitment）。

　　(五)明顯政治介入程度（degree of overt political intervention）。

　　(六)傑出管理人的表現（presence of outstanding managers）。

　　(七)管理技術的應用效能（effectiveness in the application of management techniques）。

　　(八)外部因素（exogenous factors）。

　　(九)計畫投資的成果（反饋率）（results (rate of return) of the project investment）。

　　(十)制度發展方案的成功程度（degree of success of institutional development program）。

　　(十一)赤字(利益不足)或剩餘（deficit (or the absence of revenue) or surplus）。

　　(十二)薪資低於一般平均水準（salary levels lower than average）。

　　就上揭十二項解釋制度績效變項而言，如用以評斷公務人員退休年金改革制度，主觀認定應可將該等自變項列為質化研究，乃至量化研究的自變項。因之，本研究將於文中採「虛擬實境」（virtual reality；VR）研究方法進行分析。

(一)制度設計

　　公務人員退休制度為國家人事制度中相當重要之一部，如從行政與政治角

---

improving an institution's ability to make effective use of the human and financial resources available.

度觀察，公務人員是龐大國家機器不可或缺之組件，其肩負公共事務執行推展之重責大任，更關係國家整體人力資本優劣、國政方針得否貫徹落實及提升國家競爭力等關鍵使命。退休人員晚年經濟安全之保障與社會安全網絡、社會經濟網絡等發展息息相關；再從社會層面探討，退休制度涉及社會資源合理分配、世代正義等重大議題。易言之，退休制度影響層面既深且廣。是以，如何建構一套合理、健全，又與時俱進之退休制度，是國家公共政策的重中之重。

1. 改革前（依財務規劃構面）── 確定給付制（Defined Benefit Plan；DB）

國民政府於 1943 年建立公務人員退休撫卹制度，係以提供公務人員合理退休生活保障及濃厚的「恩給制」色彩作為制度設計之旨趣。此種制度係由政府保障給付水準；亦即退休金支付由政府編列預算支應、退休人員無須自行提撥退休基金的一種制度設計。其係以公務人員與國家政府屬於特別權利關係的假設為前提[3]。嗣經政治、經濟、社會環境急遽變遷，早期所設計之退撫制度，面臨前所未有之挑戰。臺灣自 1973 年起，由政府專案進行研究，歷時多年後，於 1995 年 7 月 1 日，修正公務人員退休法，轉變成由政府與公務人員共同撥繳費用，且具有社會保險性質的「共同提撥制」（實質上仍屬確定給付制），成功建立退休經費採自助互助共同分擔的方式籌措財源，以減輕政府財政負擔之作法，並建立公務人員退休撫卹基金，以支付改制後年資之退撫經費。於考試院轄下成立一級公務人員退休撫卹基金監理委員會與二級公務人員退休撫卹基金管理委員會等 2 層級機關，分別掌理退撫基金監督與管理等相關事項。整體參加基金人數超過 63 萬人（參加退撫基金人員計有公務人員、教育人員及軍職人員等 3 類）[4]。

自「共同提撥制度」(co-distribution system)施行以來，確實有助於彌補恩給制(superannuation/ grace system)時期之多項缺失；然而我國持續面臨人口結

---

[3] 總統府國家年金改革委員會，〈年金制度小辭典〉，http://pension.president.gov.tw/cp.aspx?n=A4420C3398EB9597&s=88DCC6B5E75FAB2A，瀏覽日期：2017.10.11。

[4] 公務人員退休撫卹基金，〈退撫基金簡介〉，https://www.fund.gov.tw/ct.asp?xItem=4699&CtNode=418&mp=1，瀏覽日期：2017.10.11。

構轉變，人口組成趨於老化、醫療科技發達，致國人平均餘命延長及少子化等社會變遷。整體而言，在領取年金給付的人口增加，領取時間又延長且繳交年金保險費人口減少等交互作用下，客觀環境已迥異於共同提撥制建置初始之立意，年金系統潛藏之債務危機並未解除。

　　為求公務人員退休制度永續發展，2011 年 1 月 1 日，修正施行之公務人員退休法，已完成第一階段改革工作，將公務人員支領月退休金年齡，逐步從 50 歲延長至 60 歲（即俗稱從七五制改為八五制，危勞職務採七〇制），逐漸延長工作年限並搭配實施年金展期，刪除公務人員 55 歲自願退休加發 5 個基數之規定；另將退撫基金法定提撥率上限調高至 15%等規定，以減少退休給付支出，進而避免政府有效人力流失。儘管我國年金制度在政府部門採取漸進主義（incrementalism）模式循序變革，仍不及人口組織結構老化之速度，陸續產生「退撫基金提撥率偏低不符自給自足原則」、「各級政府退撫支出持續增加，退休人員月退休所得偏高」、「月退休金給付年齡偏低悖離退休養老制度設計本意」及「退休條件及給付方式未見彈性」(呂明泰，2006：20-37)等警訊及改革聲浪。因之，為達財務平衡目標及解決年金負債累積所引發上下世代間債務移轉等諸多疑慮；旋又形成至今公務人員退休年金改革制度變革之新燃點。

2. 分階段性改革（年金體系層次構面）── 現職人員維持二層年金架構

　　1994 年世界銀行（Word Bank）在其「避開老年危機」（*Averting the Old-Age Crisis*）研究報告中建議指出，各國應建立三柱型（three pillars models）年金體系（如圖 7-1）；即可透過三層保障的年金制度來解決老年危機問題。第一柱為國家保證年金（state-guaranteed pension）：此種年金方案通常採隨收隨付制（pay-as-you-go）的薪資所得相關年金；亦或稅收支應之定額（flat-rate）給付的國民年金。第二柱為職業年金（occupational pensions）:由雇主協助其員工辦理團體退休保險。第三柱為私人年金（private pension）:此係由個人在保險市場中選擇合乎自己經濟條件與財務規劃之私人年金保險[5]。「三柱式年金制度」

---

[5]　總統府國家年金改革委員會，〈年金制度小辭典〉，https://ws.ndc.gov.tw/001/administrator/27/relfile/0/

最主要目的，不僅在於解決政府的財政赤字；更積極的目的，是在避免民眾老年後落入「年金貧窮(pension poverty)」的困境。任何一種社會保險制度都有其給付水準與保險費率之上限；意即給付水準不可能完全滿足所有人的生活經濟需求，保費亦有其限制。

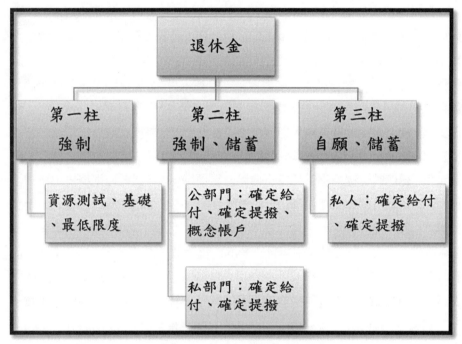

圖 7-1　OECD 國家年金體系

資料來源：本研究整理，參考 OECD(2011)。

　　2017 年，臺灣公務人員退休年金改革策略，即係以朝向世界銀行提出之「三柱式年金制度」為其改革基調，並實施分階段性改革。在短程作為中，優先解決年金系統急迫的財務危機，並且研議自 2023 年 7 月 1 日起，針對新進公務人員建立全新退休給付制度。至現職人員則維持二層式年金架構:第一層

為公務人員保險，屬於基礎社會保險範疇，目的在於提供公務人員退休最低生活水平保障，社會保險之財務處理可採部分提存或隨收隨付方式；第二層為公務人員退撫基金，屬於職場年金，目的係由政府或雇主因個別職場需求，另行增訂差異化之職場退休計畫，屬制度分行的市場範疇；職場年金部分則採完全提存方式。有關 2017 年公務人員年金改革現職人員維持二層年金架構示意如圖 7-2 。

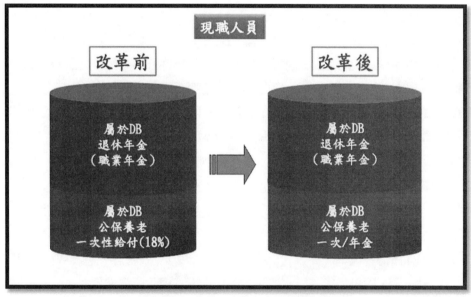

圖 7-2　現職人員維持二層年金架構

資料來源：銓敘部(2017a:4)。

　　儘管行政院於本次年金改革初始，即喊出「健全年金財務、促進制度永續」、「確保老年生活，經濟安全無虞」及「兼顧職業衡平，實現世代互助」等響亮口號。惟其改革結果承如前述，係以「少領、多繳及延退」策略，優先解決年金系統急迫的財務危機為首要，然此意味著年金體系仍將於未來陷入「疊代模型」（overlapping generations model；OLG）的破產壓力；意即上代債務移由下代代償，上代破產延至下代破產；惟有仰賴執事者持續不懈建構實質

健全的年金系統，並於各個改革階段審慎研擬配套措施，方能減緩社會撕裂及世代對立衝突，營造永續可行的年金體系。

茲依據前述 Arturo Israel 對制度績效的分析架構，說明年金改革機制的得失，以社會資本和社會成本說明如下：

1. 累積社會資本

臺灣長久以來藍綠對立，公務人員退休年金改革受影響者，以支持藍陣營者居多，但公教人員在全國人口中本即居於少數。由於廣大民眾長久受到民進黨政府政策行銷(policy marketing)影響，對公教人員的印象已存有諸多偏見；又因部分媒體推波助瀾，故意誤導民眾，以致政府年金改革頗為中低層社會認同；尤其民進黨以「均貧」政策取向，大幅度削減退休公教人員退休年金，姑不論是否違反「信賴保護」的憲政主義基本法則，其在基層民眾的向心力上，不僅獲得喝采，而且贏得信任。此種社會資本(social capital)的累積，在 2018 年地方選舉中得到驗證成效。

2. 承擔社會成本

此次公務人員退休年金改革，依銓敘部退撫司於 2017 年 7 月就立法院所通過年金改革法制，整理如下：

(1) 退休所得替代率計算方式：月退休（月補償)金+優存利息（或社會保險年金）除以最後在職本（年功）俸 2 億 ≦ 退休所得替代率（％）。

(2) 已退休者：自 2018 年 7 月 1 日起，逐年調降替代率上限，分 35 年、30 年、25 年試算，由 75%、67.5%、60%，10 年為過渡，至 2029 年變成 60%、52.5%、45%；唯最低保障金額為 32,160 元。

(3) 現職人員新退休者，依退休當年度之替代率上限逐年調降，以 2018 年 7 月 1 日至 2019 年 12 月 31 日，分 77.5%、75%、67.5%、60%，以 10 年時間過渡，每年調降 1.5%，至 118 年為 62.5%、60%、52.5%、45%；最低保障金額 32,160 元。唯月退休總所得=優存利息+月退休金，原即低於最低保障金額者，維持原金額。

(4) 試算月退休所得之待遇標準

① 已退者：以 2018.7.1 之待遇標準試算，經審查後不再以現職待遇調整面重新計算。

② 新退者：以退休時之待遇標準試算。

在上揭支付制度架構下，公務人員退休年金，將比現行制度減少四成左右。質言之，退休公務人員的退休年金給付，將以「共貧」（total poverty）或者「均貧」（spread poverty）為政策作成的退休給付原則。

在此種制度設計下，將因下列情形的衝擊而使全民承擔社會成本（social cost）且逐年增加：

(1) 民進黨及民進黨支持者成為倡導聯盟（advocacy coalition），而支領退休年金一年比一年減少之退休公務人員及其前同情者，即成為該制度之反倡導聯盟（anti-advocacy coalition），形成政治對立，自然增加社會成本。

(2) 民進黨政治人物介入公務人員退休年金改革不僅深入，而且形成最後立法院黨團主張比總統府原先版本，更不利於退休公務人員年金給付額度。此種政治介入的沉重，係民進黨主張轉型正義（transitional justice）的一部分，社會爭議方興未艾。

(3) 民進黨一向主張「成全基層勞工，犧牲公教人員」的爭取選票策略，本係製造社會不安的恐怖因子，致在社會引起對立，從而政府失靈（government failure），以及主管部門的制度改革，將成為不易成功的政治改革。

(4) 民進黨對於公共政策，一向採取高度立法(high degree of legislation)，對付所稱需要轉型正義者，成為增加社會成本的主要源流。

(5) 民進黨力推的政治投資，係針對特定規制的政治變革。此時衝擊合法的既得利益者，其所肇致的社會動盪，必然社會成本大於社會資本。

(6) 民進黨對於公教人員退休年金改革，不僅缺乏信賴保護原則(the principle of confidence protection)所必要的過渡條款(transitional clause)，而且採助激烈的「一刀切」作法，必然會遭致退休人員的不服，提起復

審、行政訴訟，乃至聲請司法院大法官解釋，紛至沓來，司法成本增加無以估計。

(7) 依 Arturo Israel 所建構 12 項變項分析，殆屬負面多於正面，甚至已有看不到正面功能的「制度性功能」(institutional function)，祇是達致民粹主義 (populism)的政治行銷而已。此種論斷主要是基於該制度改革，僅是延後公保基金「破產」[6]。

本研究對於公務人員退休年金的改革，所引發的公共議題深覺應有更完善的解決方案，但政府在力倡審議式民主(deliberative democracy)的過程中，似並不重視既得利益者與國家經濟發展，或財政政策取向所可能的「動態平衡」(dynamic equilibrium)，甚至有一意孤行情狀，其政治改革績效實難獲致比較正向量的效果(positive effect)。

(二)社會影響

國內著名社會學者薛承泰以「年金改革不能弱化國家」為題，指出：

> 資深者延退，優秀者出走，在職者士氣低落，公教結構弱化現象已開始發酵。……如今弱化了公教，再接著若弱化國軍，敵人做不到的事，我們的政府真的要樂此不疲嗎？一旦國家弱化還能算是改革嗎？真是令人讚歎啊！（聯合報 2017/11/15/A15）。

此即是該項年金改革所為之社會影響總結。蓋本研究所稱「社會影響」（social impact）或稱「社會衝擊」，係指「在社會情境中；人影響其他人的現象」[7]；至社會影響理論（social impact theory）則由 Mariah Castonguay 建構，

---

[6] 對於號稱國家四大基金的公保基金，究竟在給付公務人員退休年金後，是否因入不敷出，而有宣告破產的虞慮，本係一項預測而已，本質上仍在「公保基金」的監理和管理能力；換言之，設若各該執事機關如能「活化基金」或稱「投資基金」或「基金投資」，則破產一說將祇是假設議題。

[7] 社會影響係由 Bibb Latan'e 於 1981 年提出，He descibed social impact as a phenomenon in which people

指出社會影響係社會力（social forces）內涵影響資源的強度（strengths：S）、事件的接近度（immediacy：I）以及資源策動衝擊的數據（number：N）的結果（result）。公式是 Social Impact：f(S.I.N)；亦即社會影響係資源強度、接近度及受影響人數的函數。質言之，任何政策方案對既得利益者的社會影響，應係資源變動的幅度、受影響的對象接近度及受影響的人數多寡的函數。Bibb Latan'e 甚至指出 Impact=s · N^t；亦即社會影響是社會力乘於受影響人數權力（t:power）次方；換言之，社會影響是社會力與受影響人數之權力次方的相乘結果。質言之，社會影響基本上是由個人至多數人，乃至社會或國家，逐層次擴散至影響作用。

公務人員退休年金制度改革方案，對已退休公務人員固然身受其苦；即使未來始擬退休的公務人員亦受到影響。此種社會衝擊力道，尚視其人數多寡；尤其受影響人本身的社經地位所產生的力量大小，皆將直接形成相互作用的社會影響因子。本研究因受限於時間尚未能以量化方式陳述社會影響的衝擊量度；唯可由下列說明中窺知一二：

民進黨執政後，即積極以推動轉型正義為口號進行多項變革，包括：年金改革、一例一休及不當黨產等重大公共政策，其中莫不與公平、世代正義有關。由於「年金改革」議題事涉軍人、公務人員、教育人員、勞工等社會群體，其涵蓋範圍與影響層面尤為深遠。蔡英文政府於 2016 年 5 月 20 日執政後，隨即成立年金改革委員會，分別於北、中、南、東部舉行四次國是會議，均曾面臨反對者的激烈陳抗；反年金改革團體更於臺北世大運開幕典禮干擾運動員進場，引發喧然大波，不僅嚴重影響國際賽事舉辦流程，更遭遇各界譴責。由此觀之，年金改革議題牽動大局，其中對於國家社會形成的劇烈影響，不言可喻。

政府改革是國家治理的必要過程，亦為社會發展的象徵。早期的制度設計均有當代歷史背景及其脈絡，隨著時代的演進，就既定制度進行變革、修正、廢除，皆是可以認同的政治作為。惟民進黨重新執政以來，在多項政治改革過

---

affect one another in social situations. 引自 WikipediA。

程中，衍生諸多有欠週妥之「流程治理」（process governance）問題。此謂流程治理係當代新公共服務相當重視之理論發展，強調改革過程的周延性、補償性及最小破壞性，乃至溝通和彼此尊重。因之，改革規劃過程中，政府應尊重並理解被改革者心情，應與利害各方深度溝通，並將不利影響降至最低。此即信賴保護原則之精神所在；亦有法律不溯及既往原則之適用原理（紀俊臣，2017：1-2）。

觀察本次我國年金改革過程，少數倡導聯盟人藉此挑動不同階級與族群紛爭，謀取政治利益，導致反倡導聯盟人之串連，而形成族群對立、世代割裂及社會紛擾不斷。由於公務人員長期為國家貢獻心力，卻於歷次年金改革過程頻受屈辱，均未見主管機關有力的捍衛及澄清，加之對於未來保健因子（hygiene factor）喪失想像，肇致公務人員士氣頹喪、消極任事。長此以往，不僅使得公務系統人力結構趨於停滯與老化，更不利於國家社會之總體發展。

如由受影響的公務人員在退休後的生活層面分析，所受衝擊包括：

1. 年金改革以 32,160 元為最低保障金額,此係根據最低工資所試算；質言之，年金改革係將本可享有小康生活，改為低收入戶。此在生活上的衝擊，絕非規劃者所能想像，不僅形象不佳，而且實質生活亦有貧民化傾象，對公務人員的士氣，必有沉重的打擊。

2. 年金改革不僅物質受益大幅度降低，而且媒體亦有醜化公務人員的報導或分析。此對塑造效能政府（effectiveness government）或績效行政（perfocrmance administration）皆有不利益的負面衝擊。近年來報考國家公務人員考試人數遞減，或與公務人員形象被破壞有關，影響所及將是值得觀察的公務發展議題。

3. 依據 Laten'e 的 impact=f(S.I.N)或是 impact=s · N^t 的分析公式，公務人員與國家認同，行政忠誠度，乃至社會治理皆因個人生活上的可能改變，而有截然不同的意識上改變。此在當前的政治發展或許是一項嚴重的挑戰或考驗。民進黨政府宜在此方面多所用心，始有扭轉認同的較好機會。

三、地方公務人力之晉用途徑與權利保障

由於臺灣自實施憲政以來，即依憲法第 108 條第 1 項第 11 款規定：「中央及地方官吏之銓敘、任用、糾察及保障」，由「中央立法並執行之，或交由省縣執行之」。在官吏制度單軌之「公務人員法制」，而非屬雙軌之「**中央公務人員法制**」及「**地方公務人員法制**」，有如日本現行制度者。是以，公務人員退休年金改革的社會效應（social effect），亦將對地方公務人力構成衝擊，甚至可能因地方公務人力職等低於中央公務人力，在退休年金大幅度減少下，其感受的生活不濟壓力，可能大於中央公務人力；如以 Laten'e 的 impact=f(S.I.N) 或 impact=s．N^t 分析；在地方一般公務人力多於中央一般公務人力情況下，加上退休年金給付本就小於中央公務人力，其影響較大就有其理論依據。

儘管如此，對於地方公務人力之晉用途徑，乃至各級公務人力之權利保障，略加分析之：

(一)晉用途徑

如前述，在臺灣採用中央與地方一體適用的公務人員法制下，地方公務人員[8]的任用，係依公務人員任用法為其基本法制。依該法第 9 條規定：

公務人員之任用，應具有左列資格之一：

1. 依法考試及格。
2. 依法銓敘合格。
3. 依法升等合格。

    特殊性質職務人員之任用，除應具有前項資格外，如法律另有其他特別遴用規定者，並應從其規定。

---

[8] 本研究旨在探討公務人員退休年金制度改革，其所指涉公務人員殆以公務人員任用法所任用之「公務人員」；如尚有其他法律任用，亦須依任用法所授權之「法律」為依據，始有給付退休年金之法依據。

　　初任各職務人員，應具有擬任職務所列職等之任用資格；未具擬任職務職等任用資格者，在同官等高二職等範圍內得予權理。權理人員得隨時調任與其所具職等資格相當性質相近之職務。

此係公務人員任用之積極資格。此外，尚有具中華民國國籍。其消極資格即該法第 28 條規定：

　　有下列情事之一者，不得任用為公務人員：
1. 未具或喪失中華民國國籍。
2. 具中華民國國籍兼具外國國籍。但其他法律另有規定者，不在此限。
3. 動員戡亂時期終止後，曾犯內亂罪、外患罪，經有罪判決確定或通緝有案尚未結案。
4. 曾服公務有貪污行為，經有罪判決確定或通緝有案尚未結案。
5. 犯前二款以外之罪，判處有期徒刑以上之刑確定，尚未執行或執行未畢。但受緩刑宣告者，不在此限。
6. 依法停止任用。
7. 褫奪公權尚未復權。
8. 經原住民族特種考試及格，而未具或喪失原住民身分。
9. 受監護或輔助宣告，尚未撤銷。
　　公務人員於任用後，有前項第一款至第八款情事之一者，應予免職；有第九款情事者，應依規定辦理退休或資遣。任用後發現其於任用時有前項各款情事之一者，應撤銷任用。
　　前項撤銷任用人員，其任職期間之職務行為，不失其效力；業已依規定支付之俸給及其他給付，不予追還。但經依第一項第二款情事撤銷任用者，應予追還。

依地方行政機關組織準則就地方行政機關之組織員額規定，係分別於該準

則第 22 條就直轄市政府除警察、消防機關及山地原住民區公所外之編制總額
設定，第 23 條就縣（市）政府除警察、消防機關之員額外，以 1998 年 7 月 1
日之編制員額總數設定，第 24 條就鄉（鎮、市）公所以 1999 年 7 月 1 日之編
制員額總數設定，第 24 條之 1 就直轄市山地原住民區係以改制前各該山地鄉
公所之編制員額總數設定。此外，依地方立法機關組織準則第 32 條規定：「**地
方立法機關之職稱及員額，應於各該地方立法機關組織自治條例及其編制表規
定之。**」此即地方公務人力之主要規定，足以說明地方公務人力係本諸中央與
地方「行政一體」（administrative integration / administrative unity）設計者。

(二)權利保障

人民經由國家考試進入公務系統，成為正式任用之公務人員，自到職之日
起，即合法具有公務人員之權利，同時應履行公務人員之義務。權利與義務具
相對性，有權利即應負擔義務。權利（rights）係指當事人受到法律或其他社
會規範保障，得以享受之利益(或稱資格、能力)，權利在社會中產生，並以一
定社會承認作為前提（沈瞿和，2017:17）。排除憲法上所賦予人民諸如平等權、
自由權、財產權、參政權、訴訟權等基本權利外，有關基於公務人員身分所衍
生之權利，依保障法制規範大致分類如下：

1. 身分保障權

(1) 身分之取得

常任公務人員係經由公務人員考試或銓敘、升等等途徑，取得公務人員任
用資格；再依公務人員任用法之法定程序等，取得公務人員身分。

(2) 身分之保障

取得公務人員身分，即擁有身分保障權。非有法定原因，並經法定程序，
不受撤職、免職或其他處分（公務員懲戒法第 1 條、公務人員保障法第 9 條）。

(3) 身分之喪失

公務人員之身分喪失，包括：撤職、免職、死亡、退休、資遣、辭職。

2. 經濟生活權

(1) 俸（薪）給待遇權

① 俸給

薪俸（本俸／年功俸）及加給（職務加給＋技術或專業加給＋地域加給）總合（公務人員俸給法第 3 條、全國軍公教員工待遇支給要點第 4 點）。

② 獎金

甲、普通性獎金：年終工作獎金、考績獎金。

乙、個別性獎金：工程獎金、績效獎金。

③ 生活津貼

結婚補助、生育補助、喪葬補助、子女教育補助。

(2) 退休給付請領權

退休制度係依公務人員退休法相關規定，退休金權是國家為保障公務人員退休後之生活安全，與公務人員產生公法上金錢給付關係。依據公務人員退休資遣撫卹法規定，其適用對象為依公務人員任用法律任用，並經銓敘審定之人員。公務人員之退休，分自願退休、屆齡退休及命令退休三種。

(3) 保險給付請領權

公教人員保險自 1958 年開辦，給付項目包括：醫療給付與現金給付。依公教人員保險法第 2 條規定，其保險對象為法定機關（構）編制內之有給專任人員、公立學校編制內有給專任教職員等。自到職日起，即應強制參加保險，並由其服務機關向承保機關辦理。給付項目包含：失能給付、養老給付、死亡給付、生育給付、眷屬喪葬津貼及育嬰留職停薪津貼等。

3. 參加考績權

公務人員任職滿一定期間後，即有參加考績之權利，由各該施打考績機關就其工作、操行、學識、才能予以考核並定其成績。考績種類分為：年終考績、另予考績及專案考績。年終考績以 100 分為滿分，分甲、乙、丙、丁四個等第，

並視其等第作為官等、職等晉級及發放考績獎金之依據。

4. 協會結社權

憲法第 14 條規定，人民有集會及結社之自由。為落實保障人民之集會結社權，臺灣於 2002 年制定公布公務人員協會法，公務人員得依法組織公務人員協會（association）。協會以維護公務人員權益、改善工作條件等為宗旨。公務人員得透過協會管道提出建議、協商及辦理福利等事項。唯公務人員爭取成立「工會」（trade union），則尚待政策開放，始可施行。

學理上，已將國家與公務人員界定為「**公法上職務關係**」；司法院大法官亦以此法律觀點作為解釋（吳庚、盛子龍，2017:109-199）。是以，公務人員的權利與義務均受公法規制，其性質基本上不涉及私法領域。基此，公務人員在公法上的權利與義務自與一般人民之一般權力關係有別。基於公務人員的身分與職務，在可享有公法權利的法域，基本上會受到相當的限縮與改變。換言之，公務人員在公法上應盡的義務，一般人民並無履行之必要；而國家立於雇主照顧員工之立場，公務人員可享有公法上之權利，自非一般人民所得享有。此即大陸法系公務人員早期與國家間發展「特別權力關係」的主要背景；也是各國制定公務員人事法制的立論基礎（劉昊洲，2001：134-149）；唯該特別權力關係已衍變為特別權利關係，或稱公法上職務關係，如前述不贅。

以上關於公務人員權利保障之規定，僅就最主要的部分列舉說明，其他次要權利則略而不述。中央與地方既然適用同一任用法制，依憲法一體化之設計，在地方的公務人員權利保障，與中央公務人員殆多相同，尚難發現歧異之處。

四、公務人員退休年金改革，影響地方公務人力之晉用

公務人員退休資遣撫卹法於 2017 年 6 月 27 日立法院三讀通過，同年 8 月 9 日總統明令公布全文 95 條，並自 2018 年 7 月 1 日起施行（第 7 條第 4 項

及第 69 條除外，另自公布日施行），原公務人員退休法及原公務人員撫卹法自施行日起不再適用。本次修法焦點內容，包括：延後月退休金起支年齡－逐年延後至 65 歲、調整退休金計算基準－逐步調整為最後在職前 15 年平均俸（薪）額計算、調降退休所得－所得替代率分 10 年調降，從 75% 調降至 60% 及調整優惠存款制度－2021 年 1 月 1 日起優存比率歸零等。經銓敘部試算，如以地方政府公務人員平均退休等級薦任第七職等年功俸六級非主管人員為例，採計新、舊制年資之公務人員退休所得計算，改革前領取金額與改革後領取金額，減幅可達 31.50%，如係以相同等級退休主管人員計算，減幅則可達 36.69%。由於地方政府公務人員職務列等及升遷制度之設計，長期以來屈居弱勢；再加以年金改革制度變革之衝擊，對於地方公務人力資源系統管理運作，勢將形成嚴酷挑戰。

報載立法院預算中心評估報告顯示，近些年來公務人員離職率有升高趨勢。截至 2017 年 8 月止，已有 1,699 名公務人員遞交辭呈，更以年輕、高學歷者占較高比率，恐不利於公務人力素質之提升 。經立法院預算中心評估報告中顯示，近 5 年來，地方機關人員離（辭）職率均高於中央機關，加以後續年金改革政策發酵，對於地方公務人力資源系統之負面發展，實值得持續觀察及重視。

以下就公務人員年金改革對地方公務人力晉用產生之直接影響及間接影響，分別說明之：

(一)直接影響

近些年來受全球在地化及憲政民主化的發展影響，地方的角色與地位呈現劇烈變化。地方制度法自 1999 年 1 月 25 日公布施行迄今，大幅提昇地方的自治權能，更開啟地方自治的新頁。由於地方自治意識擡頭，民主化正衝擊政府封閉式運作的習慣，加以如公民參與等更多民主行政（democratic administration）要求的開放與課責性（accountability），使得地方公共事務更加多元複雜。地方公務人員基於實踐民選地方行政首長之政策意志，除被外界要

求須具備高度回應性，更受到民意系統漫天的監督。然而臺灣的人事制度卻隨著歷史系絡中的政經情勢呈現緩慢發展，至目前為止中央主管機關仍未就地方公務人員人事體制另訂政策，且公務人員職務列等長久以來即存在著「**中央尊、地方卑**」等未盡合理之現象；即便六都改制，各直轄市部分職務調高一至二職等；然縣（市）政府公務人員仍長期處於職務列等偏低之待遇，以致形成地方較中央難以羅致優秀人才、公務人員不易久任等困境，均不利於地方治理之發展。

依據行政院人事行政總處及其所屬 2018 年單位預算評估報告第三點（一）揭示：「地方機關人員離（辭）職率高於中央機關」，中央機關人員離(辭)職率，由 2012 年之 0.54%，增為 2016 年度之 0.68%；地方機關則由 2012 年之 0.94%，增為 2016 年之 1.06%。兩者皆呈增長趨勢，且地方機關各年度離(辭)職率皆高於中央機關（詳如表 1 統計）。地方公務人力素質之良窳，攸關服務品質與施政效能；更影響人民對地方政府及中央政府施政之觀感與滿意度。由於民眾對政府業務組織，已於早前針對「人事行政之政策規劃執行及發展」業務計畫，編列 2 億 1,135 萬 9 千元經費；更將「提升整體待遇管理及福利之運用價值」列為 2018 年施政目標。此對公務人力；尤其地方公務人力之激勵，究能產生何種效應，有待評估。

表 7-1　2012 年至 2017 年 8 月底全國公務人員離（辭）職人數統計

單位：人

項次/西元年		2012	2013	2014	2015	2016	2017年截至8月底
全國公務人員	離(辭)職	2,489	2,500	3,056	2,818	2,976	1,699
	總人數	343,861	346,059	347,816	347,552	347,572	-
	比率	0.72%	0.72%	0.88%	0.81%	0.86%	-
中央機關	離(辭)職	1,015	980	1,057	1,095	1,269	788
	總人數	187,670	187,006	188,032	187,054	186,142	-

項次/西元年		2012	2013	2014	2015	2016	2017年截至8月底
	比率	0.54%	0.52%	0.56%	0.59%	0.68%	-
地方機關	離(辭)職	1,474	1,520	1,999	1,723	1,707	911
	總人數	156,191	159,053	159,784	160,498	161,430	-
	比率	0.94%	0.96%	1.25%	1.07%	1.06%	-
性別	男性 離(辭)職	1,479	1,415	1,664	1,542	1,651	904
	男性 總人數	206,784	205,852	204,827	202,669	201,323	-
	男性 比率	0.72%	0.69%	0.81%	0.76%	0.82%	-
	女性 離(辭)職	1,010	1,085	1,392	1,276	1,325	795
	女性 總人數	137,077	140,207	142,989	144,883	146,249	-
	女性 比率	0.74%	0.77%	0.97%	0.88%	0.91%	-
年齡	30歲以下 離(辭)職	771	803	842	883	980	479
	30歲以下 總人數	32,240	33,159	33,928	34,623	36,140	-
	30歲以下 比率	**2.39%**	**2.42%**	**2.48%**	**2.55%**	**2.71%**	-
	31-40 離(辭)職	1,064	1,056	1,269	1,260	1,251	763
	31-40 總人數	86,039	87,098	88,440	90,367	91,485	-
	31-40 比率	**1.24%**	**1.21%**	**1.43%**	**1.39%**	**1.37%**	-
	41-50 離(辭)職	478	466	606	512	529	348
	41-50 總人數	129,037	127,231	125,104	121,888	118,668	-
	41-50 比率	0.37%	0.37%	0.48%	0.42%	0.45%	-
	50歲以上 離(辭)職	176	175	339	163	216	109
	50歲以上 總人數	96,545	98,571	100,344	100,674	101,279	-
	50歲以上 比率	0.18%	0.18%	0.34%	0.16%	0.21%	-

項次/西元年		2012	2013	2014	2015	2016	2017年截至8月底
學歷	高中職 離(辭)職	150	90	175	105	91	50
	總人數	48,060	44,226	40,467	36,364	32,572	-
	比率	0.31%	0.20%	0.43%	0.29%	0.28%	-
	大專 離(辭)職	258	237	328	243	230	126
	總人數	95,682	92,686	89,788	86,476	83,117	-
	比率	0.27%	0.26%	0.37%	0.28%	0.28%	-
	大學 離(辭)職	1,276	1,358	1,622	1,558	1,703	994
	總人數	136,508	141,322	145,484	148,766	152,456	-
	比率	0.93%	0.96%	1.11%	1.05%	1.12%	-
	碩士 離(辭)職	730	749	830	834	860	476
	總人數	57,609	61,978	66,224	70,178	73,825	-
	比率	1.27%	1.21%	1.25%	1.19%	1.16%	-
	博士 離(辭)職	68	63	80	70	81	53
	總人數	3,593	3,812	4,035	4,192	4,294	-
	比率	**1.89%**	**1.65%**	**1.98%**	**1.67%**	**1.89%**	-
	其他 離(辭)職	7	3	21	8	11	0
	總人數	2,409	2,035	1,818	1,576	1,308	-
	比率	0.29%	0.15%	1.16%	0.51%	0.84%	-

資料來源：立法院預算評估中心(2017:10-11)。

　　行為科學家研究認為，人的行為具有目標導向；心理學家將「激勵」(motivation)描述為「施加於有機體上，以激發或引導其行為的力量」。因此，薪資、加給、獎金、福利及退休給予（薪資構成項目）均是成就工作之動機。

申言之，就物質層面而言，薪資構成項目為人類需求之最基本生理安全層次；一般而言，其需求強度最大。就精神層次來說，不僅意謂著社會地位表徵，更有隱含社會歸屬及自我成就之意義。有學者認為，薪資給付是激勵主流；多數學者亦承認薪算之激勵效果，如缺乏金錢之驅動力，而過度強調價值觀或激勵技術，仍屬罔然（吳秉恩，2002：65-70）。赫茲伯格（Fredrick Herzberg）提出「雙因子理論」（two-factor theory）。認為不同的激勵因子，對於行為將產生不同的影響力，有些因素能夠防止不滿，但達一定程度後，其影響效果漸趨有限；有些因子則可以創造出更高的工作滿意度。前者只能滿足較低層次之需求因子，稱為「保健因子」（hygiene factors）；後者可滿足較高層次之需求因子，則稱為「激勵因子」（motivation factors）。申言之，激勵因子屬內在因素，或稱滿意因素（satisfiers）。此因素可激發人員之工作意願，並產生積極的工作精神；保健因子屬維持（外在）因素，此因素是消極的，重點在於維持原有的狀況，其對於進一步改善並無幫助。然而，此種因素的缺乏卻最容易導致人的不滿，遂又稱不滿因素（dissatifiers）。換言之，激勵因素（成就感、責任感、升遷發展等）具有積極效果，能使人滿意，但若無法擁有，亦無即刻影響性；反之，設若無薪資、福利、退休給與等保健因素，將會立即引發不滿。

因之，地方公務人力資源體系之發展，長期在人事制度傾斜於中央、地方財政情況優劣不一及地方改革分權化後，公共事務蓬勃發展等諸般複雜因素影響下，已於近些年來產生離（辭）職率高於中央機關之警訊。基於政經環境的變化，往往又首先衝擊政府部門的員工給與政策，在大環境社經環境呈現穩定成長時，公務人員鮮被聞問；社經環境萎縮凋零時，待遇穩定的公務人員即被貶以國家米蟲、特權份子等罵名。如今且遇有大幅削減公務人員退休年金給與之興革措施；其對於地方公務人力的直接影響程度，實值得政府當局之重視。由於現行政府機關人事部門，逐漸將「待遇」、「福利」、「退休年金」等名詞意義，歸納理解為現職公務人員之各項給付，如通過赫茲伯格的雙因子理論檢視，待遇各項係屬雙因子理論中的保健因子，當保健因子無法被滿足時，不滿情緒必將顯現。此可由反年金改革團體遍地開花之陳抗活動獲得驗證。值得留

意的是，尚有一群理性沉默的公務人員，正在衝擊的洪流中載浮載沉。此等無力感心態，形成公務人員士氣渙散、消極不作為之反作用力量，對於國家未來整體發展，可能造成的遲滯現象及國家競爭力下挫等衝擊，其嚴重性堪比一場寧靜革命的行徑。

(二)間接影響

由於人事法制建構與公共部門人力資源管理向趨於中央高權，重視的是普遍性的平等，過度強調防弊而非興利，長期缺乏良性競爭機制及因應地方政府人力資源結構所設計的專門性人事制度。由於公務人員平均在職期間長達 30年，在此等科技、經濟、知識迅速變遷的時代，公務人力考試、訓練、培育、用人等制度如遇設計的欠缺，縱令最初以國家考試選拔最優秀的人才，也會迅速遭遇知能不足之困境，進而影響國家競爭力（王曉麟，2008：7）。因此，退休制度設計伊始，從人力資源流動(human resource flow)層面而論，可以提升公務部門員工隊伍的新陳代謝，保持組織的效率與活力，進而提升行政效能，更重要的是保障畢生為國家貢獻服務之人員，令其在職期間無後顧之憂，且使其退休後生活獲得完善之照顧。基此，就人事機能層面而論，人力資源的流入、流出與周轉，即影響一個組織人力資源的有效配置，而完善的退休制度則有助於人力資源有效的運用，促使公務機關得以注入新血輪，灌輸新觀念與新活力，以長保公務機關之創新思考。

依據銓敘部辦理公務人員退休人數統計資料顯示，2016 年公務人員退休人數為 9,259 人（中央機關 4,568 人、地方政府 4,691 人）；相較於 2015 年的退休人數 11,463 人（中央機關 5,515 人、地方政府 5,948 人）（銓敘部，2017），減少 2,204 人，申請退休人數減幅達 19.22％。另據考選部辦理歷年公務人員國家考試報考人數統計數據顯示，具指標性意義之「公務人員高等考試三級考試暨普通考試」觀察，2012 年高考報名人數為 72,330 人、普考報名人數為 88,777人，逐年遞減。至 2016 年參加高考報名人數為 50,928 人、普考報名人數為 47,500人（考選部，2017），高等考試減幅達 29.59％，普通考試減幅更高達 46.50％。

以本研究之實地觀察，應可理解為政府積極推動年金改革方案，公務人員在職所得與退休所得差距加大，年金改革打擊在職公務人員對退休生活的期待，提早退休亦將提早面臨生活壓力。因此，選擇延後退休或保持觀望；此際形成公務人員的「不退休潮」。此種不正常現象，不僅改變公務人員的退休型態，加速形成公務機關之人口老化，並進而影響年輕公務人員之升遷機會。另因近些年來，許多政治性操作，使得社會形成職業對立的氛圍，諸如：媒體、名嘴或政客對於公務人員的貶抑，加上公務環境的改變、福利待遇削減等因素，交相作用下，或將衝擊年輕人對公務職業的憧憬。所謂「良禽擇木而棲」，新的人力不願進來，舊的人力無法出去，公務機關人力資源流動率，勢將逐年放慢，組織因而出現人口老化及淤塞情況，中央政府如是；地方政府勢將更加雪上加霜，實宜更加策進其他調控措施，以為因應。

五、因應退休年金改革之地方公務人力晉用措施與福利方案

「工欲善其事，必先利其器」。人力資源管理學中的「人力資源規劃」(human resource planning；HRP)，係指依據組織成長與發展的需求，在不同的時點，各依環境變化及所需各類人才，能事先規劃並採取具體有效的行動，俾適時提供適當的人選，確保組織內人力供應的充足與配合，並完成組織所欲達成之目標（胡瑋珊譯，2005：57）。以人力資源規劃，詮釋公務人力體系的供需情形及趨勢後，據以研訂用人考試、用人誘因、人力甄補、人員培訓及留用等促進新陳代謝之人力資源管理政策及措施，以確保組織能夠擁有適當人員的過程；此即為人事決策（林文燦，2015：19）。揆諸公務人員退休年金制度變革，對於地方公務人力資源體系，不僅產生全面性影響，並將形成公共組織管理上之隱憂。各級人事主管機關允宜居安思危，早日規劃應變措施，方能減少衝擊。

本研究從地方公務人力晉用措施之調控，以及福利方案設計等，略述梗概

如下：

(一)晉用措施之調控

公務人員年金改革制度中延後退休年齡係屬兩面刃之政策，據地方政府人力結構分布觀察，委任官等或薦任官等基層非主管人員及中階主管人員等，將因薦任及簡任主管人員延後退休，以致升遷機會大幅減少。久之，將不利於優秀基層人員之留用，並產生劣幣驅逐良幣等人力運用之困局。基此，針對地方公務人力晉用措施之調控，應以活化組織人力為首要目標。

本研究羅列三點建議如下：

1. 重新盤整機關業務，刪減萎縮業務及調整人力

藉由員額評鑑作業，重新盤點機關各業務及員額運用情形，刪減萎縮業務並調整人力，彈性調整支援機關核心業務，以發展所需之必要人力。

2. 強化中央機關與地方政府公務人員交流

因應地方改制人力擴增與中央機關組織改造人力縮減，藉此人員消長之際，增進人力交流，一方面可以減緩中央機關年齡老化；另一方面亦可使地方獲得所需人才（考試院，2011：264）。至人力被移轉之機關，可活絡陞遷管道，晉用優秀年輕人力。此外，參考日本及新加坡公務人員交流模式，鼓勵公務人員跨類科、跨部門、跨機關交流歷練，增加工作視野，強化公務人員全面性思考，以提升相關能力，並作為優先升遷之激勵機制，進而活化政府組織人力資源體系。

3. 多元彈性用人，降低政府財政負擔，活化地方公務人力運用

臺灣人口結構高齡化及少子化，將伴隨社會福利保障制度擴增之現象，未來在面對育嬰或侍親留職停薪等社會照顧福利政策之人力空窗期或人力結構邁向超高齡化及政府財政負擔窘迫等環境變動，基於地方政府業務多元繁雜及整體施政人力配置縮減之前提，應適時鬆綁法令、簡化工作流程，以及業務委託民間辦理等政策性思考。未來政府人員編制必然再次面臨削減，允宜採公私協力(public-private partnership；3P)模式，善用民間資源，改變傳統思考模式，

以使地方公務人力再活化，即能減輕地方政府財政負擔，而有效提升公共服務之品質。

(二)福利方案之設計

就物質層面而定，薪酬(compensation)為人類需求之最基本生理安全層次，薪資給付具「保健因素」之激勵特性。就現代策略性薪資設計的角度而言，福利措施與薪資均屬整體給與的一部分。換言之，廣義的薪資項目結構涵蓋本俸、加給、獎金及福利性及退休給與。既然保健因子對於羅致人才、維持人力正常運作及隱含自我成就，皆有其積極功能。就本次年金改革推動操作手法及甫修正之公務人員退休資遣撫卹法相關規定，幾已使得公務人員對於國家政府乃至退休後之保健因子喪失部分期待，政府當局如思考在不增加國家財政負擔及兼顧以公務福利制度，用以提升具照顧性質之邊際性利益，或不失為一重新引燃公務人員士氣的策進之道。

茲說明如次：

1. 制度建構宜打破由上而下的集權規劃模式

現行的公務福利措施，其規劃方式基本上由中央人事主管機關，即行政院人事行政總處就若干現況進行考量後，著手規劃實施並下達。然而在實施地方分權化及地方自治量能提升之現況下，主管機關應打破傳統模式納入由下而上之參與機會，審慎探查地方至中央公務人員之實際需求，方可達到有效的激勵作用。

2. 積極提高生活層面服務性福利比重，以取代經濟式補助

近些年來，受到政府財政赤字、削減福利措施、社會民意觀感及撙節人事費用等因素影響，經濟性補助的福利措施已漸趨式微。在不宜增加經濟性福利給予的前提之下，各級政府機關已轉型思考以服務性措施來補充公務福利制度（許道然，2015：17）。例如，員工協助方案（employee assistance programs；EAPs）－就員工生活面（財務、法律、心理）提供多項服務、子女托育服務、築巢優利貸－全國公教員工住宅貸款、貼心相貸－公教員工消費性貸款、闔家

安康－團體意外保險等。

3. 運用策略性待遇思維，檢討現行個別性獎金制度

　　理論上薪資結構項目雖具有激勵效果，但應有其前提與條件；意指政府部門不宜過份強調或單獨採取單純薪算激勵工具，而宜配合其他精神層次之內在激勵。運用策略性待遇思維，鼓勵員工提升機關績效及行政效能，檢討目前行政院核定之個別性獎金（如工程獎金、績效獎金等），以彰顯依員工具體貢獻給予獎金之績效待遇特質。

4. 地方政府訂定彈性福利制度

　　金門縣政府為加強金門縣公教人員福利互助，安定其生活，並發揚互助合作精神，參照以往中央及臺北市政府員工福利互助制度，已制定「**金門縣公教人員福利互助自治條例**」。其參加對象為金門縣政府暨所屬各機關學校、金門縣議會及金門各鄉（鎮）公所暨其代表會之雇員以上有給文職人員，並由「金門縣公教人員住宅輔建及福利互助委員會」辦理。其福利互助經費之籌措，以公教人員每人每月依其現任職級，按福利互助俸額百分之一為原則，繳納福利互助金，並由該住福會於銀行設立專戶儲存保管，或購儲政府發行之有價債券。互助事項有：結婚互助、喪葬互助、退休退職與資遣互助及重大災害互助等。此項福利措施，即是鼓勵地方政府跳脫傳統思維，考量地方公務人力實際需求，所訂定之彈性福利制度，藉以吸引優秀人才並凝聚地方政府向心力。

六、結語：建構地方公務人力晉用機制，宜有積極作為

　　政無大小，以得人為本。就我國政治傳統觀念而言，人事行政在於如何選用「治人」，以推行「治法」，如無治人在位，治法形同具文。對照當代策略性人力資源思維，人事決策即在選用最優秀的人員，擔任最適當的工作，使人的潛能得以發揮，產生最高工作效率，增強國家整體競爭力。為政之要，莫若得人；百官稱職，則萬務咸治。地方公務人力作為當代城鄉治理的執行者，如何

因應高齡化及少子化社會新危機，適當以人力資源規劃(human resource planning)調整人力結構與人力資源管理配置，持續保持組織用人彈性，建構一個具高度回應力、有系統並能快速提供服務之導航型政府(steering government)，透過提高誘因與激勵制度，形塑高度穩定性之地方人力資源系統，並使地方公務人員繼續保有勝任工作的正向思維，持續自我成長，以強化決策與執行能力，提升國家競爭力。因之，積極建構地方穩定而持續的公務人力系統，殊屬現階段當務之急。

　　本研究對政府推動公務人員退休年金改革，本質上係寄以高度認同和支持，但鑑於改革過程或稱流程管理之欠缺理性和圓融，則有所質疑和批判。對於此次政府推動公教退休年金改革，在過程中確有諸多有違法治國依法行政原則；尤其牴觸信賴保護原則，法律不溯既往原則及比例原則處迭經公教人員依行政救濟程序請求救濟；唯司法院大法官已於 2019 年 8 月 23 日，作成釋字第 782 及 783 二號解釋，除公教人員退休後赴私校任職限制請領退休金違憲外，均肯認年金改革具有合憲性，是以該新退休年金機制，已然定案。有關激勵新進公務人員之機制如能適時訂頒，自有裨於公務人力之甄補和運作。是即謂該新制對地方公務人力乃至國家公務人力的社會影響至為明顯，姑不論 Bibb Latane 的理論；即以一般知識設想，即可一目瞭然。嗣後地方公務人力所面臨的無能行政作為，或許有些失實，但可能使政府失靈，則有待地方政府亟思對策，應是無可諱言者，「有為者，亦若是」。

參考書目

立法院預算評估中心(2017)，〈行政院人事行政總處及所屬 107 年度單位預算評估報告〉，臺北：立法院。
王曉麟（2008）。〈政府人力資本之探討〉。《T&D 飛訊》。71:1-17。

考試院（2011）。《民國 **101-105 年我國公務人力供需之前瞻性研究**》。考試院
　　研究報告，未出版。

考選部（2017）。《**考選統計**:各種考試統計》，2017 年 11 月 10 日，取自：
　　http://wwwc.moex.gov.tw/main/ExamReport/wFrmExamStatistics.aspx?menu_
　　id=158。

吳庚、盛子龍（2017）。《**行政法之理論與實用**》。臺北：三民書局。

吳秉恩（2002）。《**分享式人力資源管理**》。臺北：翰蘆圖書出版有限公司。

呂明泰（2006）。〈淺談公務人員退休給與機制的改革方向〉。《**研習論壇月刊**》。
　　65:20-37。

沈瞿和（2017）。《**公務員權利義務衡平論**》。北京：社會科學文獻出版社。

林文燦（2016）。〈政府公務人力老化問題之研究-高齡化組織概念初探〉。《**人
　　事月刊**》。358:18-27。

紀俊臣（2000）。《**地方政府再造**》。臺北：時英出版社。

紀俊臣（2017）。〈公務人員及公立學校教職員退休資遣撫卹法制彙編〉。

紀俊臣（2017）。〈制度改革宜理性論政合理研擬方案〉。《**中國地方自治**》。
　　70(2):1-2。

紀俊臣（2017）。〈勞資關係與公共政策的制定與執行：一例一休政策的社會互
　　動。《**中國地方自治**》。**70**(4):3-32。

胡瑋珊（譯）（2005）。《**人力資源管理**》（Luis R. Gomez- Mez-Mejia、David B.
　　Balkin, Robert L.Cardy 原著）。臺北：全華科技圖書股份有限公司。

許道然（2015）。〈公務福利制度的回顧與展望〉。《**人事月刊**》。361:9-18。

銓敘部（2017a）。《**公務人員年金改革內涵介紹，立法院三讀通過版**》。臺北：
　　銓敘部。

銓敘部（2017b）。《**銓敘統計年報**》〈銓敘業務統計，公務人員退休撫卹〉。2017
　　年 11 月 10 日，取自：http://www.mocs.gov.tw/pages/detail.aspx?Node=1202
　　&Page=5290&Index=4。

劉昊洲（2001）。〈公務員義務與權利概述〉。《**三民主義學報**》。22:134-149。

薛承泰。〈年金改革不能弱化國家〉。《聯合報》，2017 年 11 月 23 日，第 A15
　　版。

Israel, Arturo,(1990), *Institutional Development: Incentives to Performance.*
　　London: Published for the World Bank.

Latan'e B.,(1981),"The Psychology of Social Impact", *American Psychologist.*
　　36:343-356.

OECD, (2011), *Pensions at a Glance 2011:Retirement-Income Systems in OECD*
　　and G20 Countries. OECD Publications.

Sedikides, C., J.M. Jackson, (1990)," Social Impact Theory: A Field Test of Source
　　Strength, Source Immediacy, and Number of Targets", *Basic and Applied*
　　Social Psychology. 11(3):273-281.

Vanclay, Frank, (2003)," International Principles for Social Impact Assessment",
　　Impact Assessment and Project Appraisal. 21(1):5-11.

捌、離島發展與地方創生：馬祖生態之構想

紀俊臣　銘傳大學公共事務學系客座教授

陳俊湘　銘傳大學犯罪防治學系助理教授

許憶琳　銘傳大學公共事務學系碩士

一、前言：地方創生是離島發展的可行策略選擇

　　中華民國統治權所及的政治領域(political territory)，包括：臺、澎、金、馬等四地區，一般都將臺灣視為本島(basic island)，而澎湖、金門和馬祖則視為離島(off-island or offshore island)。此項領域認知已為 2000 年 4 月 5 日總統明令公布施行的「離島建設條例」第 2 條所規制，謂：「**本條例所稱之離島，係指與臺灣隔離屬我國管轄之島嶼。**」同條例第 10 條又將澎湖、金門、馬祖、綠島、蘭嶼及琉球等島嶼，即明定為離島。這些離島除四面環海，在海洋資源各有特色，如：縣級的澎湖有國家風景區，又有南方四島國家公園，金門有戰地國家公園，馬祖(法定名稱連江)有國家風景區；至鄉級的綠島、蘭嶼和琉球皆以海洋觀光馳名。如就經濟發展而言，該等海洋特色，應係發展地方經濟的最有利條件，自當視為發展各該地方經濟的吸引物(attractions)。

　　關於地方發展的策略選擇，近些年來國內引進日本的「地方創生」區域經濟(regional economy)發展模式，就臺灣離島的規模普通偏小的情況下，似較適合推動該項區域經濟。經查國家發展委員會之其基本思維，乃源自於日本推動

地方創生的策略選擇，係有鑑於日本正處人口少，且下滑的市町村在地化(glocalization)經濟發展設計言之，臺灣亦有相同地方發展困境，乃試圖就臺灣的縣級自治體推動鄉(鎮、市)層級之地方創生。本研究爰以離島縣為主題進行研究，按各該離島，人口最多十三餘萬人，少者僅有一萬三千餘人。當今國家發展委員會已選定金門為地方創生示範區，或係考量人口少，且有其自然特色的緣故所致。本研究經評析和考量，發現「連江縣」(以下稱馬祖)，應是最適合指定為地方創生基地或駐點的地方自治團體。

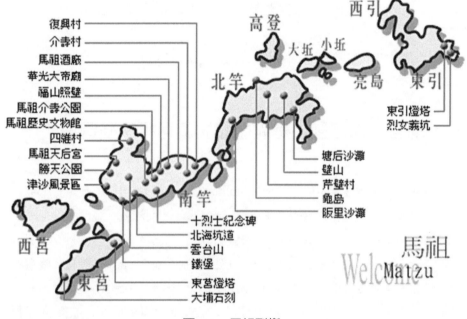

圖 8-1　馬祖列嶼

資料來源：網路下載(2018.11.16)

　　蓋馬祖係由四鄉五島組成，人口截至 2020 年 3 月底，為 13,034 人，土地面積僅有 28.80km^2；亦即人口密度為 453 人/km^2。此類領域規模極像德國的地方發展模式，而依德國發展類似地方創生的經驗，凡領域小或是偏鄉地區，正可以其地方特色再結合境內或境外的社會資源，以發展具有國際競爭力的地方經濟樞紐(local economic hub)(神尾文彥＆松林一裕原著，王榆琮譯 2018：

41-84)。馬祖係戰地公園的代表，具國際知名度，更是兩岸交流的中繼站。祇要中央協助地方推動地方創生，假以時日，相信是一個「金門第二」新都城。此項地方規劃，正待執事者的智慧與努力，始可獲致，爰為之探討。

二、馬祖的地方發展條件與構想

所稱「地方發展」(local development)係指地方正能量的成長，而非只是地方因時間所呈現的變動過程。因此種生態變動，有正能量成長，亦有負能量衰退，可稱之「地方變遷」(local change)。就因地方發展係地方成長(local growth)的過程，所以需要規劃(planning)和管理(management)，而規劃的前提是基於在地的優勢(strength)以為發展基礎；就管理言之，亦係本諸最可能的發展機會，所為方向的管控，自須依其特色給予機會成本的評估。質言之，馬祖列嶼的發展，需要事先掌控馬祖的發展條件(condition)，而馬祖的發展條件，則係規劃馬祖發展目標的前置思維基礎；亦即馬祖的地方發展構想，乃來自於地方優勢條件的深化和具像化，而非僅是毫無根據的期許或幻想。

(一)地方發展條件

馬祖列嶼的發展條件，概可分為自然和人為二部分：前者即指謂馬祖列嶼的自然生態環境而言；後者則指馬祖列嶼的人文社經情形。就前者言之，馬祖四鄉五島皆四面臨海，海洋資源係馬祖列嶼可加發展的自然條件。此方面的發展空間仍然很壯觀；亦即就開發自然資源部分，整體言之，尚有很龐大的發展機會。比如說四鄉的地理環境各有特色，如能相互整合或融合，即可在最短時間之內，呈現經濟的發展榮景之架構。至人為條件則以馬祖長達 36 年(1956-1992)戰地政務(military management)，所呈現的戰時政治生活，在社會、經濟、文化方面的威權模式(authoritative pattern)，正成為馬祖戰地的文化特色(cultural character in military land)。基於上揭條件，馬祖列嶼的發展選項，當以

海島加軍管所形成的海島威權文化模式(the model of authoritative culture in off-islands)為優先。該馬祖列嶼的海島威權文化模式內涵，就是形塑當前海島戰地文化的文化資產關鍵因子和內涵。此外，馬祖係兩岸中華閩東甚至閩北文化的傳承基地。此等閩東文化加臺灣文化所建構的「馬祖文化」，不論生活方式、美食或是其他休閒活動，皆是現今該離島重要的觀光吸引物。

圖 8-2　馬祖列嶼藍眼淚分布

資料來源：網路下載(2018.11.17 下載)

　　近些年來，馬祖的「藍眼淚」，已成為馬祖的代名詞，不僅在行銷馬祖觀光；即使地緣代表，亦皆以藍眼淚為訴求重要內涵。其實藍眼淚(blue tears)是一種夜光蟲或稱渦鞭毛藻(Ligulodinium polyedra)，經過海浪及自然風的驚擾會發出淡藍色的螢光，數量多即會在海上形若星海(sea of stars)。由於夏秋常在馬祖南竿、北竿、莒光及東引等列嶼出現光景，已成為遊客來馬祖旅遊的夜間不

可錯過的活動之一。此對強化馬祖之地方特色頗具貢獻，愈使馬祖觀光發展條件更具吸引作用。

(二)地方發展構想

　　雖說在第五屆縣長楊綏生任內，連江縣曾通過以經營觀光賭場為觀光吸引物的複式度假村公民投票，但其仍有「觀光」(tour) 的發展思維，而其他歷任縣長皆以「觀光立縣」(county development with tourism)為各該行政首長發展縣政的施政總目標(general objectives)。此可由歷任縣長對議會的施政報告之重要內容，有以見之。質言之，馬祖的地方發展基本構想，就是妥善開發以藍眼淚為觀光吸引物的觀光縣政作為。

　　對於連江縣政府經由藍眼淚為主要觀光立縣的觀光發展，其可能的設想，包括：

1. 因應四鄉離島的海洋觀光(ocean tourism)資源條件，推動各項適宜海洋活動的觀光措施，以吸引旅縣的觀光遊客，形成觀光發展特色。
2. 因應兩岸交流的平臺定位，連江縣宜有「觀光會展」(tourism exhibition)的設置，以為兩岸排除當前交流冷凍的唯一可行途徑。兩岸同文同種，在交流解禁至今，觀光人數年有增加。連江縣似可以媽祖的故鄉，並以位居兩岸交流的中繼站方式，爭取龐大的觀光人潮以形成「觀光縣」特色。
3. 因應東引酒廠出品的「高粱酒」謂之「東湧陳高」，已具有國際酒品的競爭力地位，積極開發馬祖「離島間的觀光帶」，不僅可延長觀光度假的假期，亦可開展馬祖推動「主題觀光」(theme tourism)或「深度旅遊」(in-depth travel)的新型休閒活動之觀光模式機會市場。
4. 因應馬祖係兩岸「連江縣」的部分地區，如兩岸能經由協商方式，在小三通的新航線不斷開闢下，建構完整的連江縣新旅遊觀光帶，甚至延伸為福州與馬祖合體的「閩東觀光」，以促使兩岸觀光成為整合性的旅遊或是「複式度假」(integrated resort)的新型觀光活動型態。

三、國家發展委員會規劃的地方創生方案總體分析

　　國家發展委員會(National Development Commission；NDC，以下簡稱國發會)依前行政院長賴清德指示，參考日本首相安倍晉三倡導的「安倍經濟學」(Abenomics)，在地方推動「地方創生」的政策指示。除將 2018 年定位為地方創生元年外，並於 2017 年 4 月公告為「設計翻轉、地方創生」計畫規劃作業指引(國發會 2017:4)。

(一)日本地方創生制度

　　日本人口問題嚴重，諸如：國家總體人口減少，高齡人口快速增加，勢將影響國家競爭力的下滑；尤其人口傾向大都會(metropolitan area)，地方人口逐年減少，甚至已有「地方消滅」(local elimination)的區域發展危機。日本政府為扼住地方人口的不斷減少，大都市人口卻不斷增加的區域失衡、城鄉差距擴大以及維持區域經濟的活絡現象考量，自 1998 年起，推動以「城鎮」(town/village)為主體的地方創生政策。早期強調都市機能活化，2000 年的特區制度，始經由法規鬆綁，以活化地方經濟產業活動。其衍進過程如圖 8-3 所示，可分為：

1. 建立中心市街地活性化制度(1998)
2. 建立都市再生制度、構造改革特別區域(2002)
3. 建立地域再生制度(2005)
4. 建立環境未來都市(2008)
5. 建立環境標竿都市、綜合特別區域(2011)
6. 建立國家戰略特別區域(2013)
7. 建立城鎮、人、工作創生制度(2014)
8. 建立城鎮、人、工作綜合戰略(2015)

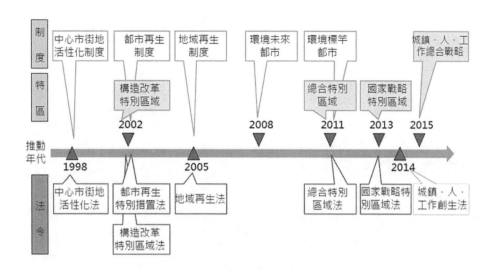

圖 8-3　日本地方創生政策發展過程

資料來源：日本內閣地方創生推動事務局資料，轉引自「國家發展委員會」(2018)，
　　　　　〈地方創生政策與推動之擬義〉，頁 5。

　　日本於 2014 年(平成 26 年)制定「城鎮、人、工作創生法」(まち・ひと・
しごと創生法)，係日本「地方創生」發展機制的啟動年，4 年來日本於各年度
為強化地方創生的政策執行(policy implementation)，均制定新的補助金及稅
制，以為城鎮推動各該規劃方案之誘因和資源。其發展情形如圖 8-4 所示；即
2014 年制定國家綜合策略，2015 年整頓地方體制；即制定地方版綜合策略，
用以地方創生之補助金撥核加速化和地方據點之強化稅制；2016 年，地方創
生正式運轉，揭示地方安倍經濟學(Local Abenomics)，包括：核發地方創生推
動化補助金、地方據點整頓補助金、明定企業版故鄉納稅；2017 年，地方創
生的新發展，包括：確立綜合策略的中間年、並為加速地方創生政策執行而制
定新的對策。日本此種地方創生的補助作為，有異於以往中央政府對地方政府
的補助制度，係在於改善長期以來地方發展經濟，企求自力更生能力的不足(陳
志仁，2018)；質言之，地方創生(regional revitalization or local revitalization)旨
在「振興地方經濟」(陳美伶 2018)，其在發展地方經濟(local economy)或區域

經濟(regional economy)，似與六〇年代以來所推動的「社區發展」(community)
或是八〇年代在日本興起的社區總體營造(community building)有所不同。

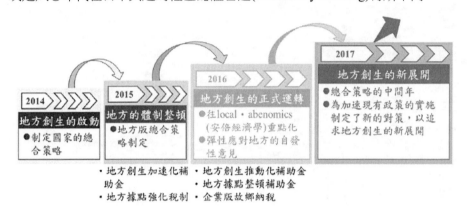

圖 8-4　日本地方創生發展策略規劃

資料來源：日本內閣地方創生推動事務局「城鎮、人、工作創生基本方針 2017(概
　　　　　要版)」，轉引自國家發展委員會(2018)，〈地方創生政策與推動之擬
　　　　　義〉，頁 6。

　　唯就日本地方創生策略言之，其有鑑於國家與地方的長期願景所展開的綜
合策略如圖 8-5 所示，就國家版長期願景是以 2050-2060 為目標年，包括：國
家策略：克服人口減少、確保成長力，以就地方版人口願景與地方版綜合策略
的制定，即由地方以「情報支援」為第一支箭；國家版綜合策略(2015-2019 五
年度)，基本目標或稱成果目標為 2020 年，在於創造「工作」及「人」的良性
循環，支撐良性循環的「城鎮」活化，分別有創造地方安穩的人才工作環境、
創造往地方的新「人」流、滿足年輕世代結婚、生育的希望，以及創造現代化
安居及樂活的城鄉。此就地方版人口願景與地方版綜合策略的制定，地方以「人
才支援」為第二支箭；在 2015-2019 五年期間之主要措施，包括：實現高生產
性的地區經濟等 13 項措施，地方以「財政支援」為第三支箭。因應上揭策略
規劃需要國家戰略特區、法規改革、社會保障制度改革及各部會的計畫資源。

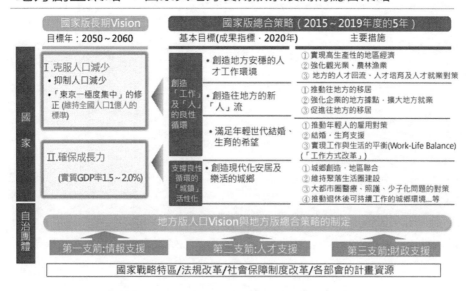

圖 8-5　日本地方創生策略之規劃與設計

資料來源：自國家發展委員會(2018)，〈地方創生政策與推動之擬義〉，頁 10。

　　由上揭日本政府對地方創生政策的規劃方案，可知地方創生有異於以往的社區發展或社區總體營造，就在於地方創生係創造生計和創造生活，且有生計始有生活，是以地方創生對「事業」的開發格外重視。該方案係以地方政府、企業、學校、醫院及非營利組織等四位一體之主體性，依國家制度之四項策略(創造地方安穩的人才工作環境、創造往地方的新「人」流、滿足年輕世代結婚、生育的希望及創造現代化安居及樂活的城鄉)展開地方創生事業，並照各地方現況選擇合適事業計畫，達成城鎮、人、工作的良好循環，如圖 8-6 所示。

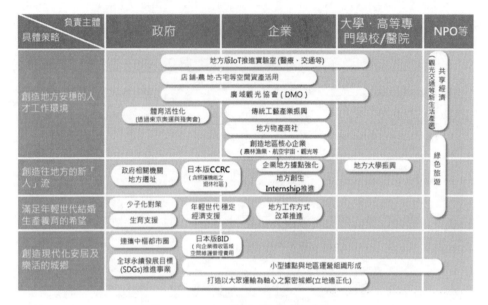

圖 8-6　地方創生事業的規劃與實施

資料來源：日本內閣官房城鎮、人、工作創生總和策略，轉引自國家發展委員會
　　　　　(2018)，〈地方創生政策與推動之擬義〉，頁 11。

(二)地方創生方案的架構設計

　　臺灣的人口老化及少子化，都在緊隨日本之後加速來臨。這對於中華民國
國力的衰退，或稱國際競爭力的弱化，勢將逐漸浮上現實生活中。這是國家發
展上的重大危機，正是國家治理(national governance)的歷史性課題。前行政院
長賴清德有鑑於此一涉及國家盛衰的關鍵時刻，除宣布 2019 年為臺灣地方創
生元年，並且責成國發會規劃地方創生相關方案，以供地方自治團體推動地方
創生之依循，並可供評估地方創生績效之評量基準。

　　經查臺灣針對社會發展的需要，在六〇年代以來即陸續推動各項社會改
造，或說地方發展的社會運動。比如，1960 年代依聯合國的「社區發展」主
題，所推動的社區發展運動；即以城鄉之基層社區的民眾，在各級政府社政單

位的支持和贊助下，進行改善社區生活，包括：經濟、文化等層面的生活品質；即謂之社區發展。至謂「社區營造」，乃由行政院文化建設委員會(文化部前身)前主任委員陳其南在 1994 年推動的社區發展變體，謂之「社區營造」或稱社區總體營造，係採日本教授宮崎清所倡議的社區，依「人、文、地、產、變」五類，推動包含硬體和軟體的社區建設。二者現在併行存在，但前者主管機關為衛生福利部，後者是文化部，彼此究竟有何不同？依臺灣 20 年來的推動經驗，發現社區發展比較傾向規模小的社區場域軟體措施；至硬體建設已較為少見；反之，社區總體營造似傾向規模大的硬體工程，至軟體服務則較不受重視。目前地方發展，基本上係以上揭二者社區建設的再合理化規劃，而且是傾向規模大、參與人數多的社區參與和自治的活動。目前尚屬上揭二主管部的核心服務項目，並未因地方創生的倡議，而稍減弱。社區發展正傾向國際化和跨國際的發展模式，甚至中國大陸正以臺灣的模式，推動社區發展，而社區營造對地方自治團體所轄的社區環境品質的提昇，著有貢獻。

國發會推動地方創生概念核心如圖 8-7 所示，是就「地、產及人」資源優勢，以及針對地方特有的獨特性與核心價值，積極進行整合與融合。

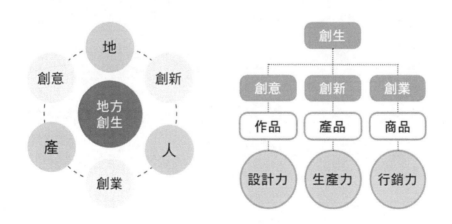

圖 8-7　推動概念核心

資料來源：國發會(2017)，〈設計翻轉、地方創生計畫規劃作業指引〉，頁 45。

　　所謂「創生」係指創意、創新和創業三位一體之事業發展；就事業之發展，在創意方面應以提昇「設計力」(design capacity)為核心價值，而事業創新乃在於提昇生產力(productive capacity)，在創業方面則需要強化「行銷力」(marketing capacity)，始能達至既定的地方創生目標。根據矩陣圖說，以建構甄選團隊、產業定位、目標願景、實施策略、推動執行，以及應用推廣等模式。在流程中，以甄選團隊的「人才支援」最感重要。此階段地方政府職責，包括：提出需求，培育在地團隊及輔導團隊發展。就產業定位，係以一、二、三級產業定位，如有跨域整合，即在於發展地方產業。面對整合計畫，則就人力、特色等資源，並以合作平台、創生能量為實施策略；在推動執行上則由整體規劃、創意開發及智財權，以及朝多元方向策進。至在應用推廣方面，則分為定期考核(質量指標)、活化地方(空間場域)、優化地方(產業價值)，並且深化地方(人力資源)，以培養在地團隊(持續經營)。這些矩陣規劃，就是地方團隊的甄拔和經營創生的必要過程。

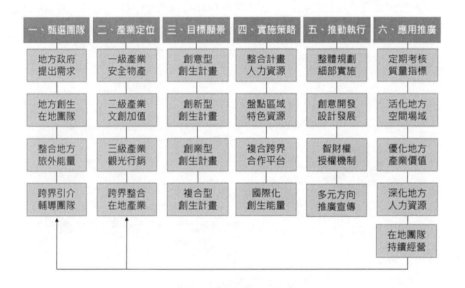

圖 8-8　計畫操作流程架構

資料來源：國發會(2017)，〈設計翻轉、地方創生計畫規劃作業指引〉，頁 46。

　　國發會為便利地方政府申請辦理地方創生相關事宜，特別訂定申請標準作業程序(SOP；standard operation process)，如圖 8-9 所示。由此 SOP 規定，可確認地方創生作業如下：

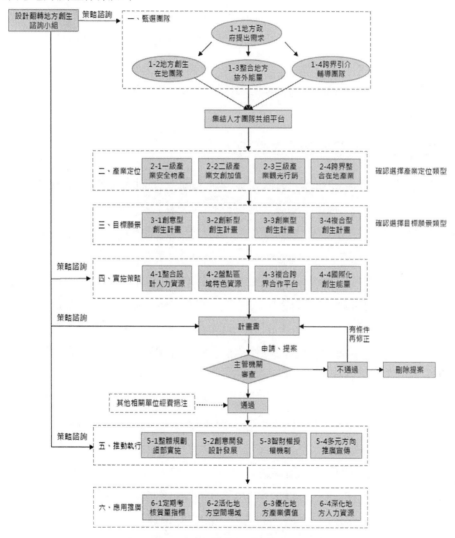

圖 8-9　標準作業步驟流程

資料來源：國發會(2017)，〈設計翻轉、地方創生計畫規劃作業指引〉，頁 47。

1. 由國發會輔導的地方創生，如擬提案申請經費補助係採取提出申請計畫書，經審查通過後辦理地方創生相關事宜方式辦理。

2. 就該地方創生作業程序規定，已將圖 8-8 的矩陣式地方創生模式，完全納入 SOP 中，足見國發會對於地方政府辦理地方創生係採取由下而上的處理模式，國發會則以輔導的角色，協助地方推動地方創生之政策執行。

3. 目前地方創生尚在起步階段，不僅地方創生補助經費需要落實，如能參照以往「公共造產」(public business)的作業，以基金支援地方創生，可能成效較易顯著。

(三)地方創生方案的總體效益評析

　　行政院責成國發會輔導地方政府辦理地方創生政策的執行，其最關鍵的政策目標，就是地方自治團體的經濟發展條件；尤其對於縣(市)或鄉(鎮、市)的地方財政困境，具有積極且主動的發展策略。國發會如能輔導地方自治團體制定 KPI(關鍵績效指標：key performance index)以實施績效管理(performance management)，應可符合政府正在推動的績效行政管理作為。依日本推動地方創生，乃至德國推動地方經濟樞紐的構想，皆係改善城鎮財政，以使偏鄉的地方財政有所改善；質言之，地方創生尚有效益(performance)的考量。臺灣固尚處在「啟動階段」(starting stage)，尚未能建立績效評鑑制度。因之，本研究爰提出若干事涉績效評估(performance evaluation)的必要思維架構：

1. 提出地方創生計畫書時，即宜訂定績效管考標準表，以使大學院校師生可以參與地方創生的績效評估；如認為學生擔任恐有失公平，而擬全由國發會邀請學者專家辦理，亦無妨。但其標準宜在學者、專家及地方政府代表出席下，訂定考核標準，較為適宜。

2. 由於地方創生之申請者可爭取舉辦活動的補助經費，一旦開放申請，申請者可能基於地方財政資源增加的考量，即貿然申請經費補助，以致申請參加者眾，而實際分配並不多，不免浪費諸多紙上作業的人力、物力。因此，地方創生可採取相關公部門合併辦理補助的方式，以聯合審查方式處理申

請各部會之補助案，相信地方各級政府之申請興趣可相對提高，而且所獲補助機會增加，自有裨於地方創生制度之永續運作。

3. 關於申請地方創生補助提案，如須檢附評估所須 KPI 資料，或許申請者會覺得麻煩，而不願意申請補助。因之，對於訂定地方創生案須準備 KPI 乙事，可以在申請辦法中，即列舉 KPI 製作之實施工程，以使申請者有規則可供參考。訂定 KPI 係績效管理的必要措施，所以公部門宜研究訂定 KPI 的條件，且將其他不必要的管考程序簡化。

4. 地方創生量化固然不多見，但臺灣在社區發展或社區營造部分，已有很好的成就。基於績效管考，而訂定量化標準及實地訪察的技術應可克服，如經由 KPI 了解，以訂定具有信度或效度的 KPI 績效考核機制，並給予高額的獎勵，必然可激起地方政府；尤其鄉(鎮、市)的提案興趣，地方創生機制始可永續推動。

5. 臺灣的地方創生政策，有其地緣的差異性，固然不宜全盤採用日本的模式，但日本發展地方創生，乃至歐洲國家的地方經濟經驗，當可訂定更具完整性之效益評估的參考模式。

　　儘管效益評估尚待地方創生機制的全面實施後辦理，始能以量化評量地方創生成效。唯查臺灣除六都、嘉義、金門財政狀況較好外，其他財政狀況皆不佳；尤其鄉(鎮、市、區)情況更加嚴重。因之，如何先由小單位或小規模產業辦理評估，應是較為可行的評估作為機制。當然財主單位的意見，亦有其值得參考之處。

　　唯由國發會於〈「設計翻轉、地方創生」計畫規劃作業指引〉第四部分：示範計畫成果內容中，所揭露的實施計畫成果發現：

1. 不論臺灣本島或離島皆適於推動「地方創生」事業，而金門示範成果，係以全縣為一單元推動地方創生事業，已收到豐碩成果言之，同為離島的馬祖，與金門有許多生態上的共通之處；尤其觀光吸引物同為「高粱酒」，且土地面積更小，更是適宜推動地方創生事業，則有值得提供馬祖參考之處。

2. 臺灣本島以「東港」為示範「點計畫」，其推動地方創生事業，係完全依地

緣特色發展產業。此項示範據點能夠推動成功，即在顯示各該地方創生事業成功關鍵因素，就是掌握地緣特色，並以多元選擇，以使東港知名度提昇，甚至可與國際 NPO 資源相結合。嗣後推動鄉(鎮、市)地方創生，能就資源整合，應係地方創生很必要的啟動步驟，尤其在離島更具參考意義。

四、馬祖推動地方創生方案的時機與策略觀察

政府自 2000 年 4 月公布施行離島建設條例以來，已依該條例第 16 條規定，設立「離島建設基金」，計提撥新臺幣 300 億元，用以推動四年為一期之四期「離島綜合建設實施方案」。目前已至第五期(2015-2018)最終一年，依國發會之要求，各離島每年均辦理「推動執行成效檢討計畫」。此項提供 300 億元特種基金之離島建設費用，對各該三縣和三鄉離島發展已有其積極性發展效果。此從三離島縣之執行成果報告，應可做為重要佐證依據。由於該特種基金僅賸餘 60 餘億元，因之，在三離島縣每年舉辦之首長會議中，均一再呼籲行政院應依法再籌措經費以補足 300 億元之特種基金，用以發展離島軟、硬體設施。事實上，離島除可申請撥用離島建設基金外，尚有每年依預算法編列之年度地方預算案，固然金門縣財政因金酒公司營運尚稱良好，可有龐大歲收盈餘，以撥充縣政歲入預算外，其他馬祖和澎湖，則由中央以「一般補助款」方式補助馬、澎每年歲入預算之不足部分。質言之，離島在建設上已有足夠的「經費」用以地方發展計畫之所需。

馬祖身為離島縣，其在土地面積、人口數上皆非金門、澎湖二離島縣的競爭對手；卻也因其規模小，又有相當優越的島嶼生態，正符合「小而美」(small & beauty)的生態，如辦理「地方創生方案」，應屬可行策略選擇；唯其推動時機或實施綜合策略究竟如何為之？則值得觀察和設想。

(一)推動時機

由國發會推薦金門縣為地方創生示範的經驗，殆可認為馬祖推動地方創生政策之執行，應屬可行的政策作為。際此第五期(2019-2022)離島綜合建設實施方案已於 2019 年施行，除既定的推動計畫外，特別就「地方創生事業」部分辦理地方創業事項，而且以規模小又有閩東文化特色的微企業(mini-business)。相信是馬祖在複式觀光度假村未克推動的經濟生態中，值得積極斟酌考量的地方創生事業經營模式之選擇。

對於馬祖地方創生事業的推動，在相關公共設施尚未能滿足觀光旅客需求的情況下，似可將馬祖推動時機分為二部分：

第一部分：即指公共設施尚有所不足的情況下，宜以當地具有閩東文化特色之食品為經營微企業，或將能推動該地區之經濟成長。由於馬祖高粱酒係人為努力之成果，而藍眼淚係自然現象，正好可以成為現階段最具有誘因的觀光吸引物；亦即在微企業下，尚有其他特色可以誘發參訪旅客，以使觀光事業仍有其榮景，達致觀光立縣之施政願景。

第二部分：即指公共設施已達致觀光旅遊的中位水準後，馬祖的地方創生事業，即不再是微企業的經營，可與臺灣和大陸中小型企業形成策略性聯盟(strategic alliance)；亦可引進三星或四星之觀光飯店，使蒞馬之旅客不再祇投宿民宿而已。此點連江縣政府應有更為積極的招商作為，始能改善現時在住的公共設施之困境。

至於開辦觀光賭場的設想，固屬選項，卻係不再期待的事業幻想而已。

(二)推動策略

馬祖推動地方創生事業，其客觀優勢條件遠不及金門。因之，本研究主張先由微企業開始，但微企業的事業規模小，卻可能解決當地的就業問題；尤其對於並無特殊科技專長者，微企業是其投入事業最可能發展的起步。馬祖的市場硬體相當不足，如何集結資源設置市場，即是一大問題。連江縣政府宜責成

產業發展處協同相關局處，就增修和轉型既定零售市場部分及早完成；對於設置超級市場部分宜獎勵臺灣的超商財團至馬祖投資新設銷售點。此外，經營酒品的馬祖酒廠宜投資其他事業，並在馬祖各鄉設點銷售生鮮的食品，一方面提昇馬祖民眾的飲食品質；另一方面給馬祖在地人了解新型市場模式，從而提昇馬祖民眾的生活品質。

　　馬祖經由大眾媒體發現世界發展趨勢。當下媒體不僅有平面媒體，亦有電子媒體；尤其媒體科技發達以來，能夠使用的銷售載具種類年有增加。這對於馬祖駐點企業不無影響，卻也是無法不接納。馬祖產業固仍以「在地化」為大宗，但在地化產業如能提高服務品質，而且能經由新興社群媒體行銷，則其駐點規模小之微企業體，亦可由社區企業逐漸擴展市場規模，而成為區域企業，甚至是跨域的國際企業。馬祖企業人一向以規模小產業起步，卻不求進一步，以致微企業並不看好。此種偏狹的企業經營者，對於來自各區及直轄市、縣(市)的企業人，自須另有規劃和轉型，始不致損害當事人之權益。

(三)SWOT 分析

　　對於馬祖推動地方創生事業，如以 SWOT 分析工具加以檢視，殆有如表8-1 之發現，略加說明如下：

1. **優勢**(S)

   (1) 馬祖高粱酒遠近馳名，其他老酒等酒品，亦頗獲好評，正是觀光客到訪很具吸引力之伴手禮。

   (2) 閩東文化保存完整，其生活方式及其美食，係到訪馬祖必嘗鮮之重要食品，亦係當地重要之觀光吸引物。

   (3) 近些年來經大眾傳播報導之藍眼淚，在夏秋出現，幾已成為馬祖的代表，外地為一窺究竟而到訪馬祖，已成為夏秋空中交通乃至海上交通，一票難求的原因之一。

表 8-1　馬祖推動地方創生事業可行性分析

S優勢	W劣勢
1. 馬祖高粱酒遠近馳名，具有觀光吸引物功能。 2. 閩東文化生活方式及其美食，具有觀光吸引物功能。 3. 藍眼淚已成為馬祖代表，更具有觀光吸引物功能。	1. 公共設施尚有不足，觀光客容易卻步。 2. 天候變動大，影響交通，觀光客有其虞慮。 3. 地方小又分五島，在觀光上有其現實不方便之處。
O機會	T威脅
1. 兩岸小三通的中繼站，可節省交通費。 2. 政府正推動地方創生事業，可得到經費補助及其他協助。 3. 微企業經費少，技術低，易於經營。	1. 人口少，且多為年長者，開創性不足。 2. 物流網方便，使微產業不易維持。 3. 相關配套措施不易協調與合作。

資料來源：本研究整理

2. **劣勢**(W)

(1) 馬祖因分為四鄉五島，在未開放小三通前，係極封閉的北疆，人口少，面積小，至今公共設施尚嚴重不足，觀光客來訪不免卻步。

(2) 馬祖雖屬華中氣候，但因四面環海，天候變遷非常快速，空中交通隨時可中斷；尤其四、五月間，其中斷空中交通的情形，更如家常便飯，旅客自然不敢貿然出行。

(3) 馬祖列嶼各島嶼並不相連，如至各地觀光必然需時較多，卻景點不多，易有不方便之感受。

3. **機會**(O)

(1) 政府開放小三通後，馬祖成為臺灣與大陸交流的中繼站；尤其近些年開闢新航線，交通方便，節省不少經費，促使許多兩岸觀光客有到訪之興趣。

(2) 此際正逢國發會推動地方創生事業初期，又因離島建設基金可供馬祖申

請補助地方發展。在經費有著落的情形下，推動地方創生已非難事。

(3) 馬祖現階段適於推動地方創生事業之微企業，因規模小，技術弱，皆是馬祖易於推行微企業之優勢所在。

4. **威脅(T)**

(1) 馬祖人口少，土地面積小，島上民眾多為年長者居多，微企業需要的文創性可能年長者有所不逮。

(2) 全世界正進入物流網時代，微企業難免受到打擊，致使地方創生有其困難。

(3) 公共設施之必要配套設施，短期內仍難滿足觀光客之需求。此種需要協調和合作事宜，將是馬祖推動微企業之阻力所在。

五、當前離島推動地方創生方案的整備檢視

2019 年是臺灣推動地方創生方案或稱政策元年，究竟地方自治團體在推動地方創生政策所當整備的條件是否已完備？尤其離島的條件一向較本島地方自治團體之資源匱乏或不足，實值得重視或檢討。

關於檢視離島推動地方創生方案成效似可由下列方向檢視：

(一)推動方案時點是否成熟

一個政策執行最重要的考量因子，就是時點(timing)。時點所以重要，就在於所謂「天時、地利、人和」的「天時」，其係各種條件配合所形成的一致性；亦即整合的作用(integration)。Talcott Parsons 曾指出組織的作為，在於達成 AGIL 模型四個組織典則(organizational paradigm)：適應(adaptation)、目標達成(goal attainment)、整合(integration)和模式維持(latency; pattern maintenance)；其中整合即是時機成熟，各項目標得以達成的最佳狀態。唯有掌握時點始能，將可能的社會衝突(socal conflict)降至最低。推動地方創生方案，儘管是微企業

也將衝擊其他可替代產業(alternative business)，自可能引起其他可替代產業的反彈。因之，經由協商、溝通，促使其他可替代產業得以諒解，甚至成為策略性聯盟或是衛星工廠，乃至上下游產業，皆是地方產業得以如質成長和發達，甚至成為地方經濟樞紐的前置條件或先行條件。

(二)推動方案財源是否充足

就離島而言，除金門因為金門高粱酒營運有多達 48 億元以上盈餘，遂能成為金門財政上的金雞母外，其他馬祖、澎湖皆需依賴中央龐大的補助款。所倖另有離島建設基金得以補助離島計畫性建設事項，此係離島建設尚能持續的主要財源之一。因之，離島推動地方創生事業的經費，其經費就有賴中央的挹注。其實經濟部中小企業處對地方自治團體的中小企業創新，早自 1999 年起即有編列類似美國 SBIR(Small Businrss Innovation Resesrch)中譯為「小型企業創新研發計畫」之補助。此項 SBIR 計畫，政府已由「技術創新」(technical innovation)擴展至「服務創新」(serving innovation)，甚至「價值創造」(value making)層次，皆可申請補助。唯因考量地方政府的事業輔導責任，乃規定地方型 SBIR 計畫經費，中央與地方的分擔比例，如圖 8-10 所示。分擔分為三類：
1. 直轄市 - 1：1
2. 直轄市外之縣(市) - 1：2
3. 東部及偏遠縣(市) - 1：3

因之，離島縣政府對微企業如申請經濟部中小企業處補助 SBIR 或謂地方創生事業，即須分擔 1/3 經費；質言之，地方亦須框列全部補助經費的 1/3，是以離島縣政府自 2019 年起，如辦理微企業的技術創新或服務創新補助事項，各該離島縣政府即須編列適當經費，馬祖自不例外。馬祖是否可以再由離島建設基金挹注，則有待相關單位的協調和諒解。

(三)推動方案構想是否完備

馬祖與澎湖因尚未如同金門有規劃地方創生事業的示範經驗，據悉已有部

分推動地方創生計畫，所以宜詳加了解國發會於 2017 年 4 月所訂定的『「設計翻轉、地方創生」計畫規劃作業指引』；尤其對於金門以全縣推動地方創生事業之示範案例，已在該指引第四部分披露，可供其他二離島縣規劃之重要參考。

　　整體而言，執事者規劃地方創生事業，應以短陣式規劃圖示，分析和說明離島地方創生事業。規劃時宜把 5W(Who.What.When.Where.Which)及 1H(How)視為方案的主要內容；另加上經費的預估及評量機制，則該方案構想之完備性即易於獲致。

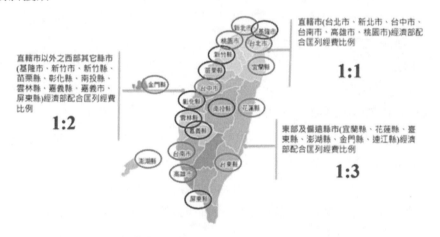

圖 8-10　經濟部協助各縣市政府地方型 SBIR 計畫經費比例

資料來源：經濟部中小企業處提供；轉引自許容娸、陳超傑(2018)。

(四)推動方案效益是否量化

　　離島經費在馬祖、澎湖一向拮据，核發經費自當用在刀口上，不宜有任何的浪費。因之，自 2019 年推動地方創生事業起，其在規劃事業方案時，即應將方案效益(program benefit)的評估列入方案中，俾能自我管控。此種內控(internal control)機制，在一般行政機關皆由各機關之企劃單位或管考單位負責。因之，嗣後辦理離島地方創生方案之規劃作業，宜事先即將績效評估的基準寫入計畫書中，此將是一項效益檢視的創舉。就評量而言，不僅要有評量機制，而且因是事業經營，各該事業機構的檢視，規定須以量化的方式管控執事

部門，則可將可行的方案效益內控趨於完備的可行機制。

(五)方案衝擊是否弱化

任何制度的推動或變革，皆可能對既得利益者造成損失，甚至形成經營危機，執事者在規劃方案時，即須預估此種損失的可能衝擊，並有適當的補償機制。就推動地方創生事業而言，理論上似乎較不可能有既得利益者損失的問題；但誠如前述，即以微企業而言，可能影響可替代產業的利益取得，而有可能引發阻力。此外，地方創生事業可能不是個案，而是通案的企業變革，此對偏鄉或離島受限於年事已高、技術創新知能不足，乃至固執傳統；尤其家傳古法等舊思維，自然會因恐懼而有所反彈。此種社會衝突的社會成本(social cost)，雖不一定須有社會資本(social capital)的積極觀念，至少應有協調或溝通的誠意去排除不必要的猜忌或恐懼，甚至可因諒解而成為產業鏈(business chain or industry chain)之一環，自可弱化阻力，終至同心協力發展地方產業。一旦持續成長，即有可能使偏鄉或離島成為地方經濟樞紐，地方創生事業於焉有成。

六、結語：馬祖地方創生方案的設計有助於全球在地化

馬祖是中華民國主權所及的統治管轄最北疆，其在 36 年的戰地政務過程中，成為世界級戰地文化的代表之一，1993 年解除戒嚴並實施地方自治以來，固然民主化成就卓著，但因人口少，面積小，其可能的經濟資源顯得相對不足，以致島民經由公民投票通過辦理附設觀光賭場的複式度假村提案，卻因管理離島觀光賭場相關法制未能及早完成立法而致功敗垂成。際此經濟生態，如要避免減少人口外移，並且能有計畫開發離島生態資源，以促使馬祖的經濟成長與繁榮，乃至成為地方經濟樞紐，似可自 2019 年地方創生元年伊始，即積極發展地方創生事業，或可全面改善馬祖之經濟環境。由於地方創生在臺灣係新興產業，離島如馬祖者更是缺乏規劃人才，自亟須國發會的協助以促其計畫完

備。如在起跑點，即有成功的完備規劃作為，相信又有離島建設基金的從旁協力下，其終有展現全球在地化的機會。

參考書目

王皓平(2017)，〈日本地方創生制度的政策運行〉，東吳大學政治學系演講文。

王皓平(2018)，〈世界的地方創生：邊陲的啟動者們〉書評，《文官季刊》10(2)：115-121。

王楡琮譯(2018)，〈神偉文彥&松林一格著(2018) 〉，《地方創生2.0》，臺北：時報出版公司。

周志龍(2018)，〈文化、地方發展與城市規劃〉，《國土及公共治理》，6(2)：44-55。

紀俊臣等(2018)，〈連江縣 107-離島綜合建設實施方案推動執行成效探討〉期末報告，連江縣政府委辦研究。

徐重仁(2018)，〈地方創生，再造幸福社會〉，《國土及公共治理》，6(2)：36-43。

國家發展委員會(2017)，〈「設計翻轉 地方創生」計畫規劃作業指引〉。

國家發展委員會(2018)，〈日本地方創生政策介紹〉。

國家發展委員會(2018)，〈地方創生政策與推動之擬義〉簡報。

國家發展委員會(2018)，〈地方創生國家戰略初步構想〉簡報。

國家發展委員會(2018)，〈我國地方創生國家戰略初步構想〉簡報。

張漢寧(2018)，〈金門串街路：老街再生〉，《國土及公共治理》，6(2)：104-110。

莊皓雲(2018)，〈農村再生：從產業跨域到社群經濟的翻轉年代〉，《國土及公共治理》，6(2)：88-93。

許容媜、陳超傑(2018)，〈地方產業創新研發推動計畫(地方型 SBIR)〉，《國土及公共治理》，6(2)：78-87。

連江縣政府(2014)，《連江縣志》，南竿：連江縣政府。

連端枝、程惠芳主編(2018)，《傾聽獅潭：偏村日常、生計與地方創生》，新竹：國立交通大學出版社。

陳志仁(2018)，〈借鏡日本地方創生發展經驗〉，《國土及公共治理》，6(2)：18-25。

陳美伶(2018)，〈「設計翻轉 地方創生」－臺灣地方創生的起步〉，《國土及公共治理》，6(2)，頁 2-7。

黃天佑(2018)，〈科技美學與設計翻轉 推動臺灣產業創生〉，《國土及公共治理》，6(2)：56-69。

楊佳緯(2018)，〈承載東港過去與未來的美麗密碼：東港 DNA〉，《國土及公共治理》，6(2)：94-103。

蔡志堅(2018)，〈地方創生之設計力實踐〉，《國土及公共治理》，6(2)：68-77。

蕭淑琳(2018)，〈藍眼淚對馬祖地區文創產業發展之研究〉，臺北：銘傳大學公共事務學系碩士論文。

蘇煥智(2018)，《地方自治與地方創生》，作者自行出版。

Igusa, Kunio(2018)，*Globalization in Asia and Local Revitalization, Efforts: A View from One Village*, 2018/11/22 網路下載。

Koga, Tudahisa(2005), R&D Subsidy and self-Finance. R&D: The Case of Japanese Itigh-Technology Start-Ups. *Small Business Economies*, 24,53-62.

玖、南海仲裁判決與兩岸護島策略之選擇

紀俊臣　銘傳大學公共事務學系客座教授

紀和均　銘傳大學公共事務學系助理教授

一、前言：南海仲裁後兩岸護島策略宜加審慎選擇

2016 年 7 月 12 日，北京時間 17 點，海牙聯合國常設仲裁法院(Permanent Court of Arbitration)正式宣判，事涉「菲律賓共和國與中華人民共和國『南海仲裁案』」(The Matter Of The South China Sea Arbitration)的裁決結果。依該裁決結果(awards)，判定中國在南海島嶼的「歷史權利」(historic rights)並不存在，對於南海島嶼係一律以「公海」的「島礁」(rocks)判定。此項裁決竟將臺灣有效占領(occupation)具有島(island)特徵的「太平島」(Taiping Island or Itu Aba Island)，亦以島礁視之，已嚴重妨礙兩岸對於南海島嶼的海洋資源管轄權，對於國家領土主權(sovereignty)行使，自亦間接受到衝擊[1]。

在南海仲裁案結果公布後，兩岸對於該項仲裁皆有明確的政治宣示，大陸且以「不接受、不參與」一貫立場回應；臺灣則有多次的聲明，主張「擱置爭議、共同開發」為解決爭端之最高指導原則。國際間一向霸權當道，實力係權力的保證。兩岸在南海島嶼的護島目標上尚屬一致，但就各該策略選擇卻有顯

---

[1] 2016 年 7 月 12 日公布的仲裁文本，固明確陳明該裁決不涉「主權認定」，但因島具有領陸(territorial land)的屬性，而礁則不具領陸的屬性；其在經濟區域(EEZ)劃定即不被認許。

著的落差，究竟如何為宜?爰為文分析之。

二、南海島礁主權爭議始末速寫

關於南海或稱南中國海的島礁爭議，其時間並不久遠。主要是在第二次世界大戰後，東南亞若干國家先後由殖民地獨立建國，由於政經發展快速，已有餘力注意南海的龐大有形無形海洋資源，卻鑒於中國武力強大，乃藉由美、日的幕後支援，企圖經由國際海洋法的途徑，以爭奪資源，遂形成南海爭議。

(一)中國依先占原則取得南海島嶼主權

所稱南海係指位處東南亞，為中國大陸、臺灣、菲律賓群島、馬來群島及中南半島各國所環繞的陸緣海，方圓 350 萬平方公里，為西太平洋的一部分。獲邀出席的主要爭議聲索國，包括：China, Philippines, Vietnam, Malaysia, Singapore, Indonesia；臺灣係唯一未獲邀請參與聽證的法理聲索國[2]，如圖 9-1 所示。依吳士存主編，《中菲南海爭議十問》(2014:4)所載，南海係中國遠溯自東漢時期(即西元一~三世紀)即以「漲海」、「崎頭」指稱南海和南海島礁沙灘；十世紀後，始用「石塘」、「長沙」以專稱西沙群島和南沙群島。1947 年，內政部方域司審定南海 172 座島嶼地名，1948 年對外出版發行《南海諸島位置圖》，1949 年，新中國政府成立，時任外長周恩來發表「關於美英對日和約草案及舊金山會議的聲明」，指出：

> 西沙群島和南威島正如整個南沙群島及中沙群島、東沙群島一樣，向為中國領土，在日本帝國主義發動侵略戰爭時，雖曾一度淪陷，但日本投

---

[2] 南海如由北向南，可分為東沙、西沙、中沙和南沙等四群島。就南沙群島言之，以由臺灣的中華民國政府實際占有的太平島為唯一可稱島的最大島嶼，卻因臺灣非聯合國會員國而未獲邀列為出席聽證的聲索國。

圖 9-1

資料來源：南海仲裁案，頁 9。

降時候已為當時中國政府全面接收。

隨之，中國大陸發表「中華人民共和國政府關於領海的聲明」，再次確認上揭群島為中國領土，1959 年，中國大陸即在西沙永興島設立「西沙、南沙、中

沙群島辦事處」，隸屬廣東省。1988 年，改隸海南省，2012 年 6 月，成立地級三沙市，專責西沙、中沙及南沙諸群島的行政管轄(administrative jurisdiction)。

此次南海爭議，主要係菲律賓就黃岩島、仁愛礁誰屬所衍發的爭議。中國立場在「中菲南海爭議十問」中，有頗為詳盡的分析，肯認中國對南海諸島的領土主權。該重要文獻，雖未就國際法觀點而以「先占原則」提出領土主權主張。但所謂「歷史權利」(historic right)，就國家領土的取得模式，應係依中國大陸以其龐大漁民在鄭和下南洋後即長期以「太平島」為中繼站所為之「領土先占」(territorial occupation)，統稱歷史性權利。此謂南海諸島的領土主權(territorial sovereignty)，所以衍發爭議，一方面與鄰國的排他經濟區域重疊；另一方面係領土的有效控制力。此等爭議，中國大陸主張經由當事國雙邊的邊界談判方式(negotiations)解決爭端，實係最具策略性之邊界作成機制；中國大陸二萬公里的邊界即以此一方式達成協商以作成。

南海爭議中所謂「九段線」(Nine-Dash Line)，係指經由北邊的東沙往南邊的南沙，依島嶼的分布，分成九段的「斷續線」。此在 1947 年，內政部係分為十一段斷續線，乃謂之「十一段線」，其形狀如 U 形(如圖 9-2)，又謂之 U 形線。在 U 形線的公海部分，如屬高潮高地即謂之島，而高潮低地謂之礁。在此 U 形線內，內政部分別審定地名。此在 1949 年新中國成立後，將西沙部分二段線刪除，遂成九段線。就國際法言之，不論十一段線或九段線或稱 U 形線，即在標明內海或內水，但中國大陸或臺灣均未依海洋法公約，宣布「群島原則」(archipelago principle)[3]，其斷續線的法律意義不易為仲裁法庭接受，充其量僅是強化歷史性權利的論述而已。

(二)東南亞二次大戰後，始重視南海島礁權屬

2016 年 7 月 12 日，南海爭議仲裁結果公布後，公開支持仲裁的國家有 43

---

[3] 依海洋法公約第 47 條規定，群島國可劃定連接群島最外線各島和各乾礁的最外緣各點的直線群島基線。在基線內屬內水或內海，不以公海視之。

圖 9-2　十一段線與九段線之 U 形線

資料來源：自由時報(2016/07/20 下載)

國，除美、日友邦外，主要就是東南亞國家，包括：馬來西亞、新加坡、泰國、
越南；反對仲裁結果有 58 國，除中國大陸友邦外，東南亞國家祇有汶萊、緬
甸；尤其南海爭議聲索國僅汶萊反對仲裁結果。由此足以了解，東南亞國家係
基於各自的國家利益，而不認同中國具有南海的歷史性權利。南海係公海，唯
有主權所在之島嶼始克以領土取得排他經濟區域(exclusive economic zone)和
大陸棚(continental shelf)；至島礁則僅可取得 12 海浬領海主權。是以東南亞相
關聲索國多因二次大戰後，政經逐漸穩定而繁榮，在國際地位亦能逐年提昇的
優勢條件下，乃提出具有南海島嶼的主權主張，甚至不惜一戰。越南與中國大
陸於 1979 年發生「中越戰爭」，即是因邊界和南海爭議而起。

中國大陸在南海的活動，雖一再強調維持「航行自由」(freedom of navigation)，但南海蘊藏石油的報告，於 1968 年見諸世面後，(毛正氣，2012) 更引起南海爭議聲索國的重視，比如菲律賓不僅否定中國的南海歷史權利，而且以群島原則爭取南海部分海域劃為內水。此外，即不惜興訟，訴之國際法庭仲裁爭端，以免中國的強勢談判而陷入不利之當事國。總體而言，不支持中國大陸的談判策略，以解決南海爭端的東南亞國家，就是南海島礁誰屬的聲索國，彼等與中國大陸的南海爭議，固有強弱之別，但運用各種國際場合非議中國，則時有所聞；尤其在美國宣示重返亞洲後，更是如此。

(三)菲律賓依海洋法公約聲請仲裁爭議加劇

儘管中國大陸與菲律賓曾有多次的協商，雙方承諾通過談判解決南海爭議，但菲律賓在美國的「重返亞洲」幕後支持盟邦的策略性選擇下，於 2013 年 1 月 22 日，單方面向常設仲裁法院提出「強制仲裁程序」。菲律賓此項不顧中國大陸早先不接受、不參與強制仲裁的聲明，固然係「挾美國以自重」的不友好行動，但其所提起的仲裁事項，卻是國際海洋法上的重要議題所在，包括：

1. 南海的海權爭議。
2. 中國九段線的海域主權法律效力。
3. 黃岩島的法律地位。
4. 低潮高地的法律地位。
5. 美濟礁與仁愛礁的誰屬。
6. 南薰礁和西門礁的誰屬。
7. 赤瓜礁、華陽礁與永暑礁的誰屬。
8. 中國妨礙菲律賓行駛排他經濟區和大陸棚。
9. 中國未阻止該國公民與船隻開發生物資源。
10. 中國妨礙黃岩島傳統漁業活動。
11. 中國未盡保護和保全海洋環境。
12. 中國對美濟礁的占領與建造活動。

圖 9-2　十一段線與九段線之 U 形線

資料來源：自由時報(2016/07/20 下載)

國，除美、日友邦外，主要就是東南亞國家，包括：馬來西亞、新加坡、泰國、
越南；反對仲裁結果有 58 國，除中國大陸友邦外，東南亞國家祇有汶萊、緬
甸；尤其南海爭議聲索國僅汶萊反對仲裁結果。由此足以了解，東南亞國家係
基於各自的國家利益，而不認同中國具有南海的歷史性權利。南海係公海，唯
有主權所在之島嶼始克以領土取得排他經濟區域(exclusive economic zone)和
大陸棚(continental shelf)；至島礁則僅可取得 12 海浬領海主權。是以東南亞相
關聲索國多因二次大戰後，政經逐漸穩定而繁榮，在國際地位亦能逐年提昇的
優勢條件下，乃提出具有南海島嶼的主權主張，甚至不惜一戰。越南與中國大
陸於 1979 年發生「中越戰爭」，即是因邊界和南海爭議而起。

中國大陸在南海的活動，雖一再強調維持「航行自由」(freedom of navigation)，但南海蘊藏石油的報告，於 1968 年見諸世面後，(毛正氣，2012) 更引起南海爭議聲索國的重視，比如菲律賓不僅否定中國的南海歷史權利，而且以群島原則爭取南海部分海域劃為內水。此外，即不惜興訟，訴之國際法庭仲裁爭端，以免中國的強勢談判而陷入不利之當事國。總體而言，不支持中國大陸的談判策略，以解決南海爭端的東南亞國家，就是南海島礁誰屬的聲索國，彼等與中國大陸的南海爭議，固有強弱之別，但運用各種國際場合非議中國，則時有所聞；尤其在美國宣示重返亞洲後，更是如此。

(三)菲律賓依海洋法公約聲請仲裁爭議加劇

儘管中國大陸與菲律賓曾有多次的協商，雙方承諾通過談判解決南海爭議，但菲律賓在美國的「重返亞洲」幕後支持盟邦的策略性選擇下，於 2013 年 1 月 22 日，單方面向常設仲裁法院提出「強制仲裁程序」。菲律賓此項不顧中國大陸早先不接受、不參與強制仲裁的聲明，固然係「挾美國以自重」的不友好行動，但其所提起的仲裁事項，卻是國際海洋法上的重要議題所在，包括：

1. 南海的海權爭議。
2. 中國九段線的海域主權法律效力。
3. 黃岩島的法律地位。
4. 低潮高地的法律地位。
5. 美濟礁與仁愛礁的誰屬。
6. 南薰礁和西門礁的誰屬。
7. 赤瓜礁、華陽礁與永暑礁的誰屬。
8. 中國妨礙菲律賓行駛排他經濟區和大陸棚。
9. 中國未阻止該國公民與船隻開發生物資源。
10. 中國妨礙黃岩島傳統漁業活動。
11. 中國未盡保護和保全海洋環境。
12. 中國對美濟礁的占領與建造活動。

13.中國操作執法船隻之不法航行。

14.仲裁開始後，中國加劇擴大爭端。

15.中國應尊重菲律賓在公約下的權利與自由。

上揭 15 項可分為三大類：

第一，中國在海洋法公約規定的權利範圍之外，對九段線內的水域、海床和底土所主張的歷史性權利與該公約不符；

第二，中國依據南海若干岩礁、低潮高地和水下地物提出的 200 海浬，甚至更多權利主張與該公約不符；

第三，中國在南海所主張和行使的權利，非法干涉菲律賓基於該公約所享有和行使的主權權利、管轄權、航行權利與自由。(吳士存，2014:28-29)

固然南海爭議已有數十年光景，但中越戰爭後祇是暗潮洶湧，直至 2013年菲律賓向常設仲裁法院聲請仲裁爭議後，始又見情勢之緊張。美國基於菲律賓長期盟友的立場，積極支援菲律賓的南海領土主權主張，並在不同的國際場合，非議中國大陸的南海活動，皆是肇致南海風雲日劇的原因所在。因之，南海爭議與其說是中國大陸南海活動引起，實不如指涉美國為行使「南海警察權」，而有興風作浪之嫌。

三、南海仲裁內容解析

本研究深信南海仲裁結果，對於東南亞政治穩定具有顯著的影響，嗣後相鄰國家如何和平相處，有必要深入了解該仲裁法院之裁決內容。因之，分析如下：

(一)仲裁庭組成爭議已起

2013 年 6 月 21 日，常設仲裁法院根據聯合國海洋法公約附件七的規定程序組成「南海仲裁案仲裁庭」，由加納籍法官 Thomas A. Mensah、法籍法官

Jean-Pierre Cot、波蘭籍法官 Stanislaw Pawlak、荷蘭籍教授 Alfred H.A. Soons
和德籍法官 Rüdiger Wolfrum 組成，並以 Thomas A. Mensah 為首席仲裁員。該
法庭所以受到來自中國大陸的質疑，主要係未有了解亞洲的亞籍國家法官或教
授參與仲裁，形式上係堅持司法獨立，但南海爭議聲索國較多，所涉國際爭端
備感複雜；尤其國際政治介入太深，宜有亞籍法官或教授參與仲裁，始可深入
了解爭議問題的核心；何況該仲裁庭成員，係由日籍院長延聘。其主觀的「反
中」傾向易有不夠中立的聯想。

　　基於上揭傳聞，該仲裁庭於宣判文件中，首就該仲裁法院的背景有所陳
述，並且肯認仲裁庭組成之合法性(legitimacy)，且在文中說明中國大陸缺席聽
證，所為裁決之理由有所陳述：

　　　　如爭端一方不出庭或對案件不進行辯護，他方可請仲裁法庭繼續進行
　　程序，並作出裁決，爭端一方缺席或不對案件進行辯護，應不妨礙程式的
　　進行。仲裁法庭在作出裁決前，必須不但查明對該爭端確有管轄權，而且
　　查明所提要求在事實上和法庭上均有根據。

此外，該仲裁文末，明示：

　　　　本仲裁涉及爭端的根源並不在中國或者菲律賓意圖侵犯對方的合法
　　權利，而在於雙方對各自基於公約在南海的權利有根本性的理解分歧。仲
　　裁庭指出，惡意之不可推定為國際法的基本權利，並指出附件七第 11 條
　　規定「爭端各方均應遵裁決。」

此項說明，對於仲裁庭的裁決具有固本的法律效果；亦即仲裁結果的法效力，
端在是否有執行的強制力。就此而言，該裁決固難以拘束中國大陸或臺灣，但
兩岸如何因應國際仲裁的趨勢，加強栽培海洋法人才，應是刻不容緩的教育課
題。

(二)仲裁庭忽略南海權屬聲索國參與意見

由本案的裁決文本，發現仲裁法官固然為求客觀，曾邀請南海爭議聲索國提出答辯意見，且曾參考專家學者意見，但該等意見究係如何提供佐證，卻未能詳加說明，卻出現「在庭審中沒有任何一個國家提出其自身的參與是必要的」，足見其他聲索國鑒於本案的高度政治敏感性，故意避重就輕；唯就本案最重要的聲索國之一，就是實際占有太平島的國家；亦即在臺灣的中華民國竟未獲得邀請參與庭審，甚至列為觀察員亦未予考慮，其有無偏頗之處，固不待言。

(三)仲裁內容

本研究限於時間匆促，僅就仲裁文本摘要版分析，併此敘明。

1. 不採納中國立場檔意見

由於中國大陸對於邊界爭議一向採當事國雙邊談判的模式，尋求解決爭議；何況中國大陸早先已與菲律賓簽訂宣言，承諾談判解決南海爭議。一旦菲律賓自毀諾言，向常設仲裁法院聲請強制仲裁，自不被中國大陸所接受。但仲裁法庭在裁決文本中，一方面肯認當事國一方缺席的裁決合法性；另一方面就中國大陸於 2014 年 12 月 7 日，發布的「中華人民共和國政府關於菲律賓共和國所提南海仲裁管轄權問題的立場檔」；即簡稱「中國『立場檔』」(China's Position Paper)。視為中國大陸認為仲裁法院「不具有管轄權」的立場，並認為菲律賓僅單方面提起仲裁，這一行為不能構成對該公約的濫用；從而未同意「中國立場檔」中相關的反對意見。此即說明該仲裁法院自我期許受理菲律賓聲請仲裁的合法性不庸置疑。問題是聲索國或當事國如已不參與國際仲裁，其過往的政治文件能否由仲裁法庭自行蒐集並引為證物。質言之，常設仲裁法院既係國際仲裁法院，即須依循「當事人進行主義」或稱「辯論主義」的司法判決原則，須由當事國或聲索國自行提供證物；該仲裁法院審理法官即無由逕自蒐集證物以為判斷佐證餘地。該仲裁法庭在文本中所引用「中國立場檔」的政治主

張或國際法見解，應以不論贊同或反對皆屬無效證物視之，始為具有合法性的形式裁決。

2. 忽視臺灣「法院之友」參考意見

對於仲裁法庭完全忽視臺灣在南海仲裁案的「聲索國地位」，不僅未邀請參與庭審，亦未函請提供南海島嶼的權屬意見或當地島礁的生態研究報告。因之，中華民國政府乃經由馬英九總統的專機抵達太平島登陸宣示主權，以及其他證明太平島是島不是礁的科學分析資料，以「中華民國國際法學會」；自稱「法院之友」(friendship of court)，函請該受理南海仲裁案之仲裁法庭收執參考。經比對裁決文本，發現該仲裁法庭並未參考太平島等南海島嶼的生態意見；尤其具經濟生活條件的資料未加採納，竟然蒐集學者數十年前的初步研究資料，以佐證太平島等島嶼係不適人居的「島礁」(rocks)，而非自然人早已久居的自然島(natural island)。此項否認太平島為島的裁決，係限縮太平島不具排他經濟區或大陸棚的「領土主權輻射範圍」。質言之，臺灣如默認該裁決，嗣後太平島附近的魚撈固然不受影響，但因不得以該島為基地而向外延伸的 200 海浬劃定為排他經濟區域和設定大陸棚，以至於太平島的 12 海浬領海固可確保，卻因而喪失龐大範圍的海下資源開發。應係絕不可默認的故意有誤裁決，旨在討好菲律賓聲索國。固然該案仲裁員的裁決動機，在司法獨立的原則下，並不宜多所臆測，但若干裁決的不合理性，甚至如同太平島之將島視作礁的「誤判」，卻不能不有特定「政治利益」的偏頗連想。

3. 逕作偏袒菲律賓聲請仲裁主張

常設仲裁法院所為南海仲裁案之裁決，究竟對聲請仲裁國菲律賓係完全勝方？抑或有得有失？學界論述不少。依國際法學者傅崐成看法，仲裁不承認 U 形線，嗣後菲律賓將會面臨中國大陸可深入菲方群島水域的任何一個角落，以行使傳統捕魚權[4]。因之，乍看似乎不利於中國大陸之政治主張。唯就仲裁裁

---

[4] 南海仲裁案發布後，中國大陸舉辦系列研討會，以聲討反對中國大陸主張之輿論。傅崐成即於參加研討會時，提出上述看法。詳見中時 2016/07/21 報導。

決內容之觀察，其可分為：

(1) 完全勝訴

①　仲裁庭接受當事雙方存在關於南海島嶼主權的爭端，但認為菲律賓提交仲裁事項並不涉及主權問題。審議菲律賓的訴求並不需要隱含判定主權問題，並且審議這些問題並不會促進任何一方在南海島嶼主權上的主張。

②　仲裁庭認為菲律賓的每一項主張均反映了一個涉及公約的爭端。該爭端在中國未明確陳述其立場的情況下，可以通過國家行為或沉默來客觀地推斷爭端的存在。

③　仲裁庭未接受中國立場檔中關於 2000 年中國大陸-東盟所稱「南海各方共同行為宣言」，導致菲律賓不被允許提起仲裁的意見。該仲裁庭認為該宣言係不具有法律拘束的政治性協定；該協定並未提供有拘束力的爭端解決機制，亦未排除其他爭端解決方法。因之，並不限制仲裁庭在第 281 及第 282 條下之管轄權。

④　仲裁庭認為其對審議菲律賓涉及歷史性權利的訴求與中國間涉及「九段線」具有管轄權。其裁決指出中國主張對「九段線」內資源的歷史權利，而非對南海水域的歷史所有權的結論。

⑤　仲裁庭審議了關於中國在南海主張的島礁的證據，並得出這些島礁均不能產生專屬經濟區主張的結論。

⑥　仲裁庭指出公約第 298 條的例外，係在菲律賓的訴求涉及中國的專屬經濟區內的法律執行活動的情況下方可適用。認為菲律賓的訴求只與自身的專屬經濟區域或者領海內的事件有關，第 298 條並不妨礙其行使管轄權。

⑦　仲裁庭認為中國對於資源的歷史性權利主張與公約對權利和海洋區域具體化的劃分不相適應；即使中國在南海水域範圍內對資源享有歷史性權利，這些權利也在與公約的海洋區域系統不相符合的範圍內，已經隨著公約的生效而歸於消滅。

⑧ 仲裁庭指出中國歷史上在南海海域的航行和捕魚，反映的是對公海自由而非歷史性權利的行使，並且沒有證據表明中國歷史上對南海海域行使排他性的控制或者阻止了其他國家對資源的開發。

⑨ 仲裁庭同意菲律賓關於自然狀態下黃岩島、赤瓜礁、華陽礁和永暑礁為高潮時高於水的島礁以及渚碧礁、東門礁、美濟礁以及仁愛礁為高潮時沒入水中的島礁的觀點。

⑩ 仲裁庭認為一個島礁的權利主張取決於 a.該島礁的客觀承載力；b.在自然狀態下是否能夠維持；c.一個穩定的人類社群或者不依賴外來資源或純採掘業的經濟活動。仲裁庭注意南沙群島的許多島礁正被不同的沿海國控制，目前官方人員在許多島礁上的駐紮並不能證明他們在自然狀態下維持穩定的人類社群的能力，並且認為關於人來居住或者經濟生活的歷史證據與這些島礁的客觀承載力更為相關。仲裁庭認定漁民對這些島礁的短暫利用不能構成穩定的人類社群的定居，以及歷史上所有的經濟活動都是採掘性的。仲裁庭認為南沙群島的所有高潮時高於水面的島礁(例如包括太平島、中業島、西月島、南威島、北子島、南子島)在法律上視為無法產生排他經濟區域或者大陸棚的「岩礁」(rocks)。

⑪ 中國侵犯菲律賓對其排他經濟區和大陸棚的主權權利；就相關島礁部分，仲裁庭認為中國在 2012 年 5 月以後，限制菲律賓漁民接近黃岩島的行為，違反了尊重他們傳統漁業權利的義務。

⑫ 仲裁庭認為中國漁民在南海以對珊瑚礁環境產生嚴重破壞的方法，大量捕撈有滅絕危機的海龜、珊瑚以及大硨磲。中國官方知情，卻未規劃依公約勤勉義務予以阻止。

⑬ 仲裁庭指出中國 a.在位於菲律賓排他經濟區內的低潮高地美濟礁建設了大規模的人工島嶼；b.對珊瑚礁生態造成了永久的、不可恢復的破壞；c.永久性消滅了關於島礁自然生態的證據。從而認定中國大陸違反在爭端解決過程中，爭端當事方防止爭端加劇和擴大的義

務。

(2) 敗訴

　① 仲裁庭不同意菲律賓對南薰礁(北)和西門礁地位的界定，並判定為高潮時高於水面的島礁。

　② 仲裁庭強調該庭不會決定黃岩島的主權歸屬；唯如菲律賓阻止中國漁民在黃岩島捕魚，則認為是菲律賓違反了尊重中國漁民具有傳統作業權利之義務。

四、南海仲裁後各國的政治反應傾向

由於南海爭議所肇致的當事國，形式上是東南亞國家，實質上是影響全球化的經濟資源開發國家；尤其是美國重返亞洲所帶動的軍事聯盟，更是動見觀瞻。因之，該仲裁案深獲世界各國重視，仲裁前後皆有相當醒目的國際政治活動。

(一)美、日主導的國家傾向支持裁決結論

菲律賓能不顧數十年來與中國大陸的緊密政經關係；尤其經濟貿易的夥伴，更是亞洲國家除韓國之外，所少見者，卻以攤牌的司法途徑聲請常設仲裁法院仲裁南海爭議。其背後的指導國家殆多指涉美國，並由日本促成。最近報導[5]，菲律賓聲請仲裁費用高達 3,000 萬美元，菲律賓要求美國 CIA(中央情報局)支付，即是一項支持說法。時任美國副總統拜登赴澳大利亞訪問[6]，在雪梨與澳洲時任總理特恩布爾及其他政要會面，強調美國會加強在亞太區的存在，維持太平洋國家地位。美國希望能在澳洲伴隨下，確保亞太地區穩定，促使中、

---

[5] 劉屏，「仲裁案菲國要 CIA 埋單」，中時 2016/07/21. A11。

[6] 2016/07/21 中時電子報。

日、韓等國家得以發展。此外，東南亞國協(ASEAN)相關會議於 2016 年 7 月底召開，時任美國國務卿凱瑞正在東南亞訪問，曾積極應用菲律賓、越南、馬來西亞及汶萊等東協會員國，亦是南海爭議權益聲索國，在南海互有矛盾之基礎上結為一體，以對抗中國大陸。固然大陸認為當下中國完全可以和東協 10 國，甚至南海的聲索國接觸，在南海仲裁案結果出來後尋求支持，但國際政治講求現實，大陸對此政治情勢宜有全盤策略，以資因應。

(二)中國主導的國家強烈反對裁決結論

此次南海仲裁案裁決結果公布後，支持中國大陸的「反裁決」國際輿論，其聲浪並不小於支持裁決者，甚至表態國家亦較多。問題是仲裁的裁決結果，係由第三方的國際仲裁庭作成，其在強調法治原則(rule of law)或依法治國的國際思維下，仍有其影響作用。中國大陸雖然頻頻於仲裁後舉辦研討會聲援「反裁決」，但其政治效果如何值得觀察。

本研究經由上揭裁決內容的分析，深信中國大陸對於該項裁決必能以「智慧解套」，以「實力捍衛」。質言之，運作國際媒體分析仲裁始末，並且強調中國南海政策係「開放航權」、「維護海權」做為宣導主軸，促使南海聲索國能體認南海資源係「陸地延伸海洋」，既然南海區域國家可以自己維護自己的海洋資源，就不宜借用外力，且犧牲自己的利益。此種區域主義(regionalism)的概念，並不是門羅主義(Monroe Doctrine)，而是維護區域和平最有效的途徑。中國大陸的崛起係南海和平的保證，而不是南海風雲的麻煩製造者。南海仲裁案的若干裁決，固嫌武斷，但裁決主張的合理思維，亦不容一味排拒。始能從中掌握裁決的「正面價值」。U 形線不被接受，中國漁民正可在南海龐大海域暢行無阻；此對菲律賓利益之損害，或許始料所未及。

(三)臺灣依固有疆域聲明太平島為主軸的權屬

對於南海仲裁結果，臺灣朝野的反應兩極，在朝執政黨為傾美，竟然屢有冷處理的行為語言；反之，在野國民黨則延續馬英九執政的政策趨向，主張強

勢護島。最近一篇名為：「臺灣是南海唯一受害者。」[7]即指出：

> 南海短期內基本上不會有什麼改變；南海仲裁唯一有影響的，可能是太平島被降格為礁，失去了 200 海浬的海洋經濟專屬區域，以後臺灣漁民到此捕魚可能會遭到菲律賓、越南的驅離和扣押。

此種悲觀論調固然未必如此。但南海諸島嶼係中華民國固有疆域，則是政府一貫的主張。就以當今執政的蔡英文政府，儘管基調與馬英九不同，但 7 月 12 日的總統府聲明：

> 中華民國對南海諸島及其相關海域享有國際法及海洋法上之權利。本案仲裁庭於審理過程中，並未正式邀請中華民國參與仲裁程序，也從未徵詢我方意見。現在，相關仲裁判斷，尤其對太平島的認定，已經嚴重損及我南海諸島及其相關海域之權利，我們在此鄭重表示，我們絕不接受，也主張此仲裁判斷對中華民國不具法律拘束力。
>
> 南海諸島及其相關海域主權屬於中華民國所有，這是中華民國的立場與堅持，我們絕對會捍衛國家的領土與主權，也不讓任何損害我國家利益的情形發生。
>
> 我們主張，關於南海的爭議，應該透過多邊的協商，共謀爭端的和平解決。我們也願在平等協商之基礎上，與相關國家共同促進南海區域之和平與穩定。

則有諸多「馬規蔡隨」的政策取向，正說明政黨外交的特性係一致對外，始為最佳策略選擇。

蔡英文政府已察覺國內對太平島冷處理的強烈反彈，乃在 2016 年 7 月 19

---

[7] 范湘濤，「臺灣是南海唯一受害者」，中時 2016/07/21.A10。

日，國安高層會議上，就南海仲裁案後續提出四原則[8]：

第一、南海爭端應依據國際法和海洋法，包括聯合國海洋法公約，以和平方式
　　　解決；

第二、臺灣應納入多邊爭端解決機制；

第三、相關國家有義務維護南海航行和飛越自由；

第四、中華民國主張應以擱置爭議、共同開發方式處理南海爭端，且願在平等
　　　協商基礎上，和相關國家共同促進南海穩定，保護並共同開發南海資源。

　　　蔡英文認為在上揭四原則下，應採取五項做法：

第一、捍衛漁權，強化護漁能量，確保漁民作業安全；

第二、多邊協商，請外交部和相關國家加強對話溝通，協商尋求合作共識；

第三、科學合作，請科技部開放科研名額，由相關部會邀請國際學者到太平島
　　　進行地質、地震、氣象、氣候變遷等科學研究；

第四、人道救援，請外交部和相關國際組織合作，讓太平島成為人道救援中心
　　　及運補基地；

第五、鼓勵海洋法研究人才：強化國家因應國際法律議題時的能量。

　　　此項蔡英文政府的政策取向，固係一項尚不失理性的政策規劃，但如何在
最短期間內的「有感」作為，則宜由下列途徑策進領土主權：

1. 蔡英文應以中華民國總統身分登錄太平島，宣示太平島為主軸的南海固有
   疆域。

2. 行政院責令內政部以太平島的「領陸基地」，劃定 200 海浬排他經濟區域和
   大陸棚。

3. 交通部偕同國防部規劃南海觀光，並以「東沙環礁國家公園」為觀光吸引
   物，太平島為活動主要景點，限量辦理旅遊。

4. 科研部門定期前往太平島或其他島礁採集自然和人文資料，以形塑「國家
   南海研究中心」的學術地位。

....

[8]　中央通訊社 2016/07/19 新聞稿。

5. 積極規劃和啟用太平島為南海人道救援中心。

五、兩岸南海島嶼權屬主張，形塑護島策略之選擇

　　中國大陸既已宣示「不接受」南海仲裁結果，在南海島嶼的領土主張上即依循「歷史權利」的基調，從事各項有裨於護島的策略運作。此項護島策略係以「九段線」為範圍，與臺灣的十一段線或有長短之分，但就其 U 形線的高重疊性而言，正是兩岸共同策進南海發展的思維基礎。

(一)大陸主張九段線內島嶼具有領土主權

　　中國大陸就南海諸島嶼的「領土主權」，係一貫的堅持歷史所有權。此項歷史性權利的宣示，雖說不被仲裁庭所肯認，但歷史性權利卻為領土取得設定一個新思維模式。中國大陸將東沙、中沙和南沙三大群島劃設九段線或稱 U 形線，以為「固有領土」範圍。形式上固有強權的若干表徵，卻是南海諸國易於分辨領土誰屬的「邊界」設定。一旦 U 形線不再是邊界所在，則南海島嶼的爭議勢必層出不窮。此係仲裁庭所思慮不周之處。

　　2016 年 7 月 12 日，中國外交部針對仲裁結果發表聲明，略以：

1. 2015 年 10 月 29 日，仲裁庭作出管轄權和可受理性問題的裁決。中國政府當即聲明該裁決是無效的，沒有拘束力。
2. 菲律賓單方面提起仲裁，目的是惡意的，不是為了解決與中國的爭議，也不是為了維護南海的和平與穩定，而是為了否定中國在南海的領土主權和海洋權益。
3. 仲裁庭行為及其裁決嚴重背離國際仲裁一般實踐，完全背離公約促進和平解決爭端的目的及宗旨，嚴重損害公約的完整性和權威性，嚴重侵犯中國作為主權國家和公約締約國的合法權利，是不公正和不合法

的。

4. 中國在南海的領土主權和海洋權益，在任何情況下不受仲裁裁決的影響，中國反對且不接受任何基於該仲裁裁決的主張和行動。

5. 中國政府將繼續遵循《聯合國憲章》確認的國際法和國際關係基本準則，包括：尊重國家主權和領土完整以及和平解決爭端原則，堅持與直接有關當事國在尊重歷史事實的基礎上，根據國際法，通過談判協商解決南海有關爭議，維護南海和平穩定。

其聲明旨趣乃在於肯認南海固有領土主權，絕對全力捍衛。當然身為世界第二大經濟體，在依法主治的原則下，要以和平手段解決爭端的政策取向，亦是可以想見之事。中國大陸的九段線看似公海與內水之別，其實正是中華文化經過後的軌跡，自當堅持。

(二)臺灣主張十一段線內島嶼具有領土主權

對於南海仲裁案，臺灣的蔡英文政府固然已在聲明中有意省略「十一段線」的領土主張，但十一段線係太平島的護身符，設無十一段線，太平島如何在二次大戰後接收?因之，本研究主張仍以十一段線為軸線或環線，線內為內水或內海固然不易為國際海洋法所接受，卻可作為臺灣與南海諸國建立夥伴關係的「重要籌碼」。分析如下：

1. 臺灣與大陸在南海政策上最一致之處，就是 U 形線；如能堅持此一政策執行線，則兩岸在南海資源維護與開發上皆有共同合作的基點。

2. 臺灣與菲律賓、越南，乃至於汶萊、印尼、馬來西亞、新加坡的南海大陸棚資源開發，所具有的強項即係長久以來臺灣在 U 形線內的科學研究成果；尤其石油探勘的經驗，在亞洲具有領先的地位。U 形線係合作的強項選擇，而不是製造領土紛爭的淵藪。

3. 臺灣 U 形線的領土主權宣示，係達致南海諸國合作的重要籌碼；尤其蔡英文主張「新南向政策」，其立基點就是南海 U 形線所形塑的資源開發軸線，

而太平島人道救援中心係其達成合作的可用平台。

(三)兩岸護島策略合則兩利，分則臺灣不受益

固然基於 U 形線，兩岸在南海護島策略上找到「合作平台」，問題是兩岸的「九二共識」，因蔡英文政府之成立而成為模糊，甚至兩岸民粹當道下，合作的機制停擺，對話的設計虛設。因之，際此南海合作面臨十字路口，兩岸的領導人如何以智慧化解分歧，將是南海仲裁後的重要發展課題。對於兩岸間的發展關係；尤其針對南海爭議，兩岸間如何選擇發展策略？基本上，可分為二種：一為兩岸摒棄成見，民進黨宣示認同「一中各表」的九二共識，則兩岸對話機制重新啟動，而南海區域發展的可能合作事項，亦將應接不暇，所謂「新南向政策」必可落實。二為兩岸堅持己見，民共對話機制中斷；即使海協、海基的二會亦成「已讀不回」的呆機狀態。在此情況下，即使兩岸間交流亦不可得；更遑論南海區域合作。南海爭議，兩岸因堅持不同意識形態而致「道不同，不相為謀」，臺灣因經濟體的受限，而致一籌莫展，將不是杞人憂天。三是運用中美矛盾，取得利益。蔡英文政府的兩岸政策被視為是模糊政策。此種模糊是否意含運用中美矛盾，以取得最佳利益，因事涉國安不易了解，但務必小心謹慎，始不致兩頭皆空。

基本上，兩岸間的最大公約數，就是「開發南海」，是以兩岸宜就第一種合作策略妥加規劃。蔡英文政府的內閣已非民進黨內閣，而係「專業內閣」，蔡英文任命多位部會首長皆為無黨籍，即在於擺脫民進黨的意識形態，而以多數民意為助力；即使公民社會(civil society)亦係協助角色，而非主導角色。相信兩岸間並未有不可合作的「不共戴天」的區隔；祇要全民皆能敞開心胸的接受一中各表的圖騰，而且將南海合作視為試金石，將是兩岸重啟善門的伊始。兩岸的領導人需要智慧，兩岸的合作尤需要真本事，始克由南海看到「兩岸合作的利基。」

六、結語：兩岸南海護島策略，如採合作模式，應為最佳理性選擇

關於南海仲裁案已因仲裁結果公諸於世，而更加了解國際政治的現實和投機，兩岸在此次仲裁中皆是受害者。時任大陸國臺辦主任張志軍呼籲兩岸合作捍衛國土，係一項影響深遠的政策合作宣示。兩岸面對南海諸島周邊國家的利益連合，甚至不惜訴之國際仲裁的舉措，當思其背後的國際政治運作。

此時蔡英文政府如能堅持太平島為基地的南海資源維護價值，在策略上採取最佳的兩岸合作模式，共同開發南海資源；尤其共同在 U 形線上策進必要的維護領土主權作為，相信南海仲裁案的不利影響將可降至最低。當然南海畢竟是公

圖 9-3

資料來源：行政院農委會漁業

海，週邊的國家如何和平發展；亦是兩岸可以形塑夥伴關係的重要思維。理想的發展亦如圖 9-3 所示。至盼兩岸政府合作開發南海，並將南海視為兩岸促進合作的平台。

參考書目

王冠雄(2016)，〈後仲裁時代，慎守南海太平〉，聯合報，2016/07/12 .A15。

丘宏達(2015)，《現代國際法》，臺北：三民書局。

吳士存(2014)，《中菲南海爭議十問》，北京：時事出版社。

李英明(2016)，〈太平島是臺灣的眼睛〉，中時，2016/07/20 .A10。

林滿紅(2016)，〈太平島歷史文獻，記載水豐宜居〉，聯合報，2016/07/17 .A12。

姜皇池(2015)，《國際法導論》，臺北:新學林出版社。

紀俊臣(2015)，《觀光行政與法規》，臺北:國立空中大學。

紀俊臣(2016)，《南海爭議與海洋法公約資料彙編》。

范湘濤(2016)，〈臺灣是南海唯一受害者〉，中時，2016/07/21 .A10。

孫揚明(2016)，〈忍令南方國界消失?〉，中時，2016/07/21 .A10。

孫揚明(2016)，〈憲有「U 形線」豈容蔡政府模糊〉，聯合報，2016/07/16 .A13。

馬英九(2016)，〈因應太平島危機的建議〉，聯合報，2016/07/16 .A5。

高聖惕(2016)，〈不涉劃界的劃界鬧劇〉，中時，2016/07/12 .A10。

傅崑成(2016)，〈U 形線其實是誤判的邀請〉，中時，2016/07/12 .A10。

曾復生(2016)，〈劃太平島經濟區域，兩岸雙贏〉，中時，2016/07/20 .A10。

黃介正(2016)，〈仲裁結果只是南海風雲序曲〉，中時，2016/07/12 .A10。

黃年(2016)，〈太平島顛覆了台獨論述〉，聯合報，2016/07/16 .A13。

劉屏(2016)，〈仲裁案：菲國要 CIA 埋單〉，中時，2016/07/21 .A11。

聯合國常設仲裁法院(2016)，〈南海爭議仲裁中英文全文〉。

社會責任篇

拾、直轄市政府政治社會化與公民社會：臺中市改制直轄市的經驗分析

紀俊臣

銘傳大學公共事務學系客座教授

一、前言：直轄市政治社會化係形成公民社會的關鍵因子

　　臺灣自 2014 年 12 月 25 日起，在土地面積僅有 3 萬 6,000 平方公里的中小型國家中，即有六個直轄市(municipality)。此種地方自治團體(local self-government body)直屬中央最高行政機關的設計，本係基於政治地位特殊，社經發展優秀，所為之特別區劃。學理上直轄市除非位居首都地位，經濟發展重鎮，社會文化據點外，並不宜全面設置。臺灣竟然捨棄先前「三都十五縣」之政策規劃[1]，而在 2010、2014 先後兩次核定設立 5 個直隸行政院的直轄市。由於臺灣六個直轄市的土地面積(10,899.62　km²)祇占臺灣總土地面積 36,192.8155 km²的 30.12%，但人口數卻高達 16,033,308 人，竟占全臺灣總人口數 23,315,822 人的 68.76%。因之，臺灣可謂之都市國家(urban state)(紀俊臣 2016：24-25)。既為都市國家就應形塑都市國家的特質，此就六個直轄市本身

---

[1] 馬英九在出任總統之前，即一貫主張「三都十五縣」的行政區劃政策，但出任總統後，因內政部經由修改地方制度法途徑，核定直轄市之設立，竟致縣(市)改制直轄市之申請毫無控制餘地。

言之，即應積極由政治社會化的途徑，發展都市國家的政治生活，展現文化系絡，並且建構公民社會的市民意識，從而呈現現代的公民社會文化生活模式。

由於 2010 年 12 月 25 日，新生的直轄市已有二屆民選直轄市長的宣誓就職，並且已有 10 年的政治生活。其在建構「公民社會」的政治社會化(political socialization)作為上，究竟如何社會化？目前距離公民社會的「空間差距」如何？值得大家關注。茲以臺中市為例分析之。按臺中市係政府重劃行政區劃過程中，不論陳水扁當政的民進黨執政時期，抑或馬英九政府的國民黨執政時期，皆將之列為改制直轄市的優先都市；就在 2009 年 6 月 23 日，內政部審查「縣(市)改制直轄市」前夕所為之全國性民調，臺中市亦以最獲國人支持的優勢，全票通過申請改制案。因之，本研究乃將臺中市列為檢視改制直轄市的政治社會化作為，藉以檢測該市公民社會的政治生活機能，應有其學術研究意義。

二、直轄市政治社會化是社會行銷工具

本研究所稱「政治社會化」(political socialization)，係指在既定社會中，政治文化(political culture)的傳送過程，其多發生在個人和社會間。其所獲致的政治文化，將包含多元的政治概念和取向(political ideas and orientation)。此項政治社會化日久對於個人和制度都會構成影響，而政治社會化的媒介(media)，就是家庭、學校、媒體，乃至政黨。當然政府新聞發布單位，亦是很重要的媒介。自由百科就認為家庭、媒體、同儕、教育、宗教、信仰、種族、性別、年齡和地理等皆是媒介。彼等對於個人政治價值和意向皆有不同程度的影響。Diana Owen 就指出政治社會化是二十一世紀公民取向(citizenship orientation)形塑的過程，她認同多數學者主張政治社會化是在既定社會化中，針對新生一代的公民，所為政治文化的傳達過程[2](Owen 2008)。由於政治文化所涵蓋的層

---

[2] Political socialization is a messy , in some ways elusive , process. Broadly constructed political

面可分為社會、國家、國際等層次，以致政治社會化的作為，政府部門的角色
反而顯得重要；尤其公民社會形成過程中，導正視聽或宣導多數人認同的公共
政策，如無政府部門以「正義」(justice)和理性(ration)為宣導思維架構，社會
必然在多元思維中愈趨分歧，終致激烈分子成為社會的動盪因子，乃至恐怖世
代的走進社會。

　　可惜，政府部門受制於世代溝通的障礙影響，已較少設計政治社會化工
具，反倒應用「行銷」(marketing)的觀念進行雙線溝通(two-way communication)；
此即是政治行銷(political marketing)、社會行銷(social marketing)。所稱政治行
銷係指政治人物對於民眾在爭奪政治資源過程中的宣傳作為；亦即政治人物將
資源的提供場域視為市場，經由媒介的宣傳，打動民眾的共鳴，從而認同和支
持各該政治人物的政治主張，並以實際行動聲援或授權各該政治人物的政治行
為(political behavior)。至說社會行銷係指「社會觀念和其所涉及之產品規劃、
定價、溝通、分配和行銷研究等估算能以承受影響的設計、執行和控制過程。」
[3](Kotler and Zaltman 1971)；亦指公部門對於社會公共事務，為使其民眾接受和
認同，所為之宣傳行為。其與政治行銷類同，旨在宣導政府部門所推廣的施政，
期能獲得所轄民眾的支持，一方面提升民眾對其施政滿意度；另一方面贏得下
次選舉的勝出機會。唯與政治社會化則有顯著的不同，前者旨在爭取執政的機
會，係利己的溝通行為；後者係就特定的政治文化所為溝通過程，係利他的溝
通行為。但在民主社會；尤其公民社會(civil society)，因社會行銷係政治市場
的常態，甚至任何政治文化之傳布，亦隱含政權之取奪目的，是以政治社會化
已逐漸不再是政治市場的應用載具，甚至形成政治社會化係社會行銷乃至政治
行銷的附加價值而已。本研究則將其視為工具價值；亦即指謂政治社會化是政
治行銷的工具。蓋政治行銷係政治人物在政治競爭場域中的最後目的，其所進

---

socialization is the transmission of political culture to new generations of citizens in a given society.

[3]　Social marketing is the design , and control of programs calculated to influence the acceptability of social
ideas and involving considerations of product planning , communication , distribution , marketing research.

行的形式上政治社會化作為，只是附加價值，乃至政策工具而已。

(一)政治社會化具社會行銷功能

　　由於政治社會化一方面係將社會化由「形成公民」的概念，轉化為一種學習過程，即將社會化對政治穩定的關係，轉變為社會化對個人政治發展的關係；另一方面，則是將學習的心理反應，轉化為社會解釋構架，亦即家庭固然是社會化過程中的重要媒介，其他許多社會機制亦係影響政治學習的重要因子；而政治社會化的目的，就在於世代傳遞(Jennings and Niemi 1974：19-47)。其實政治社會化中以國家社會化(state socialization)最具政治性，其經由內化(internalization)的學習過程，強化國家的意識，鞏固政治信仰，形塑規劃性政治文化，構建政治系統。其關係如圖 10-1 所示。

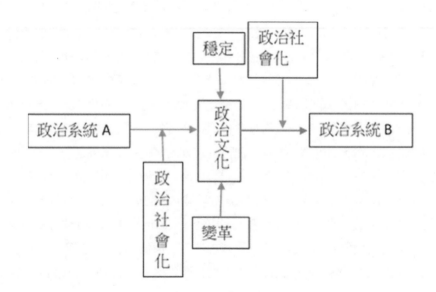

圖 10-1　政治社會化與政治文化、政治系統之關係

資料來源：本研究繪製

由圖 10-1 中可知政治系統的變動基礎，係政治文化，而政治文化能否穩定或變革係政府或政治團體運用政治社會化加強政治教育，獲致心理認同、贊同國家規劃的政治系統，所形塑的政治機制。基本上，政治社會化在變動過程中，係最具影響作用的心理支援機制。政治系統宜善用此項機制，以形塑政治文化，並因而改造既有的政治系統，促使政治機制之持續運作。

政府自 2010 年 12 月 25 日，新成立四個直轄市後，各該新生直轄市能否依照核定的改制直轄市計畫發展，固然關係第一屆直轄市長的政治生命，但最重要的是，直轄市的區域治理核心城市地位，亦在此期間能否強化政治社會化，以爭取直轄市民之機制認同和社區參與(community participation)，從而展現新生直轄市永續經營的發展願景。因之，政治社會化在直轄市設立初期，實有其值得研究的機制運作地位。唯擔任第一屆直轄市長者，殆以如何爭取連任為施政規劃前提，其所為施政計畫與原先改制計畫未必一致，此因改制計畫未必係擔任第一屆直轄市長所規劃，而即使是其所規劃，亦可能因政治考量；尤其財政分配影響，而另有不同於改制計畫的施政計畫。對於核定的直轄市改制計畫，本當以政治社會化途徑，加速改制計畫之執行，卻另謀爭取連任而有新的施政規劃。此即以「社會行銷」的媒介工具，以進行具有競爭性的政治資源分配。

本研究擬以臺中市為個案，檢視該市在胡志強擔任改制直轄市第一屆市長時是否就其所規劃的改制計畫，視為第一屆市長施政計畫主要內容，在施政計畫上列為優先推動的計畫項目。如能依改制計畫推動該市之中程計畫或年度計畫；即以「政治社會化」途徑強化市民的「新市思維」，並且內化而形成新市的政治文化，以穩固直轄市之政治系統。

如不能以改制計畫為施政計畫優先項目；亦即以爭取連任為主要施政，則其所為之「宣傳」或稱「宣導」，即是為爭取政治資源的「政治行銷」或「社會行銷」。所稱「政治行銷」係指應用 4Ps[4]行銷模式理論，在政治市場中競爭

---

[4] 所稱 4Ps 係行銷管理學所指涉行銷的四個因子，包括：product(產品)、promotion(促銷)、place(通路)

政治資源分配的行銷過程，如圖 10-2 所示。政治人物為在競爭政治環境中，能得到支持，針對不同程度的支持選民分成各種訴求對象，包括：支持者、游離選民(floating voters)或對手(opponents)，依行銷項目分成產品：政黨形象、領導人形象，主張(manifesto)；促銷：宣傳、廣播、公共關係、郵件；通路：地方工作、競選活動(canvassing)、引領旅遊；價格：經濟、心理、國家的需求和作為。此謂政治人物亦可擴大為政黨或政治團體；反之，社會行銷仍以 4Ps 為基礎，如圖 10-3 所示。唯由該圖可發現社會行銷(social marketing)比政治行銷複雜，在面對環境所考量亦不限於政治競爭一項，包括：經濟、政治、技術、文化等，社會行銷的變遷機制包括：研究和規劃單位。其規劃變項，固然仍是 4Ps，但各行銷因子內含較政治行銷多些。其行銷通路，包括：大眾或特定媒體、付費媒介、志願團體和組織；所指涉市場包括：初始、第二、第三，甚至更多的標的市場。是以本研究既係針對直轄市的施政作為，實不宜只限於政治行銷之著重於政治競爭一項分析，乃以社會行銷探討之。由新生直轄市的多元服務項目，以及政府部門企業化所應用的顧客導向，新公共管理(new public management)理論已為主張公民導向的新公共服務(new public service)理論所取代，可設想地方行政部門對於厚植地方發展能量的利他思維，並不能完全由爭取連任的利己思維所取代。質言之，新生的直轄市，其行政首長除臺中市胡志強、高雄市陳菊曾規劃和設計改制計畫外，其他新北市朱立倫、臺南市賴清德及 2014 年 12 月 25 日始改制直轄市的桃園市，其改制計畫亦非鄭文燦所主政。各該直轄市改制計畫是否落實在各該年度計畫中，如以政治社會化做為其社會行銷的工具檢驗，應可符合學術研究的倫理。

和 price(價格)。因之，簡稱 4Ps。此外，尚有 6Ps；即加 politics(政治)、public relations(公共關係)；尚有主張 8Ps，即在 4Ps 外加 people(人民)、process(流程)、physical evidence(環境)、productivity & quality(生產力和品質)

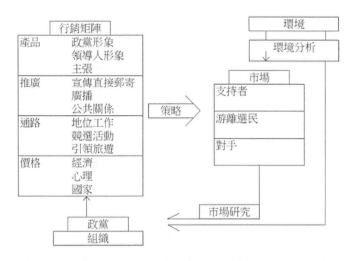

圖 10-2　政治行銷過程

資料來源：Niffenegger(1989).

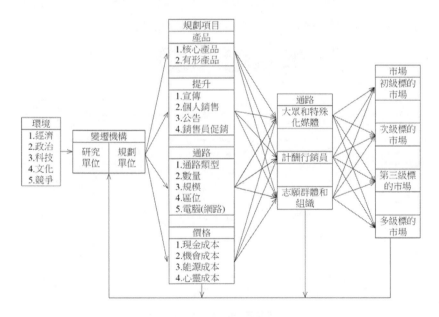

圖 10-3　社會行銷規劃系統

資料來源：Kotler & Zaltman (1971)

(二)政治社會化的宣導途徑與對象

　　直轄市係區域治理的核心都市，而前行政院經建會於 2010 年 2 月經行政院核定所規劃的「國土空間發展策略計畫」方案(行政院 2010.2.22 院台建字第 0990002926 號函核定)，係以各該直轄市為軸心的城市區域(city region)理論為基礎，企圖建構北北基宜、桃竹苗、中彰投、雲嘉南、高屏、花東及澎金馬七個發展區域，北、中、南三大生活區域。因之，各該新生直轄市的總體施政目標，主要在於「強化城市區域競爭力，推動成長管理」。包括：1.強化城市區域空間網絡架構，規劃重大基礎建設布局；2.集約開發運輸廊帶地區，避免空間發展無序蔓延；3.實施成長管理，透過空間緊實發展提高宜居。」唯就國家國土空間發展策略之總目標為：「塑造創新環境，建構永續社會‧」創造臺灣成為具備：1.安全自然生態；2.優質生活健康；3.知識經濟國際運籌；4.節能減碳省水等項國土發展願景。此即新生直轄市，乃至既有直轄市、縣(市)的最高空間規劃原則；亦即各直轄市在進行施政規劃的最高指導原則。

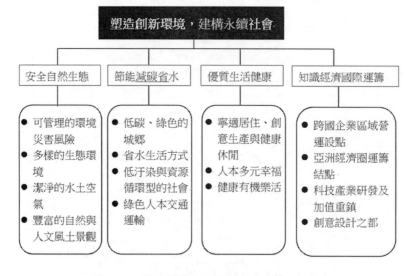

圖 10-4　國土空間發展策略之願景與目標

資料來源：國土空間發展策略計畫(核定本)摘要(2010.2)

　　各直轄市應將上揭國土空間發展策略之願景與目標，列為施政最高指導原則，並落實在各該直轄市的年度施政計畫中；易言之，2010 年、2014 年先後通過五個直轄市，其改制計畫固然係各該直轄市政府的施政計畫主要標的之一，但國家的總體國土空間發展策略計畫，亦係各該直轄市政府的施政指標項目。對於此等施政要項如何獲致各該直轄市議會支持，同意納入年度預算或連續性特別預算，就要善用社會行銷工具。唯就該類不僅是爭取連任的公共議題，就應以「政治社會化」作為途徑；就是應用類似「國家社會化」的概念進行「地方社會化」(place socialization)。此稱國會社會化依 Alderson 的看法，係指國家在國際體系中進行內化規範的過程。其所稱內化包含三個不同過程：1.行為個體信念的轉變；2.具政治性，乃經由國家內部行為者施展政治壓力與勸說的效用，迫使政府服膺特定的國際規範；3.規範的內化，取決於規範能為國家內部制度結構，提供的獲益大小(Alderson2001:415-433)。政治社會化媒介能掌握國家社會化的特性，在地方政府推動社會發展(social development)的過程中，以地方的可用媒介，諸如：家庭、學校、社區；尤其社群網站，將地方政府的施政理念和國家政策相結合，且如 Olsen 所指出在鄉村或都市採取不同的社會化模式(rual-urban pattern of socialization)(Olsen 1975)，將使地方發展和國家發展的差距逐漸縮小，在都市甚至可以因條件優勢而超前完成國家總體發展規劃。

　　關於該等新生直轄市應用「地方社會化」的途徑，針對不同的族群而採取不同的「地方社會化」策略；甚至可以認為地方政府在進行「地區行銷」(place marketing)時，即能掌握地方社會化的要領，將直轄市改制計畫有規劃的展開架構式行銷。二十一世紀是網路的世代，年輕世代已是低頭族群，人手一支手機，政府部門如能經由 APP、Facebook、Line、WeChat 等社群媒介，對即將推動或正在推動的政治工程，以特殊的宣傳技巧，傳布給年輕市民族群，其所獲致的閱聽效果必可提昇，自能爭取支持；亦能將時尚公共議題內化為年輕族群關心的公共議題。不僅熱烈參與，而且透過正反之討論，研訂更具支持度的施政課題。

　　臺北市和新北市，乃至臺中市已在推動參與式預算(participant budget)。雖說新制伊始，尚難分析成效，但政治工程；尤其社會工程、基礎工程皆所費不貲，非政府編列預算無以維續。因之，直轄市政府固已編列為數龐大的社會福利預算，但弱勢族群未能獲致福利設施的效益，卻也時有所聞，足見政府在社會福利尚有諸多不足之處。此際的直轄市政府，如能率先施行試辦性參與預算，即係強化雙線溝通的重大社會化途徑。類似的政治參與、社區參與模式，係二十一世紀社會行銷的工具。地方政府有規劃的宣導政治工程，有績效的推動社會工程，促使地方社會化與國家社會化相結合或相呼應，地區行銷與社會行銷相互表裡，各該直轄市將很快可看到行政績效。

(三)政治社會化在社會行銷的可行途徑與績效服務

　　過去臺灣批評大陸空氣汙染嚴重，甚至認為臺灣的沙塵暴來自大陸，但近幾年經由學界的研究，已完全改變過去的看法；本土的汙染遠比大陸的沙塵暴嚴重許多。所稱「PM2.5」係指 2.5 微米的懸浮粒子(atmospheric particulate matter, particulate matter (PM), particulates)或懸浮微粒，正在汙染空氣，導致臺灣空氣品質惡化，而且山區或公園都不例外，甚至如臺北市大安森林公園係臺北市 PM2.5 最嚴重地區。由上揭例子說明地方政府；尤其直轄市政府在當下進行政治社會化，其經由社會行銷的可行途徑為何？本係一項不易回答的問題。

　　不過，直轄市長的以身作則，卻是最有效的社會行銷，而如 2016 年 1 月至 2 月，臺北市長柯文哲騎單車一日南北雙城的社會行銷，乃至「二二八紀念日」竟出走紀念會騎單車一日南北雙塔的社會行銷，彼等騎單車者並身穿世大運體育服裝，即是社會行銷包裝政治社會化。就社會行銷而言，係展現超人體力，厚植未來政治生命力的基礎；而在政治社會化方面，就是宣導國民體育、世大運及環保，此係國家施政的重點。柯文哲能以個人意志的力行推廣，不僅具有地方社會化意義；亦有國家社會化意義。又如 2016 年 2 月 6 日，規模 6.4 地震，導致臺南市維冠金龍大樓倒塌事件，救援期間長達一星期，市長賴清德親自坐鎮指揮，不眠不休，甚至不換衣服，不脫換開口笑布鞋，亦是一種「個

人行銷」，一方面表現個人忠於職務負責任的態度；另一方面亦引發國內外人士的共鳴，捐款竟多達 40 萬筆，共收到 35 億新臺幣。即是很有研究價值的政治社會化與社會行銷相結合的案例。

基本上，政治社會化是直轄市在公民社會盛行之際，仍不可忽略的宣導工具。試想臺灣的政治社會化在國家認同、族群認同的分歧，政治文化的混淆，以及政治系統的轉型間，如不應用政治社會化以導正視聽，直轄市將是「政治對立」的受害者，且是最大的受害者。此時此刻，直轄市應研擬市民的最大公約數項目，從社會行銷中看到社區社會化的成果。基本上，儘管社區民眾可以有不同的政治主張或立場，但對於認同國家、服膺憲政，力行民主的「社會化」標的，在民主國家應做到無可爭議，才是憲政主義(constitutionalism)的實踐。

各該直轄市務必在第一屆即有好的開始，但檢驗 2014 年 11 月 29 日，直轄市「三合一選舉」，卻發現臺北市、新北市；尤其臺中市，規劃改制計畫的執政黨，卻不能如同臺南市、高雄市的由規劃改制計畫政黨取得勝選。臺中市規劃市長甚且落選，此究係中央政府執政不力，肇致敗選?抑或執政的直轄市長之社會行銷；尤其政治行銷未能善用改制計畫之主要標的，以致政治社會化的行銷作用不彰，甚至出現反制的「負功能」(dysfunction)所致，實值得研究。新生直轄市，除桃園市仍在第二屆外，其餘新北、臺中、臺南及高雄等四市，已邁入第二屆。除非市長係新當選(臺中市)，否則第三屆的直轄市長宜將改制計畫的施政項目；尤其與國土空間發展策略計畫相關的各項政經工程，應用「關鍵績效指標」(key performance indicators:KPI)的績效管理方式，逐項列管和考核。誠然，直轄市的公務人員服務素質，與國家公務人員的服務品質，理論上並無差異，所不同者在於服務的標的，而政府領導模式卻有政治人格特質的差異，以致績效服務可能出現顯著不同的情形，此係直轄市在社會行銷所當妥適運用之處。

本研究所以主張應用 KPI 進行施政計畫之績效管理，以提昇服務效能，係著眼於政府施政要領，宜採行例外管理(management by exception)。對於例行事務則授權基層人員全權處理，再由中層人員考核；至於影響深遠的改制計

畫，舉如:國立中等學校改隸直轄市辦理；國立醫院改隸直轄市辦理，皆係重要施政變革計畫，如限於地方財政困難，可由研考單位列入管考，分階段進行改隸事宜；如採 KPI，即可依使命(mission)、目標(objective)、重點計畫(major project)、預定進度(given degree)、實際進度(real degree)，形成績效管理體系(紀俊臣 2016:251-262)。此種管理工具早已為國內企業管理系統所普遍使用；近些年中央或地方政府亦已逐年引用中，直轄市更宜全面實施。不僅政治社會化的分析依據；即使是社會行銷準據，亦可應用該項管理工具，始可獲致合理的評量，以提昇地方行政之服務績效。

三、臺中市改制直轄市，以推動政治社會化，促進公民社會的形成

由於 2010 年縣(市)改制直轄市，係於 2009 年 9 月 1 日，經內政部公告行政院核定改制計畫為準據，始得於 2010 年 12 月 25 日正式改制直轄市[5]。臺中縣(市)即依此一核定程序，經合併改制直轄市，第一屆直轄市市長胡志強，於 2010 年 12 月 25 日宣誓就職，其宣誓就職演說應是該市推動政治社會化的基礎；其次是該市議會第一屆第一次定期會大會市長施政報告，亦係研究該市進行政治社會化的主要依據。第一屆市長推動政治社會化的成效似可經由該市民間組織的活動；尤其非政府組織(NGO)或非營利組織(NPO)對於市政的支援，以及是否形成社區意識(community consciousness)並進而形塑公民社會,凸顯臺中市在新公共服務的機能中做一評斷基點；本研究亦以此做為關注之聚焦。

---

[5] 桃園縣係於 2012 年 11 月 23 日，內政部審查通過改制直轄市，經行政院於 2013 年 1 月核定，並經內政部公告改制計畫，於 2014 年 12 月 25 日正式改制為桃園市。

(一)新舊社區經由政治社會化，以形成社區意識

臺中縣(市)申請改制直轄市的意願，公開化係自 2002 年 11 月，原臺中市議會第 15 屆第 2 次定期會決議：「同意臺中市升格為直轄市，升格方式請中央決定。」至 2009 年 4 月 21 日~22 日，臺中縣(市)議會先後召開臨時會，審查「臺中縣(市)合併改制直轄市改制計畫」，前後長達 8 年之久，所以曠日費時如此之久，即臺中縣(市)分離歷史久遠，合併的利益衝突，至為明顯；尤其政治利益的分配，臺中市政治人物必然不易同意與臺中縣合併。蓋臺中縣人口較臺中市多達 50 萬人，一旦合併，政治資源或將傾向原臺中縣轄區，此係該二縣(市)合併最大的政治利益衝突。因之，合併伊始，即須就此社區意識的形塑多所宣導，此應係市政政治社會化的首要課題。該市改制計畫固然就此「政治板塊」(political territory)的移動早有所分析，但該計畫卻認為此種影響應為短期的，一旦整合成功後，將更有利於該市未來之發展。

此項形塑社區意識的政治社會化任務，由第一屆市長胡志強於 2010 年 12 月 25 日的就職演說中，就以「上梨山，迎曙光」為題有所陳述，指出：

當然，我們也不能因為縣市合併的美好願景，而忽視了眼前的挑戰。縣市合併固然可以發揮加乘戰力，合併的過程也可能像兩個家庭聯姻，即使兩情相悅，追求幸福美滿的目標也一致，但在現實生活中仍難免經歷一段時間的磨合適應，才能培養默契、異中求同，越來越順心！俗語說「想修成神仙眷屬，必先當柴米夫妻」，可見連一個家庭，都得先克服日常生活「柴米油鹽醬醋茶」等諸多平凡卻又重要的大小問題，才能截長補短、相輔相成，漸入佳境。縣市合併，自然也不能不有如此的心理準備。

有人擔憂合併會帶來巨大的改變，甚至對未來感到疑慮不安。舉例來說，臺中縣市合併後行政單位以北高為模式，原有的鄉鎮公所變成區公所，這的確是一種「改變」，民眾的憂慮也其來有自。不過，儘管合併前

後的細節千頭萬緒，需要克服的困難也層出不窮，我們還是要以民眾的感
受為最主要的依歸。就算是公務員在某些方面感到不方便，也不能讓民眾
感到不方便。在各種變化之中，永恆「不變」的是我們盡全力服務全民的
基本使命。公務員的「調適」雖不可免，但我們不能讓民眾因為我們的調
適心態與作為，而失去笑容！

　　讓我再重覆一次，縣市合併後的最高價值，就是要更能站在民眾的角
度設想，只要是能增加民眾便利度與滿意度的作為，就是直轄市政府的應
有作為，更是我們全體公務同仁一致的目標。

　　升格初期或許可能會造成民眾一些不便，以前也確實曾有改制後至少
會「亂」一段時期的說法。可是，如果我們循序漸進、按部就班地妥善整
合，就不應該會有「亂」的問題。大臺中市府團隊的同仁要即刻就位、用
心運作，減少過渡期摸索、磨合的時間，盡全力做到「無縫接軌、無縫服
務」，讓市民對我們有信心。

但此種口頭保證，如不能由行動上展現對臺中縣(市)民眾的心理建設，任
何服務上努力成果皆可能事倍功半。

2011 年 2 月 23 日，胡志強在臺中市議會第一屆第一次定期會大會做施政
報告，曾強調：

　　對市民來說，縣市合併後的最高價值，就是要更能站在民眾的角度設
想，提供更好的服務與追求本市最大的進步。只要能增加市民便利度與滿
意度的行政作為，就是政府應有的作為，更是^{志強}與市府全體同仁的一致
目標。雖然眾所周知的財務問題，的確是我們面臨的極大挑戰，但我們不
能坐失為民謀福的良機，^{志強}會一方面努力改善財政，也同時大力推動建
設。

胡志強似擬以「大力推動建設」途徑，進行縣(市)合併的心理建設，就以

該次施政報告，即有以下幾項事涉縣(市)合併之建設規劃：

1. 臺中縣市合併改制效應發酵，2010 年可說是臺中百貨業的豐收年。

2. 縣市合併改制直轄市及兩岸三通等利多，促成大臺中市 2011 年公告土地現值，全市平均上漲 8.48%。

3. 考量縣市合併後幅員遼闊，民眾洽公需長途往返奔波，為拉近民眾與市府洽公空間距離，並評估各區地理位置及鄰近交通是否便利等因素，全市設置六大聯合服務中心，以提供大臺中民眾在地便民服務。

4. 在縣市合併後，市府文化局遷移至新市政中心，其轄下在全市設四大文化中心，兼顧城鄉文化均衡發展。

5. 市府研考會配合縣(市)合併改制作業，整合原臺中縣 1999 話務系統，繼續提供服務，民眾在臺中市任何區域內撥打 1999 專線，都無須付費。

6. 為提升商業登記收件服務品質，市府經濟發展局除於新市政中心一樓聯合服務中心設置商業登記收件櫃臺提供服務外，並派員分別於陽明、山城、屯區、海線及北臺中等五服務中心，提供市民便捷商業登記收件諮詢服務。

7. 臺中縣(市)合併後有關財產(即土地、土地改良物、動產、有價證券及權利)資料，亟待市府各機關學校完成產籍資料整併及入帳管理；其中土地已登記建物及權利部分尚需由各財產接管機關向所轄地政機關完成所有權移轉為市有、管理機關變更為改制後各機關學校名稱等事宜，以利掌握市有財產全貌。

8. 臺中市在改制直轄市後，市府警察局組織比照北、高二直轄市組織架構，惟與臺北市相較，市府警力編制尚嫌不足，缺額尚有 398 人待補實。

9. 合併改制後的臺中市幅員遼闊，以地形來說境內有海岸、平原與高山，不同地貌也孕育出不同景觀資源，推動觀光旅遊產業，正可展現「1+1 > 2」的加乘效果。

10. 在縣(市)合併後，原臺中市 4 處觀光遊憩區，原臺中縣境內 2 個國家風景區、2 個國家公園、2 個公營觀光區、1 個縣級風景特定區、2 個森林遊樂區及 2 個民營觀光區，合計 15 個觀光旅遊景點。

11. 合併後臺中市的非都市地區擴大，專業消防人力略有不足。當災害發生在山區、海域與鄉村地區時，需要借重民間消防力量積極參與協助。

12. 中市幅員寬廣，轄境內區域排水系統數量達 127 條，其相關基本資料繁雜，加上經濟發展快速，環境及土地利用大幅變遷或改變，卻有整合以資料系統替代以往紙本資料之需求，藉由地理資訊系統各項應用功能，該市應建置市管區域排水系統圖資與查詢系統，以為未來規劃及工程執行權重效益評估之依據。

13. 臺中縣(市)於合併後，已經成為中臺灣就學、就業、消費、醫療最重要的樞紐，並躍升為擁有海、空港的國際級都會城市，未來的發展潛力不容小覷。無窮潛力得以實現的關鍵之一，在於能否提供人才與產業的安全生活環境。

14. 合併改制後，中市設置客家事務委員會，以統籌各項客家事務。當下第一要務就是保存客家語言及文物，讓山城地區以外的客家子弟也可以學到客語。全力推動客語成為官方語言之一，讓客家人到公務單位洽公可以用母語暢行無阻。

15. 合併後的臺中市轄區內海、陸、空港各項運輸系統完備，一日生活圈儼然成形，未來將持續配合中科的開發及兩岸通航政策，躍升為更耀眼的國際級都會城市。

16. 繼縣(市)合併所推出的 7 條路廊幹線公車後，中市再釋出大眾運輸利多政策。全國首創並實施多年的火車免費轉乘市區客運，將新增 18 站，增添設置轉乘辨識機，讓市民享受轉乘公車之優惠。

17. 原臺中縣與臺中市因居住環境及人口型態不一樣，部分社會福利及服務措施也有所差異。經調查原臺中縣、市現金及福利服務共有 22 項補助標準有所差異，為提供民眾最佳、最適切的現金及社會福利服務，市府皆儘量採最優原則辦理。

18. 縣(市)合併後，中市身心障礙人口數總計為 10 萬 8 千多人，約占全國身心障礙人口 107 萬 1 千多人的 10.1%。身心障礙者因身體結構及功能損傷，往

往生活不便。政府應以積極態度協助身心障礙者解決交通問題，打造國際標準無障礙環境，讓身心障礙者生活於愛心幸福城市。

19.縣(市)合併後中市區域廣泛，對日常生活亟需協助的身心障礙者而言，使用福利資源卻不可因此更難。因此，設置一個便利性服務中心，更顯重要。為提高身心障礙者使用社會福利資源的就近性及便利性，市府社會局設置 7 處身心障礙者社區資源中心，以提供全人性、在地性、整體性、持續性的服務。

20.在縣(市)合併後，為達資源共享及照護更多設籍中市年滿 65 歲以上長者，市府衛生局增編 1,100 萬元預算採購疫苗，希望藉由肺炎鏈球菌多醣體疫苗接種，降低老人因感染肺炎導致嚴重併發症或死亡的病例，不僅維護老人健康，更能減少醫療費用支出，增進家庭幸福。

經由上揭施政報告，發現第一屆市長已將改制計畫或改制後都市發展焦點課題，列為施政重點，且編列一定預算實施。此在政治社會化的推動上應有其作用；質言之，臺中縣(市)合併改制直轄市，就形成大臺中市的「社區意識」之社會化而言，第一屆市長已有好的開始。此項「地方社會化」任務，如能經由社會行銷應可獲致更好的「內化」效果。

(二)政府組織改造透過政治社會化，以了解政府的積極作為

　　縣(市)合併改制直轄市，依地方制度法及地方行政機關組織準則相關規定，其組織編制及員額均與原縣(市)之規制不同。質言之，縣(市)改制直轄市後，其所成立直轄市政府，係以「組織改造」(organizational invention)的方式，重新建構。

1. 組織

　　依上開地方行政機關組織準則第 10 條規定，直轄市政府置市長一人，對外代表該市，綜理市政；置副市長二人，襄助市長處理市政；人口在二百五十萬以上之直轄市，得增置副市長一人，職務均比照簡任第十四職等，由市長任命，並報行政院備查。此外，直轄市政府置秘書長一人，由市長依公務人員任

用法任免之；置副秘書長、參事、技監、顧問、參議，由市長依法任免之。第十一條規定，直轄市政府一級單位為處或委員會，其一級單位及所屬一級機關，人口未滿二百萬人者，合計不得超過二十九處、局、委員會；人口在二百萬人以上者，合計不得超過三十二處、局、委員會。

直轄市政府一級單位及所屬一級機關首長，除主計、人事、警察及政風主管或首長，依專屬人事管理法律任免外，其餘職務均比照簡任第十三職等，由市長任免之。前項一級單位得置副主管，所屬一級機關得置副首長，除法律另有規定外，均由市長依公務人員任用法任免之。第 12 條，直轄市政府一級單位下設科、組、室，最多不得超過九個，科以下並得設股。直轄市政府所屬一級機關內部輔助單位不得超過六個；所屬二級機關輔助單位不得超過五個。第 13 條，直轄市之區設區公所，置區長一人、主任秘書一人；人口在二十萬人之區，得置副區長一人，除法律另有規定外，均由市長依公務人員任用法任免之。區公所內部單位不得超過九課、室，但區人口在四十萬人以上，未滿五十萬人者，不得超過十課、室；人口在五十萬人以上者，不得超過十一課、室。

2. 編制及員額

地方行政機關組織準則第 21 條規定，地方行政機關之員額，包括各該地方行政機關公職人員、政務人員及訂有職稱、官等之人員。直轄市……山地原住民區公所所屬各一級機關及所屬機關之員額，由直轄市……山地原住民區公所於其員額總數分配之；所屬二級機關之員額，由所屬一級機關於其員額總數分配之。第 22 條，直轄市政府之員額總數，除警察及消防機關之員額外，依下列規定設置：

(1) 125 萬人以上～未滿 175 萬人：不超過 6,500 人
(2) 175 萬人以上～未滿 225 萬人：不超過 7,200 人
(3) 225 萬人以上～未滿 275 萬人：不超過 9,000 人
(4) 275 萬人以上～未滿 350 萬人：不超過 11,700 人
(5) 350 萬人以上：不得超過 13,860 人

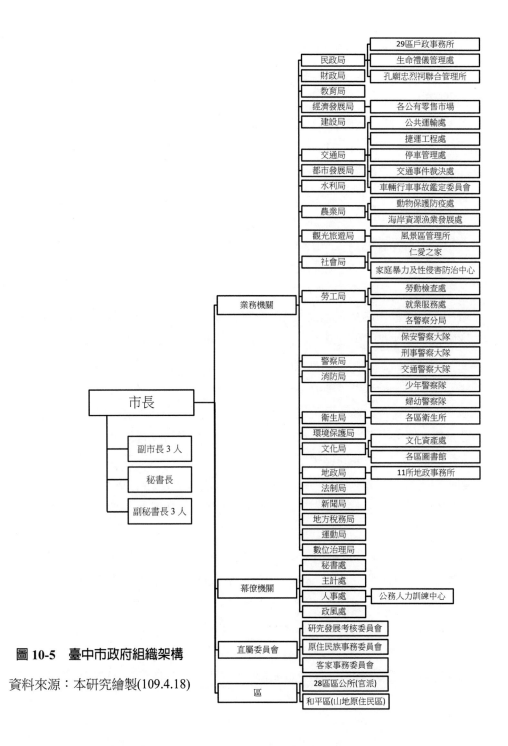

圖 10-5　臺中市政府組織架構

資料來源：本研究繪製(109.4.18)

　　依上揭法定組織、編制及員額之規定，臺中市制定「臺中市政府組織自治條例」及其編制表。茲依業務機關與幕僚機關性質及一、二層所屬機關類別繪圖，如圖 10-5 所示。

　　就臺中市現有土地面積 22,148,968km² 人口至 2020 年 3 月底止，為 2,816,667 人，人口密度 1,271.69 人／km²，依規定除警察、消防外，其總員額為 9,000 人，法定總員額如指臺中市現有預算員額(含教師)為 36,250 人，實際任用員額 36,234 人。如將此項進用員額視為利於直轄市的最適規模，對一般市民而言，可能就有若干質疑之處，諸如：現有局處是否太多？冗員是否太多？人事費用是否占預算比例太高？有無精簡空間？該等問題在改制伊始，即形成問題，固然很難想像，但何以如此？即是對政府組織改造沒有信心，當然政府政治社會化不足，亦是主要原因。

　　臺中市以直轄市的法定地位，不僅扮演中臺灣的核心都市角色，且是臺灣走向國際化、全球化的重要基地。其如何以「城市區域」的理論發展區域治理的機能？當然如何以直轄市的身分展現直轄市的特質，尤其重要。因之，臺中市的組織健全，將是未來發展無限的條件。就目前的組織結構，應係規劃上之最適規模，但市政府對直轄市新政府機制的社會行銷卻有所不足，其實如何提升行政效能，係市民最期盼之市政服務課題之一，而應用政府改造進行政治社會化亦是改制伊始，必要的行銷事項。臺中市在此方面的政治社會化，應係此時仍顯必要的地方社會化課題，實當持續策進，以形成市民認同的「公共服務」機制，自能內化為生活上必要的公共服務平臺，從而形塑協力治理的地方治理模式。

　　唯有市民認同市府的服務機制，始能感受到市府的行政服務績效；質言之，行政部門固然要研究創新，改革服務作為，並積極增進服務績效，但服務績效係相對的概念，如民眾能認同市府服務機能，從而肯定或嘉許服務作為，始能真正感受服務的績效行政(performance administration)功能。臺中市(縣)合併改制第二屆市長林佳龍對於市政發展固然充滿信心，但 2016 年度地方預算卻因為在野黨的杯葛，而致不能在定期會中完成立法。林佳龍在市政業務上之

政治社會化，如能經由社會行銷推動，或許成效會明顯些，讓民眾感同身受，亦是市政行銷之新作法。2016 年度預算經由市長的大力推動社會行銷，其中尚有若干政治社會化的「政治作用」[6]，終致 2016 年度預算完成立法，足見社會行銷如能以政治社會化包裝，效果會更好。

(三)改制直轄市願景，須應用政治社會化，以強化民眾認同和結合

根據 2010 年臺中縣(市)合併改制直轄市計畫，該市的總體空間發展願景係促進臺中市的國際化，以使臺中市成為「全球重要城市」；亦即建造臺中市為「世界都市」(world city)。該世界都市的願景擬由下列空間發展策略實現：

1. 朝多核、六軸的環狀空間發展模式

(1) 多核心：舊市區、新市政中心、水湳經貿園區、捷運機廠、鎮南休閒園區、中科等發展核心。

(2) 六軸：臺中-豐原、臺中-大雅、臺中-臺中港、臺中-彰化、臺中-南投、臺中-太平。

(3) 環狀
   A、內環：五權路(小內環)及忠明路(大內環)
   B、中環：文心路
   C、外環：環中路

2. 打造 6 大中心、延續 12 大建設

(1) 優質人文中心
   以居住環境及藝文水準的提升作為兩大目標，強化住宅及社區營造，並使文化建設內涵更多元化。

(2) 中部區域行政中心

---

[6] 如研考會柳嘉峰主委舉例指出，缺乏一、二預備金及災害準備金，將使臺中市暴露於風險中，無法救急救災；而新興計畫如營養午餐品質提升、老舊校舍補強、圖書館開放夜間閱讀、各區道路修補等小型工程款、清潔人力增補、農作物天然災害補助等，均無法動支，直接影響人民生活安全與品質。(見 2015.12.28 全國廣播)

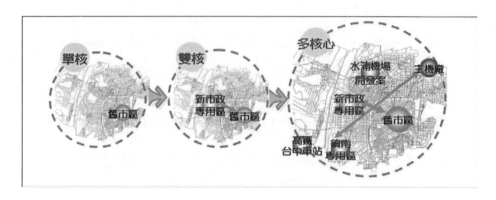

圖 10-6　臺中市空間發展進程

資料來源：2010 臺中市改制直轄市計畫

　　爭取中央部會在臺中設置，使臺中市成為中部區域行政中心，分散首都行政功能。

(3) 多元服務都會中心

　　因應中部區域的成長強化區域中心機能，提供多元的商業服務，並逐漸發展成為國際性商業城市。

(4) 創新科技研發中心

　　結合學術資源，設置科技研發園區，促進產業升級，成為綠色矽島的中部研發基地，使科技產業與服務業成為臺中市經濟發展的雙翼。

(5) 綠色景觀生態中心

　　利用大坑風景區、大肚山風景帶、河川、綠園道等為臺中市建構大型開放空間系統，除提供市民休閒遊憩場所，並作為動植物之棲息場所，並保留占臺中市 1/5 面積的大坑風景區作為臺中市的後花園，一塊自然的綠地特區。

(6) 便捷交通運轉中心

　　利用臺中市居中的地理位置優勢，將臺中市發展成臺灣及兩岸的交通樞紐，成為陸海空網路通的交通運轉中心。

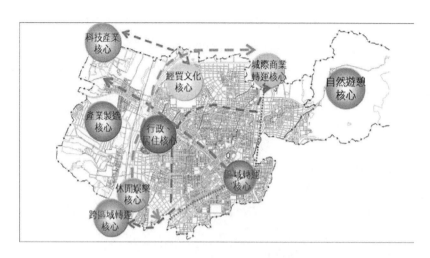

圖 10-7　臺中市空間發展結構

資料來源：2010 臺中市改制直轄市計畫

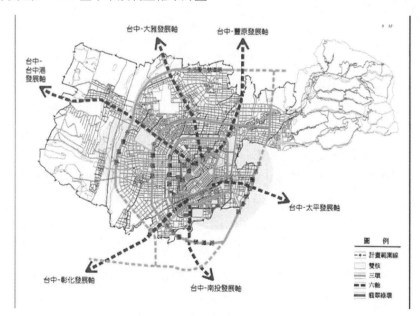

圖 10-8　臺中市空間發展軸線

資料來源：2010 臺中市改制直轄市計畫

上揭願景和空間發展規劃係臺中市在提出縣(市)合併改制直轄市計畫的重要施政藍圖，除第一屆以次市長，須在年度施政計畫或其他連續預算之施政計畫中，列為優先規劃和施作的重大計畫作為外，最重要就是經由政治社會化成為全體市民共同的「都市發展願景」(The Vision Of Urban Development)。因之，市府的研考會應與新聞局充分合作，將施政願景做為改制後的政治社會化重要內容；復以「社會行銷」的途徑，將施政願景轉化為行銷 4Ps 中的產品(products)，俾強化市民的政策認同與資源結合的吸引物(attractant)。一旦列為施政重點，即須以 KPI 進行績效管考，促其一如規劃逐項實現，從而逐步邁入世界都市之林。

四、臺中市改制直轄市應用政治社會化，以形塑公民社會作為檢視

固然「公民社會」概念的出現，本係人民對政府不滿，認為人民有權對抗，所為之社會運動，但經非營利組織的運作後，公民社會已經由實體(entity)的應用，而對政府的作為構成影響力。近十數年來，由新公共管理走向新公共服務的公共行政，主張「公共治理」(public governance)的治理理論，取代公共管理的管理理論，即是著眼於「治理」所意含的「公民參與」(civil participation)，對公共領域的影響作用。公民社會已成為二十一世紀行政部門服務績效的最後裁決者。蓋政府的創新績效，需要社群的認同，而政府經由治理途徑所謂協力合作，更是強化行政績效的必要過程。公共行政學者提出(陳金貴 2016)：

> 面對公民社會興起的事實，政府不能再以民眾的不滿視為個別案件，要從整體社會的角度，來了解民意的變化，除了本身官僚們應有相關的訓練外，公共政策需要透明化、公開化及課責化，避免閉門決策，以結合政府的施政理想和民眾的真正需求來規劃政策，才能受到民眾的歡迎，政府

的施政才會受到肯定。

因之，檢視直轄市的施政作為；尤其改制計畫之政治社會化，對形塑公民社會的核心價值應有其貢獻。因之，由公共行政的觀點，公民社會係由民眾和非營利組織所構成的公共領域，旨在維護自身的權益，以集體的意見表達和行動，追求共同的利益(陳金貴 2016)，從而形塑有正義和是非的參與式政治文化。基於此一思維，本研究即在深入探討公民社會就改制直轄市的計畫，是否已能全面策進；尤其改制計畫是否已成為直轄市長的施政藍圖內涵，備感重要。

(一)政府對基層的政令宣導

由臺中市的歷屆市長施政報告，發現「傾聽基層」的工作，雖然都責由民政局規劃，但施政報告卻未賦予必要的重視，以致除第二屆市長林佳龍在該市議會第二屆第二次定期會將此項施政成果列為報告首要事項外，並未見到其他具體的實施成效[7]。林佳龍在 2015 年 8 月 5 日至 25 日，在臺中市分 9 場次辦理「行動市府新政說明會」，如表 10-1 所示。在施政報告中，曾指出，市長率副市長及局處首長，分 9 場次與議員、里長、市政顧問及地方仕紳等辦理說明會，以使市民對市府所推動之各項福利措施及市政建設有深入之了解。該項傾聽基層聲音，不僅係市府日後施政參考之重要依據，而且因獲議員(或議員助理)全力支持而全數出席外，里長出席率達 85%，市政顧問出席率 87%，總出席人數近 5,000 人，會中建議案件亦達 451 件。此種「雙線溝通」係市政政治社會化的具體行動，固然有社會行銷的潛在目的，但政治社會化的工具價值，卻是形塑公民社會的基礎。

---

[7] 本研究曾於 2016.3.5 電詢胡志強任內之民政局長王秋冬，其指出每年里長座談會係以區為單位。由市長或副市長主持，每年參與里長皆非常踴躍，績效尚稱良好。

表 10-1　「行動市府 新政說明會」場次表

場次	行政區	主辦公所	辦理日期
1	清水區、梧棲區、沙鹿區	清水區	8月5日(三)
2	南屯區、西屯區	南屯區	8月11日(二)
3	大甲區、大安區、外埔區	大甲區	8月13日(四)
4	大肚區、烏日區、龍井區	大肚區	8月13日(四)
5	豐原區、石岡區、東勢區、新社區、后里區	豐原區	8月18日(二)
6	北屯區、北區	北屯區	8月19日(三)
7	霧峰區、大里區、太平區	大里區	8月21日(五)
8	潭子區、大雅區、神岡區	潭子區	8月24日(一)
9	東區、南區、中區、西區	西區	8月25日(二)

資料來源：臺中市議會第二屆第二次定期會市長施政報告(2015.10.8)

　　就臺中市 100-103 年度民政局施政白皮書中所載，該局有鑑於該市在合併前，臺中縣與臺中市生態上的顯著差異，為使改制後各項行政作為及行政業務迅速步入常軌，乃致力於區政的改革，並協助區公所策進里事務之增進，希望改制無縫接軌。唯行銷工作則未予適當的規劃。此在林佳龍執政後，或因社會行銷愈顯重要，乃有若干改進措施。

　　關於基層意見反應的途徑，除里長座談會外，尚可經由社區發展協會座談、公寓大廈管理委員會座談、計程車駕駛座談，乃至社群媒體的傳介，而蒐集到社會底層的意向，用以研擬公共事務的作為方案。就第一屆市長任內如能就改制直轄市計畫與社會基層溝通和互動，藉以積極蒐集民間反應，並且依基層意向研擬公共議題之實施方案，不僅改制計畫可以內化為市民的共同願景，而且社區參與的意願會更積極。此係政治社會化的必要過程，如能善加包裝，而由社會行銷的途徑，提供市民了解，或許 2014 年臺中市長選舉的結果會有所不同。

　　固然本研究所關注的是長期利多的政治社會化功能，而非短期的社會行銷效果，但基層意見反映管道，則是相當值得重視的政治社會化通路。臺中市長

如能掌握基層的聲音,即不必憂慮地方菁英(local elite)所構建的公民社會的「反
對」或「抗爭」或「抵抗」的聲音,甚至因公民社會的形成,而得以借力使力,
促使公民社會成為地方行政機關的合作夥伴。地方的治理於焉形成,公民社會
的公共服務,亦得以在臺灣生根茁壯。

(二)政府在媒體的行銷

　　二十一世紀的多元媒體令人眼花撩亂,但媒體的傳播功能卻更加多元,其
不僅是具有傳輸的功能;亦有服務作為和教育強化的功能。但直轄市在媒體的
應用上,固然不敢有所輕忽,卻不得其法,甚至在施政報告上避諱不敢言及。
臺中市在改制直轄市前後,皆是大眾媒體(mass media)的寵兒,五個直轄市中
除臺北市因係首都所在地,亦是媒體的駐在地,自屬媒體取材的主要選擇地
外,其他四個直轄市當以臺中市最受青睞,經常贏得印刷媒體國內要聞版面;
就是電子媒體亦不遑多讓。此固係市長胡志強個人的政治明星魅力;以及其敢
於對抗中央政策的政治性格所致。胡志強的行銷模式與第二屆市長林佳龍大同
小異,不但有媒體傳播的 SWOT 分析,其在新聞局政策白皮書更提出「建立
優質都市形象,提昇城市競爭力與國際知名度」為施政願景,並以:1.推動全方
位行銷策略;2.創造主題化行銷議題等二策略,強化社會行銷,但其成效似乎
與連任失敗成反比;亦即至少政治社會化為工具部分,尚不能內化為市民的政
治人格中,以致公民社會的興起,竟成為連任失敗的間接原因所在。此方面林
佳龍顯然較為符合該市青年群眾之喜好,遂能於 2014 年市長選舉中勝出。
　　林佳龍的市議會施政報告固如前任胡志強,在市議會報告中對於改制計畫
媒體作為,未曾多所陳述,但在市府「施政白皮書」新聞篇,則有完整的策略
規劃。其在「整合媒體資源,促進城市行銷效益」一節中,曾利用 SWOT 分
析工具,說明臺中市的「社會行銷」條件,如表 10-2 所示,由表中可看出臺
中市社會行銷的內環境或外環境各有擅場;換言之,臺中市政府的社會行銷並
非完全不如其他直轄市,只在於臺中市政府本身的作為。因之,林佳龍提出下
列行銷策略:

1. 推動全方位行銷策略。
2. 創造主題化行銷議題。
3. 建立市府與媒體良性互動，進而提升市政宣傳力量。
4. 建構即時化、多元化及數位化的新聞服務機制。

表 10-2　臺中市第二任市長應用 SWOT 工具分析媒體功能

外部環境	
威脅T	機會O
1. 中央資源分配不均，影響中市重大建設的推動與都市發展。 2. 國內媒體習慣「從臺北看天下」，中市在全國競爭環境與國際舞臺曝光機會失衡。	1. 即將完成捷運，可提升城市競爭力。 2. 重要景點係當下新聞議題，有助提升曝光率。 3. 位居中臺灣具發展潛力。 4. 持續辦理國際活動，提升都市形象。

內部環境	
劣勢W	優勢S
1. 各機關的都市行銷欠缺一致性認知。 2. 媒體費用太高，運用行銷困難。 3. 促銷作為，難見整體成效。 4. 行銷欠缺整體規劃。	1. 贊助機制已見成效。 2. 賡續結合資源辦理公益及活動。 3. 整合行銷，已累積經驗。 4. 爭取舉辦國際活動，提升都市形象。

資料來源：臺中市政府新聞局施政白皮書(2015.4)

　　上揭媒體行銷策略，如能將改制計畫的後續措施，以及因應氣候變遷的政治作為，結合公民社會所出現的「公民參與」意願和「社區意識」傾向，自能強化臺中市的改制作為能力，以體現改制直轄市對市民的正功能所在。

　　自 2014 年以來，受到「公民社會」理念的影響，直轄市逐漸重視「參與式預算」(participant budget)的實施，2016 年預算已有臺北市、新北市、桃園市、臺中市及高雄市施行，雖然規模都不很大，以免排擠正常預算之編列，但

此係直轄市重視基層的具體作法；亦是反應公民社會的新措施。學界已有多起研究案在進行分析。[8]事實上，參與式預算之催生，媒體扮演很重要的角色，亦說明媒體在新生事務的積極社會行銷功能。

(三)政府在教育機構的宣導

學校係政府推動政治社會化最重要的媒介，但臺灣近些年來的教育，卻因藍綠的政治分歧，而在政治社會化方面受到許多制約，以致學校政治社會化功能越來越看不出其所可能凸顯的顯性功能或稱正功能。本研究由臺中市100-103 年度的教育局施政白皮書，雖於前言中，標舉朝向「卓越、創新、視野、公義」的教育目標，達成「新城市、新思維、新教育」的教育願景，培育「自信自在、適性發展」的好市民，「誠實寬宏、關懷社會」的好國民，「明理深思、愛護自然」的世界公民，但具體做法則容有再規劃和充實的空間，舉如該白皮書對於縣市合併後的城鄉教育資源差距，雖有若干檢視和整合，但成效如何卻未曾在施政報告中看到具體的成果說明。

培育世界公民的理念，應無疑義，問題是具體的作法如何?就臺中市改制直轄市後，一再標示「國際化」的施政目標，其在教育措施上即須適當的配套，始克逐年逐項達成。國際化(internationalization)或全球化(globalization)的前提或配套就是全球在地化(glocalization)，臺中市教育機構的政治社會化，最感欠缺的即是全球在地化的規劃，此在 100-103 年度教育施政白皮書隻字未提，而第二屆市長林佳龍時代的 104-107 年度施政白皮書，亦復如此。教育局曾明示「將公民素養的內涵融入學校本位課程，成為全市課程發展的特色。」係未來的挑戰課題，卻未見到具體的落實作法。固然社會行銷事涉敏感，但以政治社會化成為內涵或是為工具的社會行銷，臺中市應可再強化些。

---

[8] 如新北市即有學者以問卷方式進行實徵研究，以提供政府施政參考。見聯合報 2016.3.5 B 版。

(四)政府經由政黨的社會化

政黨係培育公民意識的重要媒介，其甄拔政治人才的功能，最為明顯。臺灣的政治精英(political elite)已由過去的停留在省(市)層次，逐漸由地方移至國會層次，此在 1970 年代；尤其 1990 年萬年國會議員全面退職後更是如此；亦在此一時期後，國民黨與民進黨形成激烈政治競爭態勢。理論上執政的政黨經由政治社會化宣導政治理念，本係政黨政治的常態，但臺灣卻有許多意識形態不僅不易形成全民共識，甚至是藍綠政黨對立的護身符，以致執政黨所宣揚的政治主張，不僅不易被全民認同，甚至是在野黨攻詰的內容；在野黨在野時的政治主張，一旦執政後可能另有政治考量而改絃易轍，或是降低激烈的意識形態或廢棄既有圖騰，以獲取政治的妥協，此或許是政黨推動政治社會化困難之處。

近些年，臺灣陷入本土與非本土之爭，此係其他國家所未曾有的政治衝突，更令人不可思議者，即 2016 年初以來，最時興的「轉型正義」(transitional justice)正在無限上綱。其實轉型正義係走向正義的過渡模式，設無此認知而進行政治社會化，係民粹主義而非民主法治主義，將顛覆公民社會的本旨。直轄市宜在關鍵時刻經由政黨的最和平社會化途徑，建構維護基本人權的機制，促使不正義→轉型正義→正義，終致民主化的公民社會之來臨。臺灣的政治社會化如能有此素質，相信臺灣社會將可趨向和諧境地。

五、結語：臺中市改制直轄市，須經由政治社會化，以強化公民社會意識

經由上揭的討論，發現臺中市在縣(市)合併改制直轄市的過程中，應用政治社會化工具，以強化制度變遷(institutional change)的機制認同。儘管第一屆市長胡志強已有所作為，此由其就職演說或由市議會施政報告中，可看出若干

具有發展性的作為，但容有再強化社會行銷之處。第二屆市長林佳龍雖甚少提及臺中市改制直轄市之必要作為，但其在政治社會化的應用；尤其將政治社會化充做社會行銷的工具方面，則有較好的策略規劃。此就當下需要強化公民意識，健全公民社會發展機制方面，實有其必要之處。

　　儘管已有好的開始，但受限於在野黨變執政黨或執政黨變在野黨的政黨輪替過程，若干需要強化機制變革的認同意識，卻始終不能成為政治社會化的重要內容，甚至成為禁忌。此係臺灣在政治社會化或社會行銷中，甚難克服的「行銷障礙」，則有待直轄市能本諸社會化旨在強化公民意識，維護正義的基本原則，持續漸進，以健全民主法治機制。臺中市在這方面應當仁不讓，以成為直轄市形塑公民社會的典範。

參考書目

紀俊臣(2011)，《直轄市政策治理:臺灣直轄市的新生與成長》，臺北：中國地方自治學會。

紀俊臣(2016)，《都市國家:臺灣區域治理的策略選擇》，臺北：中國地方自治學會。

陳金貴(2016)，〈公民社會在公共行政領域的發展趨勢〉，《文官制度專刊》，8(1):1-18。

臺中市(1999)，〈臺中縣(市)合併改制直轄市計畫(行政院核定本)〉。

行政院經濟建設委員會(2010)，《國土空間發展策略計畫(核定本)》。

臺中市政府(2011)，《臺中市政府 100-103 年度施政白皮書》。

臺中市政府(2015)，《臺中市政府 104-107 年度施政白皮書》。

吳乃德(1999)，〈家庭社會化與意識形態:臺灣選民政黨認同的世代差異〉，《臺灣社會學研究》，3:1-23。

吳乃德(2006)，《轉型正義和歷史記憶:臺灣民主化的未竟之業》，《思想書刊》，2:1-34。

Owen, Diana (2008), Political Socialization in the Twenty-first Century: Recommendations for Researchs. Paper presented for presentation at "the future of civic education in the 21st century" conference.

Kotler, Philip & Gerald Zaltman. (1971), "Social Marketing: An Approach to Planned Social Change", *Journal of Marketing*, 35:3-12.

Niffenegger, P. (1989), "Strategies for Suceess from the Political Marketers". *Journal of Consumer Marketing*, 6:45-51.

Tennings, M. Kent., and Richard G. Niemi. (1974), *The Political Character of Adolescence: The Influence of Familities and Schools*. Princeton: Princeton University Press.

Alderson, Kai. (2001), "Marketing Sense of State Socialization", *Review of International Studies*, 270:415-433.

Wring, Dominic. (1997), "Reconciling Marketing with Polotical Science: Theories of Political Marketing", *Journal of Marketing Management*, 13:651-663.

拾壹、勞資關係與公共政策的制定與執行：一例一休政策的社會互動

紀俊臣　銘傳大學公共事務學系客座教授

摘　要

2016 年以來，臺灣的勞資關係即因國定假日何去何從爭論不休，國民黨與民進黨各有不同方案，國民黨甚至因方案不獲勞動團體廣泛支持而失去執政的機會。民進黨在 2016 年 5 月 20 日完全執政後，歷經半年的折衝，始提出「一例一休」的執政方案，其他政黨，如國民黨、時代力量主張「二例」；亦即一週勞工放假二日，而民進黨則是形式上「週休二日」，實質上，分為一日以例假日放假，另一日以休息日放假，其不休假之加班費計資不同。

由於民進黨在立法院占有絕對優勢席次，乃以強勢的手段不待公開辯論，即過半數通過「一例一休」方案。在新修正勞動基準法明令公布施行後，發現該機制對資方固然因加班費大幅增加，而有諸多變通的方案，勞方因資方的因應作法，實質上享受不到新制度的實惠。此外，社會因勞資爭議，而有民生物價上漲的隱憂，形成資方、勞方、社會，乃至政府皆未獲其利的「三輸」；甚至「四輸」的窘境。

固然蔡英文政府已提出若干因應措施，但皆屬治標而非治本的權宜措施。本研究即就此問題，以法制途徑(legal approach)分析問題的形成，並就「互動治理」(interactive governance)觀點，分析可能的「爭議處理模式」。此項問題係國家走向現代化，勞工意識高漲；尤其「勞工人權」(labor rights)世代，值

得重視的問題。兩岸學界皆宜視為重要「政治社會學」(political sociology)上的議題；如就公共管理的觀點，更屬需要妥善規劃和作為的重要治理議題，而在城市治理所面對複雜的勞資問題，更該視為「應急處理」(emergency treatment)問題之一。爰為文分析之。

關鍵詞：一例一休、勞動基準法、社會成本、互動治理

一、前言：勞資關係建立在共生共榮與互信互諒

自十八世紀工業革命以來，勞資問題(labor-capital problem)即成為社會活動最複雜的一環節；尤其涉及勞資雙方的定位和權益問題，更顯得對立和衝突。為解決此種勞資關係(labor-capital relations)的爭議，乃有所謂「勞工三權」(labor three rights)的法制設計，希望勞資雙方能以和平漸進的途徑排除爭議，分工與合作，共生共榮。

臺灣的勞資問題，本不是很嚴重的社會問題，但在資訊發達的現代社會，勞工的權益維護，已成為基本人權的重要指標。不僅社會關注，而且需求益顯殷切。1984 年 7 月，立法院通過「勞動基準法」(Labor Fundamental Act)，同月 30 日總統明令公布施行。該法係以漸進的方式，逐年逐項擴大適用範圍，至今尚有醫師人員不適用的缺憾[1]，詳如表 11-1 所示。由於勞動基準法對於勞工權益的保障，已有「基準化規制」(fundamental regulation)，係其他勞動法制的「基準法」(basic law)而非「標準法」(standard law)；就因該法之規制係臺灣保障勞工權益的根本法制，是以該法施行至今 36 年來，已歷經多達 21 次之修正。其修正之頻繁係其他行政法制所少見，其所以須進行多次的修正，即係

---

[1] 勞動基準法第 3 條第 1 項規定，臺灣適用勞動基準法之事業，除列舉(1)農、林、漁、牧業；(2)礦業及土石採取業；(3)製造業；(4)營造業；(5)水電、煤氣業；(6)運輸、倉儲及通信業；(7)大眾傳播業；(8)其他經中央主管機關指定之事業。該法第 3 條第 2 項即就「中央主管機關指定之事業」授權，原先以正面表列規制適用對象；唯現已改為負面表列。

因應勞資關係的時代變化。當值勞資問題已趨向全球化、國際化的二十一世紀，更可以想見嗣後再修正的可能性與必要性，應非過甚之詞。

表 11-1　勞動部指定適用勞基法現況

自 1984 年起，中央主管機關分階段指定適用勞基法之行業。目前除下列各業及工作者不適用勞基法外，其餘一切勞雇關係，均適用勞基法：

（一）不適用之各業

1. 農田水利會。(109 年 10 月 1 日起適用)
2. 國際組織及外國機構。
3. 未分類其他餐飲業。（依行業標準分類第 6 版）
4. 家事服務業。

（二）不適用之各業工作者

1. 公務機構〔技工、工友、駕駛人、臨時人員、清潔隊員、停車場收費員、國會助理、地方民代助理除外〕之工作者。
2. 公立各級學校及幼兒園、特殊教育事業、社會教育事業、職業訓練事業等〔技工、工友、駕駛人、臨時人員除外〕之工作者。
3. 公立醫療院所〔技工、工友、駕駛人、臨時人員除外〕之工作者。
4. 公立社會福利機構〔技工、工友、駕駛人、臨時人員除外〕之工作者。
5. 公立學術研究及服務業〔技工、工友、駕駛人、臨時人員除外〕之工作者。
6. 公立藝文業〔技工、工友、駕駛人、臨時人員除外〕之工作者。
7. 私立各級學校之編制內教師、職員及編制外僅從事教學工作之教師。
8. 國防事業〔非軍職人員除外〕之工作者。
9. 醫療保健服務業之醫師。
10. 職業運動業之教練、球員、裁判人員。
11. 未分類其他組織中，國際交流基金會、教育文化基金會、社會團體、地方民意代表聘（遴）、僱用之助理人員、依立法院通過之組織條例所設立基金會

之工作者及大廈管理委員會，適用勞基法。除上開情形外，其餘皆不適用。

※註：

(1) 依據勞動基準法第 84 條規定，公務員兼具勞工身分者，其有關任（派）免、薪資、獎懲、退休、撫卹及保險（含職業災害）等事項，應適用公務員法令之規定。

(2) 公營事業單位如係勞動基準法之適用行業，有關積欠工資墊償基金提繳，除公務員兼具勞工身分者免提繳外，其餘勞工皆比照一般適用勞基法之行業，提繳積欠工資墊償基金。

（三）其他不適用者

1. 事業單位之雇主、委任經理人。
2. 技術生、養成工、見習生、建教合作班之學生。

資料來源：勞動部網站 2019.8.30 更新資料(2020.4.19 下載)

　　近些年來，最受關注的修正，即是民進黨執政以來，所為最受各界批判的「一例一休」週休二日機制的政策合法化(policy legitimation)。該項公共政策制定，雖有馬英九政府的政策合法化經驗，卻因蔡英文領導的民進黨籍立法委員恣意杯葛，以致修法不成。蔡政府成立伊始，即在六個月內完成「一例一休」的立法；亦即在 2016 年 12 月 6 日，立法院三讀通過，同月 21 日，總統明令公布施行。其爭議卻隨之而來，雖有若干「宣導」措施，甚至片面宣布「宣導期、輔導期」，以利事業單位之適應新機制，但爭議卻仍紛至杳來，愈衍愈烈。2017 年 3 月 14 日，聯合報頭條新聞，即有「南投研議不守一例一休」，謂縣長林明溱開第一槍，「只要不抓去關就好。」且續有前花蓮縣傅崐萁縣長跟進，主張暫緩五年實施。該項臺灣因勞工制度不周延，竟成為中央與地方對立，勞雇雙方仇視，以致「勞、雇及社會」三輸的惡質治理(ill governance)政治局面。

　　際此在朝完全執政的臺灣蔡政府，就公共政策的制定，因欠缺配套措施，而致政策作為失靈，甚至有「政府失靈」(government failure)的腐敗政治現象。

該政府竟為顧及執政的「政策穩定性」，而致不輕易再調整政策取向的固執政治模式，多少說明新政府的政策治理(policy governance)，並不在追求良善治理(good governance)，祇是一種缺乏反思(rethink)的集權化(centralization)行政作為模式。對於蔡政府因勞工爭取休息日數之權益，而致獨斷修正勞動基準法，且在欠缺周延規劃下即予修法，以致形式上增加勞方加班收入，實質上卻祇徒然增加資方成本；復以資方規避勞方之提高加班費而增加加班支出，所為之失策和無能機制，實有適時善加檢討和改進，以利勞資關係正常運作之殷切需求。

二、臺灣勞資關係的法制建構

對於勞資關係的建構，就形式上而言，應係法制上的建構；就實質上，則有賴法制執行所形成的倫理體系(ethic system)互動關係(interactive relationship)。因之，本研究乃就 1984 年 7 月，公布施行的勞動基準法(Labor Fundamental Act)[2] 的規制架構(regulatory framework)或相關條文規制(regulation)，分析臺灣的勞資關係構建。

(一)勞動基準法的基本架構

勞動基準法第二章「勞動契約」(labor contract)[3]，即在於說明勞資關係或稱勞雇關係(employer-employee relations)的建構，乃起始於勞方與資方(或稱雇主)的契約簽訂。

....

[2] 勞動基準法英譯應為"Labor Fundamental Act"，始能凸顯該勞基法在勞動法制的「母法」地位，官方英譯為"Labor Standard Act"，係誤認「基準」係「標準」，而有所不知「基準」，不僅是「標準」，而且是「基本」，始為該勞基法在各該勞動法制的法地位。

[3] 1936 年 12 月 25 日，國民政府公布「勞動契約法」；唯迄未施行。該法第 1 條即規定：「稱勞動契約者，謂當事人之一方，對於他方在從屬關係提供其職業上之勞動力，而他方給付報酬之契約。」此與現行民法「僱傭」契約之界定頗相一致。

此項契約在民法債篇屬於「有名契約」，定名為「僱傭契約」。民法第 482 條規定：

> 稱僱傭者，謂當事人約定，一方於一定或不定之期限內為他方服務者，他方給付報酬之契約。

此即「僱傭關係」的定義；亦即勞資關係的建構，係依民法關於僱傭關係的契約。大抵言之，勞資關係如依民法之規定，係指下列關係之建構：

1. 係屬於雙務契約之關係建構；亦即依民法第 264 條規定：

> 因契約互負債務者，於他方當事人未為對待給付前，得拒絕自己之給付，但自己有先為給付之義務者，不在此限。
>
> 他方當事人已為部分之給付時，依其情形，如拒絕自己之給付有違背誠實及信用方法者，不得拒絕自己之給付。

因之，勞雇雙方均為履行債務的義務人，祇是債務性質相同，一方給付服務，他方即須給付報酬者謂之。

2. 係屬於形式上對等，實質上不對等的契約。蓋勞雇關係依民法第 264 條規定，即係民事契約。民事契約的特質，乃係二造對等的契約，但給付勞務者係屬於經濟上的弱者；給付報酬者，卻屬於經濟上之強者；亦即雙方在經濟上之地位並不對等；甚至說，可能相當懸殊，則是事實。

3. 係屬於雇用人負有保護義務之契約。即依民法第 483 條之一規定：「受僱人服勞務，其生命、身體、健康有受危害之虞者，僱用人應按其情形為必要之預防。」此種情形在勞動法制上有更為詳細而周延之規定。

4. 係屬於僱用人員有連帶保證責任(collective responsibility)的契約。即依民法第 188 條規定：

　　　　受僱人因執行職務，不法侵害他人之權利者，由僱用人與行為人連帶
負損害賠償責任。但選任受僱人及監督其職務之執行，已盡相當之注意或
縱加以相當之注意而仍不免發生損害者，僱用人不負賠償責任。

　　　　如被害人依前項但書之規定，不能受損害賠償時，法院因其聲請，得
斟酌僱用人與被害人之經濟狀況，令僱用人為全部或一部之損害賠償。僱
用人賠償損害時，對於為侵權行為之受僱人，有求償權。

此條規定，係僱傭關係上的「帝王條款」，不僅確立僱用人在「受僱人」的職
務上行為的法律責任，而且建構彼此互動治理的倫理體系。

5. 係屬於僱用人與受僱人之權利義務關係得依法增減的契約。

　(1) 依民法第 484 條規定：

　　　　僱用人非經受僱人同意，不得將其勞務請求權讓與第三人，受僱人非
經僱用人同意，不得使第三人代服勞務。

　　　　當事人之一方違反前項規定時，他方得終止契約。

　(2) 依民法第 485 條規定：

　　　　受僱人明示或默示保證其有特種技能時，如無此種技能時，僱用人得
終止契約。

　(3) 依民法第 487 條規定：

　　　　僱用人受領勞務遲延者，受僱人無補服勞務之義務，仍得請求報酬[4]。

----

[4]　依民法第 486 條規定，其報酬給付之時期為：
　　報酬應依約定之期限給付之；無約定者，依習慣；無約定亦無習慣者，依下列之規定：
　　一、報酬分期計算者，應於每期屆滿時給付之。

但受僱人因不服勞務所減省之費用，或轉向他處服勞務所取得，或故意怠於取得之利益，僱用人得由報酬額內扣除之。

(4) 民法第 487 條之一規定：

受僱人服勞務，因非可歸責於自己之事由，致受損害者，得向僱用人請求賠償。

前項損害之發生，如別有應負責任之人時，僱用人對於該應負責者，有求償權。

(5) 民法第 488 條規定：

僱傭定有期限者，其僱傭關係，於期限屆滿時消滅。

僱傭未定期限，亦不能依勞務之性質或目的定其期限者，各當事人得隨時終止契約。但有利於受僱人之習慣者，從其習慣。

(6) 民法第 489 條規定：

當事人之一方，遇有重大事由，其僱傭契約，縱定有期限，仍得於期限屆滿前終止之。

前項事由，如因當事人一方之過失而生者，他方得向其請求損害賠償。

簡言之，基於勞務的專屬性、特種技能之保證，僱用人受領勞務之遲延，以及受僱人的賠償請求權，僱傭關係之消滅；尤其遇有重大事由之終止契約規定，而致二造間的權義關係變動，即在於形塑趨向「實質平等」(real equality)

二、報酬非分期計算者，應於勞務完畢時給付之。

的僱傭關係特質。

雖說就法律位階言之，勞動基準法係民法之特別法，但就二法比較言之，民法對僱傭關係之規定，係以「基礎法」或是「基準法」的法律位階，規制於相關法律中，俾勞基法的規制具有可行性。逐項分析如下：

1. 勞動契約的類型與轉型

勞動契約雖分為定期與不定期，但臨時性、短期性、季節性及特定性工作得為定期契約；有繼續性工作，應為不定期契約。定期契約屆滿後，如有下列情形，即視為不定期契約(勞基法第 9 條)：

(1) 勞工繼續工作而雇主不即表示反對意思者。

(2) 雖經另訂契約，但其前後勞動契約之工作期間超過 90 日，前後契約間斷期間未超過 30 日者。

定期契約屆滿後或不定期契約因故停止履行後，未滿三個月而訂定新約或繼續履行原約時，勞工前後工作年資，應合併計算。(勞基法第 10 條)

2. 勞工離職競業禁止之禁制措施

未符合下列規定者，雇主不得與勞工為離職後為競業禁止之約定，包括：

(1) 雇主有應受保護之正當營業利益。

(2) 勞工擔任之職位或職務，能接觸或使用雇主之營業秘密。

(3) 競業禁止之期間、區域，職業活動之範圍及就業對象，未逾合理範疇。

(4) 雇主對勞工因不從事競業行為所受損失有合理補償。

該離職後競業禁止期間，最長不得逾 2 年。逾 2 年者，縮短為 2 年。(勞基法第 9-1 條)

3. 雇主調動勞工工作之限制

雇主調動勞工工作，不得違反勞動契約之規定，並應符合下列原則：

(1) 基於企業經營上所必須，且不得有不當動機及目的。但法律另有規定者，從其規定。

(2) 對勞工之工資及其他勞動條件，未作不利之變更。

(3) 調動後工作為勞工體能及技術可勝任。

(4) 調動工作地點過遠，雇主應予以必要之協助。

(5) 考量勞工及其家庭之生活利益。(勞基法第 10-1 條)

4. 雇主預告勞工終止勞動契約之條件及例外

雇主非有下列情事之一者，不得預告勞工終止勞動契約：(勞基法第 11 條)

(1) 歇業或轉讓時。

(2) 虧損或業務緊縮時。

(3) 不可抗力暫停工作在一個月以上時。

(4) 業務性質變更，有減少勞工之必要，又無適當工作可供安置時。

(5) 勞工對於所擔任之工作確不能勝任時。

此外，勞工在分娩前後停止工作期間，或勞工因職業災害醫療期間，雇主不得終止契約。但雇主因天災、事變或其他不可抗力致事業不能繼續，經報主管機關核定者，不在此限。(勞基法第 13 條)；唯勞工如有下列情形之一時，雇主得不經預告終止契約：(勞基法第 12 條)

(1) 於訂立勞動契約時為虛偽意思表示，使雇主誤信而有受損害之虞者。

(2) 對於雇主、雇主家屬、雇主代理人或其他共同工作之勞工，實施暴行或有重大侮辱之行為者。

(3) 受有期徒刑以上刑之宣告確定，而未諭知緩刑或未准易科罰金者。

(4) 違反勞動契約或工作規則，情節重大者。

(5) 故意損耗機器、工具、原料、產品，或其他雇主所有物品，或故意洩漏雇主技術上、營業上之秘密，致雇主受有損害者。

(6) 無正當理由繼續曠工三日，或一個月內曠工達六日者。

5. 勞工預告雇主終止契約及其例外

有下列情形之一者，勞工得不經預告終止契約：(勞基法第 14 條)

(1) 雇主於訂立勞動契約時為虛偽之意思表示，使勞工誤信而有受損害之虞者。

(2) 雇主、雇主家屬、雇主代理人對於勞工，實施暴行或有重大侮辱之行為者。

(3) 契約所訂之工作，對於勞工健康有危害之虞，經通知雇主改善而無效果者。

(4) 雇主、雇主代理人或其他勞工患有法定傳染病，對共同工作之勞工有傳染之虞，且重大危害其健康者。

(5) 雇主不依勞動契約給付工作報酬，或對於按件計酬之勞工不供給充分之工作者。

(6) 雇主違反勞動契約或勞工法令，致有損害勞工權益之虞者。

　　勞工依法令終止契約者，應自知悉其情形之日起，30 日內為之。雇主已將代理人間之契約終止，或患有法定傳染病者依衛生法規已接受治療者，勞工不得終止契約。此外，特定性定期契約期限已逾 3 年者，於屆滿 3 年後，勞工得終止契約。

6. 雇主對勞工約定最低服務年限之禁制

　　雇主依下列規定之事項，綜合考量與勞工為最低服務年限之規定：

(1) 雇主為勞工進行專業技術培訓之期間及成本。

(2) 從事相同或類似職務之勞工，其人力替補可能性。

(3) 雇主提供勞工補償之額度及範圍。

(4) 其他影響最低服務年限合理性之事項。(勞基法第 15-1 條)

但須符合下列規定：

(1) 雇主為勞工進行專業技術培訓，並提供該項培訓費用者。

(2) 雇主為使勞工遵守最低服務年限之約定，提供其合理補償者。

7. 雇主依法終止勞動契約後勞工權益保障

　　雇主依勞基法規定程序終止勞動契約，其勞工權益之保障，包括：

(1) 依工作期間長短，為勞工終止契約之預告，如：

①　繼續工作三個月以上，一年未滿者，於十日前預告。

②　繼續工作一年以上，三年未滿者，於二十日前預告之。

③　繼續工作三年以上者，於三十日前預告之。

(2) 依法預告終止勞動契約，雇主依規定支付勞工資遣費

① 在同一雇主之事業單位繼續工作，每滿一年發給相當於一個月平均
工資之資遣費。

② 剩餘月數，或工作未滿一年者，以比例計給之，未滿一個月者以一
個月計。所定資遣費，雇主應於終止勞動契約 30 日內發給。

(3) 勞動契約終止時，勞工如請求發給服務證明書，雇主或其他代理人不得
拒絕。

(4) 事業單位改組或轉讓時，除新舊雇主商定留用之勞工外，其餘勞工應依
規定預告終止契約，並應發給勞工資遣費。其留用勞工之工作年資，應
由新雇主繼續予以承認。(勞基法第 16 條~第 20 條)

(二)勞動三權的形成與運作

國際勞工組織(International Labor Organization；ILO)所稱勞動基本權
(fundamental rights at work)，就是指「結社自由和集體談判權，所有強制勞工
行為的禁止、童工有效禁止，就業和機會的差別待遇之禁止。」(ILO 2003:3)，
誠然所稱勞動三權，即指「團結權、協商權和團體行動權」或稱「結社權」
(association rights)、協商權又稱之團體協商權(collective bargaining rights)，團
體行動權(collective action rights)最積極的行動，即是罷工權(the right to strike)。

日本對勞動基本權係指勞動者集團的自我決定權，乃立基於勞動條件
(labor condition)決定過程參與的基本權(林良榮；2009)；勞動者之結社權為其
生存權之重要部分。蓋勞動結社權與一般結社權不同，該勞動結社權與團體協
商權和團體行動權在行使上有結合關係(integration)；在結構上有聯繫關係
(connection)；亦即概念上固有所區別，但實現勞工生存權卻不可能分割而任缺
其一。

茲就臺灣勞動三權的形成與發展說明如下：

1. 形成

臺灣實現勞動三權的法制，如工會法、團體協約法及勞資爭議處理法等，
雖分別早在國民政府在大陸執政 1929 年 11 月 18 日公布工會法、1930 年 10

月 28 日公布團體協約法、1928 年 6 月 9 日公布施行勞資爭議處理法，但直至 2008 年始就上揭法制進行通盤修正。質言之，臺灣落實勞動三權，係近十年來的發展。臺灣的勞動三權發展，司法院大法官的歷次解釋，著有貢獻，諸如：

(1) 司法院釋字第 373 號解釋(1995 年 2 月 24 日)

工會法第四條規定：「*各級政府行政及教育事業、軍火工業之員工，不得組織工會*」，其中禁止教育事業技工、工友組織工會部分，因該技工、工友所從事者僅係教育事業之服務性工作，依其工作之性質，禁止其組織工會，使其難以獲致合理之權益，實已逾越憲法第二十三條之必要限度，侵害從事此項職業之人民在憲法上保障之結社權，應自本解釋公布之日起，至遲於屆滿一年時，失其效力。惟基於教育事業技工、工友之工作性質，就其勞動權利之行使有無加以限制之必要，應由立法機關於上述期間內檢討修正，併此指明。

(2) 司法院釋字第 494 號解釋(1999 年 11 月 18 日)

國家為保障勞工權益，加強勞雇關係，促進社會與經濟發展，而制定勞動基準法，規定勞工勞動條件之最低標準，並依同法第三條規定適用於同條第一項各款所列之行業。事業單位依其事業性質以及勞動態樣，固得與勞工另訂定勞動條件，但不得低於勞動基準法所定之最低標準。關於延長工作時間之加給，自勞動基準法施行後，凡屬於該法適用之各業自有該法第二十四條規定之適用，俾貫徹法律保護勞工權益之意旨。至監視性、間歇性或其他性質特殊工作，不受上開法律有關工作時間、例假、休假等規定之限制，係中華民國八十五年十二月二十七日該法第八十四條之一所增訂，對其生效日期前之事項，並無適用餘地。

(3) 司法院釋字第 568 號解釋(2003 年 11 月 14 日)

勞工依法參加勞工保險及因此所生之公法上權利，應受憲法保障。關於保險效力之開始、停止、終止及保險給付之履行等事由，係屬勞工因保險關係所生之權利義務事項，攸關勞工權益至鉅，其權利之限制，應以法律定之，且其立法目的與手段，亦須符合憲法第二十三條之規定。若法律授權行政機關發布命令為補充規定者，該命令須符合立法意旨且未逾越母法授權之範圍，始為憲

法所許。勞工保險條例施行細則第十八條關於投保單位有歇業、解散、破產宣告情事或積欠保險費及滯納金經依法強制執行無效果者，保險人得以書面通知退保；投保單位積欠保險費及滯納金，經通知限期清償，逾期仍未清償，有事實足認顯無清償可能者，保險人得逕予退保之規定，增加勞工保險條例所未規定保險效力終止之事由，逾越該條例授權訂定施行細則之範圍，與憲法第二十三條規定之意旨未符，應不予適用。

(4) 司法院釋字第 578 號解釋(2004 年 5 月 21 日)

國家為改良勞工之生活，增進其生產技能，應制定保護勞工之法律，實施保護勞工之政策，憲法第一百五十三條第一項定有明文，勞動基準法即係國家為實現此一基本國策所制定之法律。至於保護勞工之內容與方式應如何設計，立法者有一定之自由形成空間，惟其因此對於人民基本權利構成限制時，則仍應符合憲法上比例原則之要求。

勞動基準法第五十五條及第五十六條分別規定雇主負擔給付勞工退休金，及按月提撥勞工退休準備金之義務，作為照顧勞工生活方式之一種，有助於保障勞工權益，加強勞雇關係，促進整體社會安全與經濟發展，並未逾越立法機關自由形成之範圍。其因此限制雇主自主決定契約內容及自由使用、處分其財產之權利，係國家為貫徹保護勞工之目的，並衡酌政府財政能力、強化受領勞工勞力給付之雇主對勞工之照顧義務，應屬適當；該法又規定雇主違反前開強制規定者，分別科處罰金或罰鍰，係為監督雇主履行其給付勞工退休金之義務，以達成保障勞工退休後生存安養之目的，衡諸立法之時空條件、勞資關係及其干涉法益之性質與影響程度等因素，國家採取財產刑罰作為強制手段，尚有其必要，符合憲法第二十三條規定之比例原則，與憲法保障契約自由之意旨及第十五條關於人民財產權保障之規定並無牴觸。

(5) 司法院釋字第 609 號解釋(2006 年 1 月 27 日)

勞工依法參加勞工保險及因此所生之公法上權利，應受憲法保障。關於保險效力之開始、停止、終止、保險事故之種類及保險給付之履行等，攸關勞工或其受益人因保險關係所生之權利義務事項，或對其權利之限制，應以法律或

法律明確授權之命令予以規範，且其立法之目的與手段，亦須符合憲法第二十三條之規定，始為憲法所許。

(6) 司法院釋字第726號解釋(2014年11月21日)

勞動基準法第八十四條之一有關勞雇雙方對於工作時間、例假、休假、女性夜間工作有另行約定時，應報請當地主管機關核備之規定，係強制規定，如未經當地主管機關核備，該約定尚不得排除同法第三十條、第三十二條、第三十六條、第三十七條及第四十九條規定之限制，除可發生公法上不利於雇主之效果外，如發生民事爭議，法院自應於具體個案，就工作時間等事項另行約定而未經核備者，本於落實保護勞工權益之立法目的，依上開第三十條等規定予以調整，並依同法第二十四條、第三十九條規定計付工資。

由上揭六號司法院解釋，已足以了解勞動三權係以漸進主義(incrementalism)的途徑，強化權力行使空間。因之，勞動三法已就上揭解釋意旨納入條文規範，以呈現勞動三權具有憲法上制度性保障的法效力。

茲分別就現行勞動三法的規制意旨，摘述於后：

(1) **工會法**

(1) 成立宗旨在於促進勞工團結，提升勞工地位及改善勞工生活。

(2) 組織定位為法人

(3) 參加資格為勞工，除現役軍人與國防部所屬及依法監督之軍火工業員工外，包括教師皆得依工會法加入工會。但代表雇主行使管理權之主管人員，不得加入各該企業之工會。

(4) 工會的任務，包括：團體協約的締結、修改或廢止，勞資爭議的處理，勞動條件、勞工安全衛生及會員福利事項之促進，勞工政策與法令的制(訂)定及修正之推動，勞工教育的舉辦，會員就業的協助，會員康樂事項的舉辦，勞工家庭生計的調查及勞工統計的編製，其他合於工會宗旨及法律規定的事項

(5) 工會的組織，分為企業工會、產業工會、職業工會三大類型。

(6) 工會的發起，應由勞工三十人以上之連署發起。

(7) 工會的組織，以工會會員大會或會員代表大會為最高權力機關，置理事最多不得超過 27 人，監事不得超過各該工會理事名額 1/3。

(8) 工會會議，工會會員大會或會員代表大會，分定期會議與臨時會議；理事會亦分為定期會議及臨時會議，均由理事長召集之。

(2) **團體協約法**

(1) 團體協約，係指雇主或有法人資格之雇主團體，與依工會法成立之工會，以約定勞動關係及相關事項為目的所簽訂之書面契約。

(2) 有二個以上之團體協約可適用時，除效力發生在前之團體協約有特別約定者外，優先適用職業範圍較為狹小或職務種類較為特殊之團體協約；團體協約非以職業或職務為規範者，優先適用地域或人數適用範圍較大之團體協約。

(3) 勞資雙方應本誠實信用原則，進行團體協約之協商；對於他方所提團體協約之協商，無正當理由者，不得拒絕。
勞資之一方於有協商資格之他方提出協商時，有下列情形之一，為無正當理由：對於他方提出合理適當之協商內容、時間、地點及進行方式，拒絕進行協商；未於六十日內針對協商書面通知提出對應方案，並進行協商；拒絕提供進行協商所必要之資料。

(4) 工會或雇主團體以其團體名義進行團體協約之協商時，其協商代表應依下列方式之一產生：依其團體章程之規定；依其會員大會或會員代表大會之決議；經通知其全體會員，並由過半數會員以書面委任。
前項協商代表，以工會或雇主團體之會員為限。但經他方書面同意者，不在此限。

(5) 團體協約得約定事項：工資、工時、津貼、獎金、調動、資遣、退休、職業災害補償、撫卹等勞動條件；企業內勞動組織之設立與利用、就業服務機構之利用、勞資爭議調解、仲裁機構之設立及利用；團體協約之協商程序、協商資料之提供、團體協約之適用範圍、有效期間及和諧履行協約義務；工會之組織、運作、活動及企業設施之利用；參

與企業經營與勞資合作組織之設置及利用；申訴制度、促進勞資合作、升遷、獎懲、教育訓練、安全衛生、企業福利及其他關於勞資共同遵守之事項；其他當事人間合意之事項。

(6) 團體協約所約定勞動條件，當然為該團體協約所屬雇主及勞工間勞動契約之內容。勞動契約異於該團體協約所約定之勞動條件者，其相異部分無效；無效之部分以團體協約之約定代之。但異於團體協約之約定，為該團體協約所容許或為勞工之利益變更勞動條件，而該團體協約並未禁止者，仍為有效。

(7) 團體協約得以定期、不定期或完成一定工作為期限，簽訂之。

(8) 團體協約簽訂後經濟情形有重大變化，如維持該團體協約有與雇主事業之進行或勞工生活水準之維持不相容，或因團體協約當事人之行為，致有無法達到協約目的之虞時，當事人之一方得向他方請求協商變更團體協約內容或終止團體協約。

(3) **勞資爭議處理法**

(1) 勞資雙方當事人應本誠實信用及自治原則，解決勞資爭議。

(2) 福利事項之勞資爭議，得依該法所定之調解、仲裁或裁決程序處理之；法院為審理福利事項之勞資爭議，必要時應設勞工法庭。

(3) 勞資爭議經調解成立者，視為爭議雙方當事人間之契約；當事人一方為工會時，視為當事人間之團體協約。

(4) 勞資爭議調解不成立者，雙方當事人得共同向直轄市或縣(市)主管機關申請交付仲裁。

(5) 仲裁委員會就權利事項之勞資爭議所作成之仲裁判斷，於當事人間，與法院之確定判決有同一效力。

(6) 經法院審核之裁決事件，在經法院核定後，與民事確定有同一效力。

(7) 勞資爭議，非經調解不成立，不得為爭議行為；權利事項之勞資爭議不得罷工。

(8) 工會非經會員以直接無記名投票且經全體過半數同意，不得宣告罷工

及設置糾察線。

(9) 勞資爭議經調解成立或仲裁者，依其內容當事人一方負私法上給付之義務，而不履行其義務時，他方當事人得向該管法院聲請裁定強制執行並暫免繳裁判費；於聲請強制執行時，並暫免繳執行費。

2. 發展

經由司法院大法官解釋後，修正勞動三法，另加勞動基準法後，殆可看出臺灣的勞動三權發展取向，包括：

(1) 漸進模式的勞動法制塑造，對於勞工權益的保障，不僅逐漸落實，而且策進經濟發展。勞資雙方係共生共榮，唯有穩健的勞資關係之形塑與發展，始可策進資方的投資產業，既可創造就業機會，亦可提高薪資給付和增多福利資源。

(2) 經濟與環保的良善互動，促使勞工安全衛生問題有效改善。臺灣過去的勞動條件並不理想，但勞動法制愈趨健全後，環保問題得到不少改善；亦因之得以改善勞動環境，促進勞工的身心健康。

(3) 勞動基準法及其他勞動三權的逐年強化法制作用。此不僅係現代人權公約的催生，而且是世界人權的實踐者。此種人權觀念的不斷更新，係勞動法制益趨現代化的前提，勞動三權的權利保障係動態法制(dynamic legality)的實踐。

(4) 勞動基準法自 1984 年 7 月公布施行以來，不僅修正，而且是在司法院解釋後的「被動修正」。此一方面展現法治國理念的深入民心，而且對司法人權的概念發展，亦有間接的衝擊。此係生態環境與社會發展的相互激盪。對於今後勞基法健全化發展，正是一項制度性保障的前提。

三、勞資雙方對「一例一休」政策制定的互動

前述臺灣的「勞資關係」發展，基本上係採取漸進主義的公共政策發展途

徑。此種穩健的政策制定，在政策執行中已可看到國家經濟的成長，以及勞方生活品質的提昇，促使國家競爭力的逐年上昂。但此種穩健的規律政策(regulatory policy)或稱「自我規律政策」(self- regulatory policy)卻在激進的勞工團體及在野黨(包括民進黨、國民黨、民眾黨、時代力量，或其他傾向激進發展的團體)推波助瀾下，經常採取激烈的手段以爭取權益。事實上，近些年來，勞動團體在高速公路收費員資遣後的工作安置抗爭、華航人員罷工後的爭取權益抗爭活動，皆是深受社會關切事例。本研究於此，「**僅就因勞工休假所衍生的問題進行專題分析**」，主因該項政策制定，執政黨已看到問題的嚴重性，表面上若無其事，實質上已明顯影響其他政策的制定，則是一項不可諱言的事實發展。[5]

(一)勞動基準法設定「一例一休」機制的立法過程

本研究經過長期觀察，發現勞動基準法對「一例一休」政策的制定乃至合法化，主要爭議係因「國定假日」放假的不合理爭議肇致。蓋勞動基準法第37 條規定：

> 紀念日、勞動節日及其他中央主管機關規定應放假之日，均應休假。

對於勞基法第37 條規定，在 2016 年 1 月施行的勞動基準法施行細則(2015年 12 月 9 日發布)，係將當時施行的國定假日，包括：開國紀念日翌日(即元月二日)、革命先烈紀念日(三月二十九日)、孔子誕辰紀念日(九月二十八日)、先總統蔣公誕辰紀念日(十月三十一日)及國父誕辰紀念日(十一月十二日)等紀念日，以及開國紀念日翌日(元月二日)及臺灣光復節(十月二十五日)其他中央

---

[5]　據 2017 年 3 月 31 日報載，軍公教勞退休年金改革方案本擬將勞保費率由 9.5％調高至 18％，因有鑑於一例一休已肇致政府、資方和勞方「三輸」的窘境，乃將勞保費率改調至 12％而已，以減少阻力。此係勞資雙方均向蔡英文政府進言的結果，報載甚至以「企業的聲音，小英聽到了」為標題，足見一例一休政策的「失策」情狀。中國時報 2017/3/31A3。

主管機關規定放假之日。依公務人員「周休二日」的實施辦法，刪除休假；亦即回復內政部「紀念日及節日實施辦法」規定，上揭紀念日祇「紀念」不「休假」。該項修正，就周休二日的立法本旨，應無可異議之處，何況孔子誕辰紀念日即「教師節」，在「教師不放假，勞工卻放假」的矛盾機制下，實宜儘早廢止。馬英九政府有鑑於此，遂提出修正，且已發布施行，卻在民進黨幕後操弄，勞工激烈團體的抗議中，遲遲無法在立法院完成「法規命令備查」的程序；民進黨於 2016 年 5 月 20 日執政後，即撤回該勞基法施行細則新修正之備查案。從而勞基法施行細則又恢復現行得以放假的舊制。由於舊制確有不合理之處，蔡英文政府乃決定全面修改勞動基準法，並朝「週休二日」政策取向進行修法。

2016 年 6 月 30 日，蔡政府拍版定案的行政院「勞動基準法部分條文修正案」，以院臺勞字第 1050169014 號函請立法院審議(立法院議案關係文書院總第 1121 號，政府提案 15667 號)。茲將行政院版修正重點摘述如下：

1. 增訂勞基法第 24 條第二項規定

雇主使勞工於第三十六條所定休息日工作，工作時間在二小時以內者，其工資按平日每小時工資額另再加給一又三分之一以上；工作二小時後再繼續工作者，按平日每小時工資額另再加給一又三分之二以上。

前項休息日之工作時間及工資之計算，四小時以內者，以四小時計；逾四小時至八小時以內者，以八小時計；逾八小時至十二小時以內者，以十二小時計。

2. 刪除勞基法第 30 條之一第 3 款規定

二週內至少有兩日之休息，作為例假，不受第三十六條之限制。

3. 修正勞基法第 36 條規定

勞工每七日中應有二日之休息，其中一日為例假，一日為休息日。

雇主有下列情形之一，不受前項規定之限制：

一、依第三十條第二項規定變更正常工作時間者，勞工每七日中至少應有
一日之例假，每二週內之例假及休息日至少應有四日。

二、依第三十條第三項規定變更正常工作時間者，勞工每七日中至少應有
一日之例假，每八週內之例假及休息日至少應有十六日。

三、依第三十條之一規定變更正常工作時間者，勞工每二週內至少應有二
日之例假，每四週內之例假及休息日至少應有八日。

雇主使勞工於休息日工作之時間，計入第三十二條第二項所定延長工
作時間總數。但因天災、事變或突發事件，雇主使勞工於休息日工作之必
要者，其工作時數不受第三十二條第二項規定之限制。

4. 修正勞基法第 37 條規定

內政部所定應放假之紀念日、節日、勞動節及其他中央主管機關指定
應放假之日，均應休假。

對於上揭勞基法部分條文之修正，行政院於提案中有如下的修正理由說
明：

1. 配合修正條文第三十六條增訂休息日之規定，增訂第二項及第三項，定明
休息日出勤之工資給付標準及工作時間計算方式，分述如下：

(1) 所稱休息日，係指因現行第三十條第一項所定正常工作時間修正縮減，
致無庸出勤之時間。茲因休息日出勤工作，勞工無法充分休息，爰於第
二項定明雇主使勞工於修正條文第三十六條所定休息日工作，在工作時
間二小時以內者，按平日每小時工資額另再加給一又三分之一以上；工
作二小時再繼續工作者，按平日每小時工資額另再加給一又三分之二以
上。

(2) 有鑑於勞工於休息日出勤工作，將無法獲得充分休息，為使雇主於指派勞工休息日出勤時更為審慎，爰於第三項定明，四小時以內者、逾四小時至八小時以內者或逾八小時至十二小時以內者，應分別列計四小時、八小時或十二小時之工作時間及工資。

(3) 以月薪制勞工平日每小時工資額為新臺幣（以下同）一百五十元為例：

①　例一：休息日工作一小時者，以四小時計；應另再加給之工資為九百元　（計算方式：$150 \times 1\frac{1}{3} \times 2 + 150 \times 1\frac{2}{3} \times 2 = 900$）。

②　例二：休息日工作二小時者，以四小時計；應另再加給之工資為九百元（計算方式：$150 \times 1\frac{1}{3} \times 2 + 150 \times 1\frac{2}{3} \times 2 = 900$）。

③　例三：休息日工作六小時者，以八小時計；應另再加給之工資為一千九百元（計算方式：$150 \times 1\frac{1}{3} \times 2 + 150 \times 1\frac{2}{3} \times 6 = 1900$）。

2. 法定正常工作時間自 2016 年 1 月 1 日起，縮減為每週不得超過 40 小時後，為落實週休二日，並考量例假僅限因天災、事變或突發事件等特殊原因，始得出勤之嚴格規範，經衡平審酌勞資雙方權益，修正第一項規定，定明勞工每 7 日應有之 2 日之休息，其中 1 日為例假，另 1 日為休息日。

3. 配合現行第三十條第二項、第三項及修正條文第三十條之一有關二週、八週及四週彈性工作時間所定各項調整原則，增訂第二項規定，其中第一款與第二款所定二週及八週彈性工作時間之例假仍維持每 7 日至少 1 日，僅休息日可彈性調整。惟例假及休息日之總數不減損；至第三款所定四週彈性工作時間之例假與現行第三十條之一第一項第三款規定相同，其例假與休息日亦可於例假及休息日總數不減損之前提下彈性調整。

4. 為落實休息日應使勞工休息為原則，工作為例外，另考量休息日出勤之時數性質上屬延長工作時間，爰增訂第三項，定明除受到 1 日不得超過 12 小時之限制外，於核計是否超過一個月延長工作時間上限之 46 小時之時，亦併予列計，以避免勞工過勞（例如：勞工於休息日若僅工作二小時，依修正條文第二十四條第三項規定，應列計延長工作時數為四小時，並併入一個月延長工作時間上限之四十六小時計算）。

5. 依現行解釋，現行第三十二條第三項規定，延長勞工工作時間者，不受同條第二項所定時數之限制，爰休息日因天災、事變或突發事件等特殊情況，使勞工於休息日工作之時數，參照該解釋之意旨，於第三項但書明文規範。

6. 為使該法有關國定假日之規定與中央內政主管機關所定應放假之紀念日及節日一致，並維持對勞工具有特殊意義之勞動節放假規定，酌為修正。另所定其他中央主管機關指定應放假之日，係指各類公職人員選舉罷免投票日，併予說明。

　　由於行政院版或稱民進黨版的修正草案，以及事涉修正案之理由說明，殆可有下列的修正特質：

1. 因應公務體系的周休二日休假架構，並以儘量依內政部有關紀念日及節日實施辦法之規制，重新設計勞工的休假機制。其採漸進式模式符合臺灣的政治文化體系。

2. 政府對於事涉勞工權益的改革機制，一向尊重勞工團體的建議。此在民進黨一向標榜與勞工群眾在一起的政治體系思維言之，應是頗具政治默契的改革思維。

3. 民進黨既係支援弱勢團體起家的政黨，就勞動基準法及其子法的修正或立法新制言之，應係較容易取得多數共識的立法；其週休二日的立法思維，即在於增強勞工休假權益。

4. 民進黨因係執政黨，固然有其一貫政治立場，但為加速經濟翻轉，對於資方的意見；尤其週休二日及工作時數的變動，必然增加資方經營成本。為避免資方出走，打擊國內就業機會，其漸進式的改革，應係站在資方立場的立法思維。

5. 勞動基準法係臺灣最重要的勞動法制，民進黨修改勞動法制由勞基法起始，係掌握法制改造的要領，說明該項修正法制符合事實需要。

　　國民黨係臺灣現階段最大在野黨，該黨在執政時期雖有諸多勞基法制的改革構想，卻因民進黨的強勢杯葛，殆多功敗垂成。此際已淪為在野政黨，雖主張「週休二日」，卻非「一日例假日，一日休息日」，而係皆為「例假日」；此

與時代力量的主張頗相一致。如第三十六條提案文字為：「勞工每七日中至少應有二日之休息，作為例假。」但時代力量和國民黨的修正案，皆因人數少而被否決，立法院於 2016 年 12 月 6 日二讀會時，僅民進黨團支持的版本獲得多數通過。

(二)勞動基準法就「一例一休」修正的法律影響評估

由於行政院版本修正案公布後，勞動激進組織即有諸多不同的主張見諸報端，加上在野力量的「二例」主張[6]，使得民進黨團意見有分歧趨勢，最後在蔡英文「施政決策協調會議」拍版定案時，除維持行政院版外，另加對「特別休假」的新增規定。因之，2016 年 12 月 6 日，立法院三讀通過的勞基法修正版本，除上述修正條文外，尚有第三十八條、第三十九條、第七十四條及第七十九條之修正：

1. 修正勞基法第 38 條規定：

勞工在同一雇主或事業單位，繼續工作滿一定期間者，應依下列規定給予特別休假：

一、六個月以上一年未滿者，三日。

二、一年以上二年未滿者，七日。

三、二年以上三年未滿者，十日。

四、三年以上五年未滿者，每年十四日。

五、五年以上十年未滿者，每年十五日。

六、十年以上者，每一年加給一日，加至三十日為止。

前項之特別休假期日，由勞工排定之。但雇主基於企業經營上之急迫

---

[6] 民進黨長久以來，即與國民黨處於完全對立狀態，甚至可說除「精省」一項有比較一致看法外，就政治性法案；尤其影響龐大選票的法案，該二大政黨即少有共識之處。唯時代力量一向傾向民進黨的政治主張，此次修法竟然對立，不免影響民進黨在立法院的政治策略選擇。

需求或勞工因個人因素，得與他方協商調整。

　　雇主應於勞工符合第一項所定之特別休假條件時，告知勞工依前二項規定排定特別休假。

　　勞工之特別休假，因年度終結或契約終止而未休之日數，雇主應發給工資。

　　雇主應將勞工每年特別休假之期日及未休之日數所發給之工資數額，記載於第二十三條所定之勞工工資清冊，並每年定期將其內容以書面通知勞工。勞工依本條主張權利時，雇主如認為其權利不存在，應負舉證責任。

　　中華民國一百零五年十二月六日修正之本條規定，自一百零六年一月一日施行。

2. 修正勞基法第 39 條規定：

增列第 36 條休息日加倍給工資之相關規定。

3. 修正勞基法第 74 條規定：

　　勞工發現事業單位違反本法及其他勞工法令規定時，得向雇主、主管機關或檢查機構申訴。

　　雇主不得因勞工為前項申訴，而予以解僱、降調、減薪、損害其依法令、契約或習慣上所應享有之權益，或其他不利之處分。

　　雇主為前項行為之一者，無效。

　　主管機關或檢查機構於接獲第一項申訴後，應為必要之調查，並於六十日內將處理情形，以書面通知勞工。

　　主管機關或檢查機構應對申訴人身分資料嚴守秘密，不得洩漏足以識別其身分之資訊。

　　違反前項規定者，除公務員應依法追究刑事與行政責任外，對因此受有損害之勞工，應負損害賠償責任。

主管機關受理檢舉案件之保密及其他應遵行事項之辦法，由中央主管機關定之。

4. 修正勞基法第 79 條規定：

提高罰則，罰緩由 2~30 萬元，提高至 2~100 萬元。

上揭修正條文究竟對「一例一休」制度之「政策執行」(policy implementation)發揮多大的保障勞工權益之成效，由近四個月內的社會動盪觀察似不如預期。

學理上所稱「法規或政策影響評估」(regulatory impact assessment or regulatory impact analysis；RIA)係對新設，現行法規或政策進行系統性評估的主要工作(孫克難，2011)。有學者即認為法規影響評估係在「信賴市場機制看不見的手，排除政治因素或行政便宜的考量，建立法制作業的先期影響評估」的基本認知(林恒 2014)，所為之法案生效前或政策做成前的「影響性評估」。2016 年 12 月 21 日，立法院三讀通過的勞基法部分條文修正案，經查中央主管機關並未依「行政院所屬各機關主管法案報院審查應注意事項」第三點第四款規定，提出事涉「法案衝擊影響層面及其範圍，包括：成本、效益及對人權之影響，應有完整之評估」書面報告；唯立法院法制局則在 2016 年 7 月，由該局人員自行研究提出「勞動基準法部分條文修正草案」之針對性別及人權影響之「法案評估」(陳瑞基、邱垂發，2016)。曾提出下列條文修正之建議：

一、現行本法第 24 條規定僅具有雇主給付勞工延長工時工資給付標準之單一功能。本文建議條文應另具備教示雇主不得任意令勞工加班延長工時的規範角色，同時，關於延長工時工資給付基準，導入集體勞動法規範，建議可經由勞資雙方以團體協約約定之，以保障勞工的權利。

二、關於休息日延長工作時間加給工資數額，依草案所定標準及勞動部就休假日加班給付標準之解釋結果，尚非屬優渥，對於是否能達到以價制量之修法目標，存有相當疑慮。故建議休息日應加倍發給延長工

資，以確保之。

三、勞工工資採月薪制的情形時，單位每小時延長工時工資額，攸關勞工
權益甚鉅，爰建議宜明定其應以每週法定工作時數換算為全年工作時
數，得出每月平均工作時數後，計算之：另實施彈性(變形)工時制度，
為避免雇主「藉由變形工時之名，行延長工時之實」的弊端產生，應
明確一定規範，予以杜絕消弭之；又，延長工作時間依法雇主應加給
延時工資，若勞工選擇補休而放棄領取延長工資時，為保障勞工權
益，使延長工資與補假休息同價，並促使該法律關係早日確定，建議
草案增訂工資額同額換算補休時數之規定。

四、草案第 30 條之 1，有關勞工工作時間變更原則規定。亦即，針對勞
工 4 週彈性工時及其排除限制、正常工時達 10 小時者，延長工時不
得超過 2 小時及女性勞工夜間工作等事項，作特別規定。然而，上述
規定缺乏正面的立法意義與功能，對勞工權益保障實難謂周全。基
此，建議刪除之。

五、草案所提勞工每 7 日一例一休的立法政策，並配套增訂休息日延長工
時工資之計算標準，以緩和折衷外界對於週休二日之強烈訴求。就
此，本報告原則贊成「週休二例」之潮流目標。但考量避免因產業特
性造成困擾，建議增列「勞資雙方以團體協約約定每 7 日中至少應有
1 日之休息，另 1 日得提供 8 小時以內之勞務者，從其約定。」之規
定，以降低衝擊。

上揭法案評估似已預估勞基法「一例一休」的規律政策，有可能造成風暴，衹
是評析較為保守而已。

　　固然法律影響評估可分為成本效能分析(cost-effectiveness analysis；CEA)
和成本效益分析(cost-benefit analysis；CBA)，前者係綜合分析；後者係量化分
析。就勞基法部分條文修正案，政府主管部門應可進行成本效益分析，但一般
學術界限於資料庫尚有不足，或許衹能進行成本效能分析。本研究根據數月來

的大眾媒體報導，就其立法施行後的成本效能而言，認為：

1. 就總體立法效能言之，該立法已嚴重衝擊國內產業，不僅造成產業成本顯著增加，消費者在買場消費顯著增加；尤其民生息息相關的產業，已將其成本增加轉嫁至消費者，以致民生用品正有漲價的傾向。至於勞方的待遇，本可因休息日加班費，或是平常加班費時間的計算方式改變，而增加收益，卻因資方改用派遣工或歇業，而致勞方不僅實質所得未見增加，甚至因服務職場歇業而致失業。

2. 就總體立法作為而言，並非立法院的立法效能不彰，而係行政部門；尤其中央勞動主管機關的「政府失靈」(government failure)。其不僅肇致勞動部新法需要延長宣導期，而且另闢「輔導期」。此對立法公信力的破壞，不言可喻。勞基法部分條文的修正，在重視休閒生活品質提昇的世代，本是一項值得喝采的創新政策，卻因欠缺成本效益評估，而完全忽略資方的反對力量，甚至未曾與受影響的既得利益者溝通，遭致資方反彈到「投資出走他國」的經濟危機境地。

3. 勞動部在取消國定應祇紀念不放假卻放假的「七天假期」，本係理性政策(rational policy)的作成，卻因忽略政策的外部效應，而致立法理性卻未必執法亦可理性。此種立法效應(legislative effect)的評估，應係此次修法最明顯的缺失。

4. 勞動部本諸漸進主義的放慢投資衝擊下，採取「一例一休」(one fixed day off and one flexible rest day)係一種形式上穩健立法，實質上冒險立法。蓋內政部訂定「週休二日」機制，本無「一例一休」之別；勞動部另立機制，欠缺論述，自可能政策失靈(policy failure)收場。

(三)勞資雙方對「一例一休」的政策執行與社會成本

此次執政的民進黨，在完全執政的絕對多數政治環境下，不顧及在野政黨

的「周休二例」[7]政策，係指一週二例日；亦即不分「一例假日、一休息日」
在加班費和限制加班上有所區別，而以一週內勞資雙方約定何日為「休息日」？
何日為「例假日」？蓋依新修正勞基法，衹有休息日始可「因事實需要」不休
息日加班而支領加班費。加班費之計算係依加班時間長短不同計資；尤其休息日
加班者，係另以 1+1/3 或 1+2/3 計資。此外，又設計新的「特別休假」機制，
不僅年資短，甚至六個月以上，即有三日之特別休假；其他年資之特別休假亦
加調整。旨在增加勞工特別休假的機會。由於此係勞基法所明定，非勞資雙方
之「勞資契約」所可排除，自屬於「強制規定」而非「任意規定」；更非「訓
示規定」。因之，資方的人事成本增加，乃屬立法之旨趣所在。問題在資方增
加支出，資方自然會有如何減少支出的「巧門」，以致勞方並不見得可以實質
多獲有該機制下的加班費實益。蓋節省人事成本一向是資方經營的策略選擇。
此應係勞動部起草新制時，所當知悉且有所對策以為因應之所在。事實並非如
此，勞動部面對勞資雙方所已出現的亂象，竟然束手無措，甚至經歷五個月之
久，尚未發布「勞動基準法施行細則」以供遵循；甚至有「有人檢舉，才勞檢」
的笑話出現在大眾媒體上？令人不忍。

就因為修正之勞基法公布施行以來，社會即陷入「一例一休風暴」，而且
愈演愈烈。在立法院 2016 年上半會期開議前夕，行政院乃進行內閣局部改組，
原任勞動部長郭芳煜卸任，改由蔡英文總統親信，時任行政院政務委員兼蒙藏
委員會委員長，蔡總統表姊林美珠接任。此項人事改組一方面暗示勞動部修正
勞基法之顯著缺失；另一方面亦希望新人新政振奮人心。但就過去二個月觀
察，社會對「一例一休」的爭議並不稍停歇，力主修法的主張，不僅出現於在
野政黨的立法委員；即使是執政黨內部，亦已有多位立法委員提出看法，促請
黨團或中央重視。

如由政策執行的觀點言之，此次政府修正勞基法，即便是一項漸進式的理

---

7 國民黨團與時代力量黨團均提案主張「週休二例假」的政策取向，此與「週休二休假」究竟有無不
同?就目前臺灣的公教界所適用的「週休二日」言之，既是「週休二例假」；亦是「週休二休息日」，
並無不同；質言之，「週休二日」的原始政策，就是一週休息二日，或稱「一週二例假日」。

性公共選擇之策略設計，亦因執行不力，而且付出社會「勞資雙方對立加劇」的成本；尤其又波及物價上漲，產業投資興趣減弱，甚至產業外移，或是歇業的尷尬情狀。此係資方、勞方、社會(或稱消費者)，乃至政府皆未獲有「資本累積」的三輪政策失靈之立法不經濟效應。

　　勞動部已預告「勞基法施行細則部分條文修正草案」[8]，其主要修正條文係刪除第 23 條有關「應放假之紀念日」規定，以及修正第 24 條有關「特別休假」規定。此項修改法制作業，係行政院堅持不宜在新法施行伊始，即行接受民意而修改新施行條文，而致政府公信力受到破壞，固然上揭固執己見，執意不即行修改不具民意支持的政策主張，係相當封建的思想，本不值得多所探討。唯鑑於社會失調，如繼續再擴大，將使中華文化的「倫理體系」崩潰。此項事涉國家威信的國家認同「信任危機」究竟有無必要再拖延解決?見仁見智。本研究認為社會如為一政策立法的設計不當，竟需付出如此沉重的社會成本，實有需要儘速提出對策，杜絕社會的再動盪。當此新法施行伊始，社會成本尚屬輕微，日久將成為社會衝突的導火線；其所付出的代價，將難以估計。維護社會穩定，政府責無旁貸，何況所以陷入社會不安定，竟係制定政策的執政當局。執政當局理當當機立斷，將不可行的政策立法儘速修正，以符行政法制所謂「多變性」的「政策法制」特質。公共政策的制定須要審慎將事，設若思慮欠周，而致嚴重錯失，政務官固然須負起政治責任；對問題本身的解決，尤其需要本諸刻不容緩的積極態度，儘速處理為宜。

四、因應「一例一休」政策執行的問題與對策

　　臺灣的行政法制一向對公務人員有特別法制，與有別於一般民眾；唯就勞

---

[8] 依行政程序法第 15 條規定，勞基法施行細則係行政程序法第 150 條所稱之「法規命令」(regulation order)須先發布草案以為「預告」，始得在一定時間後發布施行。詳見勞動部 2016.3.15 勞動條文字第 1060130497 號公告。

工在行政法制上則較少特別規制。誠然除若干勞工法制有所規定之外，臺灣的
法制係將勞工視同一般人民，而適用一般法制，並以「私法自治」(autonomy with
private law)法則處理。此次勞基法部分條文之修改，竟忽略此項特質，乃是執
事者法制認知不足的後果。

(一)勞工機制與公務員機制差異，所衍生的問題與對策

現在執政的臺灣政府領導人對於「勞工」(labor)與公務員(officer or civil
servant)的差異，係採取寧願勞工與公務員待遇相同，亦不願公務員待遇特殊；
甚至勞工待遇特殊亦無妨[9]。此種身分識別的錯置，係蔡英文政府的公共政策
策略選擇理論基礎。在此理論基礎上，自然無視於勞動基準法所為勞工法制的
基準性，而係採取勞工法制的特殊性，乃重新設計勞動基準法對於勞工的機制
保障模式。勞動基準法對於勞工「一例一休」的機制設計，係民進黨獨厚勞工
的「特別休息日」機制設計；其企圖並無嚴謹的理論依據，祇是有異於其他政
黨的「勞工至上」(labor supremacy)主張而已。

就以前述內政部於 1998 年施行的「週休二日」公共政策論之，內政部經
行政院核定發布施行新修改之「紀念日及節日實施辦法」，不論 1998 年施行初
期的隔周周休二日，抑或自 2000 年 7 月始發布施行的「週休二日」，其對紀念
日的規制，除中華民國開國紀念日、國慶日、和平紀念日放假一日外，其餘紀
念日均祇紀念不放假。「**公務人員週休二日實施辦法**」係依公務員服務法第 11
條第 3 項授權訂定之法規命令。其就公務員的放假規定，與內政部所訂定之「**紀
念日及節日實施辦法**」，有關放假的規定一致。雖說內政部所訂定之該項實施
辦法，因無法源而宜視為行政規則，但畢竟是中央主管機關訂定，其例假日的
規定，全國一體適用。勞動部對於勞工過勞的問題，在此次勞基法修正時，已
予鄭重回應；即將勞工每週工作時間，由每七日至少有一日為休息，充作例假

---

[9] 臺灣正在進行軍、公教、勞退休年金制度改革，即以勞工退休年金如何與公務員退休年金「天花板」
和「樓地板」一致，為蔡英文政府的政策作為之策略選擇理論基礎。

之日，改為勞工每七日應有二日之休息，其中一日為例假；另一日為休息之日。此種顯然優於公務人員一週祇有星期六、星期日二天放假日。初不論休息日抑或例假的創新管理作為，既然公務人員週休二日，係依內政部的初始設計，勞工的週休二日實不必再有特殊的設計；亦即勞基法的部分新修正條文，祇要適用如同公務人員放假的規定，即可獲致全民的支持。

本研究深信勞工休息時間的特殊化，係此次修改勞基法部分條文所以遭受挫敗的主要原因。因之，蔡英文政府的新勞工身分保障機制設計，理應適時調整，將勞工與公務員脫鉤，且以「私法自治」的原理，除勞動基準法係以「基準法」，且是以最低基準設計必要的基本保障機制外，儘量以勞資契約的「民事契約」方式，規制勞雇雙方的權義關係，或許是比較理性的機制設計。

(二)勞動人事成本增加對資方形成壓力，所衍生的問題與對策

雖說立法院 2016 年 12 月 6 日。三讀通過的勞基法部分條文，比起時代力量黨團所提案之版本，在勞動人事成本尚差一大截(如表 11-2)，但人事成本已有顯著增加。依勞動部所提供的試算資訊，就「休息日加班費計算」為[10]：

1. 依勞動基準法第 24 條規定，勞工於法定休息日出勤工作時，工作時間在 2 小時以內者，其工資按平日每小時工資額另再加給 1 又 1/3 以上，工作 2 小時再繼續工作者，按平日每小時工資額另再加給 1 又 2/3 以上。

2. 休息日的工資計算，4 小時以內者，以 4 小時計；逾 4 小時至 8 小時以內者，以 8 小時計；逾 8 小時至 12 小時以內者，以 12 小時計。

3. 以勞工月薪 36,000 元，推算每日工資 1,200 元，平日每小時工資額為 150 元為例：

    (1) 休息日工作 1 小時，以半日 4 小時計，應另再加給 900 元（計算方

---

[10] 勞動部網站勞動基準法修法常見問答集，網址：http://www.mol.gov.tw/service/19851/19852/19861/30631/ (2017.3.10 下載)

式：150x1 又 1/3x2+150x1 又 2/3x2=900），當月工資合計 36,900元。

(2) 休息日工作 6 小時，以 8 小時計，應另再加給 1,900 元（計算方式：150x1 又 1/3x2+150x1 又 2/3x6=1,900）當月工資合計 37,900 元。

(3) 休息日工作 10 小時，以 12 小時計，應另再加給 3,500 元（計算方式：150x1 又 1/3x2+150x1 又 2/3x6+150x2 又 2/3x4=3,500）當月工資合計 39,500 元。

表 11-2 勞基法部分條文版本比較

	工資明細	周休二日	平日加班費計算	輪班休息	休假日	特別休假	吹哨者保護	無薪假負時數
時代力量完整版	雇主應提供工資計算明細 需包含「加班時數」及「加班費計算基準」 工資、加給算得清！	一周二例 落實周休二日，降低工時！	1.延長工作時間計算單位為半小時，未滿半小時者，以半小時計 2.遇到加班時數爭執時，雇主應舉證責任	輪班制勞工出勤間應有至少11小時的休息 輪班工作不過勞！	1.確保勞工七天假 2.休假日與工作日對調須以日為單位 3.對調相關的定應以書面記錄	1.勞工特別休假成長幅度比照公務員 2.增加六個月到一年年資勞工特休 3.特休排定方式以日為單位	雇主不可以因為勞工申訴，而對勞工進行解僱、調職、不合理的管理措施、工作要求等種種的不利處置或其他不利的處分。也不可以終止、解除、變更或不給予勞工依法令、契約或習慣上所應享有的權益	雇主逕自免除勞工出勤義務，就不得要求補服勞務；工資並應照常發給 杜絕違法補班！
行政院+民進黨版	✕	一例一休 休息日可出勤 落實周休二日？假的！看得到吃不到！	✕	✕	與公務員一致砍七天假 偷的週休二日不能當作砍假的籍口	✕	✕	✕

資料來源：時代力量網站(2017.3.10 下載)

由上揭勞動部對月薪新臺幣 36,000 元勞工所試算之休息日加班費，即可知人事成本勢必大幅增加；復以新進人員任滿六個月，即有三日之特別休假，姑不論特別休假日上班資方須支付加班費，在重視休閒之年輕世代，即可能拒絕加班而與資方滋生衝突。

根據「1111 人力銀行」在中南部調查，發現一例一休機制對產業的衝擊，以中部災情較全臺灣嚴重，54.2%業者受衝擊，人事成本平均增加 9%，南部其次 7%。其主要企業經營衝擊，包括：加班費大增、增聘人力、員工排班困

難，高達 6 成業者認為因應一例一休而調整企業運作，其中包括：改變排班制度(26.4%)、增聘正職人力(14.4%)、調整員工薪資結構、獎金制度(12.4%)占居多數；亦有 4 成 3 企業因一例一休調整人事規劃，其中 17.9%選擇增聘兼職人力、12.9%選擇增聘正職人力、8%遇缺不補；另 4%甚至裁員，以減少人事成本。受訪的企業表示，任職員工有 6 成 7 個人薪資並未因一例一休有所改變，僅 2 成薪水因增加加班費過高，每月加班上限 40 小時、例假日不能加班等限制，執行上最困難、最需調整。(中國時報網站，2017.4.1 下載)

面對上揭社會現象，民進黨籍立法委員已察覺該項政策執行的困境，如黃國昌委員即認為「衝擊如太大，勞基法該修就修」，而何欣純委員則主張「要大家都穿同一件衣服，無法符合各行各業」，其即主張廢止勞動基準法之規定，另依各行各業訂定專法。(中國時報 2017.4.2)

在此種勞動條件下，所可能產生的問題，包括：

1. 資方因人事成本增加，而改以派遣工因應，以致勞工增加收益落空，已如前述外，就是工作場所組織氣候(organizational climate)的惡質化所產生的服務品質劣質程度將漸趨明顯。比如臺大醫院即宣布自 2014 年 4 月 1 日起，星期六門診由 70 診降為 11 診，此對病患的醫療服務影響至鉅，而華航更宣布未來 10 年將虧損 800 億元。(自由時報 2017.4.1)

2. 資方有鑑於勞動人事成本的增加，在作法上有諸多「節省成本」的策略可資應用，諸如：減產、減銷，以及臨時工、派遣工、工讀生，皆是降低人事成本的可行策略，卻造成正式職工的失業，以及國家生產力的下降，就以 2017 年 3 月 31 日，「1111 人力銀行一例一休中部公聽會」所揭露的人力資訊，殆以「經營不下，被迫出走」為臺灣當下的勞動環境寫照。

3. 根據「1111 人力銀行」調查，此次「一例一休」政策執行，將以中南部衝擊最大。面對民進黨所長期經營的鐵票區竟然影響最顯著，正說明政策制定的欠缺法規影響評估，勢將引發政治後遺症，或係民進黨政府始料所未及。基於執政黨本身受災情形考量，政府應在輔導期於 2017 年 6 月底結束前，即提出修法的新政策思維，已為刻不容緩的政策作為。

(三)社會對「一例一休」政策執行累積社會成本，所衍生的問題與對策

2017 年 3 月 15 日中國時報以「地方開始『叛變』一例一休快調整」為社論標題指出：

> 一例一休從去年 12 月下旬上路後，勞動部所謂「宣導期」即將屆滿，接著是輔導期，再來就是查核開罰的「檢查期」；但台北市長柯文哲抱怨，一例一休天怒人怨，南投縣長林明溱大動作指示縣府法制人員研議「南投縣能否不施行」，其他縣市亦表態要求中央檢討修訂。一例一休窒礙難行，倉卒立法造成勞資與政府三輸，是為惡法，勞動部卻沒有能力解套，一例一休實可休矣！

用語之重，媒體所罕見，正說明「一例一休」政策執行的困頓，已到非改弦易轍不可的窘境。一例一休的政策執行如無任何瑕疵，政策宣導期後，何來輔導期之「過渡措施」？勞動部雖有修改勞基法施行細則的途徑，以及各案行政解釋(administrative explanation)的方式，以排除一例一休的人力調動限制；亦即鬆綁一例一休的強制性規定。執政當局所以不願面對現實，而適時修改不符時需之法制，除為維持強力通過立法的顏面外，實難以猜測尚有何如此猶豫的正當性理由。

對於行政立法的多變性特徵，最可行的立法作為，就是法制的平等設計，或是平衡法制(equity)的建構。內政部如能將位階祇是行政規則的「紀念日及節日實施辦法」，提升為法律位階的「**紀念日及節日條例**」，並且修改相關法律，將散布在公務員服務法、勞動基準法之「紀念日及節日規定」刪除，促使全國軍公教勞皆一體適用「二例」或「二休」的有如公務人員加班正常化以領取加班費；亦即月薪/30 後再除以 8 得到個人每小時加班費；再依有上限的實際加班時數計算加班費。如此資方人事成本可在容許範圍內支應；即不致有變相減薪的情形。勞資雙方皆認可的和諧職場機制當可重現。此係減緩一例一休社會

成本增加的政策性策略選擇，一旦該政策有所變更，社會互信再起，勞資與政府三贏的「社會資本」(social capital)即能再增。此應是值得執政當局多所思考的改革方案。

五、結語：勞動政策應有裨於累積社會資本，減少社會成本

　　經由勞動基準法部分條文修正，竟引發近些年來少見的實質性「立法瑕疵」（legislative flaw），或政策失靈的政治事件，不僅勞資雙方皆未享有實質的收益，而且政府威信掃地，社會亦受到波及，卻未見政府在主管部長易人之後，又聲明政策失誤的道歉之意。政府的不負責態度似乎一覽無遺。事實上，此次因刪除國定假日所引起的勞動事件，政府在未能提出「法規影響評估報告」前，即行修改勞動基準法以為因應，即是一項頗具有「風險」的政策治理與執行作為。經由此一設定為「一例一休」的風暴後，資方的人事成本增加法有明定，勞方的人事收益竟在資方閃避法規下，看不到實質的收益增加，全民倒是在人事成本可能增加，吞下民生物品普遍漲價的苦果，甚至看到知名企業的出走，或即將歇業致失業情狀恐將再現。政府的立法威信；尤其保障經濟上弱者的威信蕩然無存，卻無一聲歉意而一意孤行，以致此次勞動政策失靈所累績的社會成本可謂無以復加。

　　本研究經由此次研究經驗，深信勞動政策需要智慧制定，更要有設身處地的易地易位政策思維；對於政策失靈絕不能諱漠以對，而是知錯能改，即使朝令有誤夕改又何妨？政府可以在漸進主義下制定長遠的政策，卻不宜再以漸進方式拖延失靈的政策執行。建構理性政策的規劃和執行，適時排除窒礙難行的時間落後政策執行，當可逐漸累積社會資本，而早已不得人心的社會成本累積，亦可在政策改制洽得其時中逐漸減少。此次一例一休的勞動政策失靈事件，正是未來的政策治理殷鑑所在。

參考書目

中國時報：社論「地方開始『叛變』一例一休快調整」，2017.6.15。

立法院各政黨「勞動基準法部分條文修正案」關係文書。

司法院大法官解釋資料

林良榮(2010)，〈我國勞動三權之發展現況與問題分析：歷史、結構與法律的分析途徑〉，網路(2017.13.15 下載)

林桓(2014)，〈法規影響評估作業之檢視與展望〉，Taiwan Economic Forum 網站(2017.3.16 下載)

包正豪，〈地方包圍中央，一例一休該修了〉，中時 2017.3.16，A15。

盧佳宜，〈林明溱開稅後〉，中時 2017.3.16，A15。

國家發展委員會(2013)，〈推動法規政策影響評估制度行動方案〉草案，國家發展委員會網站(2017.3.16 下載)

勞動部(2017)，〈勞動基準法常見問答集〉，勞動部網站(2017.3.15 下載)

孫克難(2011)，〈法規或政策影響評估(RIA)之成本效益分析〉，《財稅研究》，44(3):1-34。

International Labor Organization, (2003), "Fundamental Rights at Work and International Labor Standard". Geneva: International Labor Office.

Mantaouvalou, Virginia(2012), "Are Labor Rights Human Rights?" *European Labor Law Journal*. 1-12.

拾貳、臺灣社會企業的建構與實踐： 民生主義觀點探討街友的人力資 源管理

紀俊臣　銘傳大學公共事務學系客座教授

常如玉　銘傳大學公共事務學系兼任助理教授

一、前言：民生主義的核心價值似蘊含社會企業理念

　　2016 年 11 月 12 日，係孫文字逸仙號中山 150 週年誕辰，海內外對於中國一代偉人，皆有相當熱烈的學術研討。在臺灣的中華民國，尊稱孫文為 國父。對於中山先生一生倡導的三民主義等，不僅明定於憲法前言和第一條，而且在各項制度上皆以中山先生的理想為最高指導原則。就中當以民生主義的實踐，對於臺灣的經濟發展，尤具有長遠的貢獻。本研究即以中山先生在民生主義的「發達國家資本與節制私人資本間」的「平衡設計」(balanced design)為題，分析當前的民生主義實踐情形。

　　固然過去中山先生對於發達國家資本與節制私人資本間的平衡機制，不曾有特定的名詞，但就時下的「社會企業」(social enterprise)，其重要內容殆多在中山先生的民生主義演講中提示過。質言之，似可以「社會企業」的概念，為其未竟的實踐民生主義機制設計。本研究深信社會企業的公益性，乃至企業社會責任(corporate social responsibility；CSR)的道德性，係中山先生民生主義

經濟學(economy of livelihood)的核心價值。本研究所為之立論，係基於民生主義，乃在規劃資本主義強調生產工具和社會(共產)主義主張分配工具的「調和」機制。此項調和機制固然係針對個人的生活，但對於社會的生存，乃至國家的生計，皆有長遠的藍圖規劃；其生命的願景乃係健康的，快樂的；而基於此種生命哲學，以建構群眾生命所繫的國家經濟模式，乃是平等的、共榮的、均富的。因之，民生主義對於任何經濟學發展理論，皆以生產工具與分配工具的合作與運作，是否可以解決人民的經濟問題或稱民生問題，為其機制設計的考量前提。中山先生固然未見到「社會企業」概念的形成，卻在民生主義講次中，多次談到合作社(cooperative society)的機制，而合作社即是社會企業的重要模式之一，足見中山先生應有發展時下社會企業的心路歷程，爰加以研析之。

際此臺灣的社會企業發展尚在起步階段，本研究以曇花一現的陳大德所倡導的新北市三芝「太陽村農莊」為個案進行分析。按該企業係以「街友」為該社會企業的企業經營主體。質言之，該農莊正在邀集臺北市或新北市的街友，企圖能以各自所長發展社會企業，促使荒廢許久的消耗人力，能再成為國家發展的可用人力。不僅自謀生計，而且社會可以相對減少「社會排除」(social exclusion)人口，相信此應係民生主義的理想人口政策。對於此項社會企業的發展，固然因正處起步，不宜評論功過，但對於街友人力的資源管理，終能引起重視，並且有效管理，以展現社會企業的特質，甚至積極實踐民生主義，實有諸多可加研究之處。

二、民生主義的核心價值

臺灣對於民生主義最具權威性研究的經濟學者蕭行易博士，在其「民生主義研究：『臺灣經驗』理論與歷程之探討」書中，曾指出：「平均地權，務使社會利益歸公；吸集外資，打破貧窮惡性循環；質量並重，達成最適人口分布；社會價值，融合主、客觀價值」(蕭行易，1996)。此四項民生主義主張，係中

山先生的民生經濟學內涵，就其核心價值(core value)言之，包括：

(一)發達國家主義以促進同富

中山先生係反對「無政府主義」(anarchism)的思想家，其對於國家形成的學說，亦有深刻的體認，認為「民族主義是提倡國家自由的」。質言之，中山先生係主張以國家的總體戰力，發展國力，而此項國力乃在於「圖四萬萬人幸福的」；意指國力強大，不在於欺侮他國，而是促成國家的經濟繁榮，且是在「平等」的政治地位下，享有經濟的繁榮。此即說明民生主義的主張，係以民族主義為基礎；復以民權主義為工具，達致人人幸福的「發財」境地。

中山先生在民生主義第二講，曾說：

> 民生就是社會一切活動中的原動力。因為民生不遂，所以社會的文明不能發達，經濟組織不能改良，和道德退步，以及發生種種不平的事情。像階級戰爭和工人痛苦，那些種種壓迫，都是由於民生不遂的問題沒有解決。所以社會中的各種變態都是果，民生問題才是因。

對於上揭民生問題，基本上需要一個不僅「以民為本」，而且能「以民為主」的國家組成民主政府，始克有「同富」的經濟政策，以推動經濟改革。發達國家主義(statism)，再由國家資本主義(state capitalism)以充實國力，並應用國家社會主義(state socialism)以分配資源，形成同富的社會經濟體系。

二十一世紀初期的金融海嘯(financial crisis of 2007–08)，對於世界經濟造成重大衝擊，但此次的國際經濟危機正驗證中山先生主張「發達國家資本」的重要。臺灣在該次的金融海嘯中，可說是世界上少數能安然度過危機的國家；其所依恃者，即是國家主義的實踐。蓋資本主義國家主張私有制，卻因人類缺乏「企業倫理」(business ethics)而致金融機構倒閉，連累無辜的銀行存款人血本無歸。臺灣因有國營事業以穩定民生經濟，安定民心，而致世界性經濟危機仍可一一克服。設若臺灣如同歐美國家實施「自由經濟」(liberal economy)，必

然是同歸以盡；反之，如主張社會主義亦因國家資本不足，而致「計畫經濟」分配上陷入貧窮的困境。共產國家在全球金融海嘯期間，比較上是因經濟尚未發達而不受影響。唯臺灣因係採行「計畫型自由經濟」，正可取其中而持續穩定發展。

中山先生主張國家主義，固然是在強化國家的政治力量，促使國家有完整的獨立主權，但其效果卻在能落實民生主義。其在民生主義第四講中，曾說：

> 我們要解決穿衣問題，便要用全國的大力量統籌計畫，先恢復政治的主權，用國家的力量來經營絲、麻、棉、毛的農業和工業；更要收回海關來保護這四種農業和工業，加重原料之出口稅及加重洋貨之入口稅。我國之紡織工業必可立時發達，而穿衣材料之問題方能解決。

此種發達國家政治力量，而其效應則在能強大經濟力量，為國民的福祉奠立基礎，為國家的發展立下願景取向。

(二)節制資本主義以避免獨富

中山先生主張民生主義，甚至認為「民生主義，就是共產主義，就是社會主義」(民生主義第二講)。其所著眼的是，國家資源完全私有化的危險性。蓋國家如出現富可敵國的大財閥，卻無節制的法制，不能徵收稅捐，貧窮國民如何生存?中山先生對於節制資本主義，係有鑑於當時中國的經濟力量非常弱小，如何強化國家經濟力量，至為重要。他首先提出平均地權，認為：

> 我們國民黨的民生主義，目的就是要把社會上的財源弄到平均。所以民生主義就是社會主義，也就是共產主義，不過辦法各有不同。我們的頭一個辦法，是解決土地問題。
>
> 解決土地問題的辦法，各國不同，而且各國有很多繁難的地方。現在我們所用的辦法是很簡單很容易的，這個辦法就是平均地權。講到解決土

地問題，平均地權，一般地主自然是害怕；好像講到社會主義，一般資本
家都是害怕，要起來反對一樣。所以說到解決土地問題，如果我們的地主
是像歐洲那種大地主，已經養成了很大的勢力，便很不容易做到。不過中
國今日沒有那種大地主，一般小地主的權力還不甚大，現在就來解決，還
容易做到。如果現在失去了這個機會，將來更是不能解決。

中山先生所提出的「平均地權」政策，係民生主義經濟政策中最完整的政策取
向，力倡「政府照地價收稅和照地價收買」，該等主張在臺灣的土地法制上產
生諸多的「立法效應」。不僅制定平均地權條例以為土地法之特別法，而且制
定土地稅法，以為土地私有化下的「共未來的產」之「共產制度」建立完整的
法制。

中山先生對於中國的經濟發展，係以如何「節制私人資本，發達國家資本」
為政策邏輯。此種思維邏輯係以當時的中國經濟環境，所建構的務實經濟理
論。他說：

> 我們在中國要解決民生問題，想一勞永逸，單靠節制資本的辦法是不
> 足的。現在外國所行的所得稅，就是節制資本之一法。但是他們的民生問
> 題究竟解決了沒有呢？中國不能和外國比，單行節制資本是不足的。因為
> 外國富，中國貧，外國生產過剩，中國生產不足。所以中國不單是節制私
> 人資本，還是要發達國家資本。
>
> 統一之後，要解決民生問題，一定要發達資本，振興實業。振興實業
> 的方法很多：第一是交通事業，像鐵路、運河都要興大規模的建築；第二
> 是礦產，中國礦產極其豐富，貨藏於地，實在可惜，一定是要開闢的；第
> 三是工業，中國的工業非要趕快振興不可。中國工人雖多，但是沒有機器，
> 不能和外國競爭。

中山先生所主張的發達國家資本，係以「製造國家資本」為前提，他指出：

中國今日單是節制資本，仍恐不足以解決民生問題，必要加以製造國家資本，才可解決之。何謂製造國家資本呢？就是發展國家實業是也。其計劃已詳於《建國方略》第二卷之《物質建設》，又名曰《實業計劃》，此書已言製造國家資本之大要。前言商業時代之資本為金錢，工業時代之資本為機器，故當由國家經營，設備種種之生產機器為國家所有。好像歐戰時候各國所行的戰時政策，把大實業和工廠都收歸國有一樣，不過他們試行這種政策不久便停止罷了。中國本來沒有大資本家，如果由國家管理資本，發達資本，所得的利益歸人民大家所有，照這樣的辦法，和資本家不相衝突，是很容易做得到的。

如果交通、礦產和工業的三種大實業都是很發達，這三種收入每年都是很大的。假若是由國家經營，所得的利益歸大家共享，那麼全國人民便得享資本的利，不致受資本的害，像外國現在的情形一樣。外國因為大資本是歸私人所有，便受資本的害，大多數人民都是很痛苦，所以發生階級戰爭來解除這種痛苦。

中山先生的實業計畫，雖是非常原則性的藍圖，但「交通、礦產和工業」的三大實業，在臺灣固然成就非凡，即使中國大陸在新中國成立後，亦仍以中山先生的實業計畫為藍圖全力發展國家資本，始有今日的發達局面，得以「共產」模式發展中國式社會主義經濟。

(三)形塑社會企業以排除共貧

中山先生在民主主義第三講中，提到「吃飯問題」。此係中山先生對於民生經濟學最「庶人經濟之處」。其實「吃飯問題」即是「食」的問題，在「民以食為天」的自然法則下，能解決食的問題，就是解決民生經濟的問題；尤其是在中國經濟尚在蕭條的階段。中山先生在民生主義第三講中，有謂：「民生主義的第一個問題，便是吃飯問題」，並且認為吃飯問題是「國安問題」(national safety)，他說：

　　如果是一個人沒有飯吃，便容易解決；一家沒有飯吃，也很容易解決。至於要全國人民都有飯吃，像要中國四萬萬人都是足食，提到這個問題便是很重要，便不容易解決。

　　中國之所以沒有飯吃，原因是很多的，其中最大的原因就是農業不進步，其次就是由於受外國經濟的壓迫。在從前講民族問題的時候，我曾說外國用經濟勢力來壓迫中國，每年掠奪中國的利權，現在有十二萬萬元。就是中國因為受外國經濟的壓迫，每年要損失十二萬萬元。

對於「吃飯」問題，如何解決？中山先生係以二個途徑進行：一為解放農民問題；二為研究增加生產的方法，包括：1.機器問題 2.肥料問題 3.換種問題 4.除害問題 5.製造問題 6.運送問題 7.防災問題。他認為即使上揭問題都已解決，吃飯的問題仍然解決不了，因為：

　　在那些私人資本制度之下，生產的方法太發達，分配的方法便完全不管，所以民生問題便不能夠解決。

　　我們要完全解決民生問題，不但是要解決生產的問題，就是分配的問題也是要同時注重的。

　　該等中山先生的獨到見解，已在二十一世紀的初期獲得驗證。試想世界現有 70 億人口中，至少有 8 億人口仍在極端貧窮及飢餓的狀態下生活；尤其中東的難民潮帶來國際社會的不安和保護主義(protectionism)的再起，皆是值得設法解決的全球化問題。

　　面對此種「川普旋風」(Trump tornado)的反智世代，如何以利社會行為(prosocial behavior)的思維，建構新國際秩序至為重要。中山先生主張實施「消費合作社」，乃至設立「義倉」，固然係取中西之長，但其中心思想卻是如何促使全民，乃至全人類的「均富」思想。事實上，二十世紀中葉後，由英國興起漸成氣候的「社會企業」概念，即是節制私人資本和發達國家資本的折衷論調。

中山先生主張發達國家資本，旨在節制個人資本的過度累積所帶來的風險。一旦私人資本受到法制上的必要控制後，即不宜再擴大國家資本，始為法制健全和民主高度發展的國家所當為的現代經濟作為。蓋中山先生曾主張採行「計畫型自由經濟」，旨在建構一個具有公益特性的經濟體(venture entity of economy)，希望經由自給自足的方式照顧自己，而不是完全依賴國家的社會體系。儘管社會大眾需要國家的保護，但在人民已有適當的職位，以公益手段服務社會民眾之後，即宜結合志同道合的人士成立社群(community)，並且共生共榮。

當今社會企業的模式，固然尚未積極界定，但其以公益手段服務社會的決心，已成為現階段歐盟、美、日所肯定的機制；甚至可以說，社會企業的出現。此一方面彰顯歐盟的公益經濟思維；一方面則在肯認歐洲社會經濟的主張，而其中心思想則在能脫離貧窮，而且是自力脫離。如果無法自助就結合社區的集體力量，而且偏向以中小企業，推動合作經濟。此在 100 年前的歐洲已萌芽，而中山先生即以學貫中西的成就，早有此「均富」的思維邏輯，並且成就民生主義的主要內涵。因之，本研究認為中山先生的政經思想，正與當今逐漸盛行的社會企業概念頗相一致，而與二十一世紀的永續發展目標和千禧年發展目標，皆有所主張的「脫離貧窮」或稱「消除飢餓」皆相呼應，更是令人佩服之至。

三、推行社會企業，以落實民生主義的生活方式

民生主義的生活方式，基本上係經由國家資本的發達，推動公用事業，以解決民眾食衣住行的問題；並以個人資本的富足，提昇生活品質。因此，民生主義並不主張土地國有化，而是主張平均地權；甚至耕者有其田。此種生活方式一方面肯定資本主義自由經濟的可行性；另一方面則認為社會主義的分配方法；尤其社會價值的分配合理化，亦不容抹煞。在此經濟思想中，有一概念呼

之欲出，就是「社會企業」乃至「企業社會責任」。因之，本研究乃以此等社會經濟學(social economy)概念進一步分析如何落實民生主義的生活方式。

(一)民生主義是二十一世紀的政經發展潮流

此際正是二十一世紀初葉第二個十年後期，全球化的經濟模式看似可行性最高，但民生主義所提示的民生問題，仍然不因全球化經濟而銷聲匿跡。中山先生主張重視人口問題，而且是反對節育的人口政策，在二十世紀中期後，被認為缺乏依據，但在二十世紀末葉後，全世界的人口學者則一反過去主張，認為人口的自然增加(natural increase)已小於自然減少(natural decrease)，以致所謂「高齡化社會」(ageing society)或「超高齡社會」(super-aged society)成為大趨勢；尤其臺灣已是世界上人口負成長的最高齡化區域。設若二十世紀中期，能不接受「家庭計畫」的「節育」主張，臺灣政府堅持實施中山先生的人口政策，應不致落至國家如此人力不足的境地。事實上，二十一世紀的人口問題幾乎已到無解的地步，何況恐怖主義者正在直接、間接消滅人口，當可感受中山先生百年前人口主張之獨到或可行。

對於二十一世紀的氣候暖化問題及糧食危機問題，中山先生在百年前即有此看法，認為人類每天所賴以生活的糧食，最重要的有四種:第一種是吃空氣，就是吃風；第二種是吃水；第三種是吃動物，就是吃肉；第四種是吃植物，就是吃五穀果蔬(民生主義第三講)。中山先生此謂風、水、動、植謂之「糧食」，應是先知者；就當今而言，卻都是幾乎無解的全球化問題。中山先生對於「吃風」雖未有較深入的探討，但至少指出空氣係糧食之所繫，當今氣候變化，空氣汙染嚴重，不僅已嚴重影響動、植物的生存，而且地球海平面提昇，太平洋若干島國可能很快消失；當然南海爭議即可迎刃而解。當前因氣候暖化肇致氣候變遷，不是太熱就是太冷，不是乾旱就是豪雨，水與空氣皆不正常的世代，人口問題必因「生老病死」的惡性循環而成為國際化的人口問題。至說動、植物的減少，稀有動、植物的絕種，整個地球「生物鏈」的破壞，皆將如骨牌效應接踵而至。此等二十一世紀的社會問題，一日不解，臺灣等重要國家或地區

皆將感受不到民生主義的實質生活品質。

民生主義對於土地問題的解決方案，在臺灣實施已達七十年之久，發現除耕者有其田已因「農業機械化」及「農民非農耕所得增加」的現實問題，而認定為不合時宜的土地政策外，其他三七五減租條例及公地放領政策，皆被土地學者專家所肯認。最近國內學界掀起「房地合一課稅」之際，前行政院長陳冲於報端主張「自用住宅降稅或免稅」(聯合報 2016/7/17)，其所提依據為土地法第一百八十七條：「**建築改良物為自住房屋時，免予徵稅。**」該法對於「自住房屋」為免稅規定，主要立法意旨，就是中山先生所主張的土地漲價歸公的理論。蓋自住房屋即使地價上漲，亦不應有「漲價實惠」，除非有出售行為；而房價上漲亦復如此。因之，土地法基於「房地合一」課稅，排除自用住宅的課稅規定，應係民生主義「住者有其屋」的具體實踐。

最近臺灣對於「都市更新」屢有爭議，都市土地已過度使用。政府為使土地合理使用，以提昇或維持一定居住環境品質，乃有都市更新(urban renew)或稱都市再生(urban regeneration)的政策和法制，但在實施都市更新時，常有所謂「釘子戶」，以各種託辭延宕或推遲都市更新方案的施行。身為人類固然有其基本「生存權」，然而生存權係以符合人性尊嚴(human dignity)為要件。中山先生主張的生活方式，就如同其所認為人類對穿衣的需求，係以如何由需要-〉安適-〉雅觀(奢侈)(民生主義第四講)逐漸演進。都市生活要達致「城市鄉村化」，就需要更新；反之，鄉村生活要能「鄉村城市化」，就要社區營造或社區發展。該等都市或社區改建為民生主義重要的內涵；更是當今二十一世紀的基本生活條件。

民生主義在實行過程中，最需要注意的成效關鍵，就是「**經濟利益的相調和**」。中山先生在民生主義四講次中曾多次提到該項主張，所稱「經濟利益的相調和」，就是「經濟整合」(economic integration)。此即說明人民經濟生活的永續性，就是不斷的經濟整合；唯有和平手段的經濟整合，始不致釀成革命運動(revolutionary movement)，甚至衍發國家內部的「內戰」(civil war)或區域的熱戰(hot war)。中山先生對於民生主義的實踐並無時間表，而主張「和平漸進」

(peaceful incrementation)的策略，即是一種社會空間的改造模式。此種和平漸進的經濟整合機制，就是當年中山先生一向主張的民生主義生活方式之進階版，值得重視。

(二)社會企業是二十一世紀的政經經營動力

臺灣官方文獻於 2014 年 9 月，由經濟部發布行政院核定之「社會企業行動方案(103~105 年)」，在背景中明定：

> 「社會企業」是指解決特定社會問題為核心目標的創新企業組織，透過一般商業營運而非捐贈的模式，在市場機制中自給自足。其不僅可以增加就業機會，亦可達到社會公益的目的，以平衡社會發展。

由上揭官方定義，可確定臺灣所認許的「社會企業」，係一種以解決特定社會問題為核心目標，並採行創新的企業組織。該企業組織乃經由一般商業營運而非捐贈方式取得營運資金，並以自給自足為其企業之財務策略自期。因之，社會企業固為企業組織之一種類型，但其可再分為營利和非營利二類；其中屬營利者，公司冠有「社會企業」者，推動初期營運中有 42 家，非營利者 597 家。此等非營利之社會企業，概可分為社區經濟、合作經濟與工作整合等三種模式，且以社區經濟模式最多，占 82.7%。

經由上揭臺灣社會企業的經營資料，發現臺灣社會企業，不論營利或非營利之企業，皆以「解決社會問題」為服務目標，類型除含蓋食衣住行育樂等傳統課題外，亦包括：老人照護、社區營造、環境保護等新世代課題；另為因應社會企業發展需求，尚有週邊支援服務性質的社會企業，如諮詢服務、社企創設、策展講座、行銷通路、ICT 專業服務。臺灣在發展社會企業初期，已發現有:1.民眾對社會企業認知不足及技能欠缺 2.資金取得管道有限 3.社會企業行銷通路不易發展 4.社會企業發展法規落後。因之，臺灣的政府已在發布行動方案後，即行編列年度預算，依「計畫型補助經費」模式，提供可用申請資金，

以激勵該等企業對推展社會公益之事業貢獻。

　　按社會企業係在政府失靈(government failure)，且有形成空洞國家(hollow state)的政經環境中，由 OECD(經濟合作暨發展組織 Organization for Economic Co-operation and Development)15 個會員國所發展出來的新經濟模式。依 OECD 在「社會企業」報告書中，指出(鄭勝分，2007)：

1. 採取不同的合法組織型態（例如合作社或社團）
2. 具有企業精神活動的組織
3. 因有利益不得分配之限制，但可以重新投資，以實踐企業的社會目標
4. 強調利害關係人而非股東，係重視民主參與及企業化組織
5. 堅持經濟及社會目標
6. 主張經濟及社會創新
7. 市場法則的觀察
8. 經濟持續性
9. 具有高度的自主財源
10. 強調回應未經滿足的社會需求
11. 勞力密集的活動

足見臺灣官方文獻所為社會企業定義尚屬可行，而上揭分析正與中山先生民生主義的若干主張，諸如：消費合作社、義倉以及節制私人資本、發達國家資本，可謂有諸多概念上一致性的認同。

　　由於社會企業係自歐洲興起，歐盟在「社會企業的浮現」(The Emergence of Social Enterprises)書中，指出社會企業源自於社會經濟與非營利部門兩個概念，社會經濟與社會企業之別，在於有無利益分配的機制；質言之，社會企業如同非營利組織不得分配盈餘，足見該企業係存在第三部門的新組織。歐盟甚至認為社會企業係合作社與非營利組織的重疊交叉區，所稱合作社分為使用者(user's co-ops)與勞動者(worker's co-ops)二類，而非營利組織則分為生產型(production oriented)以及倡議者(advocacy oriented)二型，即如圖 12-1；社會企業偏向勞動者合作社與生產型非營利組織的混合體(mixed entity)。國內學者鄭

勝分長期關注社會企業，曾提出以 X 軸經濟-社會與 Y 軸非營利組織-企業的概念架構，如圖 12-2 所示。由此可將社會企業分為偏經濟利益二類型(商業化、企業社會責任組織)和偏向社會公益的二類型(社會創新、社會合作社)，此等分析對社會企業之區辨頗有貢獻。

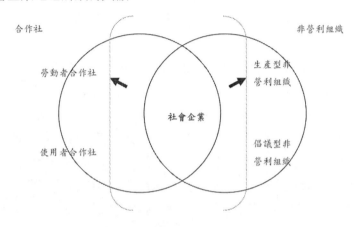

圖 12-1　歐洲社會企業的概念

資料來源：Defourny(2001: 22)。(轉引自鄭勝分，2007:73)

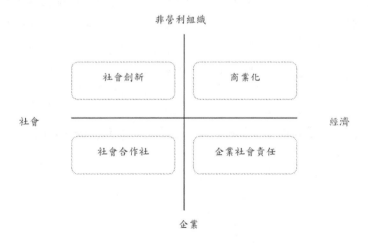

圖 12-2　社會企業的分析架構

資料來源：鄭勝分(2007:76)

聯合國於 2014 年 9 月 10 日，第 68 屆大會採用「永續發展目標」(Sustainable Development Goals；SDGs)決議，並自 2015 年制定「聯合國後 2015 年發展議程」，揭示 17 項目標(goals)及 169 項執行標的(targets)，殆可發現有諸多事項正是社會企業的企業營運內容。諸如：消除飢餓和極端貧窮、確保有教無類、性別平等、水、空氣品質，力主永續發展及生產，減少軟硬體平等障礙、促進和平和包容等。

由於二十一世紀的國際政治正處恐怖組織方興未艾，恐怖攻擊更是時有所聞；復因氣候變遷加速，新生病毒肆虐，此對於人類的思想與行為之衝擊，將是不穩定的、煩躁的，甚至可能由全球化的開放思維，走向閉鎖的、保守的守國封閉心態。此由美國總統選舉共和黨候選人竟由川普勝出，菲律賓、印尼總統亦由素人當選，乃至土耳其政變後的政治整肅，皆可知二十一世紀是一個「衝突世代」(conflict era)而非是「和平時代」(peaceful era)。人類不幸的事件必然有增無減，此時如政府治理又失靈，市場機制又不如規制運作，就唯有自助和自立，以增加發展機會。此時由弱勢者組成社區服務組織，將是相當平常之事；社會企業於焉成為二十一世紀重要維護人類生存的社會經濟政策工具。基於社會企業在社會創新組織光譜中，居於中間地位，向右有社會責任企業、企業行使社會責任、傳統營業企業；向左有具商業行為之營利組織、非營利組織。質言之，社會企業將是進一步國家推動「社會創新行動方案」(107-111 年)的關鍵角色，其所扮演的積極功能，尤值得重視。

四、臺灣街友的人力資源管理與社會企業形塑

本研究肯認社會企業係基於特定的社會目的，經由企業組織的營運過程，取得特定的資金，用以實現既定目的的社會或經濟組織。曾親自走訪在臺灣以

企圖改善街友生活，成立營運單位的陳大德[1]先生。於訪談中，對於街友人力的應用，曾有相當懇切的期許。以下即依陳大德的看法，略加分析街友的人力資源：

(一)街友係可開發的人力資源

本研究所稱「街友」(street people)，係依據創世基金會對其所服務對象的稱呼，一般官方稱之「遊民」(homeless people)，意指無家(家庭解構)、無業(失業)而露宿街頭的流浪者；臺北市則指「經常性宿於公共場所或公眾得出入之場所者」(臺北市遊民安置輔導自治條例第二條)。茲鑒於臺灣早期將街友謂之流浪漢，或是當今官方遊民的稱謂，皆有其價值判斷似嫌不夠尊重，爰採街友用語。關於臺灣究竟有多少街友，據內政部統計資料，2015 年 4,464 人(男 3,848 人；女 616 人)，其中臺北市占 834 人、新北市 771 人較多，共占 35.95%。如此多的人數竟成為無所事事的消耗人力，至為可惜。因之，新北市政府曾委託街友中途之家-社會重建中心辦理街友社會企業。該中心執行長陳大德，即基於街友人力資源之可用性，亦符合社會企業觀念，而於 2010 年 4 月在新北市板橋區租用店面，以「**優遊便當城**」為店名，號召夜宿臺北車站等街友至該店銷售便當。據陳大德說，在便當城開幕前一個月，就換了 20 個人，但本諸因材施教的理念，該中心輔導成功而重回職場者已有 80 餘人，且能穩定就業三個月以上。優遊便當城係典型的非營利組織，其不在商業化，而在社會化。因之，重建中心對於街友的輔導除技藝外，尚包括心靈課程、藝術活動，而且分為二類輔導課程，一為促其重回職場之技藝為主軸；一為身心健康課程為安排核心。就前者而言，一旦輔導發現其已具備重回職場的「心理穩定」程度，即輔導其就業。此時優遊便當城即成為街友選擇主要對象，且學習已有相當時日，以致該店面生意興隆，銷售量逐年增加，但在電視臺拜會並報導後，銷售量大減。此一營運經驗說明社會企業尚未能完全為社會大眾所接納，甚至有人

[1] 陳大德為師大政研所畢業，於國民黨中央黨部任職，公餘即從事街友服務工作，深受社會各界嘉許。

知道其來歷後，即會退出賣場，重回街友的行列，優遊便當城終致結束營業。

目前陳大德又在三芝，就「**太陽村農莊**」重新改裝，唯一不同者，即不再大張旗鼓，而係採取低調的營運。目前正在試營運，其集合具有專長的街友，包括：廚師、水電工、建築師、木工，甚至手工藝、觀光等相關專長的街友，就農莊的軟硬體設備，重新改裝或加建。此項工程更具「綠建築」的環保理念，以興修各項工程。據本研究訪談了解，該農莊固已經營有年，但設備不足，營運不盡理想。嗣後如能加速農莊興修，並且充實規劃觀光旅遊資訊，入莊參觀人數會增加許多，生意興隆至為可期。唯據悉該農莊新近已易人經營，社會企業未克持續。

陳大德所經營以街友人力為營運的優遊便當城或太陽村農莊，其所呈現的社會企業特質，包含：

1. 自力自足的企業

陳大德一本街友的夥伴關係建立營運的法定位，彼此依其專長和專職承辦各項服務工作。因係專長所在，如能維持情緒穩定，其工作效率必然不低，就便當城而言，績效良好。

2. 盈利公益再投資

陳大德的社會企業，一如其他社會企業扣除必要人事成本、營運成本外，如有盈餘亦不得以「盈利分紅」處理，而係以公益再投資，促使社會企業規模逐漸擴大，服務品質更好。便當城雖因結束營業不能如願，但三芝農莊規模大，且係多元化營運，除不提供住宿外，其他服務均由街友以其專長盡心盡力；尤其對於年幼學童的手工藝教學、青年期朋友的團康活動，皆具有職業水準。其所帶動的人潮可期，盈利必然逐年增加；如能提供再投資，即可形成良性社會企業。

3. 合作社化營運策略

陳大德係師大研究所碩士，該所課程一向重視中山思想研究；尤其在民生主義研究大師蕭行易指導下，從事社會企業的經營，自能堅持中山先生民生主義的理念。在走訪中，其即說明合作社化的民生主義，就是上揭二地營運的中

心思想。合作社的本質，不論生產型或勞動型皆是以經濟利益相調和為基礎，此種社會經濟的概念，當可激勵企業公益化理念之重視。

4. 試圖改變社會對街友印象

陳大德所以力邀街友參與社會企業，絕不是考慮成本低的因素，而是認為街友的人力浪費，係國家的損失。街友出身各有不同，且有諸多各具有專長，祇因群體生活的衝突，或是個人特殊際遇，而離家出走；或是離開職場而摩擦性失業(frictional unemployment)。如能積極輔導，改變過去「逃避人群」的不正常心理，再加施於專長補強教育或訓練，其絕對可以回歸正常，而且人力必可為社會所用。陳大德看法，係利他的民生主義之實踐，並且係性善的民生主義之落實。如能積極經營社會企業，相信街友在一般民眾心中的刻板印象可以改變。

(二)街友係待養成的人力資源

前揭官方統計，臺灣受理或查報街友人數為 4,464 人，年底列冊街友人數為 2,270 人，經協助返家 243 人，關懷服務 258,901 人，年節活動 11,297 人。這些數字大小差距很大；亦正說明目前街友人數實質上不祇 4,464 人；尤其在經濟不景氣，失業率節節升高之際，其可能多達萬人以上。足見街友人力的資源，應由權責機關合理管理。當然此種街友的人力資源管理(human resource mangement)，除政府權責機關責無旁貸外，如何協同民間團體以公私協力(public-private partnership)的方式，應用民生主義的營運方法，推動社會企業，可能是值得策進的治理模式(governance model)。

1. 培訓街友人力

雖說街友可能各有所長，甚至身懷絕技，但長年失業，其專長已年久失修；自然需要經過培訓的過程。街友在重回職場前，就應如同新北市政府委辦方式，責成民間成立「街友就業培訓中心」，或是鼓勵參加公私部門的「就業培訓中心」之就業培訓，一方面安定情緒；另一方面重習專業，以免專長過時；不為職場所青睞。現在比較困擾者，即街友常身無分文，在職訓練或職前訓練

不僅需要講習費，亦要有生活費。此部分政府宜編列預算或由公益團體捐贈支應。基本上，政府或民間團體皆需將街友視為國家仍可加以使用的人力，其不僅不可視為社會排除人口，而且是急待開發的人力。相信培訓出來重回職場，必可駕輕就熟，看到成績與希望。本研究在走訪三芝農莊時，即接觸到學有專精及待人和藹的街友，終竟看不出其服務的差異性，即可佐證。

2. 重建街友人力

對於流宿街頭的街友，設若毫無專長，甚至罹有慢性病、精神病等，政府應由公營中途之家收容，並且依低收入戶給予必要的生活照顧外，就是對身體尚屬健康，年紀仍在壯碩之年者，即以「重建人力」的方式，探尋興趣所在，並且由專責單位給予身心輔導。身體的部分由醫療處理容易，心理或靈性部分可能是最難以克服的障礙。街友常年在外，遇到狀況特別多，可能繪聲繪影的事件，亦時有所聞。因之，不易接受輔導，甚至中途之家亦不肯久留。此類街友宜以往昔「義倉」的方式，由德高望重之士主持，並且由信仰的途徑，排除不必要的心理障礙，始克重建人力。

歐盟國家對於社會企業的經營模式多元，在新加坡即可看到源自歐盟的社會企業。本研究曾走訪新加坡調養賭客的輔導中心，其對賭客的下場寄以高度同情，在賭客走投無路之際，適時伸出友誼之手，從基督教的信仰為輔導起點，將對社會高度排斥、失望的賭客，給予非常人的關懷，甚至為其分析人生的願景，促其重建人生，並以其專長和經驗，用來再教育其他具有相同遭遇的社會邊緣人。據該中心資料分析，每年因輔導而重回職場的人數不在少數，而賭場的可能負功能亦可相對降低。

中山先生的民生主義係以務實的民生經濟學，建構民眾的生活方式，其不在以高深的哲理分析民生經濟學；如能在重建人力時多所闡述，並且提示臺灣的成功經驗，以引導街友對國家的認同和對社會的歸屬，從而重建人生，是社會企業發展中的課題之一。

經由街友組成社會企業的經驗，即可看出社會企業儘管有其構成要件，但實施數十年來，各國的特色亦不盡然一致，可見社會企業可以因地制宜，而且

宜因應客觀環境而有轉型機制(transitional mechanism)。如依民生主義的本質所建構的社會企業，應是最能滿足我國民眾需要的社會企業。因之，本研究乃建議政府應採行民生主義的社會企業，視為未來值得推廣的社會企業，在方案中或現實生活中，給予必要的設計，以成為臺灣在發展社會企業的一大特色。

五、結語：積極推行社會企業，以實踐民生主義的核心價值

固然社會企業係二十世紀下半葉；尤其末期或二十一世紀初期的新興事業，但該企業的公民精神，在企業社會責任出現後，更是昭然若揭；而民生主義雖係一百年前的經濟發展策略規劃，但民生主義所強化的核心價值，卻正是時下社會企業的發起動力，亦是營運的目標所繫。本研究將民生主義的庶人經濟理論，經由整理呈現可行且在現實世界中已加推動的經驗，旨在強調民生主義生活方式之具有可行性；尤其對於社會企業正宜相互印證。果真如此，不僅了解可以透澈，而且應用可以普遍。社會企業在中國大陸謂之福利企業或公益企業，臺灣雖無此稱謂，卻有如街友亦正在實踐的經驗。相信民生主義係社會企業的先知哲理，而社會企業亦正是民生主義的力行實踐。

參考書目

呂朝賢(2007)，〈企業社會責任之特徵與反省：以臺灣為例〉，《證券櫃檯》2016/7/27下載。

宋鎮照(2011)，《發展政治經濟學：理論與實踐》，臺北：五南圖書出版公司。

李明儒(2007)，〈檢析社會責任(CSR)之發展趨勢〉，《證券櫃檯》，141，網路2016/7/27下載。

紀俊臣(2016)，《社會企業與企業社會責任》資料彙編。

胡憲倫、許家偉、蒲彥穎(2006)，〈策略的企業社會責任：企業永續發展的新課題〉，《應用倫理研究通訊》，40：37-50。

孫文(1985)，《三民主義》，臺北：三民主義百萬冊印發委員會。

經濟部(2014)，《社會企業行動方案(103-105 年)》核定本。

經濟部(2018)，《社會創新行動方案(107-111 年)》核定本。

葉保強(2007)，〈企業社會責任的發展與國家角色〉，《應用倫理研究通訊》，41：35-47。

鄭勝分(2007)，〈社會企業的概念分析〉，《政策研究學報》7：65-107 。

鄭勝分(2016)，〈補助或投資?政策工具對社會企業發展之影響〉，國科會補助專題計畫成果報告(NSC-101-2410-H-003-035-MY2)

鄭勝分、劉育欣(2016)，〈公益創投：社會企業的另一種契機〉，國科會補助專題計畫成果報告(NSC101-2410-H-003-035-MY2)

蕭行易(1996)，《三民主義研究：「臺灣經驗」理論與歷程之探討》，臺北：國防部總政治作戰部。

聯合國(2014)，《聯合國永續發展目標(SDGs)說明》，聯合國網站，2016/7/28 下載。

Bacchiega, Alberto & Borzaga, Carlo(2001), "Social Enterprises as Incentive Structure: An Economic Analysis", in Carol Borzaga & Jacques Defourny (eds.), *The Emergence of Social Enterprise*, 273-295.

Dart, Raymond(2004), "Being Business-like in a Nonprofit Organization A Grounded and Inductive Typology", *Nonprofit and Voluntary Quarterly*, 33(2):290-310.

拾參、新南向政策執行與僑領在僑居地發展的影響：以金門僑領在僑居地對新南向政策的影響力分析

紀俊臣　銘傳大學公共事務學系客座教授

王淑慎　廈門大學旅遊與酒店管理學系博士候選人
／銘傳大學公共事務學系講師

摘　要

　　本研究係針對政府推動新南向政策的執行途徑進行研究，認為善用僑民網絡的途徑，係該項政策強化執行力的重要途徑之一。對於新南向政策的主要政策治理模式，本研究依據政府已經陸續發布的計畫作為，逐項分析：然後概略解析僑領長久以來，在東南亞的成就和貢獻。肯認政府在新南向政策已能注意運用「僑民網絡」的可行性，並且進一步分析政府務必積極激勵僑領和一般僑民，乃至在臺灣或大陸就讀而返回僑居地的僑生，促彼等能與政府共同成為發展東南亞區域經濟的動力。

關鍵詞：新南向政策、東南亞、僑民、僑領、區域經濟

一、前言：善用僑領資源推動新南向政策

　　臺灣自二十世紀 90 年代起，為推動經貿全球化，即由當時總統李登輝呼籲臺商海外投資由中國大陸向東南亞轉移，此即「南向政策」(southbound policy) 的濫觴；後因亞洲發生金融海嘯，臺商紛紛撤資，南向政策功敗垂成。蔡英文政府於 2016 年 5 月執政以來，有鑒於中國大陸經濟成長後工資上昂，臺灣經貿宜有新的方向，以及東南亞經濟正在起飛，工資尚屬低廉，乃提出海外分散投資的新方向，並以東南亞、南亞及紐、澳 18 國為首要推動的經貿合作對象，謂之「新南向政策」(new southbound policy)。

　　自 2016 年夏間，由蔡英文政府推出「新南向政策綱領」後，行政院業已訂定「新南向政策推動計畫」，指出「創造互利共贏的新合作模式，建立經濟共同體意識(economic community consciousness)」。其計畫架構如圖 13-1 所示，旨在結合「經濟發展的繁榮夥伴、人才資源的共享夥伴、生活品質的創新夥伴及國際鏈結的互惠夥伴」；其經貿合作分為四大面向：「產業價值鏈整合、內需市場連結、基建工程合作、市場進入支持及創新創業交流」。基於「以人為本，因地制宜」的策略選擇，該經貿合作將由資源共享(包括：醫療、文化、觀光、科技、農業、中小企業)、人才交流(包括：教育深耕、產業人力、新住民力量發揮)及區域鏈結(包括：區域整合、協商對話、策略聯盟、僑民網絡)等途徑發展合作機會。

　　對於「新住民力量發揮」及「僑民網絡」的「人力資源」應用，係該政策最具可行性的人力資源開發。前者係國內人力的再輸出；後者係國外人力的再輸入，彼此互相運作，當有助於該項政策推動計畫的落實與執行。本研究即就「僑民網絡」部分進行分析。行政院經貿談判辦公室提出二項事涉僑民網絡的具體作法：1.為建立僑民產業資料庫與交流平臺。分為：建立東協、南亞及紐、澳國家僑民產業資料庫，包括：留臺畢業生、當地臺商、華商等；建立人脈網絡交流平臺，強化留臺畢業生網絡與海外臺商網絡之連結，提升臺商協會功能。2.善用華商經貿網絡力量。分為：善用在地華商經貿網絡，建立與臺灣企

業的連結與合作，打開行銷通路；強化與重點華商或企業合作，不定期邀訪交流。華商(Chinese commercial man)在東南亞的地位；尤其僑商(overseas Chinese commercial man)在當地根深蒂固的政經角色，應是當前共同策進新南向政策的最具影響力角色。

　　本研究有鑑於此，乃就僑領(oversea Chinese leaders)的政經角色進行分析：一方面以金門僑領在東南亞的成就進行深入分析，藉以了解僑領在地的政經地位；另一方面探討僑領在新南向政策執行的可行角色，藉以掌握僑商在區域鏈結的可能貢獻。由於整體僑商的資料庫尚待建立，僑領的資料係以既有的文獻記載為準，受限於時間及研究經費不克前往僑居地訪視，可能是本研究比較顯著的研究方法上的缺失，先予敘明。此外，對於新南向政策的相關資料，尚不夠公開，亦使本研究的深度分析遭到諸多困難。

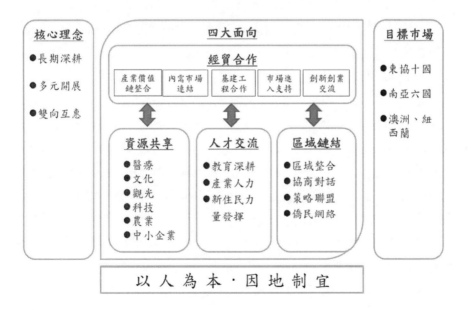

圖 13-1　新南向政策推動計畫架構

資料來源：行政院經貿談判辦公室(2017.2.21 下載)

二、新南向政策執行的條件設計與應用

本研究經由新近官方陸續公布的新南向政策文獻，發現整個政策係屬於分配政策(distributive policy)。對於公共投資係屬於引導性，主要仍在於輔導臺灣經貿商能就東南亞、南亞和紐澳的投資，而且注意雙向的交流與發展。質言之，過去係臺商到海外投資，現在是除臺商海外投資外；尤其鼓勵外商來臺灣投資。至於已在海外，包括中國大陸已有諸多成就的僑商，願意回國投資，亦在獎勵之列。此種策略規劃，係在能促進臺灣與 18 國的雙向交流和整體經濟趨向亞洲經濟共同體(Asian Economic Community)或亞盟(Asian Union)取向發展。

(一)新南向政策的規劃

行政院為加強和東南亞經貿關係，依據蔡英文總統於 2016 年 8 月 16 日召開之對外經貿戰略會談，通過之「新南向政策綱領」，於 2016 年 9 月 5 日正式提出「新南向政策推動計畫」。「新南向政策推動計畫」秉持「長期深耕、多元開展、雙向互惠」核心理念，整合各部會、地方政府，以及民間企業與團體的資源與力量，從「經貿合作」、「人才交流」、「資源共用」與「區域鏈結」四大面向著手，期望與東協、南亞及紐澳等國家，創造互利共贏的新合作模式，建立「經濟共同體意識」（王振民 2016）。所謂新南向政策有「三新」，政務委員鄧振中指出，一是新範圍：過去是臺灣與東協 10 國合作，現在除東協 10 國，還有南亞 6 國（印度、孟加拉、巴基斯坦、斯里蘭卡、尼泊爾、不丹），澳大利亞及紐西蘭。二是新方向：過去的作法，包括：臺商赴東協投資；臺灣人赴東協旅遊及東南亞僑生來臺就學；現在的作法是歡迎東協、南亞業者來臺投資；臺灣學生赴東協、南亞暑期實習；以「雙向互惠」為中心，創造互利共贏之新合作模式。三是新支撐：過去是將東南亞視為海外廉價生產基地，現在則是布建通路，視為臺灣內需市場的延伸（行政院新聞及國際關係處 2016）。「南向政策」最早是由前經濟部長江丙坤在 1993 年 8 月提出，將臺灣勞力密集產業移向東南亞的計畫，並於 1993 年 12 月，提出「南向投資政策說帖」。推動

的南向政策，起自 1993 年底至 2003 年，其發展經歷三波演變：第一波南向政
策於 1994 年至 1996 年推動，「加強對東南亞地區經貿工作綱領」，實施範圍涵
括泰、馬、印、菲、星、越、汶等 7 國，我國南向政策遂正式展開；第二波南
向政策於 1997 年至 1999 年底，並擴大實施範圍，涵蓋寮國、緬甸、柬埔寨、
澳洲及紐西蘭等國，全名亦改為「加強對東南亞及紐澳地區經貿工作綱領」。
第三波南向政策於 1999 年底至 2002 年底，為因應當時「東協加三」成立，
東協擴大與東北亞國家經濟合作，以增進臺灣對東南亞地區之經貿優勢與競爭
力（黃奎博 周容卉 2014）。

　　總統府於 2016 年 6 月 15 日，正式成立「總統府新南向政策辦公室」，為
落實總統推動新南向政策之理念，促進區域發展交流及合作，提升國家經濟產
業格局及多元性，並在 2017 年度行政院各相關部會編列經費約新臺幣 42 億
元；另將整合地方政府、民間團體、非政府組織(non-governmental organization；
NGO)、海外僑民和臺商組織等資源與力量，全力推動（李金山 2016）。經濟
部將在印尼、印度、緬甸和泰國設立「臺灣窗口」（李金山 2016），協助臺商
整合資源，提供綜合性服務；國內也會設立新南向經貿服務視窗：「新南向產
經諮詢中心」，提供廠商新南向商情。經濟部將定期公布新南向國家投資安全
報告，提供投資風險預警驢（呂雪慧 陳仁萱 2016）。

(二)新南向政策的執行條件

　　根據 Global Insight 預估，東協十國及南亞六國未來 5 年(2017-2021 年)平
均每年經濟成長率將分別達 4.9%及 6.0%，遠高於全球經濟成長率 3.1%。在全
球主要國家競相搭上東協列車之際，臺灣挾著「距離近」、「華人眾多」、「臺商
已有布局」等優勢（經濟部國際貿易局 2016）。海外華人概括約為 4,330 萬人，
分布各洲以亞洲居首；亞洲各地區海外華人約有 3,128 萬人，占海外華人人數
之 72.3%；其中以印尼 848 萬人最多，約占亞洲四分之一；其次為泰國 700 萬
人及馬來西亞 664 萬人，分占第二、三位；新加坡居亞洲第四，約有 417 萬
人；其餘菲律賓、緬甸、越南估計各有百萬人之譜。海外臺灣僑民係指從臺灣

(即臺澎金馬)移出之僑民及其後代，亞洲各地區之臺灣僑民約有 59 萬 8 千人，占全球臺灣僑民人口數之 32.0%；其中以印尼 20 萬 1 千人最多，泰國 14 萬 4 千人居次（僑務委員會 2016）。由表 13-1 可知，新加坡是一國際性的金融中心，完善的基礎設施、租稅環境並且穩定的政治環境；馬來西亞、泰國、菲律賓、印尼、緬甸、斯里蘭卡及澳洲蘊藏豐富的天然資源及僑民人數多，有利臺商之前往東協十國及南亞六國、紐澳國的投資。

表 13-1　主要國家投資環境分析

國名	有利投資條件
新加坡	1. 為一國際性的金融中心，亦為世界上最繁忙的港口之一。 2. 屢次被外國研究機構評定為投資最有保障的國家，其政治上的穩定、和諧的勞資關係、完善的基礎設施和高效率的服務水準、一套完善的吸引外資及獎勵制度、人民教育水準高、員工素質優秀。 3. 提供有利之租稅環境：完整的租稅協定網路可以利用、新加坡控股公司及海外投資所得可享較低稅賦優惠、有利的公司稅制、未分配盈餘可無限保留。
馬來西亞	1. 可謂天然條件頗佳的國度，就天候而言，長年如夏，無風災及地震。 2. 有石油、天然氣外，因天候條件適合，係全球棕櫚油生產大國，橡膠產量也居世界第三。 3. 馬國人口結構係由馬來人、華人及印度人組成，各種族不但能和平相處，且無其他國家之排華現象。 4. 馬國允許華文教育，故華人子弟大都送往華小就讀，初、高中也可選擇獨立中學（計約60所）就讀。
泰國	1. 物產豐富，少天然災害，物價便宜，人民友善。 2. 美元採浮動匯率，放鬆外人投資限制，加強吸引外資。 3. 泰國勞工工資與國內相較相對低廉，勞工服從性高，且少部分會說華語。 4. 工業用土地、水電價格合理，為吸引外人投資，放寬外資持股比例。 5. 泰國業已與東協、日本、紐澳、韓國、中國大陸、印度等國簽署自由貿易協定，有利出口拓展。
菲律賓	1. 在近年經濟成長表現亮眼，極具開發潛力；尤其消費品方面。

	2. 我廠商與臺灣母公司間資訊同步，在菲生產之產品，回銷臺灣市場占地理優勢，能第一時間提供最新製品且具價格競爭力。 3. 台菲兩國已於2005年12月6日簽訂經濟走廊，瞭解備忘錄，並於2006年5月生效。 4. 因擁有天然資源、加工出口、內需市場（占GDP之70%）三大優勢。
印尼	擁有天然資源、加工出口、內需市場（占GDP之70%）三大優勢。
汶萊	1. 政治穩定、稅務優惠、油氣成本便宜、無颱風、地震與洪災。 2. 將參與TPP/RCEP等貿易協定等，是汶萊投資環境之優勢。
越南	越南經濟發展似臺灣早期經濟發展之軌跡，商機有脈絡可尋。
寮國	屬一黨專政國家，政府之決策仍是以黨領政，國內並無兩黨制衡之運作模式；對政府之施政少聞有反對之聲浪，政府亦嚴格控制宣傳媒體，政治上相對和諧，並無動盪與對立之情形發生。
緬甸	1. 天然資源豐富，人工相對低廉，工業猶待發展，民生物資缺乏。 2. 廢除施行數十年的官方與黑市併行的雙軌匯率。 3. 提供長達5年免稅優惠及土地租期可達70年。
束埔寨	1. 2015年已依東協協定降低關稅。 2. 享有低度開發國家（LDC）優惠措施。
印度	1. 蟬聯全球經濟成長最速之國家。 2. 積極推動稅制、投資法規、市場自由化、經商環境等結構性改革，已使印度再度成為全球企業投資地之首選。 3. 印度政府將持續積極投入創新研發、製造升級與人才培育，以因應未來經濟挑戰及發展印度成為全球製造業中心。
孟加拉	1. 擁有充沛廉價勞動力，並長期致力發展出口導向產業，對外又有歐盟等多數已開發國家給予各種免稅優惠。 2. 眾多的人口，可同時兼顧內外銷市場。 3. 孟國政府不斷發展公共建設、簡化外人投資手續以及改善孟加拉政府作業系統及作業透明化與電子化。這些措施都增加了外人投資孟加拉的興趣及信心。
斯里蘭卡	1. 為促進外商直接投資，允許外人直接投資大多數產業，並由斯國投資委員會決定投資獎勵措施。 2. 識字率達92.6%，勞工素質穩定，具備基礎英文能力。 3. 全球前五大寶石產地，每年出口額達5億美元；其中以紅寶石、藍寶石、星石、貓眼石較為出名。 4. 為全球前三大茶葉產地之一，錫蘭紅茶最為著名。

澳洲	1. 富天然資源，礦產油氣不虞匱乏，生化、製藥、資訊等產業實力雄厚，加上法律系統透明化，製造與服務業基礎成熟，金融市場有保障，消費性貨物與服務之需求穩健，優質之勞動人力資源。 2. 國際競爭力年鑑評估澳洲是亞太地區政治不穩定性風險最低的國家，在全球風險最低的國家中名列第3位，在政府決策實施效率和效果方面居世界前4位，政治黨派在把握現代經濟挑戰能力方面居世界第2位。 3. 全球最具企業經營成本競爭力國家之一，土地成本相對低廉。 4. 進軍亞洲市場的最佳門戶，同時也是亞洲公司進軍歐美市場的理想平臺。
紐西蘭	1. 經濟自由度及政府清廉度名列世界前茅、政治及社會局勢穩定、生活環境舒適、水電供應及通訊運輸基礎設施尚佳、研發科技水準高、勞工素質整齊、法制規章健全透明、外匯流動自由、會計法律金融等專業服務發達。因此，基本投資環境良好。 2. 係西方社會成員，投資紐國應加強利用紐國此一優勢，以協助將相關產品打進歐美等市場。

資料來源：參考全球台商服務網"主要國家投資環境分析"

　　　　http/ Twbusiness.nat.gov.tw，再由本研究整理

(三)新南向政策的執行途徑應用

　　行政院核定「新南向政策工作計畫」，自 2017 年 1 月 1 日施行。茲就該工作計畫主要內容，說明新南向政策的執行途徑(implementing approach)如下：

1. 政策執行總目標

　　新南向政策是臺灣在國外新情勢下，全面性經貿及對外戰略之一環，不僅著眼於分散經貿風險，爭取更多市場商機；尤期盼尋找臺灣經濟新動能(new motion)及供應鏈上的新定位(new status)，並通過臺灣在國際社會(international community)有意義的參與，達到區域和平穩定(regional peace and stability)之目的。

2. 政策執行途徑

　　為達成上揭政策執行總目標(general goal)，擬分為經貿合作、人才交流、

資源共享和區域鏈結等四大政策執行途徑。概略執行方法說明，包括：

(1) 經貿合作

將由強化產業價值鏈整合，內需市場連結及基礎建設工程合作與系統整合服務輸出等面向著手，布局下一世代的產業和貿易分工合作；以中高所得的都市消費者為主要目標客群，擬定客製化拓銷策略，並善用臺灣跨境電商搭配實體通路，降低行銷障礙，帶動貿易和投資；同時尋求與跨國企業之策略聯盟，爭取基礎建設工程及新興產業合作契機；也將力求排除市場進入障礙，成立單一服務窗口，進行商情蒐集、人脈連結等工作，促進臺灣與新南向國家經濟的互補共榮。

該項經貿合作的具體工作計畫，包括：(1)產業合作與經貿拓展：推動雙邊產業合作，進行全方位貿易拓展。電商南向市場之拓展；加強農產輸出，強化臺灣整體形象，協助臺商布局。(2)基礎建設工程合作與系統整合輸出。(3)金融支援：強化輸出入銀行融資功能，強化海外信託基金保證功能，增設臺灣銀行據點。

(2) 人才交流

跳脫過往只考慮國內需求，向新南向國家引進藍領勞工的思考機制，而需兼顧雙方需求與成長，含括白領與藍領工作者，且以雙向交流為目標的前提下，加強雙邊人才的終身成長規劃與環境配套，不僅提升新南向國家的人力素質，為臺灣企業培育可用人才，更需提高臺灣與新南向國家的就業及薪資，達到互利雙贏的局面。

該項人才交流的具體工作計畫，包括：(1)人才培育：整合及擴增獎金，吸引僑外學生，鼓勵留學東協及南亞，建置攬才平台，推動臺灣連結。(2)產業人力合作辦理產學合作、技術訓練班，補助實習計畫，吸收資深外籍技術人員，建置臺商營業及求才資訊平台。(3)新住民培力：培育新住民、新住民服務大使。

(3) 資訊共享

藉由全面多元的交流，拉近臺灣與新南向國家在社會、文化上的距離，透

過醫療、科技、產業等優勢，為新南向國家人民開創更具價值、更便利的生活。嗣後臺灣將因地制宜，視新南向國家需求；整合各部會、地方政府及民間企業與團體的資源與力量，推展醫療及公共衛生經驗、農業技術、科技發展等雙邊與多邊合作，藉由觀光旅遊及文化交流，強化臺灣與新南向國家人與人的連結，開創與新南向國家互利共贏的新合作夥伴關係。

該項資源共享的具體工作計畫，包括：(1)醫療及公共衛生：推廣國際合作，推動實驗室認證及藥品醫材檢驗技術合作，推動醫材法規調和，醫材人才培訓，醫衛人道援助及推動防疫合作。(2)觀光促進：實行便利來臺簽證措施，鼓勵來臺觀光。(3)文化交流：加強文化交流，增進原住民族文化交流及加強客家文化交流。(4)農業合作：增進農業技術合作，增進農業產銷及儲運合作及協助民間業者自行合作。(5)科技合作：分析科技合作策略，補助產學合作計畫及學術合作與資源共享。

(4) 區域鏈結

針對東南亞、南亞國家加強區域鏈結，推動與新南向國家雙邊與多邊制度化合作，如洽簽 ECA(經濟合作協定)或個別經濟合作項目，更新及強化已簽訂的雙邊投資及租稅協定，及提升雙方協商對話位階等。此外，也要改變過去單打獨鬥模式，以整合資源、優勢互補的思維，聚焦於具有利基的領域，透過強化國際組織夥伴關係，善用民間組織及僑民網絡，以及與第三國合作模式，發揮與新南向國家互惠共利的效益。

該項區域鏈結的具體工作計畫，包括：(1)區域整合：推動洽簽、更新雙邊投資協定，推動洽簽避免雙重課稅協定與雙邊經濟合作協定。(2)協商對話：建立或強化雙邊對話機制，辦理「臺灣─東協對話」，兩岸善意互動及合作。(3)策略聯盟：善用臺灣援外資源，結合第三國資源，強化與民間團體合作。(4)僑民網絡：提升臺商組織功能，協助臺商辦理多元經貿活動，建立人脈交流網絡。

是以，臺灣的新南向政策，其總體的工作主軸，就是從長期深耕，全方位發展的方向，尋求與東協 10 國、南亞 6 國及紐、澳等 18 個目標國家，建立「策

略性夥伴關係」(strategic partnership)，共創區域的發展和繁榮(regional development and prosperity)。

三、東南亞僑領在僑居地發展與貢獻

　　東南亞僑民人口占全球華人比例高達42%以上，且早在明清以來即有大量僑民進駐，因華人勤儉持家，努力奮發，不怕苦、不怕累的文化特質，大有異於在地住民，以致在東南亞能以有限的財力發展，不論從商務農，皆能有所成就。工業化社會興起後，在工業投資更成為東南亞國家的工業主力。際此政府推動新南向政策，宜先了解僑民的成就；尤其僑領的「富霸一方」成就，更是建構「僑民網絡」的基點，爰加概略分析。

(一)東南亞僑領在地發展階段成就

　　中國人是七世紀即唐朝時期開始移居南洋。唐朝是中國歷史上鼎盛的朝代，對外貿易、航海事業都很發達；這時期就有些中國人旅居海外，從事商貿和宗教活動。華人大批出國，並且在某些國家開始形成華僑社區是在宋朝，這與當時中國的社會經濟發展有關。華僑出國達到高潮，是在鴉片戰爭以後的事（巫樂華 2010）。中國之外，全球華人比例最高的地方，就是新加坡， 2016年新加坡全國共有560.7萬人，華人占該國總人口的74.3%，平均4個新加坡人就有3個是華人（Singapore 2016）。

　　中國僑民下南洋(即指東南亞)係明清時期最可能的僑居地選擇。儘管地點尚不算遙遠，但在運輸工具極其缺乏又簡陋，加上氣象資訊不足，由福建、廣東乃至江蘇、浙江或海南出海下南洋的僑民，據估計大概衹有四分之一或三分之一，可以到達目的地，長期居留，從事農業或經營小生意。憑著比東南亞土著更勤奮；而且略懂農耕常識，其農作生產量逐年增加，或是經營雜貨小買賣，以致小有積蓄乃利用各種途徑將些微積蓄匯出寄回中國大陸。彼等在海外能有

大量收入，甚至成為大生意人，其實尚不多見。

本研究所指謂的「僑領」，大多數是在二十世紀 30 年代，甚至 60 年代後期，因為東南亞政經環境改變；尤其英、美、法在東南亞的勢力逐漸消退，東南亞國家由殖民地獨立後，因國家政經生態改變，憑著自己的努力，把握商機，以及在政治地位的提昇，始有今天的「富霸一方」政經地位。雖然東南亞各國除新加坡因華人占居絕對多數，不致發生「排華」運動外，其他國家或多或少多有幾次的排華運動，不僅生意不能做，而且生命安全還受到威脅。是以在平時僑民乃至僑領固然生活富裕，為當地土著欽羨的對象，但一旦發生排華運動，不僅僑民遭殃，即使僑領亦難倖免。

東南亞僑民乃至僑領所以有今天的政經地位，如果從中華僑民而言，彼等係歷經滄桑，始有今日風光。大抵而言，僑領在地發展階段的成就，可分為：

1. 從事農耕：東南亞地處熱帶，適於農耕；復以土地平坦、開墾容易、水利便捷。此對勤奮的華人而言，比較容易在「一分耕耘，一分收穫」下，農作豐收。由於僑民之農耕深得其法，其收益逐年增加；加以儉樸自持，其能有所積蓄是必然的生活邏輯。

2. 經營雜貨：華僑在當地的工作，除農耕外；其他較具特色者，即是經營雜貨，以方便民生。這等小規模經濟活動，係僑民資金不足，人力不濟，必然採行的生計作為。經營雜貨後，可以經營中盤商，乃至與中國的貿易往來，皆是東南亞華僑的較多數謀生工具。

3. 經營貿易：中國的各項民生必需品，皆是東南亞各國土著的基本需求。因之，僑民及僑領即由小雜貨做起，最後經營貿易。此種轉變係時事之必然，但對僑領而言，卻是投資轉型的大好機會。此外，經營金融業務，亦係僑領獲益甚豐的主要原因。

投資較多的僑領，其獲益亦必然較多，遂在避免排華運動，或是厚植人脈的考量下，從事公益活動，諸如：

1. 興辦華校：華人對於中國語言、文化的重視，可從華人社會的興辦學校；尤其東南亞的僑校殆多由僑民出資設立，一方面鼓勵子弟就讀僑校；另一

方面希望僑民子弟在完成中、小學教育後，即回到臺灣或到大陸攻讀大學課程，再遠赴美、法進修碩、博士。僑民的第二代、第三代多半受有良好教育；尤其華語能力的培育，是僑領及其他僑民的重要成就。

2. 興築僑社會館：東南亞乃至其他區域，只要有僑民聚集的城市，不僅成立僑社，而且設立具有中華文化特色的會館，提供華僑平時活動場所；彼等婚宴必在會館辦理，以形成最具文化特色的華人社會生活模式。由於會館的成立，不僅僑民容易互動，而且組織完整，僑領就在此種生活模式下產生。

　　儘管如此，面對二十一世紀的時代環境，僑社已有諸多變化，如何爭取年輕人參與，如何結合新科技，經營新產業，以提昇華人在東南亞的競爭力，則是當下重要的發展課題，臺灣的新南向政策如能洞燭機先，在這方面多所貢獻，該項政策始有較大發展空間。

(二)金門僑領在東南亞成就的案例分析

　　金門位於臺灣與大陸間，面積狹小且土壤貧瘠，謀生不易，只能往外發展，金門人向海外發展，歷史悠久。依據金門縣志中的華僑志記載，近代以來，金門海外移民有三次:第一次海外移民潮於 1860 年之後，許多金門人隨五口通商經由廈門或上海前往東洋或南洋；第二次海外移民潮於 1912 至 1929 年時，南洋群島商業，有如日麗中天，而國內則初創之局，政治建設、地方治安，間多未臻完善。盜賊蠡起，劫掠時聞，島民既感不安，而南洋又較易謀生；第三次海外移民潮於 1937 年抗戰爆發，為躲避日禍又掀起一波移民潮（金門縣志2009）。

　　金門僑商分布新加坡、馬來西亞、汶萊、印尼、菲律賓、泰國、緬甸、越南、日本、香港等地，依金門縣政府及華僑協會的統計，南亞有廿多萬人（李順德 2014）。由於金門人刻苦耐勞又勤儉的美德，初到南洋的金門人多從事苦力工作，事業有成之後，匯錢回金門興屋造厝建宗祠，以光宗耀祖，旅居海外的金門第二代、第三代的打拼，對當地影響也非常大，爾今金門僑民在東南亞

商界大有影響力者亦不少。2005 年，金門縣政府隆重表揚海內外傑出鄉親新加坡的黃祖耀、張允中、洪天送、楊清芳僑領；馬來西亞的楊忠禮、陳成龍、黃佛德僑領；印尼的黃進益、黃啟鑄僑領；汶萊的洪瑞泉、劉水照、劉錦國、林國欽僑領；菲律賓的林高茂僑領（李增汪 2005）。這些金門僑領和當地社會的發展息息相關，除商業貿易外，植墾、採礦、金融、運輸、水利、飯店、房地產開發、公益服務等。其主要的成就分述如下：

1. 新加坡僑領黃祖耀、張允中、洪天送、楊清芳

黃祖耀僑領任新加坡最大銀行集團大華銀行名譽主席兼顧問，他將一家原本只有一間分行的福建社群銀行，發展成為一家業務跨越銀行服務、普通保險、人壽保險、股票經紀、房地產開發、酒店管理及製藥業等多個領域的大型跨國銀行集團（畢亞軍 2006a）。除銀行業外，大華銀行集團業務還積極向多元化擴展，70 年代初，投資興建一家紡織廠以及資助著名的新加坡裕廊工業區大眾鋼鐵廠、裕廊造船廠等（方雄普 謝成佳 1993）。2011 年他獲頒新加坡最高榮耀的國慶獎章—殊功勳章(Distinguished Service Order)，以表彰他對華社的卓越貢獻（江柏煒 2011）。

張允中僑領是新加坡太平船務公司創始人，在 2014 年 7 月發布的 2014 福布斯新加坡富豪 50 強榜單上，他以 21 億美元的身家排名 12 位，在全世界有海港的國家，幾乎都能看到 KOTA 字頭的集裝箱貨輪，它就是新加坡太平船務貨輪的標誌（80 後 2014）。

洪天送僑領歷任新加坡浯江公會主席，從事海上電船事業，由於服務優良，近悅遠來，業務日漸興隆（蔡家蓁 2007）。

楊清芳僑領在 1959 年在橋南路創立「利興（私人）有限公司」。創業初期，主要是經營打氣燈、土油爐、燈沙、燈罩、電風扇、吹風筒、電池時鐘、日光燈和電燈泡等。1980 年，「利興（私人）有限公司」擴大營業範圍，批發各國裝飾燈、日光燈管、節能燈，以及其他家庭電器用品、五金等，1975 年獲選成為金門會館董事，他也同時在當年浯江公會副主席蔡普中的推薦下加入該會，於 80 年代開始擔任主席幾近二十年，後退位讓賢，現為該會信託兼會務

顧問（呂紀葆 2006）。

2. 馬來西亞的僑領楊忠禮、陳成龍、黃佛德

楊忠禮僑領興辦的楊忠禮機構業務遍佈全球，涉及從水到電，從建築到房地產、通訊、酒店、金融等眾多領域。2005 年 9 月 9 日，這一位馬來西亞華人實業家，正式出任馬來西亞沙巴國立馬來西亞大學名譽副校長。這是馬來西亞建國以來，政府首次授予華裔企業界的最高榮譽（畢亞軍 2006b）。

陳成龍僑領是龍城集團創始人兼董事經理，該集團自 1988 年成立以來，至今已發展 4000 英畝土地；其中包括改造柔佛州內多個主要城鎮，成為今日的繁榮城市。除擴大企業規模和版圖，陳成龍拿督也積極參與社會活動；尤其是經濟與教育，集團的主要業務，包括：物業發展、物業管理、酒店管理、項目管理、道路建設、生產混凝土製品及建築材料貿易，發展至今已有 14 家子公司。該州政府曾把居鑾市其中一條主要公路命名為「拿督陳成龍路」，作為表彰他對當地社區的貢獻（東方日報 2016）。

大馬僑領黃慶昌三子佛德，繼承家業，並在砂勞越僑界發展事業，成為黃慶昌後，最具影響力的僑領，除任中華公會主席外，在體育界貢獻諸多，籃球運動尤其受到肯定，出錢出力，培育後進不遺餘力。其他在創辦中學，以及從事諸多公益活動，乃至領導僑界，皆為大馬最受肯認的僑領之一。不僅在僑界，就是大馬的公益，亦多受肯定，其拿督名銜，實至名歸。

3. 印尼僑領黃進益、黃啟鑄

黃進益僑領現任東南亞 SMI 企業集團及太平洋實業控股有限公司董事長，兼任印尼雅加達金門互助基金會主席、印尼副總統中心重要核心幹部、黃氏宗親會名譽主席等。於 1993 年起，陸續在中國上海、長春、大連搞房產及木材加工等投資，是印尼的傳統產業大亨，並有印尼富商之冠。其所領導的印尼 STUD 集團，旗下事業體，包括：木材、棕櫚油、建築石材、船務運輸等（許加泰 2015）。此外，黃啟鑄僑領，印尼黃氏宗親總會總會長，在瑪琅市興建瑪中大學，他個人出資 50%的經費（黃福地 2008）。

4. 汶萊僑領洪瑞泉、劉水照、劉錦國、林國欽

洪瑞泉僑領擔任汶萊─中國友好協會的常務副會長及汶萊中華中學的董事長。他積極尋求汶萊與中國雙邊商貿合作的機會，曾以廣西作為開啟雙邊合作的立足點，以中國─東盟的多邊合作為契機，積極參與各項促進中國與東盟發展的活動。汶萊最大的華語學校，為汶萊華語教學做出巨大的貢獻。他作為汶萊武術總會主席，還致力於在汶萊推廣中華傳統文化──武術。

劉水照僑領在商場上，除經營「金永順」寶號的響亮名聲，他更在 1900 年代成立劉氏升學顧問中心，協助汶萊國內學子出國深造；對社會發展所需的工程師、醫生、律師等人才作出間接的培養貢獻。曾在 1970 年代，安排在經濟發展有影響力的汶萊蘇丹宗叔到臺灣參觀訪問，促成日後臺灣駐汶萊經濟文化辦事處的設立，以及汶萊國家航空公司直航臺灣班機的服務。渠獲汶萊政府頒發卓越服務勳章及汶萊國王親頒「忠誠」勳章的榮譽（許加泰 2011）。

劉錦國僑領創設「華和」，為汶萊最大型的連鎖百貨商場；同時，經營超級市場、農場以及種植業，龐大的事業體全數為獨資經營，是汶萊華人企業多元化的成功範例；善用汶萊豐富資源，從農業領域到百貨行業，逐步開創龐大企業王國。2004 年 4 月 21 日，獲汶萊蘇丹陛下授予丕顯甲必丹（Pehin Kapitan），相等於「華人宮廷大臣」勳銜，是當地華社最高領袖之一；也是汶萊華人富商，榮獲亞洲太平洋區企業家機構頒發「亞太企業家終身成就獎」的至高榮譽（沈俊榮 2014、洪志慶 2000）。

林國欽僑領任汶萊「海皇百貨有限公司」董事長，與主持第一百貨的二哥林國民都享汶萊「百貨王」之譽。他的關係企業體遍及汶萊各個角落，除海皇百貨，還有第一百貨超級市場、珍珠城百貨超級市場、康佳超級市場、海皇蛋雞農場、通順傢俬有限公司；另在馬來西亞有一華有限公司、也是國盟私人有限公司新加坡代理，2002 年，又與林國民在廈門市成立以房地產業為主的「廈門永和堂保健品有限公司」。經營事業外，也積極投入社團、公益事業，身兼汶萊福建會館會務顧問、汶萊斯市中華中學董事、中華臺北旅汶僑民協會永久名譽會長、汶萊乒乓總會名譽顧問、林松杞夫婦紀念獎學金捐助人，無論在企

業經營、公益領域，林國欽都深具財力、實力、影響力（楊樹清 2008）。

5. 菲律賓僑領林高茂

林高茂僑領是海外金門鄉親第一位在美國榮獲博士學位的理事長。曾任林
克凱兄弟公司董事長、馬林地產公司董事長；現職為菲律賓金門同鄉會理事
長，號召組團由菲律賓經廈門返金。參加第五十屆華僑節，可說小三通海外華
僑正式通航的第一團。他在領導菲律賓金門同鄉會任內功績卓越、任勞任怨、
剛直無私，得到全體鄉親愛戴。每年春節都能舉辦聯歡聚餐，溫馨融洽，團結
鄉親，結合向心力，一同渡過佳節、共聚一堂，以解鄉愁（陳麗妤 2004）。

四、善用僑領在僑居地成就，以強化新南向政策的執行績效

新南向政策係蔡政府發展臺灣經濟的重要策略性方案之一，蔡政府係以
「只許成功，不許失敗」的意志和毅力，積極責成主管院、部會規劃推動。在
相關規劃中，已肯認「僑民網絡」在該項新經濟策略規劃中的重要地位。因之，
本研究除介紹僑領在東南亞的卓越貢獻外，並將進一步介紹善用僑商資源；尤
其僑領的政治地位，藉以展開進一步的發展經濟作為。

(一)僑領在地成就係新南向政策執行的保證

政府對於當前推動「新南向政策」，固然抱有務必成功的信心和決心，但
如何達致政策執行力的提昇，如何強化政治行銷(political marketing)至為重
要。政治行銷的策略選擇之一，就是宣揚數百年來；尤其二十世紀下半葉以來
僑領在地的顯著成就。此所稱「僑領」係包括華商和華僑在內的僑社重要領導
人。此等僑領不僅在東南亞，即使歐美、日本的先進國家，皆有諸多的僑民；
尤其僑領，在士、農、工、商及科學、文化教育的傑出貢獻，不僅深獲國際各
行各業的重視，而且對於人類生活品質亦有卓越的成就。

新南向政策工作計畫固然已將「僑民網絡」列為嗣後的發展重點，但僑務委員會身為主管機關自當責無旁貸，一肩承擔，將僑民人才或僑商人力的「資料庫」完全數位化，在維護個人資料法允許範圍內，建立完整僑民交流網系統，以提供前往當地投資的臺商參考，或可減少「試誤」的可能社會成本。其實既有僑領在經商務農從工的「偉大成就」，係新南向政策的宣揚最寶貴素材，並且是鼓舞臺商移民東南亞；乃至其他先進國家或地區強化投資最有力的佐證。僑領所以能獲在地民眾的廣泛支持，係因僑商的經營能力深受肯定，而且僑領的領導能力，亦頗獲在地僑民或駐在國民的認同，設若彼等多能現身說法，或是協助新南向政策的經濟網絡(economic net)的建構，以成為南向人力資料庫，該政策執行力(policy implementation)必然可以顯著提昇。

(二)僑領協同發展新南向政策係雙贏的策略選擇

新南向政策的執行，可能遭遇到人才交流的困難。此不僅是臺灣長久以來，對於東南亞各國的語言未加重視學習，而且忽視東南亞文化的研究分析所肇致。此項欠缺固皆非短時間所可以解決，但就臺灣而言，卻有多元管道可以解決，諸如：

1. 利用東南亞來臺的新住民學習東南亞語言，或是訓練東南亞新住民返回母國參與投資事業的服務工作，此不僅無語言障礙，而且深知當地政經文化，對於國家政策的執行或可發揮事半功倍的綜效。

2. 結合東南亞來臺灣留學的僑生或外籍人士，發展為返回東南亞投資的夥伴，此係當前最可用的策略。本研究於 2017 年 1 月，曾參加在緬甸仰光舉行的臺北大學校友會成立大會，發現許多到臺灣留學的緬甸僑生，在緬甸開放後，已紛紛由臺灣、香港回到緬甸投資經營事業，且多已有所成。此項人力資源係國家新南向政策很可利用的資產。既有臺灣的多年政治文化體會，更有出生以來即熟悉的語言文化認知，雙向溝通和交流兩相宜，自是嗣後值得結合的政策執行資源。

3. 由於僑領的政經地位本是推動新南向政策的動力。因之，政府應經由外交

駐在東南亞各國的代表處或僑委會在東南亞的僑社組織，以協調和爭取當地僑領之積極參與新南向政策的投資行列。僑領的資金雄厚，過去回臺灣投資，對創造臺灣經濟奇蹟著有貢獻。當比東南亞政經新發展之際，如政府能經由僑領乃至一般僑民的協助，或是結合僑資發展區域經濟，必是一項機不可失的雙贏策略選擇。

2017 年 1 月，在緬甸的政經訪視，發現即使是開放較為晚近的國家，如緬甸者，其經濟發展雖只有短短 5 年的時間，卻已有非常快速的進展。其參與投資而由臺灣返回緬甸僑居地的僑生，竟因為學有所成且多屬新管理知能，不僅深受當地僑領的肯定，勸進加入事業經營，而且僑領還鼓勵這批年輕事業家發展新興事業，不僅改造緬甸的經濟發展結構，而且肯認臺灣大學高等教育的現代化，顯非當地大學教育所能及。此項臺灣可積極促進東南亞進步的訪視，正可證明臺灣早年鼓勵僑生回國就學政策的成功。此外，僑委會多年來的僑社經營，亦是當今推動新南向政策事半功倍、功不可沒的多年成效投射所在。

(三)僑領在地發展資源係結合新南向政策規劃的執行動力

對於新南向政策的執行，臺灣所能投入的資金，第一年僅有 62 億新臺幣，可知臺灣的現有財政能力，並不能動搖中國大陸「一帶一路」的政策治理，這是臺灣在未能參加「一帶一路」為主投資的亞洲基礎設施投資銀行(AIIB；Asian Infrastructure Investment Bank)的最大阻力。面對亞投行的可能阻力，臺灣新南向政策的突破策略之一，就是運用僑領在地發展資源，此項發展資源。不僅是指僑領所有的有形資金，而且包括僑領的政經網絡所建構的無形資產。政府應以最快的腳步結合僑領的在地發展資源，以推動新南向政策。

本研究所以主張運用僑領在地發展資源，所持理由如下：

1. 新南向政策執行前，如檢討「南向政策」失敗的原因，當可發現南向政策失敗的原因，固然與東南亞發生金融海嘯有關。除此之外，就是政府未能運用在地僑商資源，以致在臺商投資意願不高或是廠商投資資金不足，當地貸款又不易的情形下，必然只有徒托空談而已。政府應檢討過去，策勵

　　未來，除豐富政策內容外，對於東南亞成就非凡的僑領，更當多所協調並獎勵參與新南向政策下的投資計畫，或可彌補現階段政府有限投資的資金缺口。

2. 僑領固然可能在僑居地擁有龐大的資產，但面對新世代的衝擊，正苦於投資事業的發展瓶頸；尤其既有事業的如何轉型更是滯止不前。因之，僑領如能獲有臺灣的投資取向輔導，即可投資新產業，且獲有新技術和新經營方法的行政指導，自然可以領略新產業的經營模式，不僅投資資金可以發揮 $1+1 \geq 2$ 的綜效，而且配合國家新南向政策而結合更多的新事業夥伴。此對僑民與政府皆是一種雙贏的策略選擇。

(四)金門僑領在地成就形塑新南向政策執行的加乘效果

　　本研究所以特別突出金門僑領在地成就，主要係著眼於近數十年來，金門在東南亞僑領對於金門縣的回饋貢獻，有目共睹。彼等不僅直接嘉惠金門鄉親，而且因捐贈金門大學，間接使來自臺灣本島的子弟，亦多所受益。此種少小遠渡重洋，在經過一番奮鬥後，能以積極貢獻(包括：資金、資產)回饋祖國的情操，令人感動。政府在推動新南向政策初始，如能多所聯繫已與祖國有所回饋的東南亞僑領；尤其該等不分彼此、親疏的金門籍僑領，而且是深受在地國認同的僑領，促使彼等成為政府與東南亞國家建立合作關係的平臺，當有裨於新南向政策的貫徹執行。

　　金門僑領主要分布在東南亞一帶，彼等在事業發展上的成就深受重視，所從事的工商事業，不僅操縱在地國家的經貿發展，而且僑領的社政地位，亦係在地民眾普遍肯認的對象。因之，政府建構僑民網絡之際，宜先由經常與祖國多所接觸，並且熱衷公益的僑領著手，如金門在東南亞的僑領，為優先納入人才庫的對象。事實上，納入人才庫是不夠的，應該接納該等僑領對於新南向政策的看法；如有積極的策進方案，更當納入推動方案中，以使推動方案完妥可行，始能增強政策執行成效。

五、結語：僑領在僑居地發展係加速新南向政策執行的最有效資源

　　政府基於國家經濟的長遠發展，推動新南向政策，以建構臺灣經濟走向國際化，前進全球化的立足點，面對中國大陸的「一帶一路」經濟發展策略，本就有相當大的阻力；尤其在兩岸關係因「九二共識」(1992 consensus)的爭議，而陷入空前的停滯之秋，如何達致預期的政策目標，應係一項需要智慧的難題。蔡政府雖說明 2017 年下半年兩岸關係將有新的進展，但九二共識的肯認可能是最起碼的「善意互動」基礎。此外，蔡政府宜充分應用東南亞各國的僑領政經關係，不僅突破中國大陸的可能阻撓，甚至化阻力為助力，而且可以協調駐在國政府充分理解新南向政策的雙贏經濟發展策略，從而接納和鏈結亞洲區域經濟發展機制的建置。

　　本研究經由政策治理(policy governance)觀點，深信新南向政策成功與否的關鍵，在於政府與僑民網絡的「人力連結」(human power connection)是否到位；尤其僑領的資源是否積極整合，更是勝敗的分水嶺。政府應經由僑委會或外交部的既有聯繫網絡，或是新社群的結合模式，以形塑華人社會的儒家文化系絡，並且善用中華文化的本質，以促使新南向政策成為東南亞華僑社會的政策發展思維邏輯，在累積社會資本後能成為政策執行的最具貢獻動力。

參考書目

80 後(2014)，〈新加坡 96 歲船王的勵志創業故事〉，80 後勵志網站下載 (2017/2/27)。

方雄普、謝成佳主編(1993)，《華僑華人概況》，北京：中國華僑出版社。

王振民(2016)，〈「新南向政策推動計畫」正式啟動〉，行政院網站下載 (2017/2/27)。

江柏煒(2011)，《新加坡的出洋客》，金門：金門縣文化局。

行政院新聞及國際關係處(2016)，〈鄧振中政委率隊臺南交流新南向政策 賴清德市長允諾搭起大學教育就學合作方案〉，臺南市政府網站下載(2017/2/27)。

呂紀葆(2006)，〈從打氣燈與土油爐到電器與五金出入口商的楊清芳〉，《金門日報》網站下載(2017/2/27)。

呂雪慧、陳仁萱(2016)，〈新南向政策今啟動 建經濟共同體意識〉。《中國時報》網站下載(2017/2/27)。

巫樂華(2010)，《海外華僑：南洋篇》，北京：中國國際廣播出版社。

李金山(2016)，〈行政院：整合所有資源 全力推動新南向政策〉，行政院網站下載(2017/2/27)。

李順德(2014)，〈世界金門日僑商大返鄉〉，聯合國網站下載(2017/2/27)。

李增汪(2005)，〈縣府隆重表揚海內外傑出鄉親〉，《金門日報》網站下載(2017/2/27)。

沈俊榮(2014)，〈探索汶萊(第 5 篇)，共享經濟成果 汶萊華人安居樂業〉，《中國報網站》下載(2017/2/27)。

東方日報(2016)，〈居鑾發展之父 陳成龍封丹斯里〉，東方網站下載(2017/2/27)。

金門縣文獻委員會主編(2009)，《金門縣志》。

洪志慶(2000)，〈縣籍汶萊僑領劉錦國榮膺亞太企業家終身成就獎〉，金門日報網站下載(2017/2/27)。

紀俊臣(2010)，《直轄市政策治理：臺灣直轄市的新生與成長》，臺北：中國地方自治學會。

紀俊臣(2016)，《都市國家：臺灣區域治理的策略選擇》，臺北：中國地方自治學會。

紀俊臣(2017)，《新南向政策資料彙編》。

張茜翼、張素(2014)，〈汶萊-中國友好協會常務副會長洪瑞泉：架起兩國經貿文化交流橋梁〉，人民網站下載(2017/2/27)。

畢亞軍(2006a)，〈全球華商名人堂：黃祖耀〉，華商韜略網站下載(2017/2/27)。

畢亞軍(2006b)，〈書華商傳奇築長青基業〉，華商韜略網站下載(2017/2/27)。

許加泰(2011)，〈烈嶼鄉僑劉水照汶萊闖出一片天〉，金門日報網站下載
    (2017/2/27)。

許加泰(2015)，〈縣長歡迎印尼僑領黃進益返鄉祭祖〉，金門日報網站下載
    (2017/2/27)。

陳麗妤(2004)，〈海內外傑出鄉親系列報導之三-黃進益叱吒印尼商場 黃啟鑄愛
    在故鄉 林高茂擁有博士頭銜 許東亮鄉親典範〉，金門日報網站下載
    (2017/2/27)。

黃奎博、周容卉(2014)，〈我國「南向政策」之回顧與影響〉，《展望與探南》，
    12(8):61-69。

黃福地(2008)，〈印尼華人創辦瑪中大學〉，苦瓜老來紅網站下載(2017/2/27)。

楊樹清(2008)，〈汶萊百貨王林國欽大膽提開發大膽島〉，金門日報網站下載
    (2017/2/27)。

經濟部國際貿易局(2016)，《新南向政策服務指南》。

僑務委員會(2016)，《中華民國 104 僑務統計年報》。

蔡家蓁(2007)，〈洪天送愛故鄉愛到入骨〉，金門日報網站下載(2017/2/27)。

Department of Statistics Ministry of trade & Industry Republic of Singapore,"
    Population Trends 2016".

Robin, Jack (2011), ed., *Governance Networks in Public Administration and Public
    Policy*. London: CRC Press.

拾肆、直轄市山地原住民區的年度預算案編列：以臺中市和平區 2017～2020 年度為範圍

紀俊臣　銘傳大學公共事務學系客座教授

李錦煌　東海大學政治學系博士生

摘　要

　　本研究旨在針對直轄市山地原住民區設定為基層地方自治團體以來，其在自治體具有組織自主權、立法自主權和財政自主權的三大基本權下，所為自治體質之檢視。經查 2015 年實施的山地原住民自治權，固有如鄉(鎮、市)的組織自主權、立法自主權，可為自治權之行使，卻因立法怠惰而未能配合修正財政收支劃分法，以致各該區並未賦予山地原住民區的稅課收入財政自主權，而致山地原住民區依法祇能經由直轄市的補助收入，已完成年度預算之編製，是其自治權行使上所存在的重大結構性問題。

　　本研究乃選擇臺中市和平區的年度預算經驗，以驗證山地原住民區在賦予稅課收入的財政自主權下，究竟如何編列年度預算，以呈現自治體的自治能量。該項自治體之經驗檢視，不僅有助於深入了解直轄市山地原住民區的發展困境；亦可進一步了解嗣後修改財政收支劃分法的可行修正取向。因之，本研究固有其發展性之學術價值；亦因針對各該山地原住民區的自主性分析，從而掌握住鄉(鎮、市)的發展取向，以供未來建立新制度之重要參考。

關鍵字：山地原住民、稅課收入、公共舉債、預算、決算。

一、前言：直轄市山地原住民區預算案編列的結構性問題值得重視

　　直轄市依修正地方制度法之規定，於民國 104 年(即西元 2015 年，以下以西元分析)12 月 25 日，將所管轄山地鄉改制之區，由直轄市之派出機關(field agency)，改為具等同鄉(鎮、市)法律地位的地方自治團體性質(local autonomous body)的區，定名為「直轄市山地原住民區」(mountain indigenous district in municipality；MID)，由各該原住民區公民選舉具有山地原住民身分年滿 26 歲公民出任區長，執掌原住民區公所；並選舉該轄區年滿 23 歲的公民為區民代表，互選主席、副主席各 1 人，組成原住民區民代表會，分屬各該地方自治團體之行政機關和立法機關。

　　自 2015 年 12 日成立該項新政治制度以來，政府已辦理 2 屆地方選舉，該新地方制度因係於地方制度法中增訂「**直轄市山地原住民區**」專章(即地方制度法第四章之一)設立新類型之基層地方自治團體。但相關配套法制並未併同修正，以致施行至今 5 年來的經驗，發現直轄市山地原住民區制度存在若干組織結構性問題(structural problem of organization)，諸如：財政自主權因為欠缺法定租稅徵收或分成權能，而致形同虛設、立法自主權因區長山地原住民而區代會主席多為非原住民的類同分裂政府(divided government)的政治衝突，以及原住民人才甄補不易的結構性問題，皆將直接影響各該山地原住民的行政效能(administrative effectiveness)；間接肇致政治功效(political efficacy)不易提升。

　　本研究擬以最受影響的地方財政自主權(fiscal autonomy)為題，並以年度預算案(year budgeting draft)為探討核心議題，分析問題所在。受限於時間及資料蒐集，本研究僅就臺中市和平區 2017 年至 2020 年的四年度為範圍，正好橫跨山地原住民區直選第一屆的後半期及第二屆前半期，以了解各該政治制度的問題所在，從而研擬若干有裨於建構良善治理的機制。本研究在方法上採質化研究，並以法制和第二手官方資料進行內容分析，以期呈現實證研究的學術貢獻。

二、鄉(鎮、市)自治體年度預算案編列的問題與對策

依地方制度法第 83 條之 2 規定：

> 直轄市之區由山地鄉改制者，稱直轄市山地原住民區(以下簡稱山地
> 原住民區)，為地方自治團體，設區民代表會及區公所，分別為山地原住民
> 區之立法機關及行政機關，依本法辦理自治事項，並執行上級政府委辦事
> 項。
>
> 山地原住民區之自治，除法律另有規定外，準用本法關於鄉(鎮、市)
> 之規定；其與直轄市之關係，準用本法關於縣與鄉(鎮、市)關係之規定。

因之，探討山地原住民區的財政問題；尤其是年度預算問題，宜由一般縣轄的
鄉(鎮、市)的財政問題著手，以掌握等同法律地位的基層地方自治團體共同財
政問題。依照審計部「中華民國 107 年度鄉鎮縣轄市總決算歲入來源與歲出用
途概況」(如圖 14-1)所示，在 2018 年度全國 198 鄉(鎮、市)財政狀況歲入預算，
統計為自籌財源者，僅占 29.9%(包含自有稅課收入為新臺幣 128.19 億元，占
18.29%，其他各項收入為新臺幣 79.94 億元，占 11.41%)；非自籌財源 70.30%(含
補助及協助收入為 201.11 億元(占 28.69%)，統籌分配稅款為 291.64 億元(占
41.61%)[1]，足見鄉(鎮、市)的年度主要財源，就是非自籌財源，而且是上級政府
的補助收入，或說是縣政府的統籌分配稅款及中央或縣之補助款；至於其他收
入少之又少。試想鄉(鎮、市)自主財政機能不夠的原因究竟如何？值得重視。

---

[1] 監察院一向將自籌財源=歲入-(補助收入+協助收入+統籌分配稅收入)；而非自籌財源=歲入-(自有稅
收入+其他各項收入)

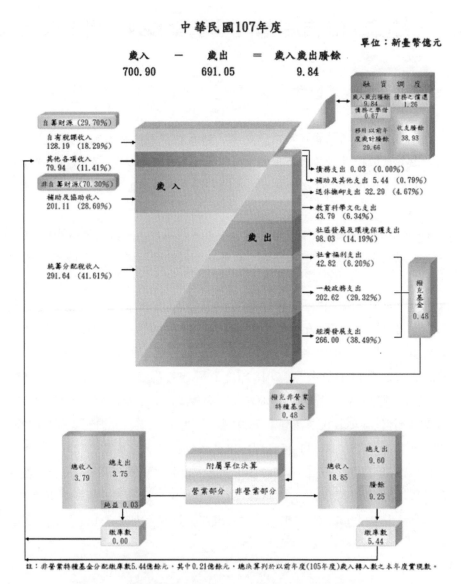

圖 14-1　鄉鎮縣轄市總決算歲入來源與歲出用途概況

資料來源：審計部網站(2020.3.13 下載)

(一)問題

本研究所稱「自主財政」(autonomous finance)，係就自有財源和自籌財源的整合觀點分析。誠如審計部所稱地方自籌財源=地方歲入-(地方稅課收入+地方其他各項收入)，而地方自有財源則是地方歲入—補助及協助收入；質言之，自有財源係將中央統籌分配稅款，加上地方稅課收入；而鄉(鎮、市)自有財源係指除中央統籌分配稅款，加上縣統籌分配稅款，加上地方課稅收入；而鄉(鎮、市)自主財源係指除中央統籌分配稅款，加上縣統籌分配款，再加上鄉(鎮、市)徵起之地方稅分成外，尚有鄉(鎮、市)其他非稅課收入，包括：捐獻收入和雜項收入。該等鄉(鎮、市)自主收入，由於稅基不穩，稅源不足，經濟情況亦不佳，實質上所能獲致的財源頗為有限。

1. 收入不足，影響年度預算編列平衡

臺灣鄉(鎮、市)如含福建的金門及連江二縣，其土地面積為 25,293.3442 km²(占全國土地面積地 69.87%)

表 14-1　臺灣鄉(鎮、市)土地面積及人口數統計

單位：人/平方公里

縣別	土地面積	人口數
宜蘭	2,143.6251	454,161
新竹	1,427.5369	564,296
苗栗	1,820.3149	545,433
彰化	1,074.3960	1,272,449
南投	4,106.4360	493,984
雲林	1,290.8326	680,963
嘉義	1,903.6367	502,718
屏東	2,775.6003	818,493
澎湖	126.8641	105,147

臺東	3,515.2526	216,633
花蓮	4,628.5714	326,063
金門	151.6560	140,253
連江	28.8000	13,080
合計	25,293.3442(69.87%)	7,220,171(30.58%)

資料來源：本研究整理

　　人口為 7,220.171 人占 30.58%，如表 14-1。質言之，13 縣的人口達全國土地面積的 2/3，但人口祇占 1/3。此在人力資源上即顯得與 6 直轄市有很大差異，而就 2019 年度臺灣的創稅能力言之，6 直轄市及 3 市更是占全國的 82.85%(即 2,046,974 百萬元/2,470,519 百萬元)；質言之，13 縣創稅能力祇占 17.15%(423,545 百萬元/2,470,519 百萬元)鄉(鎮、市)更是困難。在創稅能力完全不能展現地方自治團體的必要自主能力的惡劣財政環境中，198 鄉(鎮、市)在 2018 年度的決算數，其歲入為 700.90 億元，其中自籌財源占 29.7%，包括：自有課稅收入占 18.29%、規費及罰款收入占 3.14%、捐獻及贈與收入占 2.13%、財源收入占 1.68%、其他收入占 3.60%及營業餘額及專業收入占 0.86%，至於非自主財源占 70.30%(包含統籌分配稅收入占 41.61%、補助及協助收入占 28.69%)。此說明鄉(鎮、市)雖有稅課收入，但占比太低；反而需要以統籌分配稅款及補助收入為鄉(鎮、市)的最主要財源；亦即顯示鄉(鎮、市)的財源自主性低，其自治行政能力如要提升，自需要由充實財政能力著手，始克呈現良善治理的行政能力。

　　本研究以 2018 年度鄉(鎮、市)的決算數分析，如表 14-2 及圖 14-2 所示，發現在 691.05 億元的鄉(鎮、市)歲出決算數中，主要支出為經濟發展(38.49%)、一般政務(29.32%)及社區發展及環境保護(14.19%)三大項。該三項支出多以經常門為主；即說明鄉(鎮、市)支出，係以維持地方自治團體的正常組織運作或經濟發展、社區發展為主。此一方面係因鄉(鎮、市)的自治權限不足，在區域經濟上能有所作為者並不多見；另一方面顯示鄉(鎮、市)的自治體系不健全，能夠有如日本市町村般的發揮自治能力，尚有許多努力空間。

表 14-2　鄉鎮市歲出政事別預決算數彙計

中華民國 107 年度

單位：新臺幣千元、%

項　　　　　　　　目	預　算　數	決　　算　　數		決算數與預算數比　較　增　減	
		金　　額	占　比	金　　額	比　率
合　　　　　　　計	78,758,513	69,105,125	100.00	- 9,653,387	12.26
1. 一般政務支出	23,090,804	20,262,050	29.32	- 2,828,754	12.25
2. 教育科學文化支出	5,113,441	4,379,008	6.34	- 734,433	14.36
3. 經濟發展支出	29,842,735	26,600,510	38.49	- 3,242,225	10.86
4. 社會福利支出	4,886,428	4,282,659	6.20	- 603,768	12.36
5. 社區發展及環境保護支出	10,870,595	9,803,378	14.19	- 1,067,216	9.82
6. 退休撫卹支出	3,728,633	3,229,294	4.67	- 499,339	13.39
7. 債務支出	7,511	3,350	0.00	- 4,160	55.39
8. 補助及其他支出	1,218,362	544,873	0.79	- 673,489	55.28

資料來源：中華民國 107 年度鄉鎮縣轄市財務審核結果年報，頁 6。

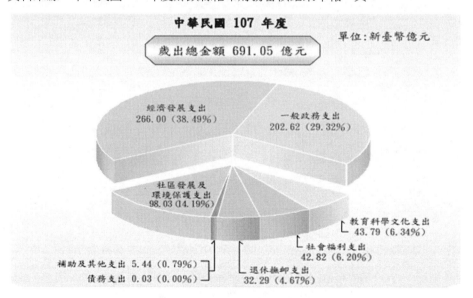

圖 14-2　鄉鎮市歲出政事別決算數比率

資料來源：中華民國 107 年度鄉鎮縣轄市財務審核結果年報，頁 6。

　　茲再以 2019 年度 13 縣的 198 鄉(鎮、市)歲入為 55,598,278 千元，其中稅課收入為 38,658,258 千元，工程受益費收入 1 千元，罰款及賠償收入 29,419 千元，規費收入 2,054,965 千元，信託管理收入 573 千元，財產收入 881,121 千元，營業盈餘及事業收入 461,578 千元，補助及協助收入 10,210,696 千元，捐獻及贈與收入 1,322,323 千元；亦即自有財源高達 45,387,582 千元占全部歲入的 81.63%。至非自有財源為 10,210,696 千元，僅占 18.37%，看似鄉(鎮、市)自有財源良好，其實此乃假象。其具有自有財源能力者，係因其稅課收入亦為中央和縣的統籌分配稅款，高達 27,558,092 千元，占稅課收入的 71.28%；占自有財源的 60.71%，並非稅課，在鄉(鎮、市)的實徵淨額比例偏低，以致縣的創稅能力遠不及直轄市及市的實徵淨額。

表 14-3　鄉(鎮、市)2019 年度歲入預算

單位：千元

財源類別	科目	款項	
自有財源	稅課收入	38,658,258	
	工程受益費收入	1	
	罰款及賠償收入	29,419	
	規費收入	2,054,965	45,387,582 (81.63%)
	信託管理收入	573	
	財產收入	881,121	
	營業盈餘及事業收入	461,578	
	捐獻及贈與收入	1,322,325	
非自有財源	補助及協助收入	10,210,696	(18.37%)

資料來源：行政院主計總處(2020)，各直轄市及縣(市)總預算彙編(2020.3.12 下載)

由於自有財源的「自主」假象，以致在年度預算編列出現下列情狀：

(1) 預算編列趨向穩健而略顯保守

由於歲入須以統籌款為大宗，以致每年之年度預算案編列，殆多以基本生活需求額為主要，以致經常門占居絕大多數；呈資本門經費偏低。此種年年一式的穩健預算編列情形，就長期觀察即顯得保守，地方衰退的情形於焉產生。

(2) 預算編列出現歲入大於歲出的失衡

依正常預算案編列模式多採取歲入與歲出平衡的預算模式，但鄉(鎮、市)的財源，除統籌分配款項外，主要即是計畫型補助。如計畫型補助能趕在年度開始前三個月以前來函同意下年度的補助科目，即可趕上下年度預算編列之編製函送立法機關審議。但不論中央部會或縣政府皆因下年度預算案在立法機關完成三讀的變數太大，乃多採取保守態度，除非法定計畫外，皆不能勇於任事在年度開始前三個月，即有如「開口契約」(open-end contract)的方式，同意下年度補助特定計畫的額度[2]，以致在鄉(鎮、市)的歲入與歲出預算不平衡的情事，俟辦理追加(減)預算案時再平衡或以前年度歲計賸餘款補足。此種不正常的預算編列模式，竟然已是鄉(鎮、市)預算案編列的常態。

(3) 鄉(鎮、市)辦理追加(減)預算成為地方年度預算的編列常態

中央政府自 1950 年來臺執政以來，甚少辦理追加(減)預算，但地方卻經常有辦理追加(減)預算的情事。地方自治團體有直轄市、直轄市山地原住民區或縣、鄉(鎮、市)二級，直轄市或縣(市)辦理追加(減)預算應屬不正常的預算編列模式，主要是因追加(減)預算通過後，執行時間受限，如有不利於預算的執行，肇致執行率偏低而發生夠多保留款情形。此在鄉(鎮、市)預算案的歲入本多傾向穩健或保守的編列模式下，其追加(減)預算案理論上應可避免。鄉(鎮、市)經費已極為有限，如再有延宕預算執行的情事，實有礙正常基層治理的合宜作為。

---

[2] 所稱「開口契約」，即契約內容可在雙方同意下適時調整的契約。上級政府補助下級政府計畫實施經費，如在立法機關通過預算案前即發文同意補助，即可能有因立法機關通過預算案額度有所變動，而須在通過後再通知酌予調整補助額度的情事。

2. 政治介入操弄年度預算浮編危機

鄉(鎮、市)長如為展現政治企圖心，當以行政績效(administrative performance)凸顯政績，但年度歲入又不可能大幅成長下，其有可能的預算編列做法就是浮編預算案，不但歲入浮編，而且歲出亦浮編。此種在縣(市)比較容易發生的情事，在鄉(鎮、市)如有依法炮製，即是鄉(鎮、市)長有鑑於鄉(鎮、市)年年辦理追加(減)預算，以致鄉(鎮、市)年度預算皆不易在當年度即執行完畢，而致於發生龐大的保留款情事；就因有保留款的情事，其浮編的情形，不致因承包廠商的完成工程而在年度內提早請款，卻因歲入不足而無法順利請款的情事，整個浮現「預算浮編」的窘狀。此種政治介入或政治掛帥的不當預算編列模式，在縣(市)市是司空見慣的情事。最近幾年臺灣的經濟發展不盡理想；尤其今(2020)年初以來，即有「新冠肺炎」(COVID-19)肆虐的疫情發生，經濟不景氣已隱然出現，鄉(鎮、市)的小額公共工程必然是投標廠商優先投標的對象，如有浮編情形即可能因廠商請款不遂而暴露無遺。

因之；本研究對於鄉(鎮、市)的預算編列，一向重視究竟是量入為出或是量出為入。理論上，鄉(鎮、市)宜採保守的量入為出預算編列模式；亦即以歲入的編列為先行程序。事實上，鄉(鎮、市)預算編列宜依循「○○年度中央及地方政府預算籌編原則」；尤其「歲出機關別共用性預算科目及其預算編列範圍表」、「共同性費用編列基準表」規定，始提出年度預算案，將可落實預算編列的基本生活需求；亦可避免發生因辦理追加(減)預算所肇致的行政效能逐年降低的負功能現象。

(二)對策

面對鄉(鎮、市)年度預算的編列困境，有明顯的自主財政不足，以及隱含的浮編預算情勢，究應如何處理？殆可分為下列三個策略選擇：

1. 補助挹注法定預算編列

理論上，鄉(鎮、市)年度歲入預算既然多採取穩健或保守的策略，其需要上級政府的補助經費，應屬極其必然之事，如表 14-3 所示，2019 年度之補助

款僅 102 億 1,069.6 萬元。此種補助如能常態化，對於鄉(鎮、市)的年度預算編列，應較為簡便可行。如何為之？比較簡便的途徑，即是編列「鄉(鎮、市)發展基金」有如離島建設基金或花東發展基金，以使鄉(鎮、市)能夠在年度開始前六個月，即可確定在自主財源不足的情況下，可由特種基金以「一般補助」挹注年度預算的歲入編列。

固然財政紀律法對於特種基金的設立，於第 8 條規定：

> 中央政府非營業特種基金須依法律或配合重要施政需要，按預算法第四條規定，並應具備特（指）定資金來源，始得設立。
>
> 前項基金屬新設者，其特（指）定資金來源應具備政府既有收入或國庫撥補以外新增適足之財源，且所辦業務未能納入現有基金辦理。
>
> 中央政府非營業特種基金之設立、保管、運用、考核、合併及裁撤，不得排除適用預算法、會計法、決算法、審計法及其相關法令規定。但本法施行前已訂有排除規定之非營業特種基金不適用之。
>
> 中央政府非營業特種基金因情勢變更，或執行績效不彰，或基金設置之目的業已完成，或設立之期限屆滿時，應裁撤之。裁撤機制由行政院另定之。
>
> 直轄市、縣(市)政府所管非營業特種基金，準用前四項規定。

該等特種基金設立規制似使「鄉(鎮、市)發展基金」之設置成為不法的設想。其實鄉(鎮、市)發展基金的設立，可以上級的政府補助鄉(鎮、市)賸餘款處理，依 2018 年度鄉(鎮、市)歲出賸餘款如表 14-4 所示，即達 96 億 5,338 萬 7千元。該賸餘款如屬計畫型補助科目，依法須繳回補助之上級政府，則上級政府如將歷年來繳回之補助款彙整成立「鄉(鎮、市)發展基金」，並採滾動式模式循環運用，不僅上級政府無庸另籌措特種基金的財源，而且可以做到實質「專款專用」成立特種基金的最終旨趣。

表 14-4 鄉(鎮、市)歲出賸餘分析

中華民國 107 年度

單位：新臺幣千元、%

賸　　餘　　原　　因	合　　　　　　計		經　常　門	資　本　門
	金　　額	占　比		
合　　　　　　　　計	**9,653,387**	**100.00**	**6,450,694**	**3,202,692**
1. 按業務需要而減少支付或撙節支出。	4,854,980	50.29	4,108,125	746,854
2. 實際進用員額較少致人事費節餘。	1,802,837	18.68	1,802,817	19
3. 營繕工程或採購財物結餘。	1,386,691	14.36	21,742	1,364,949
4. 計畫變更致未實施或工作量減少。	497,327	5.15	78,328	418,998
5. 因土地取得問題而未執行。	311,222	3.22	3,727	307,494
6. 專案經費第一、二預備金未動支。	201,234	2.08	171,564	29,669
7. 補(捐)助或委辦計畫經費結餘。	170,919	1.77	146,281	24,638
8. 收支併列預算收入未達而減支。	127,700	1.32	41,618	86,081
9. 其他。	300,475	3.11	76,488	223,987

資料來源：中華民國 107 年度鄉鎮縣轄市財務審核結果年報，頁 15。

2. 財政紀律矯正預算失衡

　　政府自 1996 年 1 月公布「公共債務法」，即於第 9 條規定如違法超額舉債、違反限制或停止舉債之命令仍予舉債，或是未依法就債務之償還比率編列預算償還，即須由各該監督機關命人戈弓戈各該主管機關於一定期限內改正或償還，屆期未改正或償還者，除減少或緩撥其統籌分配稅款外，並將財政部部長、各該直轄市市長、縣(市)長、鄉(鎮、市)長移送懲戒，以呈現強化「財政紀律」的行政倫理。唯 24 年來並未有任何行政首長因違反財政紀律事件移送懲戒；2019 年 4 月公布施行財政紀律法，藉以強化財政紀律法制。該法第 12 條規定行政院應訂定「地方政府財政紀律異常控管機制」，該控管機制雖尚未發布施行；唯就預告之「地方政府財政紀律異常控管機制辦法」(草案)言之，鄉(鎮、市)得準用該辦法作如下的財政控管：

　　(1) 各項財源撥付公庫後，應依下列支付順序，做整體收支規劃：

① 人事費及依法規定負擔之費用。
② 基本行政作業費。
③ 其他費用。
④ 以開立付款憑單且尚未付款，應按本款第一目至第三目費用性質，重新歸類，並排列支付優先順序。

(2) 地方財政機關應辦理事項：
① 每月二十日檢討當月實際收支情形並預估次月現金收支情形，其中屬於前款第一目及第二目所需經費，應匡列為專款專用，不得流做其他使用。
② 按日統計庫存現金日報表，依前款規定之支付順序排列隔日預計支付項目，經會同地方主計機關共同核章再次確認均符規定，始得送公庫銀行支付。
③ 每月應編製實際現金收支報告並上網公告；另於次月十日前函送縣政府主計處核備，並副知財政處。

(3) 本項鄉(鎮、市)公所應於同意接受本辦法實施控管後一年內提出財政健全方案送縣政府，每年度並應提出年度執行報告送縣政府主計處備查，並副知財政部。

財政部得協助鄉(鎮、市)公所建立融資調度平台，前項第一款第三目如屬支付廠商之費用，應優先於融資調度平台處理。

縣政府對於第一項鄉(鎮、市)公所未依前二項規定辦理時，得緩撥統籌分配稅款與一般性及專案補助款，至其改善完成為止。

上揭草案規定，固然尚屬規劃階段，但就處裡不當舉債的鄉(鎮、市)公所或有其可行性，值得觀察。

3. 公共債務法制預算槓桿

雖說公共債務法公布施行 24 年來，尚未有任何鄉(鎮、市)長因嚴重違反財政紀律而被移送懲戒，但該法制就鄉(鎮、市)的年度預算編列，至少發揮下列功能：

(1) 年度預算傾向歲入大於歲出的模式編列

固然年度預算最合宜的編列，係歲入與歲出一致，但在歲入多由自有財源編列的考量下，其斟酌稅課收入多以統籌分配稅款獲致，乃採取穩健的編列模式，即歲入大於歲出，絕不得採歲入小於歲出的「赤字預算」(deficit budget) 是鄉(鎮、市)預算編列的普遍模式。

(2) 落實縣與鄉(鎮、市)的權限劃分原則

依地方制度法第 20 條，鄉(鎮、市)自治事項包含 9 大項 26 小項，而縣自治事項有 13 大項 49 小項。此即說明縣所主管事項遠多於鄉(鎮、市)，今因鄉(鎮、市)的預算規模較小，而且採取穩健的編列模式，正可落實縣與鄉(鎮、市)權限劃分的法治原則。

(3) 鄉(鎮、市)舉債情形尚不多見

公共債務法對於鄉(鎮、市)的財政紀律效果，即為鄉(鎮、市)本諸不舉債的原則，推動鄉(鎮、市)之建設；其經舉債編列年度預算的情形尚不多見。依審計部統計，自 2014 年~2018 年度的五年度鄉(鎮、市)預算編列情形，舉債比率皆不到 1%，如：2014：0.24%、2015：0.16%、2016：0.11%、2017：0.19%、2018：0.09%。此應係公共債務法在鄉(鎮、市)的法制規範上的潛在成就，值得重視。

三、直轄市山地原住民區年度預算的結構問題與解決模式

2014 年 12 月 25 日，政府經由增訂地方制度法「第四之一章直轄市山地原住民區」途徑，賦予原為縣轄山地鄉經改制為直轄市之區，具有等同鄉(鎮、市)位階的地方自治團體法律地位。該等直轄市山地原住民區分別隸屬於新北市的烏來區，桃園市的復興區、臺中市的和平區、高雄市的那瑪夏區、桃源區及茂林區共 6 區。其人口分為 6434 人、12,222 人、10,898 人、3,148 人、4,256 人及 1,941 人；土地面積分別為 321.1306km^2、350.7775km^2、1,037.8192km^2、

252.9895km^2、923.9800km^2 及 194.000km^2，以致性比例/人口密度為 94.97/20、
117.55/35、116.10/11、105.35/12、110.90/5 及 101.98/10，如表 14-5 所示。臺灣
的直轄市山地原住民區在環境生態上，出現土地面積大(3,085.6968km^2)，占臺
灣土地總面積的 8.52%，人口稀少，占臺灣人口總數的 0.16%的人口密度低現
象(13 人/km^2)，而其性比例 107.81，則與臺灣 98.3559 有異；質言之，直轄市
山地原住民區雖有一些族群為母系社會，但該 6 原住民區，除新北市烏來區外，
顯然非母系社會之男女性比例，以致仍以男性原住民占居多數。各該直轄市山
地原住民區就其人文社會條件言之，因位處直轄市轄區，其條件優於現處縣轄
的其他 24 山地鄉，但在自治條件上因修正地方制度法時，並未配合修正其他財
政自主性法制，而陷入財政自主性不足的困境，則是設計該機制時已浮現的重
大通則性瑕疵。當今如何處理各該直轄市山地原住民區財政自主性不備的問
題，已成為強化原住民區自主化的重要課題之一。

表 14-5　直轄市山地原住民區統計

單位：人/平方公里

市別	山地原住民	主要族群	土地面積	人口數	性比例/人口密度
新北市	烏來區	泰雅族	321.1306	6,434	94.97/20
桃園市	復興區	泰雅族	350.7775	12,222	117.55/35
臺中市	和平區	泰雅族	1,037.8192	10,898	116.10/11
高雄市	那瑪夏	布農族	252.9895	3,148	105.35/12
	桃源區	布農族	923.9800	4,256	110.90/5
	茂林區	魯凱族	194.0000	1,941	101.98/10
合計			3,085.6968	38,899	107.81/13

資料來源：本研究整理

(一)欠缺法定收入與原住民族主管機關的補助機制發展

2014 年 1 月 29 日，修正公布施行的地方制度法，固然於增訂「第四章之

一直轄市山地原住民區」中，針對新增直轄市山地原住民區設定為地方自治團體，以多達 8 條之規制條文，明定山地原住民區具有等同鄉(鎮、市)的法律地位，以行使法定自治權能；唯就自治體所必要的 3 基本權(fundamental rights)，包括：組織自主權、立法自主權、財政自主權等 3 項。因當年為順應原住民族政治參與需求，為爭取時效，而以增訂地方制度法「一章八條」的立法模式，僅規制涉及直轄市山地原住民區的自治體地位，以及必要的自治體機制設計，卻未就財政自主所需的財政劃分法有所修正，僅以第 83 條之 2 第 2 項概括規定：「山地原住民區之自治，除法律有另規定外，準用本法關於鄉(鎮、市)之規定；其與直轄市之關係，準用本法關於縣與鄉(鎮、市)關係之規定。」就因僅明定「地方制度法」之適用而不及其他法制，以致財政收支劃分法、公共債務法或其他法律之適用，即有「法律漏洞」(legal hole)之虞。

現行財政收支劃分法係於 1999 年 1 月 25 日，配合精省工程於地方制度法之制定，修正相關規定並同日公布施行；質言之；財政收支劃分法與地方制度法係建構地方自治機制，僅次於憲法的制度性保障法制。該法與地方制度法係地方自治一體兩面得以相互連結的法制建構立法，如地方制度法第 66 條規定，鄉(鎮、市)應分配之國稅、縣稅，依財政收支劃分法規定辦理，同法第 67 條規定，鄉(鎮、市)之收支，應依地方制度法及財政收支劃分法規定辦理，是即無論鄉(鎮、市)稅課收入或其財政收支均須依財政收支劃分法辦理，但地方制度法在設計直轄市山地原住民區新機制時，卻漏未規定該地方自治團體之比照適用或準用，以致原住民區的租稅立法權(tax legislation)付之闕如，自然影響原住民區設定為自治體之財政自主權行使。據悉山地原住民籍立法委員孔文吉已領銜提案擬修正相關條文，內容即在賦予直轄市山地原住民區之租稅立法權，諸如：

1. 山地原住民區實施自治所需財源直轄市應每年檢討，由直轄市依下列因素予以設算補助：

    一、第八十三條之三所列山地原住民區之自治事項。

    二、直轄市改制前各該山地鄉前三年度總預算歲出平均數。

    三、不得低於改制前各該山地鄉統籌分配財源水準。

　　四、其他相關因素。

　　前項補助之項目、程序、方式及其他相關事項，由直轄市洽商山地原住民區 定之。(83-7 條)

2. 山地原住民區應分配之國稅，準用財政收支劃分法關於鄉（鎮、市）規定辦理。

　　前項應分配之國稅，應直接撥補予山地原住民區，保障其財政自主性；補助之項目、程序、方式及其他相關事項，由財政部洽商行政院主計總處、直轄市及山地原住民區定之。(83-9 條)

3. 山地原住民區財政之收入及支出，應準用本法及財政收支劃分法關於鄉（鎮、市）規定辦理。

　　山地原住民區地方稅之範圍及課徵，準用地方稅法通則關於鄉（鎮、市）之規定。(83-10 條)

4. 山地原住民區預算收支之差短，得以借款或移用以前年度歲計賸餘彌平。

　　山地原住民區未償餘額比例，準用公共債務法關於鄉（鎮、市）之規定。(83-11 條)(立法院議案關係文書院總第 1544 號委員提案第 24212 號)

　　經查 2018 年度及 2019 年度地方總預算案，各該直轄市山地原住民區歲入來源別，如表 14-6 所示，分別為新北市 297,205 千元/296,760 千元，桃園市 842,402 千元/563,672 千元，臺中市 331,854 千元/318,631 千元，高雄市 389,434 千元/412,145 千元；其歲入來源為罰款及賠償收入、規費收入(含行政及使用二規費)、財產收入、補助及協助收入、捐獻及贈與收入及其他等 6 項，並無鄉(鎮、市)占居收入多數得稅課收入(統籌分配稅款地方稅分成及臨時稅課)。此乃直轄市山地原住民最感困惑之處，所倖補助收入(包含中央及縣)的挹注，始克解決歲入預算之編製困境。

　　由表 14-6 所示，發現直轄市山地原住民區每年歲入預算，主要是補助及協助收入，就 2017 年度及 2018 年度分析，新北市分別占 74.49%/75.31%、桃園市 88.03%/98.12%、臺中市 91.77%/87.44%、高雄市 90.3%/84.68%，除新北市在七成五左右外，其他三直轄市都高達八成五以上，足見補助收入對各該山地

表 14-6　2017、2018 年度直轄市山地原住民區年度歲入來源別

單位：千元

市＼收入	合計	罰款及賠償	規費	財產	補助及協助	捐獻及贈與	其他
新北市	297,205	105	39	971	221,404	74,319	367
	296,760	250	32	1,156	223,518	71,522	282
桃園市	842,402	100	95,225	1,950	741,581		3,546
	563,672	**100**	**5,176**	**1,950**	**553,121**		**3,325**
臺中市	331,854	281	1,803	1,147	304,559	18,647	5,417
	318,631	635	1,203	14,311	278,624	18,015	5,843
高雄市	389,434		60	138	351,681	36,275	1,280
	412,145		60	173	349,015	35,831	27,066

資料來源：行政院主計總處：107、108 年度各直轄市及縣(市)總預算彙編，頁
77-85/77-85。

註：第一欄 2018 年度歲入來源

　　第二欄 2019 年度歲入來源

原住民區歲入預算編列的重要性。就補助收入可分為各該直轄市政府所補助「年度自治經費」及原住民族委員會依「中央對直轄市及縣(市)政府補助辦法」第 18 條規定辦理。分別說明如下：

1. **直轄市政府補助所轄山地原住民區辦理年度自治經費**

　　地方制度法第 83 條之 7 規定：

　　　　山地原住民區實施自治所需財源，由直轄市依下列因素予以設算補助，並維持改制前各該山地鄉統籌分配財源水準：
　　　一、第八十三條之三所列山地原住民區之自治事項。
　　　二、直轄市改制前各該山地鄉前三年度稅課收入平均數。
　　　三、其他相關因素。
　　　前項補助之項目、程序、方式及其他相關事項，由直轄市洽商山地原

住民區定之。

正說明在山地原住民區欠缺稅課收入(含統籌分配稅款)的法定自主財源的不良財政環境情況下，地方制度法明定「設算補助」(calculation subsidy)用以挹注山地原住民區辦理自治事項的必要經費。此項經費係各該山地原住民區的最主要補助經費，分為經常門與資本門二項，且以經常門的基準需求額占居絕大多數，而資本門基準需求額占居少數。

2. 原住民族委員會補助山地原住民一般性和計畫性補助經費

依「原住民族委員會補助原住民族地區基本設施維持費作業要點」規定，位屬中央主管機關的原住民族委員會，針對原住民族地區之鄉(鎮、市、區)公所為下列基本設施維護費之補助；

(1) 基本分配額度

(2) 績效分配額度

其支用項目，包括：人事費、設備費、行政事務費、業務費、基礎設施維護及小型工程費、獎補助費及指定之重大施政計畫。

至支用原則為：

(1) 人事費、設備費、行政事務費及業務費依實際需要編列支用。

(2) 基礎設施維護及小型工程費不得超出年度補助經費之 60%。

(3) 獎補助費：

　　a. 補助公立幼托機構之設備及其他必須費用。

　　b. 補助辦理族語學習機構。

　　c. 補助辦理歲時祭儀、民俗文化活動或推廣原住民族自治

該三項補助經費係提供山地原住民區編列年度歲入預算的「開口經費」；另外尚有計畫型補助經費，需依時限申請補助，計有 52 項計畫。一旦核准計畫型補助後，如其計畫經費執行達 80%以上，且賸餘額未逾新臺幣五萬元時，免予繳回。正由於補助經費係山地原住民區的重要財源，其如善用將有裨於山地原住民區的基層建設，且可有效推動地方創生(regional revitalization)計畫，促使

年輕原住民留在各該出生地創造社區經濟(community economy)以發展地方。

(二)欠缺上級政府補助機制及其編列預算案的困境突破

如前揭地方制度法第 83 條之 7，對於直轄市山地原住民區在欠缺法定稅課收入的惡劣財政困境中，規定依山地原住民區自治事項、原山地鄉前三年度稅課收入平均數及其他相關因素，設算補助額度，而其機制係由直轄市洽商所轄山地原住民區訂定。內容包括：補助之項目、程序、方式及其他相關事項。依法該機制可以自治條例、自治規則或地方行政規則等立法體例制定或訂定，經查各直轄市皆以「地方行政規則」(local administrative direction)效力最低的內部行政規範訂定，如：

1. 新北市：新北市政府對新北市烏來區公所補助作業原則(2014.11.4)

    該原則係規定主要補助類別有下列兩項：

    (1) 新北市政府設算補助金額，包含人事費用、基本辦公費、山地原住民自治事項、民意代表及里長費用及其他依法律規定應編列項目，通稱「自治活動年度經費」。

    (2) 新北市政府視區公所財政狀況及年度預算編列情形，酌予補助區公所所申請之計畫型經費。

2. 桃園市：桃園市政府對桃園市復興區補助作業原則(2015.5.1)

    該原則係規定實施自治所需財源之項目，如同新北市包括：人事費用等 5 項，以及視復興區財政狀況及年度預算編列情形，酌予核給計畫型補助款。該市並訂定「區公所申請原住民族公共建設計畫管考及作業要點」，加強管考以提升服務績效。

3. 臺中市：臺中市政府對臺中市和平區公所補助作業原則(2015.6.30)

    該原則係參考新北市上揭補助作業要點，分別就和平區辦理自治活動所需經費及申請計畫型補助二項規制之。

4. 高雄市：高雄市政府補助山地原住民區作業要點(2016.5.24)

    鑑於高雄市依地制法設立之山地原住民區有那瑪夏、桃源及茂林三

區，其作業要點自係針對山地原住民區所辦理自治活動通案所為之機制設計。經查其規制標的，仍一如新北市機制，係針對自治事項及計畫型之補助經費規制。

茲就前揭四直轄市針對山地原住民區年度預算之歲入規制，雖尚符地方制度法第 83 條之 7 規定，但補助機制用形式上法規命令或稱自治規則，實質上竟如同地方行政規則的制度設計，具有下列法制效果：

1. 可規避所屬市議會立法監督。蓋形式上法規命令或稱自治規則依法制作業注意事項之相關規制，須送市議會備查，但地制法祇限於定名為規程、規則、細則、標準、綱要、辦法及準則之「自治規則」；鑑於直轄市皆以作業原則或作業要點為其制度規制之定名，並不函請地方立法機關備查。

2. 依地制法所授權為「直轄市」而非「直轄市政府」之「法律用語」言之，其如能以自治條例定之，最符合法治精神，而且因經由地方立法機關之認許，其民主正常性鞏固，且可經由對話而制定更具符合原住民需要的補助機制。

3. 如能訂定實質自治規則式的補助機制，一方面須函請地方立法機關備查，而且有次於自治條例之民主正當性；另一方面可比照中央補助地方的法規命令模式，而有相當周延又可操作的補助機制，實值得直轄市研擬參考。

就因上級政府補助機制有上揭缺失，山地原住民區的補助經費一向採保守策略，一方面可限縮山地原住民的「自治能量」；另一方面卻不免遭致直轄市有特色，山地原住民區卻乏創意的矛盾情狀。此外，直轄市政府補助所屬山地原住民區經費，如表 14-6，桃園市復興區人口雖最多，為新北市烏來區的兩倍，但土地面積卻祇略大於烏來區，唯其補助經費在 2017 年度是烏來區的三倍；在 2018 年度則 2 倍有餘，此形式上的差別待遇，實質上的差距更大。嗣後，如能在補助法制上由中央主管機關於地制法更具詳細之規定，乃至授權中央主管機關訂定法規命令，應可有效改善各該山地原住民區的「法定歲入預算」編列缺失。

(三)欠缺跨年計畫作為機制及其編列連續預算的障礙排除

由於山地原住民區欠缺法定稅課收入，其雖可經由其所隸屬之直轄市政府獲致辦理年度自治經費得保守額度補助款，但就山地原住民區的基礎設施尚有所不足的現實公共建設需求下，其如能編列跨年度的資本門支出預算，始可能以「特別預算的模式編列資本門的建設經費」。對於此一結構性問題似須修正財政收支劃分法後，始可獲致較圓滿解決。但修正財劃法涉及的層面多元，立法機關似有所顧慮，以致蔡英文政府成立將近四年二個月以來，卻仍未能提案修正，足見面對地方預算得連續化需求，俟財劃法修正以為之，將是緩不濟急。因之，宜修正上揭直轄市政府訂定「補助機制」，允許地方因應地方發展需要，就其特色的塑造以及資源的提供，以形成跨年度預算的模式編列概算；近些年來國家發展委員會積極推動「地方創生」以及地方政府所進行的跨年度參與式預算(participant budgeting)，可供參考。

本研究所以主張地方自治團體；尤其直轄市山地原住民區宜有編列特別預算的思維，主要是著眼於，臺灣已將 2019 年列為地方創生元年，且重點就放在原住民族區的 55 個偏鄉，自然包括六山地原住民區；而直轄市無論在財政支援或人力支援上皆優於現況位處縣境的偏鄉。此時如賦予跨年度的執行計畫預算編列客觀條件，其效益必可成級數成長，對於政府推動地方創生初期，必有很顯著的「推拉效用」(push-pull effect)。政府實可在財政法制不健全之餘，即賦予權宜措施能力，強化直轄市山地原住民區的財政自主權而多所作為。

四、臺中市和平區年度預算案的編列經驗分享

本研究以位處臺灣中部，土地面積達 1,037.8192km^2，占全臺中市土地面積 2,214.8968km^2 的 0.03%，人口密度為 11 人/km^2 的和平區，其區位如 14-3 所示。和平區位處臺中市的東部，為該直轄市行政區中，土地面積最大、人口最少，

人口密度最小。該地區多屬原住民族的泰雅族聚集地區，位於雪山山脈南側，有大甲溪貫穿，西半部為溫帶氣候，東半部為高地氣候，氣溫呈現西高東低的態勢，特產有椪柑、甜柿；該區東部盛產蘋果、水蜜桃、高山茶葉、高冷蔬菜、蜂蜜。為臺灣高冷蔬果的主要提供地，並是臺灣櫻花鉤吻鮭(Oncorhynchus masou formosanus)國寶魚的故鄉。其在全國 6 山地原住民區中，是土地面積唯一超過 1,000km^2 的行政區劃，其人口達 10,898 人，僅占有臺中市的 0.03%，卻是 6 山地原住民區中，僅次於桃園市復興區的超過 1 萬人的山地原住民行政區。就臺中市發展言之，該區曾為該市前市長胡自強比喻為後花園的潛力無窮發展區，在觀光資源、農產品均居全國重要地區，其在直轄市山地原住民區財政自主性頗為不足的窘狀中，究竟如何？本研究以 2017~2020 年的四年度分析其實際運作情形。

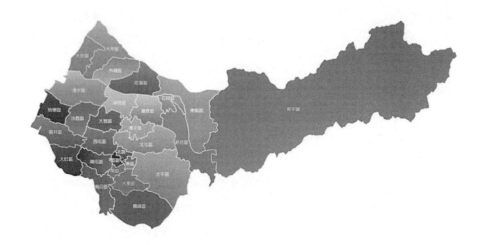

圖 14-3　臺中市和平區區位

資料來源：臺中市政府資訊網(2020.3.19 下載)

(一)歲入預算

　　本研究係就 2017 年度與 2018 年度之決算數和 2019 年度與 2020 年度之預算數進行分析。為何前二年度以決算數；後二年度以預算數進行分析，主要原

因係和平區前二年度決算審核已完成，經查該二年度的預算數因曾辦理追加(減)預算，以致與決算數差異甚大，如以決算數分析，更具效度之提昇；至於後二年度所以以預算數分析，係因決算數尚未完成，無從以決算數為分析基礎。先此說明。

　　臺中市和平區 2017 年度與 2018 年度歲入決算數和 2019 年度與 2020 年度歲入預算數之統計，如表 14-7 所示。分析如下：

1. 主要財源

　　依表 14-7 發現 2017~2020 的四年度預算，大體一致，皆以「補助及協助收入」[3]，而且占居額度高達七成以上，甚至達至九成二。如 2017 年度占 96.54%、2018 年度較低是 70.44%、2019 年度初估 86.28%、2020 年度 82.37%，一旦辦理決算後其比例可能略為下降。其次重要財源是捐獻及贈與收入，占一成上下，如 2017 年度占 11.72%、2018 年度占 8.20%算是較少的一年，需要其他收入占17.99%以挹注歲入之不足，2019 年度初估捐獻及贈與收入占 8.85%、2020 年度初估更偏低僅占 4.68%。

2. 就補助及協助收入分析

　　由於依地制法直轄市須補助所轄山地原住民區實施自治所需的財源，而就「臺中市政府對臺中市和平區公所補助作業原則」規定，其實施自治所需財源之設算補助基礎，來自於下列三因素：

1. 地制法第 83 條之 3 所列山地原住民區之自治事項，計有組織及行政管理(3小項)、財政(2)、社會服務(4)、教育文化及體育(5)、環境衛生(1)、營建、交通及雜項(4)、公共安全(2)、事業經營及管理(3)及其他依法賦予之事項，計有九大類 26 小項。
2. 臺中市改制前原和平鄉公所前三年稅課收入平均數。
3. 其他相關因素。

---

[3] 在會計項目雖以「補助及協助收入」計算，但就直轄市山地原住民區言之，祇有上級政府撥給政府的「補助」事項，並無下級政府呈給上級政府的「協助」金額，其財政狀況與鄉(鎮、市)大體相同。

表 14-7　臺中市和平區 2017~2018 年度決算數與 2019~2020 年度預算數統計分析

項目	2017年度決算數		2018年度決算數		2019年度預算數		202年度預算數	
	金額	百分比	金額	百分比	金額	百分比	金額	百分比
一、歲入合計	496,759	100.00	567,736	100.00	461,761	100.00	338,407	100.00
1. 稅課收入			14,153	2.49				
2. 工程受益費收入								
3. 罰緩及賠償收入	1,340	0.27	450	0.08	635	0.14	281	0.08
4. 規費收入	1,910	0.38	2,470	0.44	1,203	0.26	1,326	0.39
5. 信託管理收入								
6. 財產收入	1,161	0.23	2,044	0.36	14,811	3.21	2,625	0.78
7. 營業盈餘及事業收入								
8. 補助及協助收入	429,838	86.54	399,934	70.44	398,397	86.28	312,573	92.37
9. 捐獻及贈與收入	58,233	11.72	46,557	8.2	40,872	8.85	15,824	4.68
10. 自治稅捐收入								
11. 其他收入	4,273	0.86	102,126	17.99	5,843	1.26	5,778	1.71
二、歲出合計	517,453	100.00	472,243	100.00	521,206	100.00	339,844	100.00
1. 一般政務支出	162,024	31.31	163,315	34.57	139,477	26.76	129,700	38.17
2. 教育科學文化支出	29,079	5.62	37,337	7.91	30,614	5.87	29,284	8.62
3. 經濟發展支出	250,590	48.43	199,077	42.15	259,899	49.87	84,968	25.00
4. 社會福利支出	13,123	2.54	18,080	3.83	18,747	3.60	19,996	5.88
5. 社區發展及環境保護支出	46,534	8.99	38,286	8.11	43,579	8.36	51,745	15.23
6. 退休撫卹支出	12,510	2.42	12,325	2.61	14,550	2.79	14,251	4.19
7. 補助及其他支出			3,871	0.82	14,340	2.75	9,900	2.91
8. 其他支出	3,590	0.69						
三、歲入歲出餘絀	-20,694		95,443		-59,445		-1,437	

資料來源：臺中市和平區公所各年度預算、決算資料(2020.3.19 下載)

註：1. 2018 年度至 2020 年度皆有補助及其他支出

　　2. 2017 年度為其他支出

　　經查 2020 年度臺中市和平區總預算，預估補助及協助收入為 312,573 千元，其中上級政府補助收入為 312,573 千元；質言之，並無下級政府協助收入。至其上級政府補助收入中，一般性補助收入為 264,090 千元，占 84.49%，包括：

(1) 臺中市政府補助和平區公所自治經費 249,098 千元，占 94.32%。

(2) 原住民族委員會補助辦理 2020 年度原住民族地區基本設施維持費 10,850 千元，占 4.10%。

(3) 臺中市政府補助臺中市和平區公所辦理清潔隊臨時人員晉升正式人員暨增僱臨時人員用人計畫 4,142 千元，占 1.56%。

亦即一般性補助收入儘管可分為三個來源，但主要還是由臺中市政府補助和平區公所自治經費補助(占 94.32%)為最大宗。此外，計畫型補助收入為 48,483 千

元，僅占上級政府補助 15.51%，包括：衛生福利部中央健康保險署補助辦理健保業務經費(299 千元)等 20 項計畫，分別由衛生福利部(健保費)、原住民委員會(公文雙語書寫、原住民急難救助、設定地上權原住民保留地權利回覆處理、複文分割地籍整理及前瞻基礎建設計畫城鄉建設)、經濟部能源局(偏遠與原住民族地區家用桶裝瓦斯費差價)、臺中市政府教育局(區幼兒園人事經費)、臺中市政府經濟發展局(簡易自來水設備改善及搶險工程)、臺中市政府水利局(豪雨部落水溝護岸修護等小額工程、經濟部水利署第三河川局(大甲溪整治工程)等涉及六個中央或地方公部門業務。

3. 捐獻及贈與收入分析

雖說 2020 年度臺中市和平區公所推估捐款及贈與收入為 15,824 千元，僅占全年度歲入預算的 4.68%，卻是僅次於補助及協助收入的較大宗歲入預算。究竟該項收入情況如何？如就捐獻及贈與收入的組合結構，係包含捐獻收入及贈與收入；唯查其收入狀況，竟祇有捐獻而無贈與[4]。其捐獻及贈與收入，與捐獻收入或一般捐款皆等值；皆是 15,824 千元。此項一般捐獻係祇臺電公司促進電力發展營運協助金審議委員會補助辦理 2020 年度發電年度促協金 14,624 千元，占一般捐獻的 92.42%；另一筆為該審議會補助辦理「2019 和平盛柿：盟約五葉松和平區觀光季暨珍愛水電資源宣導活動」12,000 千元，占一般捐獻的 7.58%。質言之，和平區已成為臺電傳統發電的重要基地，臺電為能敦親睦鄰，製造和睦相處的環境，每年皆編有捐獻的一定數額。由於其雖係捐獻收入，但每年皆有此項固定收入，以充和平區公所之「小額收入」之一。

4. 其他收入分析

在 2020 年度臺中市和平區公所歲入預算中屬於較大宗的另一推估經費項目為其他收入 5,778 千元，占全部歲入的 1.71%。此所稱「其他收入」包含學

---

[4] 依行政院主計總處所發布之「歲入來源別預算科目設置依據與範圍」之行政規則規定，捐獻收入包括：一般捐獻、留本基金捐獻及購買財產捐獻，皆以現金給付；而贈與收入包括：物品贈與、財產贈與等二項物品或財產之贈與。

雜費收入及雜項收入，前者為幼兒園學費 1,212.329 千元，增列為進位數為 1,213
千元，占 20.99%；後者為一般事業廢棄物清除處理費 4,215 千元，以及回收廢
棄物變賣所得收入 350 千元，合計 4,565 千元，占 79.00%。

　　由上揭歲入分析發現臺中市和平區公所一如其他山地原住民區均無稅課
收入，2019 年度和平區公所由中央特別統籌分配稅款中獲致 14,153 千元是一項
難得之意外收入；就因欠缺稅課收入之法定歲入，以致山地原住民區之歲入成
長極其有限。該區公所負責的資本門工程，就祇限於修護無名溪流或社區內之
排水溝、坡坎等小額工程；對於影響地方發展的較大工程，就由臺中市政府辦
理，形成該地方自治團體的作為，祇在於經常門支用一般政務或為民服務事項。
此可由下節分析歲出獲致佐證。

(二)歲出預算

　　依臺中市和平區公所 2017 年度~2020 年度之歲出情形，如表 14-7；發現該
區公所最大宗支出，除 2020 年度尚在年度預算執行第一季，亦未辦理追加(減)
預算，仍以一般政務支出，占居 38.17%為最大支出，其次為經濟發展支出，占
25%外，其他三年度的執行情形皆以經濟發展為最大宗支出，如：2017 年度決
算即占 48.43%、2018 年度決算占 42.15%、2019 年度預算占 49.87%，其次才是
一般政務支出，如：2017 年度決算 31.31%、2018 年度決算 34.57%、2019 年度
預算 26.76%；再其次社區發展及環境保護支出，其各年度歲出，亦如前揭情形，
因 2020 年度預算尚在執行第一季，支出占 15%外，其餘多在 8%上下，如 2017
年度決算 8.99%、2018 年度決算 8.11%、2019 年度預算 8.36%，其他教育科學
文化支出、社會福利支出分別為 2017 年度決算 5.62%/2.54%、2018 年度決算
7.91%/3.83%、2019 年度預算 5.87%/3.60%、2020 年度預算因尚在第一季執行
階段致稍有增長占 8.62%/5.88%。退休撫卹支出各年度分別為：2017 年度決算
2.42%、2018 年度決算 2.61%、2019 年度預算 2.79%，至 2020 年度預算為 4.19%。
顯示臺中市和平區公所在前三年度的歲出項目中，主要是經常門支出，均相當
穩定，調整幅度不超過 1%。在此尚須補述者，即 2018 年度至 2020 年度均將

補助及其他支出合併，分別為 0.82%、2.75%、2.91%；唯 2017 年度僅列其他支出為 0.69%。

　　茲就臺中市和平區公所 2020 年度預算案，推估該區各項支出情形分析如下：

1. 最大支出項目

　　依臺中市和平區公所編列「2020 年度臺中市和平區總預算」，就政事別分析，其初估的最大支出項目為一般政務支 129,700 千元，占全部支出 339,844 千元的 38.17%，其次才是經濟發展支出 84,968 千元，占 25.00%。如就經常門支出為 253,628 千元，占全年初估 339,844 千元的 74.63%；資本門為 86,216 千元，僅占 25.36%。

　　茲就經常門支出分析如下：

1. 行政支出 66,245 千元

　　2020 年度歲出經常門行政支出預算數為 66,245 千元，占經常門支出 26.11%，包括：

　　(1) 區公所 66,245 元　占 100%

　　　　① 一般行政 64,313 千元　　　　　　占 97.08%

　　　　② 主計業務 870 千元　　　　　　　占 1.31%

　　　　③ 人事業務 932 千元　　　　　　　占 1.40%

　　　　④ 政風業務 130 千元　　　　　　　占 0.19%

2. 立法支出 21,983 千元，占經常門支出 8.66%。

　　(1) 代表會 21,983 千元　　　　　　　　占 100%

　　　　① 一般行政 8,834 千元　　　　　　占 40.18%

　　　　② 議事業務 13,149 千元　　　　　　占 59.81%

3. 民政支出 24,655 千元，占經常門支出 9.72%。

　　(1) 區公所 24,655 千元　　　　　　　　占 100%

　　　　① 原住民文教福利業務 3,464 千元　占 14.04%。

　　　　② 區公所業務 6,947 千元　　　　　占 28.17%

   ③ 區里行政 12,295 千元   占 49.86%

   ④ 禮俗宗教 1,949 千元   占 7.90%

4. 教育支出 23,299 千元，占經常門 9.18%。

 (1) 幼兒園 23,299 千元

   ① 一般行政 18,183 千元   占 78.04%

   ② 幼兒園業務 5,116 千元   占 21.95%

5. 文化支出 5,735 千元，占經常門支出 2.26%。

 (1) 區公所 1,589 千元   占 27.70%

   ① 體育業務 1,589 千元

 (2) 圖書館 4,146 千元   占 72.29%

   ① 一般行政 3,246 千元   占 78.29%

   ② 文教活動 900 千元   占 21.70%

6. 農業支出 6,900 千元，占經常門支出 2.27%。

 (1) 區公所 6,900 千元

   ① 農林管理業務 6,900 千元

7. 其他經濟支出 12,689 千元，占經常門支出 5.00%。

 (1) 區公所 12,689 千元

   ①公用事業業務 8,493 千元   占 66.93%

   ② 觀光管理 4,196 千元   占 33.06%

8. 社會保險支出 599 千元，占經常門支出 0.23%。

 (1) 區公所 599 千元

   ① 社會保險 599 千元

9. 社會救助支出 1,524 千元，占經常支出 0.60%。

 (1) 區公所 1,524 千元

   ① 社會救濟 1,524 千元

10.社會服務支出 17,873 千元，占經常門支出 7.04%。

 (1) 區公所 17,873 千元

　　① 社政業務 17,873 千元

11.環境保護支出 50,873 千元，占經常門支出 20.05%

　　(1) 清潔隊 50,873 千元　　　　　　　　　占 100%

　　　　① 一般行政 22,271 千元　　　　　　占 43.77%

　　　　② 清潔隊業務 21,490 千元　　　　　占 42.24%

　　　　③ 環境工程及設施業務 7,114 千元　占 13.98%

12.退休撫卹給付支出 14,251 千元，占經常門支出 5.61%

　　(1) 公務人員退休及撫卹給付 14,251 千元

　　　　① 公務人員退休及撫卹給付 14,251 千元

13.其他支出 2,000 千元，占經常門支出 0.78%

　　(1) 區公所 200 千元　　　　　　　　　　占 10%

　　　　① 賠償準備金 200 千元

　　(2) 公務人員各項補助及慰問金 1,300 千元 占 65%

　　　　① 公務人員各項補助及慰問金 1,300 千元

　　(3) 災害準備金 500 千元　　　　　　　　占 25%

　　　　① 災害準備金 500 千元

14.第二準備金 5,000 千元，占經常門支出 1.97%

　　經由經常門支出細項分析中，可以發現臺中市和平區公所之經常門支出，以行政支出為最大宗，達 26.11%，其次是環境保護支出占 20.05%；其他依次為民政支出 9.72%、教育支出 9.18%、立法支出 8.66%、社會服務支出 7.04%，更其次是其他經濟支出 5.00%、農業支出 2.27%、文化支出 2.26%、第二準備金 1.97%、其他支出 0.78%、社會救助支出 0.60%、社會保險支出 0.23%。

　　此等支出中以由區公所執行占居半數，達 132,274 千元，占 52.12%；即用在人事費之比例較高。此可由下列業務項目分析中第二準備金 1.97%明顯看出。

　　如就臺中市和平區公所 2020 年度歲出預算資本門加以分析，會發現資本門偏低的現象。蓋在本年度和平區總預算，僅初估編列資本門支出為 86,216 千元，占該區總年度預算 339,844 千元的 25.36%。

　　上開資本支出，包括：

1. 行政支出 950 千元，占資本門支出 1.10%
   (1) 區公所 950 千元
   　　① 一般建築及設備 950 千元

2. 立法支出 530 千元，占資本門支出 6.14%
   (1) 代表會 530 千元
   　　① 一般建築及設備 530 千元

3. 民政支出 15,337 千元，占資本門支出 17.78%
   (1) 區公所 15,337 千元
   　　① 一般建築及設備 15,337 千元

4. 教育支出 150 千元，占資本門支出 0.17%
   (1) 幼兒園 150 千元
   　　① 一般建築及設備 150 千元

5. 文化支出 100 千元，占資本門支出 0.11%
   (1) 圖書館 100 千元
   　　① 一般建築及設備 100 千元

6. 農業支出 950 千元，占資本門支出 1.10%
   (1) 區公所 950 千元
   　　① 一般建築及設備 950 千元

7. 交通支出 60,579 千元，占資本門支出 70.26%
   (1) 區公所 60,579 千元
   　　① 道路橋樑工程 60,579 千元

8. 其他經濟服務支出 4,800 千元，占資本門支出 5.56%
   (1) 區公所 4,800 千元
   　　① 一般建築及設備 4,800 千元

9. 環境保護支出 870 千元，占資本門支出 1.00%
   (1) 清潔隊 870 千元

  ① 一般建築及設備 870 千元

10. 其他支出 2,900 千元，占資本門支出 3.36%

 (1) 災害準備金 2,900 千元

  ① 災害準備金 2,900 千元

  由上開資本門支出，發現各該支出多用在房舍修繕的有限經費，比較大筆之資本門支出為交通支出 60,579 千元，占資本門支出的 70.26%，係用在道路橋樑工程的維修經費。其他即使是占 17.78%的資本門支出(民政支出：15,337 千元)，亦祇用在房舍的維修經費。

  本研究由 2020 年度的和平區總預算，發現該區歲入預算為 338,407 千元，歲出預算為 339,844 千元，差短-1,437 千元；即歲出大於歲入。此種失衡並不符預算法第 23 條規定，「*政府經常收支，應保持平衡，非因預算年度有異常情形，資本收入、公債與賒借收入及以前年度歲計賸餘不得充經常支出之用。但經常收支如有賸餘，得移充資本支出之財源。*」經查臺中市和平區 2017 年度與 2018 年度皆有類似正負差距的情形，如：

1. 2017 年度預算數為歲入 360,419 千元，歲出 360,169 千元；即歲入大於歲出，差短+250 千元，但第一次追加(減)後，歲入 447,755 千元，歲出 475,425 千元；即歲入小於歲出，差短-27,670 千元，第二次追加(減)後，歲入 514,063 千元，歲出 587,233 千元；即歲入小於歲出，差短-73,170 千元。經執行後之決算數，歲入 469, 759,181 元，歲出為 517,453,645 元；即差短-206,944,64 元，由移用上年度(即 2016 年度)歲計賸餘-20,694,464 元充抵後，始符合預算法上開收支平衡之規定。

2. 2018 年度預算數為歲入 331,854 千元，歲出 344,713 千元；即歲入小於歲出，差短-12,859 千元，辦理第一次追加(減)預算後，歲入 511,740 千元，歲出 495,726 千元；即歲入大於歲出，差短+16,014 千元；辦理第二次追加(減)預算後，歲入 579,221 千元，歲出 546,218 千元；即歲入大於歲出，差短+38,003 千元，預算執行終了，辦理總決算為歲入 567,736,757 元，歲出 541,218,000 元；即歲入大於歲出，差短+26,518,757 元，為年度賸餘，亦符合預算法規

定。

3. 2019 年度雖已預算執行終了，但決算數依法尚未提出，其年度預算數，歲入 318,631 千元，歲出 313,980 千元；即歲入大於歲出，差短+4651 千元，辦理第一次追加(減)預算後，歲入 461,761 千元，歲出 521,206 千元；即歲入小於歲出，差短-59,445 千元，依法須移用上年度累積歲計賸餘充抵，始符預算法規定。

4. 2020 年度預算歲入小於歲出，辦理追加(減)預算，以及年度總決算後，如有小差短即列入歲計賸餘；如係負數差短，即須如同 2019 年度移用上年度累積歲計賸餘充抵，始符預算法規定。

　　本研究認為值得觀察者，即臺中市和平區為何每年須辦理追加(減)預算，以及決算數與預算數落差太大。經分析因用上級政府的計畫型補助款，核發時程與年度預算案提出時程有落差。蓋無論臺中市政府或原住民族委員會每年均有計畫型補助案，其核准補助公文如不能在每年 10 月底前，甚至應在每年 9 月底前送達和平區公所；又因該類補助款已不再採代收代付款方式辦理，而係採山地原住民區配合款方式辦理，勢必提出追加(減)預算案並經區民代表會通過，始得動支。此項年年發生的預算問題，就行政效能觀點宜有所改善，始屬合理之財政治理作為。

2. 歲出多用在經常門

　　由 2020 年度臺中市和平區公所的「地方總預算」編列情形，如由歲出機關別預算分析，其339,844 千元中，由和平區公所執行最大支出，高達315,893 千元，占歲出的 92.95%，其次是公務人員退休及撫卹給付 14,251 千元，占歲出 4.19%，其他依次為第二預備金 5,000 千元，占歲出 1.47%、災害準備金 3,400 千元，占歲出 1.00%、公務人員各項補助及慰問金 1,300 千元，占歲出 0.38%，足見和平區公所辦理自治事項所為支出，係該區公所最主要的經費支出。由於是經常門支出為主，殆可看出山地原住民區在推動「地方創生」的國土計畫，設無中央主管機關的適當補助，將無由積極作為。

　　本研究由 2017 年度至 2020 年度之年度預算書，竟隻字未提及推動地方創

生的預算案編列，幾可判斷山地原住民區的預算祇在處理日常事務，一旦遇到重大災害，如水災、旱災或地震，將使地方難有作為，而在積極建設作為上和平區尤需要各界的協力合作，以展現和平區在山地基層組織的努力成就。

　　過去學者在探討鄉(鎮、市)組織改造時，經常以鄉(鎮、市)歲入不足，歲出又以人事費支出為大宗，有諸多負面評價。本研究即以和平區公所人事費用支用分析如下：

1. 和平區公所 2020 年度預算案在人事費的支用，政務人員待遇 1,134,792 元、法定編制人員待遇 30,079,632 元、技工及工友待遇 878,856 元，獎金 6,761,437 元，其他給與 752,000 元，以及加班值班費 780,000 元，退休離職儲金 3,109,723 元、保險 3,041,540 元等合計 46,648,000 元，占歲出預算祇有 13.72%，看似不高，至少非一些學界所稱人事費用高達歲出預算的一半或更多。

2. 如詳查和平區公所的人事費用，尚須包含以業務費支付臨時人員酬金的支出；尤其立法機關的人事費即達 9,630,000 元，尚有以業務費支付的費用，合計高達 13,149,000 元，1+2=59,797,000 元，占 17.59%，已接近二成的 1/5 歲出支出經費。

3. 如果將資本支出排除，經常門支出的實際支出分析，殆有將近一半的歲出經費係用在人事支出，祇是因採「政事別」而非「用途別」，以致不易推算實際人事費用的總數和其在歲出的占比。

(三)檢視預算編列後可能策進途徑

　　經由上揭事涉臺中市和平區預算編列的經驗，如應用 SWOT 分析工具，殆可得出下列的初步看法：

1. **優勢**(strengths)

　　設定為直轄市的山地原住民區，享有直轄市充裕的財源補助，雖無法定稅課收入，卻因地方制度法的明文保障規定，促使山地原住民區每年均可獲致相當穩定且龐大補助款，用以編列歲入預算，又多屬歲入多於歲出的情形；復因原住民族委員會的計畫型補助款，已使山地原住民區的財政更趨健全，其自治

體質益見強化。山地原住民區因在直轄市多以一個區設置，其在資源獨享下，已具有發展特色，呈現自治法人的特質，當有裨於該自治體自主性的建構。

2. 劣勢(weaknesses)

因直轄市除高雄市外，皆以獨一的角色扮演山地原住民區的新機制作為功能，但至今各該山地原住民區的財源不足，地方建設尚處初始階段下需要建設者，仍然隨處可見，卻因無法定稅課收入，形成建立充裕財政資源上顯有困難的財政生態，其地方發展特色的塑造上，就自然浮現有其限制之處。

3. 機會(opportunities)

由於政府重視原住民族問題，不僅中央和直轄市、縣(市)多已成立專責機關，而且積極規劃發展機制和措施，在財政因實質補助款而強化，人才因政府有計畫的培育，以致其發展能力，已較過去任何時候更為強勢。此外，相關法制已以體系方式建構，更有助於山地原住民區的積極成長和發展。

4. 威脅(threats)

由於過於重視原住民族的地區發展，在制度上給予諸多優惠的措施，不免有形成特權的聯想，亦引發非原住民族的反感；尤其平埔族迄未能設定為原住民族，更引發該等族群的不平，將成為未來社會族群衝突的主要因子之一。山地原住民區的漢人人數通常多於原住民，卻得不到如同原住民的任何優惠，當是該區發展上值得重視的結構性問題所在。

基於上揭認知，在如同臺中市和平區的山地原住民區，或可以下列的策略作為，全力策進山地原住民區的經濟和其他人文措施：(如表 14-8)

1. 增長策略(SO)

(1) 政府宜儘速訂定鼓勵青壯原住民返回原住民區或留在原住民區之出生地服務或創業、就業的機制，以鞏固和強化原住民區的區域經濟條件。

(2) 國家發展委員會正啟動地方創生發展政策，原住民區公所應積極規劃推動具有地方創生特色的綜合計畫，形塑原住民區的新發展條件，以促使原住民區的民眾生活條件大幅度改善，並且提升該區所謂之區域，乃至國家競爭力。

(3) 大學院校在少子化時代正需要有特色的教育作為，可針對原住民之藝文或體育天分，全力規劃具有世界級的教育環境，以培育國際或世界級相關人才，為國爭光，為原住民族大放異彩。

2. 多元化策略(ST)

(1) 政府多年來對原住民族的優惠措施，宜經由大眾媒體或社群新興媒體之多所宣導，而使大眾了解對原住民族的優惠，係憲法對少數族群的保障，並非毫無理論基礎的政治特權，以爭取全民的認同；更可弱化原住民區漢人的不滿情緒所可能產生的社會衝突，以利共生共榮，從而和舟共濟發展原住民區的地方特色。

(2) 政府推動原住民區的地方創生計畫，並非祇在保障原住民的生活，而係繁榮原住民區，促使當地民眾生活改善，社區居民彼此皆獲致實質的利益，以減少特權幻覺的反對情緒。

(3) 政府對原住民的優惠法制規範，宜適時檢討或修正，使原住民區民眾皆能享有優惠最高福祉，自然族群融合，社區治理必然益趨圓滿和可行。

3. 轉移策略(WO)

(1) 政府宜有計畫地開拓原住民區的就業環境，促使原住民區年輕人願意留在出生地服務，或在學成後返回出生地創業，以改善原住民區的生活環境，亦增進社區參與的意願。

(2) 政府宜規劃城市與原住民區的區域聯盟，並以城市帶動原住民區發展，城市成為原住民區的市場交易平台；原住民區成為城市的發展腹地，自可強化原住民區的經濟競爭力，以使原住民區不再是偏鄉，而是具有發展潛力的經濟或文化園區。

(3) 政府應依據原住民的文化特色，本諸原住民的藝文、體育天分，發展原住民區文化價值，並使原住民區逐漸提升競爭能力，從而培育世界級人才，以為原住民族，乃至國家爭取最高榮譽，必可逐漸改善和消除多元文化衝突的潛在因子。

表 14-8　山地原住民區發展機制 SWOT 策略分析

內部條件／外部環境		內部分析	
		優勢(S)	劣勢(W)
外部分析	機會(O)	SO策略 1. 鼓勵青壯原住民返區或留在原住民區就業，以強化區域經濟條件。 2. 利用國家正啟動地方創生政策，發展原住民區特色，以強化區域之競爭力。 3. 應用大學院校培育原住民工作能力機會，積極培育和強化原住民的藝文、體育能力，以提高就業機會。	WO策略 1. 有計畫開拓原住民區的就業環境，促使年輕人願意留區服務，在城市之年輕人亦願意返回出生地工作。 2. 利用區域治理的觀念，以城市為原住民區發展平台，藉以強化區域經濟能力。 3. 利用多元文化的時代趨勢，展現原住民獨特的藝文、體育競爭力，改善生活環境。
	威脅(T)	ST策略 1. 政府對原住民的優惠措施，宜多加宣導，以使民眾了解該優惠係憲法之保障作為，而非一般特權的施為，以降低族群衝突。 2. 政府推動地方創生計畫，係改善原住民區的發展，不是單在改善原住民的生活，在該區的漢人，亦可獲致實惠，以爭取認同。 3. 現行賦予原住民的特殊機制，宜適時檢討與修正，促使該區民眾感受共享共榮的機會。	WT 1. 原住民就業機會少、存在族群衝突等可能性，宜經由族群融合、文化交流途徑，以減少族群衝突。 2. 原住民區公部門在處理公眾服務時，宜依法行政，以降低漢人對原住民族享有太多特權的誤解或偏見。 3. 促使原住民區的多元文化，不僅受到尊重，而且經由教育或媒體，成為相互學習或接納的生活方式。

資料來源：本研究整理

4. 防禦策略(WT)

(1) 現實存在的少子化、高齡化問題，在原住民區亦不例外，政府宜以因地制宜的策略，推動地方創生計畫，以使原住民區的結構性問題能根本解決，而因特權誤解所樹立的社會衝突，亦宜有比較可行的化解機制，以使原住民區減少不必要的社會衝突。

(2) 現行財政收支劃分法缺漏原住民族區的租稅立法權，允宜儘速修正，促使山地原住民區有法定的稅課收入，以強化山地原住民區的自治條件。此外，政府須依法行政，在原住民區的政府作為，宜以對等的觀念造福區民，自然可以弱化對立的衝突氛圍。

(3) 山地原住民區的多元文化宜經適當的宣導，促使全區民眾對原住民之特權逐漸釋懷或接納。此外，宜鼓勵原住民區的民眾相互文化交流，相互學習母語，自然彼此的不必要隔閡可以排除，從而形塑社區生命共同體的共好生活環境。

五、結語：臺中市和平區預算案編列經驗值得參考

本研究經由臺中市和平區 2017 年度至 2020 年度的年度預算編列，發現山地原住民區的預算編列所存在的結構性問題，以及財政收支劃分法並未隨同地方制度法的修正而有相對的配套修正機制，以致山地原住民區的歲入財源中，並不具有稅課收入之財政自主權的必要制度保障。政府雖於地方制度法有權宜的「設算補助」規定，但補助並非財政自主權的最適機制設計，自宜儘速修正，以符山地原住民區的自治發展需要。

事實上，由臺中市和平區的預算編列及決算議決情形，可以發現原住民區的預算執行能力仍有再加強的努力空間，並且強化執行力以減少執行不力的保留款額度，甚至亦可減少預算編列賸餘款太多的資源使用時間落差問題。

以下提出三點具體意見供執事者制定政策之參考：

一、山地原住民區的良好財政治理，係鄉(鎮、市)財政治理之典範，山地原住
　　民區在直轄市的優厚財政條件下，應可作為就宜全力策進，促使山地原住
　　民區的財政自主性能在短時間內即有大幅的改善。
二、山地原住民區每年皆因上級政府補助款核撥公文到達太晚，以致辦理追加
　　(減)預算竟成為常態。此對提昇該區服務能力不無影響。預算執行不力，
　　既係該補助款核撥緩慢造成；由於此項補助經長久演變，已成為一種挹注
　　原住民區的政策工具，自當縮短公文流程，促使年度預算可及時納入，以
　　利提昇執行成效。
三、山地原住民區的預算數與決算數落差太大；尤其與年度預算數之差異，令
　　人不敢想像。嗣後宜強化歲入與歲出二執事部門的交流，彼此有共識，並
　　且能在執行過程中加以協調，自可減少此項並不樂見的落差不經濟情事之
　　持續存在。

參考書目

立法院議案關係文書(2020)院總第 1544 號(委員提案第 24212 號)
行政院主計總處(2018)，〈中華民國 107 年度各直轄市及縣(市)總預算彙編〉。
行政院主計總處(2019)，〈中華民國 108 年度各直轄市及縣(市)總預算彙編〉。
憲法原住民族政策制憲推動小組(2005)，〈原住民族憲法專章會議實錄〉，臺
　　北：行政院原住民族委員會。
審計部(2018)，〈中華民國 106 年度鄉鎮縣轄市財務審核結果年報〉。
審計部(2019)，〈中華民國 107 年度鄉鎮縣轄市財務審核結果年報〉。
臺中市政府(2019)，〈臺中市國土計畫〉草案。
臺中市政府主計處(2020)，〈中華民國 107 年度臺中市總預算案〉。
臺北市中山區公所(2020)，〈中華民國 107 年度臺北市總預算案 臺北市中山區
　　公所單位預算〉。

臺中市和平區公所(2017)，〈中華民國 106 年度臺中市和平區總預算〉。

臺中市和平區公所(2017)，〈中華民國 106 年度臺中市和平區總預算第一次追加(減)預算〉。

臺中市和平區公所(2017)，〈中華民國 106 年度臺中市和平區總預算第二次追加(減)預算〉。

臺中市和平區公所(2018)，〈中華民國 106 年度臺中市和平區總決算〉。

臺中市和平區公所(2018)，〈中華民國 107 年度臺中市和平區總預算〉。

臺中市和平區公所(2018)，〈中華民國 107 年度臺中市和平區總預算第一次追加(減)預算〉。

臺中市和平區公所(2018)，〈中華民國 107 年度臺中市和平區總預算第二次追加(減)預算〉。

臺中市和平區公所(2019)，〈中華民國 107 年度臺中市和平區總決算〉。

臺中市和平區公所(2019)，〈中華民國 108 年度臺中市和平區總預算〉。

臺中市和平區公所(2019)，〈中華民國 108 年度臺中市和平區總預算第一次追加(減)預算〉。

臺中市和平區公所(2020)，〈中華民國 109 年度臺中市和平區總預算〉。

王榆琮譯(2018)，神尾文彥、松林一裕著，《地方創生 2.0》，臺北：五南圖書出版公司。

宋金文譯(2017)，寺谷篤志等《地方創生 • 地方經營：地區建設中的思維創新設計》，北京：知識產權出版。

紀俊臣(2011)，《直轄市政策治理》，臺北：中國地方自治學會。

紀俊臣(2016)，《都市國家：臺灣區域治理的策略選擇》，臺北：中國地方自治學會。

紀俊臣編(2019)，《烏石坑原墾土地問題與解決途徑學術研討會成果報告(含論文集)》，臺北：中國地方自治學會。

紀俊臣(2020)，《地方財政法制彙編》。

紀俊臣(2020)，《地方財政資料彙編》。

紀俊臣(2020)，《地方預算資料彙編》。

曾巨威(2019)，〈財劃法修正委託研究報告〉，臺北市政府財政局委託研究報
　　告。

馮永猷(2013)，《府際財政》，臺北：元照出版有限公司。

蔡馨芳(2017)，《臺灣的財政治理》，臺北：時報圖書出版公司。

李允傑等(2007)，《政府財政與預算》，臺北：五南圖書出版公司。

蘇煥智、葉紘麟(2018)，《地方自治與地方再生》，臺北：允晨文化實業股份
　　有限公司。

山本繼(2018)，《地方創生への挑戰》，東京：中央經濟社。

石原信雄(2016)，《新地方財政調整制度論》，東京：行政株式會社。

持田信樹、林正義(2018)，《地方債の經濟分析》，東京：有斐閣。

橋本行史(2017)，《地方創生》，東京：創成社。

Bell, Robert R., & John M Burnham,(1991), *Managing Productivity and Change*.
　　Dallas: South-Western Publishing Co.

Chohan, Usman W.,(2019), *Public Value Theory and Budgeting: International
　　Perspectives*. New York: Routledge.

Hodge, Graeme A., & Carsten Greve,(2019), *The Logic of Public-Private
　　Partnerships*. Cheltenham, uk: Edward Elgar.

Ho, Alfred Tai-kei, Maarten de Tong& Zaozao Zhao, ed.,(2019), *Performance
　　Budgeting Reform: Theories and International Practice*. New York: Routledge.

國家圖書館出版品預行編目(CIP) 資料

治理系說. 卷二, 臺灣的地方治理 / 紀俊臣著.
-- 初版.-- 臺北市：元華文創, 2020.08
面； 公分

　　ISBN 978-957-711-146-3 (平裝)

　1.地方自治 2.地方法規

575.19　　　　　　　　　　　109010057

治理系說(卷二)：臺灣的地方治理

紀俊臣　著

發 行 人：賴洋助
出 版 者：元華文創股份有限公司
公司地址：新竹縣竹北市台元一街 8 號 5 樓之 7
聯絡地址：100 臺北市中正區重慶南路二段 51 號 5 樓
電　　話：(02) 2351-1607　　傳　　真：(02) 2351-1549
網　　址：www.eculture.com.tw
E - m a i l：service@eculture.com.tw
出版年月：2020 年 08 月 初版
定　　價：新臺幣 550 元

ISBN：978-957-711-146-3 (平裝)

總經銷：聯合發行股份有限公司
地 址：231 新北市新店區寶橋路 235 巷 6 弄 6 號 4F
電 話：(02)2917-8022　　　　　傳　真：(02)2915-6275